에티오피아

에티오피아

커피의 기원에서 스페셜티 커피의 미래까지

제프 콜러 지음
최익창 옮김 | 서필훈 감수

Where the Wild Coffee Grows

BLOOMSBURY and the Diana logo are trademarks of Bloomsbury Publishing Plc First published 2017
© Jeff Koehler, 2017
Photographs © Jeff Koehler, 2017

이 책의 한국어판 저작권은 저작권자와 독점 계약한 커피리브레에 있습니다.
저작권법에 의해 한국 내에서 보호받는 저작물이므로 무단 전재와 무단 복제를 금합니다.

뜨거운 커피로 하루를 시작하는 법을 가르쳐준
나의 외할아버지, 외할머니인 조와 이온,
그리고 20년 전, 에티오피아에 대한 이야기를 들려준
나의 조부모, 밥과 이디스를 기억하며.

또한, 삶에서 가장 기억에 남는 순간은
언제나 커피와 함께였음을 일깨워준 여러 친구들에게.

커피는 우리의 양식이다   13

PART 1

CHAPTER 1	새들이 심다	25
CHAPTER 2	에티오피아라는 이름의 '섬'	44
CHAPTER 3	카파 왕국	58
CHAPTER 4	카파의 마지막 왕	73
CHAPTER 5	원산지	87
CHAPTER 6	왕과 왕국에 내려진 선물	101

PART 2

CHAPTER 7	코페아 에티오피카	125
CHAPTER 8	성자의 도시	147
CHAPTER 9	아라비아 밖으로	168
CHAPTER 10	물결 너머	185
CHAPTER 11	녹병	210
CHAPTER 12	다양성 결핍	229

PART 3

CHAPTER 13	채집	247
CHAPTER 14	Ex Situ	265
CHAPTER 15	게이샤	277
CHAPTER 16	기온 문제	296
CHAPTER 17	In Situ	317
CHAPTER 18	희생 의식	335

감사의 말	351
주	354
참고문헌	374
옮긴이의 말	393

일러두기

표기법
암하릭어, 아랍어, 카피누누어 단어는 발음에 따라 음역했다. 대개는 표준 표기법이 없다. 카파는 카파, 캅파, 켑파, 케파로, 모카는 알-마카, 목카, 목하로, 샤와는 셰와, 쇼아처럼 쓸 수 있고 무함마드 같은 단어는 수십 가지 표기가 있다. 이 책에서는 인용할 때는 원서의 철자를 그대로 쓰되 그 밖의 경우는 가장 많이 쓰이는 형태를 따랐다. 아랍 단어의 경우는 장음 기호와 아랫점 표현은 생략했다.

에티오피아 이름
에티오피아에서는 두 번째로 나오는 이름은 가문의 성이 아니라 아버지의 이름이다. 그러므로 처음 등장하는 경우에는 두 이름을 다 쓰고, 그 뒤부터는 두 번째 이름 대신 첫 번째 이름을 썼다.

아비시니아
아비시니아는 에티오피아와 동의어로 쓰이는 경우가 많다. 과거 유럽에서는 아비시니아라는 말을 많이 썼다. 역사적으로는 중부 고원 지대에 있었던 고대 왕조가 아비시니아이고, 에티오피아는 간단히 말하자면 19세기 말 메넬리크 2세가 세운 근대 국가를 의미한다. 인용하는 경우가 아니면 에티오피아만 사용했다.

약어

AFS	Agro-Forestry System, 혼농임업
CATIE	Centro Agronómico Tropical de Investigación y Enseñanza, 열대 농업 연구 및 고등 교육 기관
CBD	coffee berry disease, 커피베리병
CIRAD	Centre de Coopération Internationale en Recherche Agronomique pour le Développement, 농업 개발 연구를 위한 국제 협력 연구소
FAO	United Nation's Food and Agriculture Organization, 국제연합식량농업기구
HT, HdT	Híbrido de Timor, Timor hybrid, 티모르 교배종, 아라비카와 로부스타의 자연 교배종
IRD	Institut de Recherche pour le Développement, 개발 연구소
JARC	Jimma Agricultural Research Center, 지마 농업 연구소
NABU	Nature and Biodiversity Conservation Union, 자연 및 생태계 보존 연합
NGO	nongovernmental organization, 비정부기구
ORSTOM	Office de la Recherche Scientifique et Technique Outre-Mer, 해외 과학기술 연구소
PFM	Participatory Forest Management, 자치 삼림 관리
SCAA	Specialty Coffee Association of America, 미국 스페셜티 커피협회
VOC	Verenigde Oostindische Compagnie, 네덜란드 동인도 회사
UNESCO	United Nations Educational, Scientific and Cultural Organization, 국제 연합 교육과학문화기구
USDA	United States Department of Agriculture, 미국 농무부
WCR	World Coffee Research, 세계 커피 연구소

커피는 우리의 양식이다
Coffee Is Our Bread

카파의 주도 봉가에 있는 유명한 '코피 란데 호텔로'—커피랜드로 불린다.—에서 커피를 주문하는 건 스타벅스에서 커피를 주문하는 것처럼 간단하지 않다. 커피를 만들어주는 여인부터 일반적인 바리스타 모습과는 거리가 멀다. 그녀는 매장 구석 등받이 없는 낮은 의자에 앉아 생두를 골라 먼지를 털고, 불을 피운 화로에 넓적한 금속 팬을 올리고 커피를 볶는다. 생두가 윤기 나는 짙은 갈색으로 변하면, 향기를 뿜어내는 원두를 나무 사발에 담아 작은 철 방망이로 잘 빻는다. 그리고 천을 깔대기 모양으로 말아서, 제베나라는 이름의, 아까부터 바로 옆 화로에서 보글보글 끓고 있는 동그란 토기 주전자의 좁은 주둥이에 끼우고 커피 가루를 넣는다.

그녀 앞에 있는 낮은 테이블 위에는 손잡이 없는 데미타세 잔이 스무 개쯤 쌓여 있다. 시멘트 바닥에는 갈대를 깔고 노란 꽃, 빨간 꽃으로 풍성하게 장식했다. 그녀는 커피를 마시는 곳에는 자연이 있어야 한다고, 녹색 풀과 꽃은 정령이 사는 숲에서 온다고 설명한다. 향료를 담은 접시에서 연기가 올라온다. 몰약과 유향을 섞은 왁스 향인데, 맡고 있노라니 고대 교회의 엄숙함과 정교회의 경건함이 함께 느껴진다.

에티오피아에서 커피를 마시는 일은 이토록 특색 있고 의미심장한 행위이다. 이런 점 때문에 커피 의식이라 불리기도 한다. 필요한 기구를 사용해서 천천히, 오랫동안 이어져 온 절차에 따라 진행하는 의식, 위에서 적은 것은 매우 간단하게 줄인 것이다.

금요일은 금식일이다. 남서부 에티오피아의 구름이 감도는 깊은 숲속에서 아침을 보내고, 점심은 폭신한 인제라 빵 위에 여러 가지 콩과 야채를 조금씩 올린 것을 먹는다. 나무 블라인드를 올려둔 터라 커피랜드에는 눈부심이 가득하다. 하지만 바람이 심상치 않다. 소나기가 한바탕 몰아칠 전조이다.

외따로 떨어진 고지대인 카파에는 깊은 계곡과 밀림, 그리고 근근이 살아가는 농부들이 사는 오두막이 모자이크처럼 박혀 있다. 집 주위에는 엔세트 나무와 텃밭이 둘러싸고 있다. 텃밭에는 완두콩이나 잠두콩, 까치콩, 양배추, 양파가 자란다. 숲 주변에 사는 사람들은 롱 페퍼를 채집하고, 야생 카다멈을 찾고, 높은 나무 위에 달려 있는 벌집에서 꿀을 따서 짙은 색깔의 테지 술을 빚는다. 물론 이곳에서도 제일 중요한 환금 작물은 커피이다. 저지대까지 포함해 카파 사람들의 85%는 직접이든 간접이든 커피에 생계를 의존한다. 고지대로 한정한다면 100%에 가깝다![1] 이곳 사람들은 야생 커피를 텃밭에 옮겨 재배한다. 커피를 수확하면 사고팔거나 가격이 오를 때까지 보관하기도 하지만, 하루에도 여러 번 커피를 마신다. 이제 갓 걸음을 뗀 아기들도 커피를 마신다. 한 주민은 "아이가 걷고 말하고 모든 것을 만지기 시작하면, 바로 커피를 마시기 시작할 때랍니다."라고 말했다.

커피랜드에서는 주문과 동시에 커피를 볶고 갈아서 커다란 제베나로 추출한다.

 커피의 역사에서 에티오피아는 그다지 관심을 받지 못했다. 있다 해도 한두 문장으로 끝나는 경우가 대부분이다. 그리고 카파―커피라는 이름의 유래가 된 곳―는 더하다. 아예 언급조차 되지 않는다. 카파는 전 세계 커피 문화의 원류인 곳이지만 바깥 세상에는 거의 알려지지 않았다.
 아라비카 커피가 아라비아에서 왔다는 말은, 오랫동안 사실로 여겨졌다. 지금도 그렇게 믿는 이들이 있지만, 당연히 사실이 아니다. 아라비카

커피는 아디스 아바바에서 수백 킬로미터 떨어진, 남서부의 구름 가득한 수풀 속, 바로 이곳에서 나타났다. 커피의 기원에 대한 이야기를 하려면 이 숲속으로 들어가야 한다. 여기가 바로 아라비카 커피의 기원이며, 커피를 처음 마신 곳이다. 역사학자들은 아랍인 또는 수피족이 커피 추출법을 개량 발전시켰다고 말하지만(심지어 이들이 추출법을 고안했다고 주장한다.) 야생에서 커피가 자라는 숲속, 또는 그 주변에 사는 이들이야말로 커피 음료를 최초로 만든 사람들임이 확실하다.

최초의 커피 추출법 고안자가 아랍인이라고 추정한 이유는 카파에서 커피를 마셨다는 사료가 없기 때문이다. 이 지역은 1990년대까지도(이때쯤이면 스타벅스 매장 수도 천 단위를 넘어섰다.) 표기 문자가 없었다. 그래서 커피의 발견에 대한 이야기, 커피를 추출해 마신 이야기는 세대를 거쳐 입으로 전해 내려올 뿐 글로 기록될 수 없었다. 이 지역은 외부에서 접근하기 힘든 곳이었고 에티오피아 군주나 카파의 영주는 오랫동안 외부인에게 적대적이었다. 서구의 여행가들은 19세기 중반이 지나서야 카파의 존재를 알았다. 그리고 서구인들이 커피숲에 처음 발을 들인 것도 1930년대 들어서의 일이다.

카파가 아프리카의 뿔 지역에서도 가장 부유한 왕국 중 하나였다는 점을 생각하면, 카파가 이토록 알려지지 않은 것은 더욱 놀랍다. 에티오피아의 해안과 내륙을 잇는 통상로에는 중요한 길목이 셋 있는데, '봉가'는 그 시작점이었다. 대상인들은 통상로를 따라 노예, 상아, 머스크 향료, 말린 커피 깍지를 실어 날랐다. 카파에는 신처럼 군림하는 왕조가 500년간 지속되었지만, 이후 에티오피아가 확장하면서 카파 왕국을 완전히 쓸어버렸다. 19세기 말, 카파 인구는 100만에 달했지만 그로부터 20년 뒤, 거의 90%에 달하는 수가 사라졌다.[2] 카파 왕국의 기나긴 통치와 쇠망의 역사, 그리고 카파 고유의 커피 문화는 그대로 묻혀버렸다.

이제 제베나 주전자가 부글부글 끓는다. 그녀는 새까매진 주전자를 불에서 내려 자기 발 옆에다 두고는, 살며시 앞으로 기울인다. 커피를 따르기 전에 가루를 가라앉히는 것이다.

커피는 세계에서 가장 많이 거래되는 상품이자 전 세계 1억 2500만에 달하는 이들의 생계 수단이다.

커피의 기원이 카파라고 말한 첫 번째 사람은 18세기 스코틀랜드 여행가 제임스 브루스James Bruce이다. 하지만 사람들은 그의 여행기를 믿지 않았다. 그가 묘사한 에티오피아 이야기가 당시 사람들 눈에는 너무 허무맹랑했기 때문이다. 그 뒤로 거의 2세기가 지난 1960년대가 되어서야, 아프리카 남서부 고지대가 아라비카 커피의 기원이며 그곳에 야생 커피가 자란다는 사실이 어느 정도 알려진다. 이 남서부 고지대의 우림은 케냐에서 과테말라, 브라질, 자메이카 블루 마운틴에 이르는, 세계에서 가장 폭넓게 재배되는 커피의 근원 중의 근원이다. (그렇지만 아직도, 이곳에서조차, 커피가 "아라비아에서 온 것"이라는 말을 믿는 사람들이 있다.)

2016년 전 세계 커피 생산량은 54억 킬로그램이 넘는다. 6온스들이 커피 5천억 잔을 만들 수 있는 양이고 대부분은 중남미에서 생산된다. 그렇지만 중남미는 현재 심각한 재배 문제를 겪고 있다. 재배종 아라비카는 유전적 다양성이 너무 협소해서, 점점 심각해지는 기후, 환경의 위협에서 살아남을 능력이 없다. 질병과 기후 변화 때문에 생산량이 출렁거리고 있다. 커피잎녹병이라 불리는 곰팡이로 인해 중남미 커피 산업은 파탄에 빠졌고 수많은 재배 농가들이 파산했다. 마을은 무너졌고 미래는 불확실해졌다. 커피에 경제를 의존하는 중남미 국가 중 하나인 엘살바도르의 경우, 2015-16

시즌의 수확량은 4년 전에 비해 80%나 낮았다. 생산량이 급감하면서 중미를 떠나 미국으로 이주한 어린이 수가 크게 늘어났다. 그리고 이는 현대 미국 정책의 가장 논쟁적인 사안, 곧 불법 이민 문제에 영향을 주고 있다.

인스턴트 커피 '상카'에서부터 남부 이탈리아의 초미니 에스프레소—딱 설탕 한 스푼 녹을 만큼의 양—에 이르기까지, 커피만큼 인간의 경험을 지배하는 것이 또 있을까? 지난 500년간 커피는 위대한 사상을 이끌었으며 영감을 불러일으키는 매개체였고 여러 위대한 발명에 공헌한 에너지 공급원이었다. 사람들은 커피로 일어나고 커피와 함께 이야기하며, 커피를 마시고 힘을 내고, 커피를 끊으려 하다가도 결국 다시 커피를 찾는다. 한 커피 전문가는 이렇게 말했다. "커피가 인류 행복에 필수 불가결한 존재는 아닐지 몰라도, 인류 행복에 상당히 공헌하는 것은 분명하다."[3] 여기에 반박할 사람은 몇이나 될까. 아니, 많은 이들이 여기서 한 발 더 나아갈 것이다. 누군가는 커피에 빠져 있고, 누군가에게는 커피가 정체성이기도 하니 말이다.

에티오피아는 세계 최대의 커피 생산국 중 하나이다. 그렇지만 수출량은 생산량의 절반도 되지 않는다. 달리 말하면, 생산량의 절반 이상을 자국에서 소비한다는 말이다. 다른 어떤 나라도 그만큼 소비하지 못한다. 아니, 근처에 미치지도 못한다. 커피는 에티오피아 사람들의 음료이자 주식이다. '부나 다보 나우'라는 유명한 표현이 있다. '커피는 우리의 양식이다'라는 말이다. 그리고 카파야말로 이 말이 현실이 되는 곳이다.

그녀가 제베나를 들어 부드러운 손길로 열 개 남짓한 잔에 커피를 따른다. 제베나 주전자는 필터가 없기 때문에 안에 있는 커피가루가 빠져나오지 않게 하려면 부드럽게, 물줄기가 끊어지지 않도록 부어야 한다.

커피를 다 만드는 데 한 시간이 걸렸다. 브룩클린에서 가장 잘나가는 카페에서 가장 공들여 만드는 푸어오버 커피조차도 여기에 비하면 네스프레소 버튼 누르는 것만큼이나 간단하다. 하지만 몇 모금 만에 커피는 다 비워진다.

커피는 잘 만든 에스프레소처럼 강하고 진하다. 시트러스 향, 대나무 건조대 위에서 말린 커피열매를 연상시키는 레드베리의 향이 느껴졌다. 이 커피는 봉가 외곽에 있는 깊은 숲속에서 자랐다. 그 숲의 커피나무들은 앙상하고 이끼에 덮여 있다. 야생 커피는 샌프란시스코나 오슬로, 서울의 고급 카페에서 사용하는 에티오피아 커피처럼 화사하고 깔끔한 맛은 아니다. 야생 커피는 맛이 고르지 않다. 열매가 고르게 익지 않았기 때문이다. 너무 익은 것에서는 씁쌀한 느낌이 나고, 숲에서 딴 커피 특유의 먼지 향도 있다. 그렇지만 커피를 홀짝이고 있노라면 그 강한 흙내음은 너무나 전율적이다. 목구멍 뒤로 익숙한 얼얼함이 느껴진다. 에너지, 깔끔함, 활기가 주는 감각이다.

"한 잔 더?" 빈 잔을 받으며 그녀가 묻는다.

지금은 두 시, 오늘만 벌써 네 잔째 커피지만, 그래도 "네!"라고 할 수밖에. 게다가 지금 마실 커피가 오늘의 마지막 커피는 아니다. 아마도 한두 잔 더 마시게 될 것이다. 이미 일반적인 카페인 섭취량은 넘어섰다. 오늘도 불면의 밤이 될 것 같다.

과테말라 안띠구아의 소농에서부터, 케냐 산 아래 중부 고지대에서 재배하는 농민에 이르기까지, 시카고 인텔리젠시아에 있는, 챙모자를 쓴 턱수염이 텁수룩한 바리스타에서부터 팔레르모의 아침 교대 직전의 항구 인부, 또는 스타벅스 드라이브 스루 매장에서 스키니 시나몬 돌체 라떼를 받아 가는 힙스터에 이르기까지, 그들 커피잔 속 아라비카는 에티오피아의 숲속 커피 덤불과 연결된다.

전통 방식으로 만든 에티오피아 커피.

그렇지만 카파의 커피숲은 단순히 커피의 기원이라는 이유만으로 중요한 것이 아니다. 카파의 숲속 깊은 곳에는 흔들리고 있는 커피 산업을 구원할 열쇠가 숨어 있다. 여기엔 커피의 과거뿐만 아니라 미래가 있다.

PART 1

숲에서
In the Forest

CHAPTER 1

새들이 심다
Sown by the Birds

작은 마을의 둘레, 벌판을 가로지르며 오솔길이 엉켜 있다. 스무 개 남짓한 오두막 주변에는 바나나를 닮은 엔세트 나무가 무리지어 자라고 있다. 몸통에서 칼날 같은 잎이 자라는 나무이다. 나뭇가지를 엮어 진흙을 바른 낡은 벽에는 금이 가 있고 원뿔 모양 지붕은 살짝 삐뚜름하다. 굴뚝이 없어서 아침밥 짓는 연기가 이엉을 얹은 지붕 사이로 새어 나온다. 나지막한 대화 소리, 부엌에서 냄비가 덜거덕거리는 소리 사이로 소 방울 소리가 들린다.

월데기오르기스 샤워는 마을을 벗어나 적막한 길을 지나 만키라 숲으로 들어간다. 비탈길을 따라 아래쪽으로 내려간 지 얼마 되지 않아 길은 이내 사라져버린다. 일흔다섯 살이지만 다부지고 여전히 힘이 장사인 그는 건들거리면서도 빠르게 걷는다. 어깨를 한껏 젖히고, 땅을 뒤덮은 엉겅퀴, 가시덤불, 길게 자란 풀이 무성한 숲으로 발을 높이 들어가며 내딛는다.

숲은 축축하고 고요했지만 잠들어 있는 건 아니다. 나무 위에서 배가 볼록하고 하얀 이끼가 낀 듯한 기다란 꼬리의 콜로부스 원숭이 무리가 지루하다는 표정으로 그를 지켜본다. 얼키설키 엮인 칡덩굴 위로 앙상한 가지가 드리워져 있고, 노란색 기생란은 나무 몸통에 붙어 자라고 있다. 녹색 이파리가 무성한 덩굴이 나무 몸통을 감아 올랐다. 한 줄기 햇빛이 팽팽한 거미줄을 비추고, 이슬에 흠뻑 젖은 낙엽 위로 노란 별 모양 작은 꽃들이 반짝인다. 은빛 뺨의 코뿔새가 날아오르면서 바람 소리를 멀리 퍼뜨린다. 와-와-와-와-와, 안달난 염소 울음소리 같은 새소리가 숲에 울려 퍼진다.

월데기오르기스는 20분쯤 걷다가 멈춰 선다. 빽빽한 가지 틈새로 젊은 남자가 보인다. 헐렁한 스웨터와 재킷을 입고 소매는 팔꿈치 위까지 둘둘 말아 올렸다. 젊은이는 가지 위로 몸을 숙이더니 열매를 훑기 시작한다. 엄지와 검지로 짧은 줄기에서 짙은 붉은색 열매를 따낸다. 10월의 끝자락, 카파Kafa 고지대 우림에서 야생 커피 수확이 막 시작하는 시기이다.

보들보들한 양치식물 사이로 부드러운 회갈색 나무가 자라고 있다. 줄기는 팔뚝 정도로 그다지 굵지 않다. 위쪽은 갈라져 있고, 가지는 길게 자라 축 늘어져 있다. 잔가지에 은빛이 섞인 녹색 이끼가 끼어 마치 마구 자란 턱수염 같다. 야생 커피나무이다. 잎은 어두운 녹색에 윤기가 나고, 잎맥이 또렷하다. 전체 모양은 둥그렇지만 끝은 뾰족하다.

조용한 숲속으로 맨발의 10대 소녀 셋이 들어온다. 가운데, 열네 살쯤 되어 보이는 소녀가 가장 나중에 나타난다. 눈을 내리뜨며 수줍게 미소지은 소녀의 얼굴에 햇살이 비친다. 잘 익은 커피열매처럼 빨간 구슬이 달린 짧은 목걸이를 하고 한쪽 팔에는 작은 바구니를 걸고 있다. 그리고 그 바구니에는 체리, 커피열매가 담겨 있다.

높이 뻗은 활엽수 아래에서 야생 커피나무들이 드문드문 자라고 있다. 사람이 심은 것도, 가꾸는 것도 아니고 누가 소유한 것도 아니지만, 조상

만키라Mankira 숲.

대대로 이어온 관습에 따라 누가 익은 열매를 딸 권리가 있는지도, 숲속 어디에서 딸 것인지도 이미 정해져 있다. 월데기오르기스는 자기가 물려받은 권리는 대략 10헥타르 정도라고 말한다. 이 숲에 경계선을 나타내는 표지 같은 건 없지만, 땅의 경사나 자연 표지물—바위, 움푹 패인 곳에 있는 덤불, 경계선을 이루는 개천—로 자기 구역이 어딘지 잘 알고 있다.

네 명은 다시 열매 따기 작업을 시작한다. 조용히 가지에서 열매를 훑어내다가, 때때로 자기들끼리 나지막하게 노래를 부르기도 한다. 대부분의 나무에 열매는 조금밖에 달려 있지 않다. 어떤 나무에는 열매가 아예 없다. 젊은이는 나무에 기어올라 높은 곳에 있는 열매를 따기도 한다.

최고의 음료가 될 수 있는 커피열매는 통통한 루비처럼 생겼다. 그렇지만 구름이 감도는 이 우림에서 야생 커피열매가 익는 시기는 나무마다 다르다. 야생 열매를 따는 이들은 이제 붉은 기가 물들기 시작한 연한 노란색 열매, 심지어 아직 녹색인 열매까지 바구니에 담는다. 이 외진 곳까지 다시 오기 힘들기도 하거니와, 열매를 그대로 두고 가는 것은 모험이다. 다시 왔을 때 다 익은 열매가 그대로 달려 있으리라는 보장이 없기 때문이다. 이 나무에서 커피를 수확할 권리는 월데기오르기스에게 있긴 하지만 이곳은 그의 집에서 제법 멀리 떨어져 있고, 누군가 여기를 찾아올 수도 있다. 숲으로 오는 길은 열려 있으니까 말이다.

그렇지만 월데기오르기스 말에 따르면 커피 한 줌을 수확하기까지 진정한 위험 요소는 사람이 아니라 자연이라고 한다. 지난 며칠 동안 비가 많이 내리는 통에 잘 익은 열매들이 많이 떨어졌다. "이것이랑" 괴팍스런 날씨 때문에 바닥에 어지럽게 흩어져 있는 어두운 붉은 빛 열매들을 바라보며 말한다. "그리고 동물들도 문제지요." 열매가 익어가면 비비랑 원숭이, 새, 쥐 들이 꼬인다. 이 동물들은 커피열매의 달콤한 과육을 좋아한다. 월데기오르기스는 최근에 부러진 듯한 나뭇가지를 가리킨다. 비비가 익은 열매를 따 먹으려다가 부러뜨린 것이다.

그렇긴 하지만, 동물들은 야생 커피가 생존할 수 있는 핵심적인 역할을 한다. 씨앗을 숲 여기저기 심어주기 때문이다. 거대한 크림색 돌기와 굵고 시끄러운 소리로 잘 알려져 있는 화이트 칙 투라코white-cheeked turaco와 실버리 칙 혼빌silvery-cheeked hornbill 같은 새들은 씨앗을 멀리까지 옮겨준다.

"이 나무는 워프 제라쉬입니다." 월데기오르기스는 유연한 커피나무 몸통을 어루만지며 말한다. 워프 제라쉬란 새가 심었다는 뜻이다.

행정적으로 카파는 에티오피아의 '남부 국가 민족 주Southern Nations, Nationalities, and Peoples' Region의 한 지역을 말한다. 이 주는 크기도 클 뿐만 아니라 문화적, 언어적으로 아프리카에서 다양성이 가장 큰 곳이다. 카파의 면적은 11000제곱킬로미터로 코네티컷 주보다 약간 작은데* 지역 인구는 85만으로 꽤나 많다. 중심지는 봉가이다. 현재까지 카파에서 가장 큰 도시이고 바로 옆 지마를 제외하면 주변 수백 마일 내에서도 가장 크다. 그렇지만 인구는 고작 2만 7천 명이다.

봉가에서 만난 카파 숲의 관리자 메스핀 테클레는 "여기서 전해오는 이야기에 따르면 커피가 시작된 곳이 만키라라고 합니다."라고 했다. 바로 이 숲이 커피의 발생지이다.[1] 그리고 만키라 숲속 한 무리의 나무들 속에서, 월데기오르기스가 말한다. "여기가 바로 그곳입니다."

만키라 숲은 봉가에서 멀지 않다. 겨우 15마일 정도 떨어져 있다. 주변에는 작은 마을이 넷, 좀 더 큰 마을이 하나 있는데, 이름은 숲 이름과 같은 '만키라'이다. 여기에 약 700명의 사람들이 산다. 이곳은 오랫동안 외부

---

* 경기도보다 약간 큰 정도 — 옮긴이

만키라에서 봉가까지 커피를 옮기는 유일한 방법은 말이나 나귀를 쓰는 것뿐이다.

와 차단되어 있었고 지금도 찾아가기 어렵다. 봉가에서 가려면 랜드크루저를 타고 한 시간을 가다가 차가 갈 수 없을 만큼 길이 험해지면 구미강을 따라 수백 미터를 내려가야 한다.

구미(현지어로 어둡다는 뜻)강은 만키라의 경계에 있다. 현지어로 '유요'라는 4-9월의 기나긴 우기 동안에는 강이 범람해서 길이 없어진다. (다른 경로는 대개 늪지에 가까운데, 도보로 세 시간 이상 걸리는 데다 하천을 몇 개 건너야 하는, 대안으로는 절망적이다.) 6월에는 강을 건널 수 없다. 매우 위험하다. 이제 4개월 지나면 수확기가 오고 짧은 '카우'(건기를 말한다)에 접어드는데, 이때쯤이면 소가 지나갈 수 있을 정도로 물이 줄어든다. 그러나 이 건기라는 기간도 상대적인 용어에 불과하다. 밤에는 폭풍이 몰아치고 멀리서 번개와 천둥이 봉가 마을의 골판 지붕을 내려친다. 흙길에는 개울물이 폭포처럼 쏟아진다. 구미강은 거의 홍수라도 난 것처럼 불어 계곡에 흙을 쏟아낸다. 아비시니아 말 한 쌍, 회색빛 작은 암탕나귀가 강을 건너기 위해 첨벙 물에 들어간다. 만키라에서 수확해 말린 뒤 봉가로 보내는 커피가 담긴 주트* 포대를 싣고 있다. 당나귀가 급류에 휩쓸리지 않도록 10대 소년 두 명이 쿡쿡 찔러가며 반대편 강둑으로 이끈다.

　이들이 건넌 뒤, 삼림 감독관이자 가이드인 알레마유 하일레가 강으로 한 걸음 들어간다. 물이 거의 허리까지 차오른다. 봉가에서 온 숲 안내인 아사예 알레마예후가 강둑에 있던 기다란 막대 하나를 쥐고는 세차게 흐르는 적황색 강으로 걸어 들어간다. 강바닥에 뾰족하게 튀어나온 숨은 바위를 넘어 휘청거리면서 14미터를 가로지른다.

　구미강에서부터 첫 번째 작은 마을인 골라까지는 거의 1시간을 올라가야 한다. 그리고 다시 한 시간을 더 가야 비로소 만키라가 나온다. 울창한 숲 사이로 난 길은, 몇 걸음 내딛자마자 경사가 엄청나다. 길가로는 원숭이들(올리브개코원숭이)이 우글댄다. 짐을 실은 나귀 몇 마리는 언덕에서 내려오고, 하다다 따오기는 날개짓하며 '하-하-하아아-하' 하고 운다. 얼마 뒤, 대여섯 명의 사람들이 거실용 가구를 한 짝씩 들고 지나간다. 빗물이 고인 웅덩이에서는 검은색 나비가 날아오르고, 불개미 군단은 위세도 당당하게 손가락 마디 너비로 길을 가로질러 행진 중이다. 길 양쪽으로는 야생 커피

● 황마―옮긴이

나무가 군락을 이루고 있다. 가지에 드문드문, 노랗고 빨갛게 윤기 나는 열매가 크리스마스 장식처럼 반짝인다.

겉으로 보기에는 야생 커피나 재배하는 커피나 똑같다. 이것은 재배종이 아니라면 무슨 식물인지 알아채기조차 어려운 옥수수, 당근, 바나나 등과 다른 점이다. 커피열매는 블루베리나 크랜베리 정도 크기에 살짝 타원형이고 끄트머리엔 자그마한 꼭지가 있다. 열매 안에는 옅은 색 반구체 모양 씨앗이 한 쌍 들어 있는데 이것이 바로 커피콩이다. 얇은 은색 막이 이 커피콩을 감싸고 있고 다시 속껍질(내과피-파치먼트)이 덮고 있으며, 끈적하고 당이 풍부한 점액질이 붙어 있다. 그리고 다시 펄프질의 얇은 과육(중과피)과 부드러운 껍질(외과피)이 덮고 있다.

야생 커피와 재배 커피의 가장 큰 차이점은 나무 모양, 높이, 본줄기의 굵기, 그리고 열매의 양이다.

비옥한 땅에서 제대로 가꾼 그늘재배 과테말라 커피라면 연간 생두 생산량이 헥타르당 400-450킬로그램 정도이다. 콜롬비아의 경우 평균치가 1000킬로그램은 되고, 일부 농장에서는 그 세 배 이상을 생산하기도 한다. 카파에서는, 동일 면적의 울창한 숲속에서 자라는 야생 커피에서 얻을 수 있는 커피의 양은 기껏해야 15킬로그램이다.[2] 메스핀에 따르면 "콤보 숲에서는 잘 나왔을 때 30킬로그램 정도"이다. 숲에 빛이 좀 더 들어온다면 헥타르당 200킬로그램까지 나올지도 모른다. 그렇더라도, 해거리를 한다. 생산량이 많았던 해의 다음 해에는 생산량이 적다. "톱니 같다고 보면 돼요." 만키라 숲 다른 한켠에서 만난 이가 해준 말이다. "올해 수확량이 좋으면, 내년에는 적어요."

봉가 남쪽, 콤보 숲에서 메스핀은 재배 커피의 존재 이유는 그렇게 의도된 데 있다고 말한 적이 있다. "플랜테이션 커피나무는 육종에 파종을

만키라 숲 오두막에서 건조 중인 야생 커피열매.

거쳐, 생산용이라는 목적에 의해 만들어진 겁니다."

여기 이 야생 커피나무들은 그렇지 않다. 이 나무들은 그 공간에 자리잡았기에 여기 있는 것이다. 한 장소에 떨어진 씨앗은 여러 개이고, 다른 많은 식물들과 영양소랑 물, 그리고 나무 그늘 사이로 내리쬐이는 소중한 햇빛을 두고 경쟁을 해야 했다. "이 나무는 우연히 존재하는 것이 아니라 살아남은 거예요."라고 메스핀은 말한다. 아니, 그 나무는 '지금까지는' 살아남은 것이다. 야생 커피의 생산량이 낮은 이유 중 하나가 여기에 있다. 열매를 많이 맺으면 나무가 약해지고, 질병, 해충, 경쟁, 간단히 말해 생존을 보장할 만큼 충분한 영양소를 남기지 못한다.

깊은 숲속에서 자라는 아라비카 커피나무는 가느다랗고, 연약해 보이며, 비정상적으로 키가 크다. 저 높은 와르카 나무(Ficus vasta, 야생 무화과나무 계열)라든가, 키가 30미터는 넘는 잎이 노란 무화과나무, 그리고 붉은 스팅크우드가 만든 그늘 사이로 내려오는 빛을 향해 힘겹게 몸을 뻗기 때문이다. 그늘에서 자라는 커피나무의 잎은 크고, 두텁기보다는 유연한 편이며, 마디 사이 간격이 길고 아래쪽 가지가 별로 없다. 사람 손이 덜 간 숲일수록 상부 그늘은 더 짙고, 커피나무는 더 천천히 자라며 생산하는 열매는 더 적다. 자연 상태에서는 종이 생존할 수 있는 정도로만 생산하는 법이다.[3]

메스핀은 콤보 숲에서 이끼를 한 뭉치 들더니 깊이 숨을 들이마신다. "숲 냄새는 바로 흙먼지 냄새입니다. 커피나무 줄기와 가지에 수분이 있으면 여기 먼지가 달라붙고, 이끼랑 양치식물이 자라지요." 이끼는 잘 부스러졌다. "여기에 벌레들이 달라붙어 먹고살아요. 그중 일부는 아주 중요한 포식자입니다." 그는 잠시 멈칫했다. "잠깐 들어보세요." 성긴 은녹색 덮개 아래에서 무언가 살짝 움직인 것 같다.

커피숲이라고는 하지만, 이 자유분방한 모습의 커피나무들은 이 숲에 있는 400종이 넘는 식물군 중 하나에 불과하다.[4] 카파 지역의 풍부한 식생 다양성에 비하면 커피나무는 아주 미미한 존재일 뿐이다.

월데기오르기스가 갓 딴 커피열매의 끄트머리를 꼬집듯 눌러 내용물을 입에 넣는다. 섬세한 달콤함과, 무궁화, 체리, 수박, 심지어는 망고를 연상시키는 맛과 향이 감돈다. 씨를 뱉어내고, 다른 열매 두어 개를 더 먹는다. 그리고 더 깊은 곳으로 발을 옮긴다.

월데기오르기스는 깊은 숲속, 야행성 동물들이 파놓은 구멍을 살펴며 재빠르게 걷다가 멈추어 선다. 그가 물소가 갓 지나간 길을 알려준다. 그리고 조금 멀리 떨어진 곳에, 비비들이 누고 간 똥이 있다. 똥 속에 커피콩이 가득하다. "건기엔 뱀이 사냥에 나서는 철이라 훨씬 더 공격적입니다." 알레마유가 진작부터 주의를 줬다. 그린 맘바—이 지역에서 가장 무서운 존재—가 저 울창한 수풀 속에 웅크리고 있다. (이 뱀은 화려한 초록색이다. 어릴 때만 점이 있는데, 너무나 생생한 모습이라 비현실적인 피조물로 느껴질 정도이다. 이렇게 아름다운 생명체가 그렇게 치명적일 리 없다는 생각마저 든다.) 공들여 색칠한 화려한 장식물처럼 튀는 외모의 화이트 칙 투라코가 가느다란 가지로 급히 내려오더니, 귤색 부리로 익은 열매를 하나 물고 날아간다. 진홍빛 날개가 잠깐 보인다. 숲속 더 깊은 곳에는 외톨이 브라자원숭이 De Brazza's monkey가 웅웅거리며 자신의 존재를 알린다.

  월데기오르기스가 마침내 다다른 곳은 나무가 꽤나 빽빽한 경사지이다. 그는 깃과 소매에 노란색 격자 무늬가 있는 카키색 폴로 셔츠에 낡은 야구모자를 썼다. 팔을 들어 몸통이 튼튼해 보이는 커피나무를 가리키며 말한다. "부네 인데", 어머니 커피나무라는 뜻이다. 꽤 나이가 있어 보이는 껍질을 뚫고 작은 고사리들이 돋아나 있고 가지에는 잔디가 턱수염처럼 나 있다. "만키라에서 가장 오래된 나무"이다.

  야생 커피나무는 100년 정도 살다가[5] 때가 되면 쓰러진다. 그런데 월데기오르기스 주장으로는 부네 인데는 그보다 훨씬 더 오래되었다고 한다. 그는 이 나무가 자기가 어렸을 때, 자기 아버지가 보여주었던 당시와 크기가 똑같다고 기억한다. 나무 몸통은 지름이 5인치 정도로 아주 굵은 것은 아니다. 에티오피아 동부의 하라 주변에서 재배하는 아라비카 나무들 중 해가 잘 드는 언덕에서 자란 나무들은 그보다 훨씬 더 몸통이 굵다. 키는 이 숲에서 중간 정도이다. 나는 겔라 지역 숲에서 거의 15-20미터까지 자란 것도 보았다. 다른 나무보다 햇빛을 더 받으려고 그렇게 키가 커진 것이다.

손이 닿지 않는 높은 곳에는 아직 노란색의 열매가 약 스무 알 정도 달려 있다. "이 나무는 내가 직접 열매를 땁니다." '부네 인데' 열매를 딸 수 있는 사람은 그뿐이다.

주변 어디에든 제각각 다른 수령의 커피나무와 묘목들이 자라고 있다. 이들은 카파의 숨은 보물이다. 다만, 돈으로서의 보물이 아니라 생존 가치라는 의미에서 보물이다. 이끼 한 뭉치를 들어 숨을 들이마시자 이를 확실히 느낄 수 있었다.

월데기오르기스가 수확하는 일꾼들에게 마을로 돌아가 점심을 먹자고 말한다. 숲으로 더 깊이 들어가는 이들은 도시락을 싸 왔다. 삶은 콩, 양배추 조금, '코초'—엔세트의 녹말을 발효시켜 구운 빵—그리고 옥수수대로 주둥이를 막은 제베나가 바구니에 얌전하게 들어 있다. 숲속 가장 깊은 곳까지 들어가 열매를 따는 이들은 말이나 나귀를 타고 들어가서 아예 캠프를 차리고 한 달, 또는 그 이상을 머무르다 12월 말 또는 1월쯤에 수확한 열매를 다 말려서 돌아온다.

월데기오르기스가 고용한 일꾼 네 명은 오늘만 일한다. 어떤 일꾼들은 자기가 거둔 열매의 10%를 받아 가는데, 월데기오르기스는 현금 지불을 선호한다. 킬로그램당 1비르*이다.

한 소녀는 대충 깎은 정교회 나무십자가, 그리고 작은 천가방 모양의 부적 두 개를 목에 걸었다. 그 소녀는 다른 소녀들이 딴 커피열매를 담을 수 있게 주트 포대 주둥이를 잡고 있다. 다른 포대엔 이미 열매가 가득 차 있다. 소녀들은 포대를 하나씩 머리에 이고, 월데기오르기스를 따라 숲길을 지난

---

* 2019년 4월 기준 약 40원 — 옮긴이

숲에서 딴 커피를 모아 오두막으로 옮기는 소녀들.

다. 칡덩굴이나 낮은 가지를 지날 때마다 허리를 숙인다.

콜로부스 원숭이 무리들이 아직도 근처에 있다. 조용히 잎을 씹고 있다. 인내하는 듯한, 냉담해 보이기까지 하는 그 모습에서 어쩐지 영적인 분위기가 느껴진다. "별명이 수도승이죠." 알레마유가 말했다. "내내 저러고 있어요." 비비나 긴꼬리원숭이는 쫓아내지만 콜로부스 원숭이들은 그냥 놔둔다. 작물을 해치지 않기 때문이다.

마침내 숲을 벗어났다. 오솔길이 굽이굽이 마을로 이어져 있다. 트럼펫만큼 커다란 흰 꽃을 매단 막대기가 투쿨(오두막) 앞마당을 향해 있다. 수제 테지(벌꿀 술)를 판다는 표시이다.

월데기오르기스는 자기 집으로 들어간다. 골판 지붕을 얹은 튼튼하게 생긴 사각형 집이다. 오랫동안 연기가 처마 아래로 빠져나가면서 흙벽 위쪽 절반은 검은색으로 변했다. 그의 집 주변에는 커피나무가 심어져 있고 길이가 네다섯 걸음 정도 되는 대나무 건조대 위에는 커피열매가 건조되고 있다. 요 며칠 사이에 딴 열매는 적갈색, 반질반질한 밤색이고 지난주에 딴 열매는 보랏빛이 도는 검정색이다. 표면도 가죽처럼 변했다. 월데기오르기스는 자루를 열어, 건조대 위에 갓 딴 열매를 쏟은 뒤에 손으로 이리저리 섞어 햇볕을 잘 받게 한다. 날씨에 따라 다르지만 대략 1-2주면 마른다.

그가 숲에서 수확하는 커피열매는 대략 1년에 1000킬로그램이라고 한다.* 손바닥 위로 갓 딴 열매가 부드럽게도 굴러간다. 집 주변 텃밭에 심은 나무에서 다시 500킬로그램을 더 수확한다. 절반 정도는 만키라 협동조합

---

* 갓 딴 커피열매 6킬로그램을 건조하면 1킬로그램이 된다. 그리고 이후 가공을 마치면 생두 800그램이 나온다. 생두를 볶으면 15-20%쯤 무게가 줄어들어 원두는 대략 660그램 나온다. 결국 갓 딴 열매과 음료용 분쇄 커피의 비율은 9:1인 셈이다.

만키라 숲 오두막에서 건조하고 있는 커피를 보여주는 월데기오르기스 샤워.

에 바로 팔고, 나머지는 시장 가격이 오를 때까지 보관하거나 집에서 쓴다.

말하는 중에 문득 언덕 위로 어두운 구름이 등장한다. 곧이어 묵직한 빗방울이 떨어진다. 월데기오르기스는 급히 비닐 타프를 건조대 위로 친다. 그리고 구름이 물러간 뒤 다시 타프를 걷는다.

봉가 마을에는 처리장이 있어서 마른 열매와 파치먼트를 벗겨낼 수 있다. 그렇지만 집에서 쓸 커피는 돌절구로 힘들게 벗겨야 한다. 그의 아내는 커피콩을 볶아 하루 서너 번 커피를 만든다. (에티오피아에서 커피를 만드는 일은 여자의 일이다. 아주 엄격한 규칙이다.) 자그맣고 손때가 묻어 윤이 나는 대나무 컵에 커피를 붓는다. 손잡이 없는 도자기 컵도 있지만 손님이 왔을 때만 쓴다. 월데기오르기스는 커피에 조그마한 버터 한 덩이와 소금을 약간 넣는 것을 좋아한다. 이렇게 하면 든든한 음료가 된단다. "버터가 없으면 꿀을 넣지요." 그가 덧붙인다.

그가 첫 잔을 마시기 전에 흙바닥에 커피를 조금 뿌린다. 다른 사람들은 문 안쪽을 따라가며 뿌리기도 하는데, 그는 가운데 기둥 주변으로 뿌린다. 일종의 의식인데, 땅의 정령인 쇼웨 콜로에게 바치는 것이다. 콜로가 없으면, 커피도 없기 때문이다.

첫 수확을 시작하기 전인 지난주, 월데기오르기스를 비롯해 십여 명은 콜로에게 인사를 드리러 깊은 숲속에 다녀왔다. 코초 빵, 옥수수, 그리고 테프*로 만든 수제 맥주 텔라, 그리고 닭을 가지고 간다. "숲속 모든 것은 콜로의 것이다." 1960년대 한 인류학자가 남긴 메모에는 그렇게 써 있다. "그에게서 무언가를 받아 가고자 한다면, 무언가를 보답으로 바쳐야 한다." [6]

이들은 밑동이 울룩불룩 튀어나온 야생 무화과나무 주변에 작은 구멍을 팠다. 만키라의 흙은 부드러워서 파기가 쉽다. 한 사람이 무릎을 꿇고 닭을 들고 있으면, 월데기오르기스가 칼로 닭의 목을 그어 피가 나무 아래쪽 흙에 떨어지게 한다. 제물의 살점을 작게 잘라서 콜로에게 바친다. 코초 빵과 옥수수, 텔라도 조금씩 같이 차린 뒤 기도를 올리고, 앞으로 수확할 작물에 대해 감사를 드린다.

---

* 테프는 에티오피아 토종 곡물로, 대개는 가루로 만들어 '인제라'라는 팬케이크 모양의 발효 빵을 만든다. 인제라는 크럼펫(윗면에 구멍이 특징인 빵-케이크, 영국에서 주로 많이 먹는다—옮긴이)과 비슷한데, 위에 여러 가지 토핑을 올려 먹는다.

어린아이가 마을로 달려가 제물을 바쳤다고 알리면, 나머지 가족들은 마을에서 잔치를 벌인다. 숲에서 의식을 치른 남자들은—제물을 바치는 의식은 남자들만 할 수 있다.—자리를 옮겨 남은 닭을 구워서는 가지고 간 다른 음식들과 함께 먹고 몇 시간 뒤에, 숲에서 나와 마을 잔치에 참석한다. 테지와 텔라로 흥이 오른 잔치는 밤늦게까지 이어진다.

월데기오르기스는 아침에 의식을 치른 곳으로 다시 가서 신이 공물을 잘 받았는지 확인한다. 나무 아래 둔 음식들이 사라졌으니 신이 음식을 잘 받은 것이다. 분명 수확량이 많을 것이다.

토요일은 봉가에 장이 열리는 날이다. 마을 한가운데 장터에 수백 명의 상인들이 들끓는다. 어떤 사람들은 버스를 타고 오고, 어떤 이들은 걸어서 또는 나귀를 타고 수 킬로미터를 온다. 그들은 비닐 타프 위에 가지고 온 물건을 늘어놓는다. 분홍 마늘, 오렌지가 보이고 얌과 토마토 무더기는 바닥에 놓여 있다. 그 뒤로 색색의 천으로 감싸고 다시 검은 스카프를 한 여성들이 앉아 있다. 말린 카다멈은 목걸이처럼 기다란 줄에 달려 있고, 엔세트 잎으로 싼 버터와 치즈, 벌집째 파는 야생 벌꿀과 헌옷 더미, 검은색 제베나, 그리고 바닥에는 가축들이 있다.

커피를 파는 사람들이 보인다. 이들은 10월 말부터 장에 나타난다. 대여섯 명이 쪼그려 앉아 있는데, 그중 한 사람은 맨발에 스웨터, 우주복 스타일의 코트, 그리고 헐렁한 카키색 팬츠를 입고 있다. 그가 가지고 온 포대엔 말린 커피가 고작 3분의 1쯤 들어 있다. 플라스틱 컵으로 수북하게 퍼서 2.5비르(100원)를 달라고 한다. 이 컵으로 네 번 담으면 1킬로그램이다. 파운드당 180원 정도이다. 시즌은 막 시작했으니, 이번 시즌 첫 커피이다. 여자들이 그를 둘러싸고 한 줌씩 들어 커피를 살펴본다. 가장 관심이 많아 보이는 사람이 어금니로 마른 열매를 깨물어 껍질을 벗겨 안쪽 상태를 확인한다.

카파 봉가에서 매주 열리는 큰 장에서 한 남자가 말린 야생 커피를 팔고 있다.

머리를 땋은 여자는 껍질 벗긴 생두를 판다. 비슷한 크기의 플라스틱 컵으로 한 컵에 13비르이다. 1킬로그램에 50비르(2000원)이니 파운드당 900원 정도이다.

그녀 곁에 서 있던 남자가 외친다. "만키라에서 딴 커피!"

그 커피콩은 바랜 카키색에 가깝고 갓 딴 완두콩 향이 난다. 크기는 갖가지이다. 야생 커피는 재배 커피와 달리 모양이나 크기가 고르지 않다.

깨진 것, 굵은 모래, 자갈도 섞여 있다.

"만키라!" 그가 다시 외친다. 공책으로 아침 햇살을 가리고 있다.

"워프 제라쉬!"(새가 만든 커피!) 여성이 외친다.

이것은, 아름다운 무늬의 거품이 떠 있는 아침 카푸치노의 숨겨진 이야기, 야성, 알려지지 않은 면이다. 그리고 이것이야말로 진짜 커피 이야기이다.

CHAPTER 2

에티오피아라는 이름의 '섬'
Island Ethiopia

아프리카의 뿔이라 불리는 곳에 있는 에티오피아는 국경을 접한 주변 저지대 나라들—서쪽으로는 수단과 남수단, 남쪽과 동쪽으로는 케냐, 소말리아, 소말릴란드, 지부티, 그리고 북으로는 에리트레아—사이에 우뚝 솟아 있다. 중부 고원지대는 해발 1200-3000미터로 이 나라 면적의 3분의 2를 차지하는데, 리프트 밸리가 대각선 방향으로 지나면서 두 지역을 비대칭으로 나눈다. 이 지각의 틈새는 폭이 30마일 정도이고 좁은 격벽처럼 이어지다 북동쪽 홍해 방향으로 갈수록 넓어져 길쭉한 샴페인 잔 모양이 된다. 땅이 점차 평평해지면서 다나킬 사막과 연결되는데, 이곳이 지구상에서 가장 낮으면서 가장 뜨거운 지역이다. 그리고 여기가 바로 인류의 기원지이다. 1974년, 고고학자들은 여기서 루시, 에티오피아에서는 경이적이라는 뜻의 '덴케나시'라 불리는, 320만 년 전에 살았던, 가장 오래된 인류로 불리는 여성의 화석을 찾아냈다.

에티오피아에서 시작된 종은 인류뿐만이 아니다. 지역적으로 격리되어 있는 데다가 고유한 기후와 풍토 덕분에, 루솔피 투라코[1]에서부터 테프, 가뭄에도 잘 견디는 엔세트(바나나 나무를 닮았지만 열매를 먹을 수 없어 가짜 바나나로 불린다.)에 이르기까지, 여러 독특한 동식물들이 가득한, 군도 같은 곳이다. 그리고 여기에 아라비카 커피가 있다.

커피는 꼭두서니과 Rubiaceae Family라는 거대 분류군 내 코페아 속 Coffea genus에 속하는 식물이다. 코페아 속에 들어 있는 종은 124개인데, 널리 재배되고 상업적으로 가치가 있는 종은 아라비카(코페아 아라비카)와 로부스타(코페아 카네포라) 두 가지뿐이다. 대다수 커피, 그리고 고품질 커피 전부는 모두 아라비카이다. 맛이 부드럽고 균형이 잘 잡혀 있으며, 신맛이 더 강하며, 과일 향이 감도는 밝고 화사한 느낌이다. 재배하기는 더 어렵지만 전문 커퍼들과 주요 소비자들이 높이 평가하기 때문에 시장 가격도 더 높다.

아라비카가 기원하고 분화한 중심지는 에티오피아의 삼림이다.[2] 야생 서식지는 온도가 낮고 숲이 울창한 고지대 중에서도 리프트 밸리의 북면, 남서부 에티오피아로 한정된다. 그중에서도 야생 커피숲의 핵심은 역사적으로 '카파'라 불렸던 지역 안에 있다. 리프트 밸리의 남쪽 면에 있는 남부 발레 산맥 속 하레나 숲과 남수단 접경지의 보마 고원에도 야생 아라비카 개체군이 있다.•

카파 지역은 연중 내내 비가 오는데, 6월과 7월에 가장 많이 온다. 연중 강우량은 1500-2500밀리미터이다.(대략 60-100인치이다.[3] 시애틀 평균 강수

• 케냐 북쪽의 마르사빗 산 내 15제곱킬로미터 정도의 삼림에도 소규모 커피 개체군이 있을 것으로 보인다. 이들 개체군이 원래 야생 커피 군집인지에 대해서는 의견이 분분하다. 왕립 식물원 소속의 세계적인 식물 분류학자 아론 데이비스 Aaron Davis는 아니라고 보는 편이다.

량은 36인치 정도 된다.) 언제나 녹색 기운이 가득한 수풀과 매일 아침 계곡에 안개가 걸려 있는 모습을 보고 있노라면, 예전에 에티오피아에 대해 가지고 있던 인상, '가뭄과 기아의 나라' 같은 생각은 사라진다. 독일 탐험가 막스 그륄Max Grühl은 백 년 전 이렇게 썼다. "조물주가 중부 아프리카의 위대한 삼림을 창조할 때, 한 조각은 루돌프 호˙ 북쪽 호숫가에 접한 산들 사이에 두었다. 카파야말로 신비한 아름다움을 간직한 삼림지대이다."4

　카파에는 언덕이 많다. 평지는 거의 없다. 전설에 따르면 이곳은 한때 완전히 평평했다고 한다. 그런데 "어느 날, (천상의 신) 예로가 내려와 사람들과 한동안 같이 살았지요. 그런데 사람들은 신을 싫어했어요. 쫓아내려 했지요. 반대로 땅은 신을 사랑했어요. 떠나 보내려 하지 않았답니다. 그렇지만 결국, 사람들의 미움을 받은 예로는 하늘로 돌아갔어요. 그러자 땅이 신을 따라가기 시작했어요. 신은 땅에게 더 이상 자기를 따라오지 말라고 말했죠. 자, 이제 어떤 언덕이 신을 가장 멀리 따라갔는지 보일 겁니다. 그것이 가장 높은 언덕이죠."5

　저지대의 습지—하마, 은빛으로 빛나는 아프리카 물소, 그리고 부리를 살짝 벌린 채 물속에 담가 물고기를 찾는 노랑부리황새 무리들이 있다.—를 벗어나면 어느새 관목과 풀이 무성한 사바나가 나타났다가 구름이 깔린 산지 삼림지대가 펼쳐진다. 산지에서는 며칠씩 해가 보이지 않는 경우가 많다. 그 위로 대나무가 빽빽하게 숲을 이루고 있다. 봉우리는 3300미터 정도이다.

　커피숲은—만키라, 보긴다, 콤보, 겔라, 봉가(모두 근처에 이름이 같은 마을이 있음)가 그중 가장 잘 알려져 있다.—산의 중간층에 띠처럼 형성되어

˙ 1975년에 투르카나 호로 이름이 바뀌었다.

있다. 아라비카는 해발 960-1950미터에서 자라지만, 가장 잘 자라는 곳은 1275-1800미터의 평지나 경사가 완만한 지역이다.

에티오피아는 1600미터 고도의 고원 때문에 외부의 유입이 쉽지 않았던 덕분에 2천 년 이상 거의 고립된 생태계를 발전시킬 수 있었다. 호메로스가 말하길 "사람이 살 수 있는 가장 먼 곳에 태양신이 있고 또한 태양신이 여기서부터 떠오른다."고 했다.[6] 고원의 남서쪽 카파 왕국이 이 삼림을 5세기 동안 지배했다. 그륄은 그 나라를 "아프리카의 티벳"이라 말한 적이 있다.[7] 20세기 들어 에티오피아를 설명할 때는 '찾아갈 수 없는', '미지의', '신비의' 같은 과장된 표현이 들어갔다.

역사적으로, 에티오피아 고원의 북쪽 절반으로는 왕국, 공국, 봉건 국가들이 혼재했다. 이 나라들은 민족적, 종교적으로 다양했고 서로 전쟁을 치르거나 주종 관계 속에서 자치를 유지하고 있었다. 그중 가장 강력했던 왕이 네구사 나가스트였다. 왕 중의 왕이라는 뜻이다.

당시 에티오피아에 대해서 알려진 것은 거의 없다. 유럽인들이 처음 그 황궁을 들른 뒤에도 마찬가지였다. 1400년대에는 베네치아, 제오아, 포르투갈의 탐험가들이 이곳을 찾았다. 그들은 환대받았고, 땅과 아내를 하사받았으며, 심지어 공직을 맡기도 했다. 니꼴로 브란깔레온은 교회와 나라를 위해 그림을 그렸고, 그의 동료인 베네치아인 헤이로니모 비치니는 황제의 자문을 맡았다. 기록에 따르면 그는 왕과 함께 몇 시간씩 체스를 뒀다고 한다. 그렇지만 왕은 외부에서 온 사람들을 다시 나라 밖으로 나가지 못하게 했기 때문에 황국의 신비는 바깥으로 알려지지 않았다.[8]

16세기 들어서, 바스크인이자 기사였다가 신비주의자가 되었으며 예수회의 창립자이기도 한 이그나티우스 로욜라가 포르투갈 발 보고에 관심을 보였다. 보고에 따르면 에티오피아 황제가 북부 에티오피아에서 1200

년 동안 주 종교로 삼았던 정교회를 카톨릭으로 개종하는 것을 거부했다고 한다. 그는 여섯 명의 선교사를 보냈고,[9] 꽤 오랜 시간이 걸리긴 했지만 예수회는 결국 최상위 계층의 개종에 성공했다. 1622년에 황제 수센요스가 개종했을 뿐만 아니라 국교 또한 로마 카톨릭으로 바꾸었다. 그러나 그 결정 뒤 수십 년간 나라가 혼란스러웠고, 마침내는 황위를 양위받은 파실리데스가 국교를 다시 정교회로 바꾸고 예수회 선교사들을 추방했다.

에티오피아와 서방의 접촉은 이렇게 끝났다. 에티오피아는 유럽을 거부했고, 교류는 간단히 중단됐다. 그 뒤로 오랫동안 에티오피아는 고립을 지켰다. 유럽 열강들이 넘보는 와중에도 에티오피아는 난공 불락이었다. 거의 자급자족이 가능했기에 침략을 이겨낼 수 있었다. 1920년대 그릴의 표현처럼, "성채 같았다."

17, 18세기 동안, 에티오피아의 고립주의를 뚫을 수 있었던 서양인은 수 명에 불과했다. 프랑스인 의사이자 약사로서 카이로에 살고 있던 샤를-자크 퐁세Charles-Jacques Poncet는 피부병을 고쳐달라는 황제의 요청으로 황궁을 찾았다.[10] 퐁세가 국경을 넘은 시기는 1699년 6월로서, 예수회가 쫓겨난 뒤 에티오피아에 들어간 기독교 프랑스인은 그가 처음이었다.[11] 그는 여행기에서 여러 가지 흥미로운 이야기를 다루고 있는데, 커피나무에 대한 첫 묘사도 이 책에 있다. 그러나 북쪽 세계의 기독교인들은 "그 가치를 잘 몰랐다."[12] 게다가 퐁세는 커피를 마시는 모습은 남기지 않았다.

커피를 마시는 장면을 처음 기록한 서양인은 제임스 브루스James Bruce라는 스코틀랜드인이다. 그는 1769년 39살의 나이로 나일강의 수원을 찾는 탐험에 참가했고, 마사와 지역에 도달한 직후 커피를 대접받았고, 이를 "탁월하다"고 표현했다.[13] 190센티미터 키에 양말을 신고 붉은 더벅머리를 한 브루스는 에티오피아 사람들 눈에는 충격적인 모습이었다. 체격도 훌륭하고 사격과 말타기도 잘하긴 했지만, 그가 살아남은 것은 기적이나 다름없었다.

바다 항해부터가 쉽지 않았다. 그가 탄 배는 리비아 해안에서 난파되었고, 장비까지 다 잃어버렸다. 도착한 뒤에는 무슬림 부족들이 통치하는 저지대를 통과해야 하는데, 이들은 프랑크인들을 무시하고 불신했다. 저지대를 지나면 산을 넘어야 한다. 브루스의 기록에 따르면 "아비시니아 산지*는 공통적인 면이 있다. 산등성이가 셋인데, 첫 번째 것은 그렇게 높지 않지만 개울이며 끊어진(게다가 관목이 살짝 덮여 있는) 곳들이 있다. 다음 산은 더 높고 더 가파르고 훨씬 거친 바위투성이이다. 마지막 산등성이는 뾰족뾰족하고 경계가 명확하지 않은 산지로 이어져 있다. 이 산을 유럽에 옮기면 어디에서든 손가락에 꼽히는 산이 될 것이다."**14 험준하고 풍화된 대지, 뾰족한 산봉우리, 깎아지른 급경사 절벽, 위로 솟구쳤다가 갑작스레 내리꽂히는 황량하고 날카로운 암괴들이 가득하다. 들쭉날쭉한 고원들 위 평평한 산 정상에는 교회며, 궁이며, 성채, 감옥 들이 점점이 서 있다.

고원 안으로는 다시 평지와 강과 협곡이 얽혀 있어서 건기에도 통행이 어렵고 우기에는 아예 불가능하다. 비가 오기 시작하면 서쪽 지역은 위험해진다. 1540년대에 나온 포르투갈 탐험기에서는 이렇게 표현되어 있다. "강이 불기 전에 해결해야 한다. 이 지역은 홍수가 나면 길도 사라져버린다. 겨울비도 엄청나게 많이 내리는데 산악 지역이라 달리 도리가 없다. 산에서 내려오는 물의 양도 어마어마하다."15

브루스는 어찌어찌 청나일강의 근원을 찾아 타나 호의 남쪽 끝단까

- * 아비시니아 용례를 살펴보기 바란다.
- ** 과장이 아니다. 시미엔 산맥에 있는 라스 다셴이란 봉우리는 4500미터 정도로 현지에서는 그다지 높지 않지만 프랑스나 스위스에서는 최고봉 수준이다.

지 도달했지만, 궁정의 알력 다툼에 휘말리는 바람에 고생을 했다. 1771년 12월 말 황제의 허락이 내려지자마자 브루스는 급히 에티오피아를 떠나 수단으로 향했고, 마침내는 청나일강을 거슬러 올라가 백나일강과의 합류 지점을 찾아낸 첫 유럽인이 되었다. 다만 여정은 마사와로 돌아오는 길에 비해 훨씬 더 위험했다. 사막을 지나던 중에는 죽음의 문턱까지 갔다.

    브루스가 영국으로 돌아오자, 사람들은 처음에는 그를 반겼지만 점차 그를 조롱했다. 그가 에티오피아에 대해 말하는 내용들이 믿기 어려웠기 때문이다. 특히 살아 있는 동물의 살을 잘라내 먹는다는 표현이 야유를 받았다. 그를 비난한 사람들 중 특히 영향력 있는 문장가로 호레이스 월폴 Horace Walpole, 제임스 보스웰 James Boswell, 새뮤얼 존슨 Samuel Johnson 세 명이 있었다. 존슨은 브루스가 쓴 에티오피아의 이야기를 믿지 않았다. 그는 심지어 브루스가 에티오피아에 실제로 갔는지에 대해서도 의문을 제기했다.[16] 사람들은 브루스가 커피는 "카파"에서 나오며 "카파에서 나일 강변까지 어디서든 상당히 많은 수가 저절로" 자라고 있다고 한 말을[17] 전혀 믿지 않았다.

    브루스는 스코틀랜드의 자기 가문 영지에 은둔했고 이후 그곳에서 결혼했다. 10년 후 두 번째 아내와 사별한 뒤 5권에 달하는 여행기를 쓰기 시작했는데,[18] 이 책은 1790년에 출판되었다. 그는 1794년 죽었고, 이후 50년이 지나 다른 여행가들이 동일한 경험담을 펴낸 뒤에야 사람들은 브루스가 에티오피아에 대해 했던 말이 거의 진실임을 받아들였다.[19]

    그때쯤에는 소수의 선교사들이며 사절단, 그리고 여기에 끼여 과학자들과 탐험가들이 에티오피아를 찾았을 때이다. 이들은 에티오피아를 개종시키면 무역에 도움이 되지 않을까 기대했지만[20] 개종도 무역도 실현되지는 않았다.

    1869년 수에즈 운하가 개통되면서 홍해는 막다른 골목이 아닌, 바벨

만데브(눈물의 문) 남단까지 1900킬로미터까지 뻗을 수 있는 고속도로이자 아프리카와 아라비아를 잇는 개미허리 같은 입구가 되었다. 그에 따라 아프리카에 대한 유럽인들의 관심 또한 크게 높아졌다. 아프리카 북동부에서는, 이탈리아가 에리트레아 지역을 점령했고, 영국, 프랑스, 이탈리아는 소말리아 지역을 침투해 들어갔다. 지부티는 프랑스의 식민지가 되었고, 수단과 케냐는 영국의 식민지가 되었다. 그 퍼즐의 중심부에 에티오피아 고원이 있었다. 유럽인들이 식민지로 삼지 못했을 뿐만 아니라, 아프리카 대륙의 지배를 놓고 능동적으로 참여한 유일한 아프리카 군주가 이곳에 있었다. 그리고 그 군주의 중요한 목표 중의 하나가 바로 카파 왕국이었다.

19세기 마지막 25년 동안, 에티오피아의 군주 메넬리크 2세는 중심지인 암하릭 지역을 넘어 영토 확장을 노렸다. 그가 처음부터 '네구사 나가스트(왕 중의 왕, 황제)'였던 것은 아니다. 그저 중부 샤와 왕국의 야심찬 군주에 불과했다.

메넬리크 2세의 아버지는 샤와 왕국의 군주였고 1855년에 세상을 떠났다. 당시 에티오피아의 황제는 새로 즉위한 테워드로스 2세였는데, 그는 어렸던 메넬리크 2세를 막달라 성채에 거의 10년간 가두고 화평의 뜻으로 자신의 딸과 결혼할 것을 제안했다.[21] 메넬리크 2세는 동의했지만, 1년 만에 공주를 남겨둔 채 탈출해서 샤와로 돌아가, 테워드로스 2세가 임명한 총독을 죽이고는 스스로 왕위에 올랐다. 그리고 두 황제의 치세 기간인 25년이 지나서야 메넬리크 2세는 비로소 '네구사 나가스트'가 되었다.

탈출한 뒤, 그는 테워드로스 2세에게 매년 공물을 바쳤고 황제가 있는 북쪽은 넘보지 않았지만 이웃 국가는 주저 없이 합병하면서 영토 야욕을 펼쳐 보였다. 1870년대 중반, 그의 군대는 서쪽으로 나아가 '구라지'와 '고잠' 지역을 정복했고 청나일강 남쪽 지역에 이르렀으며 1880년대 들어서는 지금의 아디스 아바바와 카파 지역 사이에 있는 기베강을 따라 세워진 부유한 왕국들을 손에 넣었다.

메넬리크 2세의 군대는 병기도 우수했고 '거대 에티오피아'를 만든다는 이념적인 당위성도 높았다. 미국의 한 전기 작가는 이렇게 적었다. "메넬리크 2세는 분명 자신이 십자군이라고 생각했을 것이다. 그의 병사들도 에티오피아가 예전의 위대한 영광을 되찾을 수 있다고 자신들의 정복 행위에 스스로 정당성을 부여했다."[22] 여기에 황금과 상아에 대한 탐욕이 더해졌다. 심지어 점령지 주민들을 노예로 만들었다. 메넬리크 2세는 장군들에게 점령지에 대한 약탈과 과세를 허용했고, 장군들은 스스로 군대를 조직하고 유지했다. 이를 본 병사들 또한 약탈을 일삼았고 무기를 사들여 출세에 이용했다.[23]

1884년, 메넬리크 2세의 군대는 카파와 이웃한 강대국이자 무슬림 거주지이면서 기베 주 최대의 도시인 '지마'에 입성했다. 메넬리크 2세의 정복 규율이었던 13세기판 페타 나가스트(왕의 법)에는[24] 이렇게 나와 있다. "도시나 지역에 도착해 그 주민들과 싸우기 전에 평화 협정을 제안하라. 그들이 받아들이고 성문을 연다면 그곳의 사람들에게 그대의 지배를 받아들이고 공물을 바치라고 명하라. 그들이 평화 협정을 거부한다면 돌진해서 짓밟아라. 그대의 주신이 그대를 그들의 주인으로 만들어줄 것이다."[25]

지마를 26대째 이어온 지도자 아바 지파르는[26] 자기 어머니의 충고를 받아들여 성문을 열었다. 그는 오스트리아 화폐인 마리아 테레사 탈레르 은화 29065개를 바치는 것은 물론, 소와 나귀, 여러 가지 생필품을 공물로 바치기로 했다.[27] 메넬리크 왕조는 새로운 점령지에 관리를 보내 통치하는 중앙 집권형 통치가 일반적이었지만,[28] 지방 군주들이 거역하지 않고 공물을 바치는 한, 봉토를 수여받은 신하처럼 자신의 영지를 지키면서 자치를 유지할 수 있게 허락했다. 아바 지파르는 1932년 재위 54년으로 죽을 때까지 공물을 바쳤고 덕분에 영지를 지킬 수 있었다.•

지파르의 궁궐은 지마에서 8킬로미터 정도 떨어진 고지에 서 있다. 3층 목조 건물로 다소 어수선해 보인다. 수십 년 동안 버려져 비바람을 맞았고 가끔 정치적 격변에 노출되기도 했지만 놀랍게도 아직 무너지지는 않았다. 섬세한 금속 장식이 붉은색 지붕의 처마에 덧대어져 있는데 스와힐리 해변을 연상시킨다.•• 사방에 창이 있는 감시탑이 궁을 둘러싸고 있는데, 이웃 강국들 쪽으로 방향을 틀고 있다.

입구에서 보면, 굵은 부리 까마귀가 벌레를 찾아 땅을 파헤치는, 풀이 무성한 광장을 건너 모스크가 보인다. 흰색 스컬캡에 짧은 턱수염의 모스크 관리인이 기계적인 목소리로 설명한다. "아내가 여섯 명에 자식은 열네 명, 그리고 하인이 쉰다섯 명 있었습니다." 역사학자들은 지파르의 개인 노예가 그보다 훨씬 더 많았을 거라고, 최소한 만 명은 되지 않을까 예상한다.[29] 그는 노예를 부려 커피 농장을 운영하고 식량을 생산하게 했다.[30] 모스크 안, 높이 솟은 천장을 가로지르는 나무 구조물이 웅장하다. 바닥에는 붉은 무늬 카페트가 깔려 있다. 남녀 구역을 나누는 값싼 녹색 비닐이 걸려 있다. 오늘은 무슬림들이 해가 떠 있는 동안 식사를 금하는 라마단의 첫날이다. 저녁이 되면 모스크에 사람이 가득 찰 것이라고 관리인은 말한다.

• 탈레르 은화는 1741년 처음 주조되었으며, 등장한 지 10여 년 만에 커피 대금 지불용으로 사용되었다고 한다. 지중해 동쪽 지역, 아라비아 반도 및 에티오피아를 비롯한 여타 지역에서의 상거래에서 화폐 단위로 근 2세기 동안 사용되었다.

•• 그 스타일이 무작위는 아니었을 것이다. 지마 박물관에 있는 지파르의 소장품 중에는 붉은 벨벳 덮개가 있는 침대가 있는데 이는 잔지바르의 술탄이 선물한 것이다. 박물관 직원 말로는 지파르의 키가 2.1 미터였기 때문에 침대라 해도 앉는 용도이지 취침용은 아니었다고 한다.

궁에서 한참 아래, 풀이 난 둔덕에는 후기에 지은 모스크가 있다. 비가 많이 올 때를 대비해 둥글고 넓은 지붕을 얹은 현관이 광장을 둘러싸고 있고, 하늘색 벽 건물 끄트머리에는 흰색 첨탑이 한 쌍 서 있다. 어린 소년 두 명이 나타나 길을 이끈다. 거의 없어진 길을 따라, 여윈 나무와 웃자란 잡초가 무성한 묘지를 지나 지파르의 무덤으로 안내한다. 3미터 길이에 정강이 정도 높이, 회칠이 군데군데 벗겨져 있고 한쪽 끄트머리에는 꽃을 담는 단지가 깨진 채로 뒹굴고 있다. 가운데에 아라비아어가 새겨진 비석이 있다. 그 무덤 주위로 별자리 형태로 아내들의 무덤이 있다. 더 나이 많은 소년이 팔을 뻗어 천천히 원을 그리며 무덤을 하나씩 가리키며 이름을 말해준다.

소년의 말로는, 지파르는 처음에 이 묘의 반대쪽 끝자락에 묻혔다고 한다. 그런데 비가 3개월이나 내리지 않으면서 무덤 자리를 잘못 잡았기 때문이라는 말이 돌았고, 사람들은 무덤을 다른 쪽으로 옮겼다. "얼마 안 있어 비가 왔어요." 소년이 말했다.

지마를 복속시킨 뒤, 메넬리크 2세의 군대는 고제브강을 건너 카파를 공격하는 대신, 동쪽으로 방향을 틀었다. 아르시 지역 내 목초 지대인 오로모는 몇 년 전에는 창과 화살 세례를 퍼부으며 복종을 거절했지만[31] 이번에는 달랐다. 메넬리크 2세는 아르시를 하라로 진출하기 위한 징검다리로 삼았고, 이 풍요로운 지대와 해안으로 향하는 교역로를 장악한 덕에 강력한 도시국가인 하라를 정복할 수 있었다.

1887년, 메넬리크 2세는 넓어진 영토에 맞추어 수도를 더 남쪽, 해발 2400미터의 온천 근처로 옮겼다. 왕비 타이투는 이곳을 아디스 아바바라고 불렀는데, 뜻은 '새로 핀 꽃'이다. 수도를 옮기면서 도시는 더 커졌다.*

요하네스 황제가 죽은 1889년, 이 샤와의 군주는 마침내 자신을 '왕 중의 왕(네구사 나가스트)'인 메넬리크 2세로 칭했다. 이때부터 3년간, 괴멸적인 기근이 시작되었고 여기에 소 전염병과 콜레라가 겹쳐, 남부를 제외한 대부분은 큰 피해를 입었다. 메넬리크 2세는 부하들을 남쪽으로 보내 가능한 한 식량을 징발해 북쪽으로 보내도록 했다. 그 뒤 수 년간, 그의 군사들은 천천히 정복을 해나갔고, 카파 근교까지 진출했으며, 광대한 오가덴 지역, 발레 지역, 시다모 지역까지 통치했다.

한편, 메넬리크 2세의 적대국인 이탈리아 또한 강성해지고 있었다. 이탈리아는 이웃한 에리트레아에서 세력을 키우고 있었다. 에티오피아와 이탈리아의 초기 관계는 괜찮은 편이었다. 메넬리크 2세는 에티오피아의 군주로서는 유난히 개방적이었고 이탈리아 지리학회 소속 탐사단을 반겨주기까지 했다.[32] 두 국가는 점차 가까워졌고 1883년에는 수호 통상 조약을 맺었으며, 이후 이탈리아가 에리트레아의 항구 요충지인 마사와를 점거한 뒤에도 또 다른 우호 동맹 조약을 맺었다. 그렇지만 1889년 세 번째 조약을 맺으려 할 즈음, 이탈리아가 에리트레아를 합병했음이 알려지면서 분쟁이 일어났다. 이탈리아가 협정문 내용을 바꿔 메넬리크 2세를 속인 것이다. 이탈리아어 협정문에는 에티오피아가 이탈리아에게 유럽 제반 국가에 대한 외교권을 준다고 써 있었지만, 암하릭어 협정문에는 그런 조항이 없었다.

1895년 긴장이 고조되는 가운데, 이탈리아의 에리트레아 주둔군은 에티오피아 북쪽 국경을 침범했다. 메넬리크 2세는 총독들을 호출해 10만 이상의 군대를 소집했다.[33] 1896년 3월 1일, 14500명에 달하는 이탈리아 선발대 병력이 아드와를 기습할 준비를 마쳤고, 에티오피아 정부는 그날 아침

• 아디스 아바바는 25년 사이 7만에 달하는 상주 인구, 3만에서 5만 사이의 임시 거주 인구가 사는 도시가 되었다. (Pankhurst, Ethiopians, 195). 오늘날 아디스 아바바는 추정 인구 350만명, 에티오피아에서 가장 큰 도시이다.

일찍, 최후 통첩과 함께 습격을 받았다.

그러나 이탈리아 군은 아드와 전투에서 완패했다. 채 몇 시간도 안 되어 전력의 4분의 3을 잃었다. 이탈리아 군 4천 명과 에리트레아의 보조병 2천 명이 죽었고 수천 명의 군사들은 부상당하거나 포로가 되었다.[34] 살아남은 이들은 무기를 버리고 급히 도망쳤다.

유럽의 근대식 무기에 맞서 아프리카의 군대가 승리를 거둔 것은 전례가 없었다. 메넬리크 2세의 명성은 치솟았고, 이탈리아는 에티오피아의 국경을 인정하는 평화조약에 서명했다. 동아프리카의 다른 두 열강인 프랑스와 대영제국 또한 재빨리 조약에 서명했고, 오스만과 러시아의 군주(각각 파샤, 짜르)는 사절단을 보냈다.[35] 아프리카 대륙 거의 전부가 제국주의에 예속된 가운데, 에티오피아의 승리는 한 줄기 희망이었다. 에티오피아인에게 이 승리는 새로운 나라의 초석을 다지는 명확한 사건이자 첫 번째 국가적 경사였다.[36]

이탈리아를 물리치고 에티오피아의 주권을 지킴으로써 메넬리크 2세는 영웅이 되었고, 아프리카 자유의 상징이 되었다. 그리고 이로 인해 역설적이게도 그는 동아프리카의 다른 자치구를 자유롭게 정복할 수 있었다.

황제는 첫 번째 조카인 라스 월데 기오르기스*에게 남서부 군단을 이끌도록 명했다. 사기 등등한 데다 근대식 무기로 무장한 군대는 마침내 위대한 마지막 정복지인 카파를 차지할 준비가 된 것이다.

• '라스'라는 칭호는 황제의 군대를 이끄는 군단장을 일컫는 말로서 평시에는 주둔지의 총독 직을 맡는다. '월데 기오르기스' 또는 '월데기오르기스'는 에티오피아에 흔한 이름이다.

CHAPTER 3

카파 왕국
The Kingdom of Kafa

아디스 아바바에서 남서쪽으로 5번 고속도로가 뻗어 있다. 테프 밭, 옥수수 밭, 나무 쟁기를 끄는 여윈 소들이 있는 넓은 벌판을 가로지르다가 리프트 밸리 북쪽 경계선을 만나면 방향을 틀어 리프트 밸리를 따라 간다. 이제 아카시아 나무와 양파 모양의 새 둥지가 보이기 시작하고, 상승 기류를 타고 날아오르는 수리들이 가득한 하늘이 펼쳐진다. 이윽고 고지대로 올라간다. 땅의 색이 점차 초콜릿 빛에서 진홍색으로 바뀐다. 자그마하고 달콤한 바나나와 망고를 손에 쥔 어린아이가, 달리는 차 사이로 다니며 장사를 한다. 겁많은 염소 떼가 도로로 내려온다. 드디어 드문드문 커피나무가 심어져 있는 텃밭이 나오기 시작한다. 지마, 역사적으로 강력한 왕국이 있었던 곳이자 주요 커피 생산지인 그곳을 거의 다 지나갈 때쯤, 도로는 다시 방향을 튼다. 그리고 아디스 아바바에서 아홉 시간 거리에 있는, 고제브강이 나타난다. 카파 지역의 동쪽 경계를 나타내는 세찬 흙탕물 강이다. 물이 잔잔한 상류 쪽에서는 사람들이 목욕을 한다. 수심이 낮을 때는 웅덩이에서 하마를 볼 수 있다. "와마 딕구나 부네에 다네 흐아우우크 카파 와아토테" 벽보엔 카피누누어로 안내문이 써 있고, 아래엔 암하릭어와 영어가 적혀 있다. "카파, 커피의 탄생지에 오신 것을 환영합니다.•" 커피, 그리고 커피 문화가 시작된 장소를 참으로 무덤덤하게 적어놓았다.

고제브강을 넘어가면 그때부터는 오르막이다. 테프, 보리, 콩이 자라는 계단식 밭이 넓게 펼쳐져 있고 그 가장자리에는 빽빽하게 그늘나무가 있는 커피 재배지가 있다. 십수 킬로미터를 그렇게 가다보면, 441킬로미터 지점을 표시하는 표지판 옆으로 좁은 대피로가 있다. 카파 지역에서 처음 나오는 마을로 들어서니 젊은이 둘이 가파른 둑길을 따라 내려가 경사지 가장자리로 뾰족하게 자란 수풀 쪽으로 향한다. 뾰족한 수풀은 경사지를 가로질러 먼 언덕 산마루 너머까지 이어져 있다. '히리요'라 불리는, 과거 참호로 쓰이던 곳에 나무와 관목이 웃자라 있다. 카파 지역의 고대 왕조는 외부 침입을 막는 첫 수비선으로 '히리요'를 둘러놓았다. 외적 침입에 특히 취약한 구역에는 두 줄 또는 세 줄을 쳐두었다. 한 주민은 그쪽을 돌아 나가는 비밀 통로를 알고 있다고 한다.

두 젊은이가 참호 안으로 들어간다. 깊이는 7.5미터에 폭은 9미터 정도이다. 한 젊은이가 과거에는 구덩이에 죽창을 박아 넣고 나뭇잎으로 위를 덮어 침입자의 말이 지나가지 못하게 했다고 설명한다.

젊은이들은 다시 길로 올라서서 작은 '오렌지 락' 채석장으로 넘어간다. 오렌지 락은 최근 도로 건설용 자재로 많이 쓰인다. 젊은이들은 이번에

• 다른 거의 모든 지역 이름처럼, 카파 또한 표기 방법이 다양하다. 여기서는 원 표기를 썼지만 일반적인 표기법도 있다. xi에 표기에 대해 언급했다.

는 반대 방향으로 나 있는 히리요로 들어간다. "히리요가 어디까지 있을까요?"라고 묻자 노란색과 녹색의 에티오피아 축구팀 셔츠를 입은 청년이 손으로 머리를 짚더니 어이없다는 듯 쳐다본다. '그걸 아는 사람이 있겠냐?'라고 말하고 싶은 듯하다. 다른 한 청년은 지평선을 가리키더니 멀리 떨어져 있는 마을 이름을 댄다.

이 방어용 참호는 말하자면 중국의 만리장성을 뒤집어놓은 꼴이다. 왕년에 카파 왕국을 주변 나라들로부터 거의 밀봉하다시피 막아주는 데 공헌했다.

카파 왕국은 행정 조직이 잘 갖춰진 독립 국가였고, 전설에 등장할 정도의 부유하고 넓은 나라였다. 열두 개 지역을 다스렸으며, 각 지역마다 왕의 처소가 있었다.[1] 그중 가장 중요한 곳은 수도인 안디라차이다. 이 도시는 티벳의 라싸와 유사하다.[2] 왕명에 따라 외국인은 출입할 수 없었고 상인들 또한 수십 킬로미터 떨어진 상업 도시 봉가로의 통행만 허락되었다.

"왕궁은 매우 아름다웠고 굉장히 화려했지." 안디라차 시의 원로인 테테라 메코넨 예메르는 그렇게 말한다. 90세 노인인 그는 거의 하루 종일 안방에 가득 쌓여 있는 베개에 몸을 기대고 누워 있다. 그의 집은 과거 왕궁이 서 있던 언덕 바로 아래에 있다. 구석 자리, 작은 텔레비전 옆으로 커피 포대 수십 개가 차곡차곡 개어져 있다. 그의 딸은 문 앞 작은 의자에 앉아 말린 렌틸콩 한 접시를 놓고 돌을 골라내는 중이다. 그 옆 석탄 화로 위에 커피가 끓기 시작하는 검은색 제베나가 있다. "재상도, 국경도, 통치 조직도 있었지." 테테라는 19세기 말의 카파 군주에 대해 말한다. "당시엔 독립국이나 다름없었어."

500여 년 전의 왕에 대한 이야기도 있긴 하지만, 두드러지는 것은 카파 지역이 통합되어 강력한 통일 국가가 등장한 17세기 말부터이다.[3] 이때부터 영토가 커지고 경제도 성장하면서 19세기까지 이어져 왔다.[4] 그 절정은 18세기에 접어들 무렵으로[5] 왕국의 판도는 수단의 초원 지대부터 리프트 벨리를 따라 이어지는 소다 호수까지,[6] 남쪽으로는 에티오피아-케냐 국경에 걸쳐 있는 검고 불투명한 에메랄드 같은 투르카나 호까지 미쳤다. 북동쪽 경계는 기베강으로 지마와 리무 또한 영토에 들어갔다.[7] 1800년대 초, 카파는 38개 왕가와 족장을 수하에 두었고 그들에게 공물을 받았다.[8] 이후 영토는 줄어들었지만 여전히 카파는 19세기 내내 에티오피아에서 가장 강력하고 인구가 많은 주로 남아 있었다.

북부 에티오피아의 암하라 사람들은 처음에는 고대 셈족 계통 언어인 게즈어를 사용하다가 이후 암하릭어로 언어가 바뀌긴 했지만 과거 수백 년 동안 여러 문헌을 남겼다. 그에 비해 카파 사람들은 근세까지도 자기 언어를 사용한 기록을 남기지 않았다.[9] 사용하는 언어 이름부터 이 언어가 구전된다는 것을 보여준다. '카피누누'는 문자 그대로 '카파에서 쓰는 말'이라는 뜻이다.

테테라의 딸이 손잡이 없는 작은 컵을 내려놓는다. 커피가 테두리까지 찰랑찰랑하게 차 있다. 테이블보는 주트 포대를 펼친 것이다. 커피가 식자 테테라가 잔을 든다. 커피가 조금 넘쳐서 받침으로 떨어진다. 커피를 마시면서 테테라는 왕국 이야기를 이어간다. 서기 1390년까지 거슬러 올라가는 왕국이다. 딸은 의자에 앉아서, 콩을 체질하고 작은 돌을 골라내면서 아버지의 말에 설명을 덧붙인다. 그녀 앞으로 닭들이 퍼덕이면서 집 안팎으로 들락날락한다.

"문자 기록이 없기 때문에 역사를 정확히 알지 못하는 것 같다." V. S. 나이폴은 카파처럼 기록 대신 구전이 중심인 아프리카 문화에 대해 이렇게 언급한 적이 있다. "그리고 덕분에 역사는 신화로 남았다."[10]

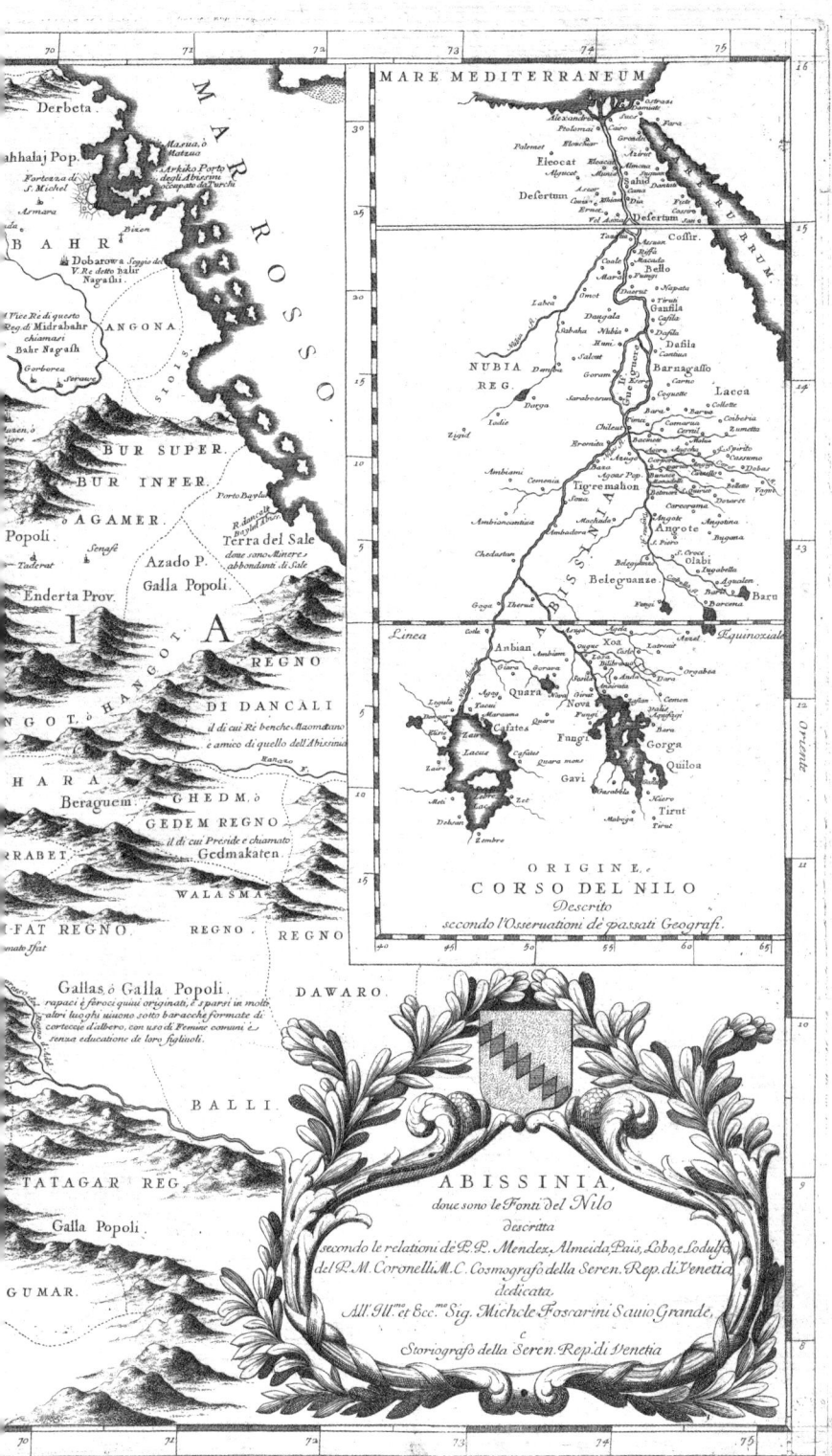

빈첸조 코로넬리가 1690년에 작성한 지도. 카파가 레뇨 디 카파트로테(아래 화쪽)라는 이름으로 보인다. 지도로는 처음으로 소개된 것이다.

카파에 대한 옛 이야기와 신화는 지금도 커피와 함께 후대로 전해지고 있다.

카파를 처음 언급한 유럽인은 포르투갈 사람들이다. 다만, 탐험가들이 직접 체험한 이야기를 남기기 수 세기 전부터 이미 카파라는 이름은 전설로 존재하고 있었다. 탐험가들은 프레스터 존이라는 신비의 왕을 만났다. 그는 거대한 무슬림 세계 속의 기독교 군주로서 그들에게는 확실한 동맹이자 친구로 여겨졌다. ⟨Narrative of the Portuguese Embassy to Abyssinia During the Years 1520-1527⟩에는 성직자 프란치스코 알바레스가 '카파테스'라는 이름의, 두 기독교 왕국인 샤와, 고잠과 국경을 접하고 있는, 서쪽 지역 부족에 대한 언급이 있다. 그들은 "이교도이면서 뛰어난 싸움꾼"이라고 표현했다. 그들은 "주로 밤에" 자신들을 "습격해서 죽이거나 약탈"했고, "낮에는 산과 덤불 속에 숨어 지냈다. 이쪽 산들은 높이만이 문제가 아니라 너무 험했다"고 그는 서술했다.[11] 20년 뒤 포르투갈어로 쓰여진 기록에서도 이곳에 대해 비슷한 내용을 찾아볼 수 있다. 그들은 "땅이 많고 황금을 가진 부유"한 사람들인데, 여기서는 좀 더 매력적인 표현이 덧붙어 있다. "전하는 말에 따르면 이곳에는 보이지 않는 숲이 있는데 이 숲에 숨으면 사람도 눈에 보이지 않는다."[12] 이탈리아인 수사이자 지도 제작자인 빈첸조 코로넬리는 이 "레뇨 디 카파테"*를 1690년도에 펴낸 지도에 넣었는데, 이것은 에티오피아를 청나일강의 발원지로 표기한 첫 지도이다. 지도에서 카파는 나일 지류와 산지 사이 쐐기처럼 들어간 좁다란 왕국으로 나타나 있다. 여기엔 카파에 커피가 자란다는 암시 따윈 없다. 1세기 뒤 제임스 브루스가 이곳에서 커피가 자란다고 주장했지만 아무도 믿지 않았다.

• 카파 왕국을 가리키는 옛말

카파의 대한 믿을 만한 내용이 전해진 것은 독일계 성공회 선교사였던 J. L. 크라프J.L. Krapf의 1840년대 답사를 통해서다. 하지만 그 또한 왕국에 들어가진 못했다. 왕국에 입성한 최초의 유럽인은 더블린 태생의 프랑스계 바스크인 탐험가 앙뜨앙 다바디유로서, 때는 1843년이었다. 한 왕자가 열두 번째 아내를 데리러 가는 길에 카파에 들러 봉가에서 11일을 보냈는데, 그 여행단에 그가 끼어 있었다.[14] 하지만 다바디유는 1890년, 거의 50년이 지나서야 이 내용을 펴냈다. 책 제목은 《Géographie de l'Éthiopie》이다.

1855년 말, 카푸친회 수사 굴리엘모 마사이아(이후 카톨릭 추기경이 됨)가 에티오피아에 카톨릭 교세를 키우기 위해 수도사 체사레 다 카스텔프랑코와 에티오피아 개종인을 보내 카파에 전도 시설을 세우게 했다. 카스텔프랑코는 현지 여성과 결혼했고, 즉시 파문당했지만, 그 뒤에도 그곳에 눌러앉았다. 이후 마사이아 수사가 1859년에 몇 명의 현지 개종인들과 함께[15] 몸소 찾아와 카스텔프랑코의 집에 머물렀지만 2년 뒤 추방당했다. 이때 마사이아는 기록을 챙기지 못했고, 거의 30년이 지나서야 기억에 의존해 카파에서 있었던 일들을 글로 남겼다.

1875년에는 이탈리아 지리학회에서 에티오피아 탐사단을 파견했다. 메넬리크 2세는 이들에게 실험 부지로 거대한 농장을 하사했다.[16] 이들 중 두 탐험가가 지마와 카파를 여행했는데, 탐험 중에 잡혀 한 명은 옥사했고, 살아남은 안토니오 체키Antonio Cecci는 카파로 갔던 길을 "강도와 폭도가 설치는 길"이라 묘사했다.[17]

체키가 카파에 닿았을 때는 갈리 셰로코라는 왕(카파 왕조의 마지막에서 두 번째 왕)이 다스리던 때였다. 당시 카파 왕국은 남서부 에티오피아에서 가장 부유했다. 체키는 돌아와 글을 펴냈는데, 이것이 실제로 카파 왕국을 방문하고 작성한 첫 번째 글이다.

이렇듯 카파 지역은 찾아가기도 어렵고 방어도 철저했다. 하지만 카파 왕국이 끊임없는 격변과 전쟁을 겪으면서도 500년이라는 긴 세월을 버틸 수 있던 것은 이런 조건 때문만은 아니다. 카파를 유지하게 한 또 다른 핵심 요인은 유래 없는 정치적 안정이었다. 완전히 확립된 것은 아니지만, 기본 구조는 적어도 16세기 후반부터 자리잡았다.[19]

최정점에는 '타토', 곧 왕이 있었다. 카파에는 "왕은 곧 법이다"라는 말이 있다.[20] 그는 녹색 망토와 화려한 보석 ─ 오른쪽 팔목에는 팔찌, 오른쪽 새끼손가락에 반지를 끼고 귀걸이를 한다.[21] ─ 으로 장식한다. 백성들은 그를 숭배하고 존경하며 매년 어린 소년을 제물로 바쳐 왕의 건강을 기원했다.

타토는 일단 왕위에 오르면 땅을 밟지 않았다. 그가 발을 디딜 곳에는 미리 천을 깔아두었다.[23] 자기 손으로 음식을 먹지도 않았다.[24] 그 손은 적과 싸우기 위한 손이기 때문이다.[25] '마데 나오', 즉 식탁 노예라는 뜻의 밥을 먹여주는 하인[26]이 한 입씩 떠서 입에 넣어주었다. (이 노예들은 왕에게 밥을 먹이지 않을 때는 팔에다 천을 덮어서 오염이나 저주를 예방했다.)[27] 심지어 자기 스스로 물을 마셔도 안 된다. 음료 먹여주는 하인이 테지 술이나 맥주, 커피가 담긴 소뿔로 만든 잔을 기울여 입에 대주었다. 식사 때는 북소리를 울려 타토가 식사하는 동안 사람들이 소리를 내지 못하게 했다.[28]

오랫동안 타토는 백성들 대부분이 쳐다볼 수도 없는 존재였다. 신하들은 감히 그 얼굴을 보지 못하도록[29] 팔을 앞으로 쭉 뻗어 엎드리고 "왕을 위해 흙을 먹으리"라고 말했다.[30] 영지마다 있는 12개의 왕궁으로 뻗은 왕도는 오직 타토와 그 수행단만이 사용할 수 있었다.[31] 그가 무언가를 들으려 할 때는 하인들이 커튼으로 꼼꼼히 그를 감싸 숨겼다.

왕 직속으로는 '미키레코'라 불리는 의원이 일곱 명, 그들 아래로 지역을 통치하는 지방관이 열두 명이 있고, 이들은 행정, 사법, 정치, 군사, 경제 업무를 맡았다. 그 아래로 길쌈이며 무두질 같은 직업과 관련된 수많은 위계가 존재했다. '사토'는 그런 관리 중 하나인데, 방랑 시인이라는 뜻으로 노래하고 춤추며 전쟁 이야기와 개선식, 과거의 영광을 노래하는 이들을 말한다. 농노는 그 다음 위계로서 그 수가 많아 전체 인구의 3분의 1에서 2분의 1을 이루었다.

최하위 계층이자 카파 지역의 원주민인 '만조', 곧 사냥꾼이 있었다. 이들은 깊은 숲속에서 생활하며 사냥, 추적, 국경 수비를 맡았다.[32] 이들은 능숙하게 나무를 탔기 때문에 숲에 벌집을 걸어두었다가 꿀을 땄다. 이들이 이렇게 변방에서 살아가는 것은 야생 동물을 먹는 습성 때문이었다. 이 왕국에서 먹기 위해 사냥하는 계층은 이들이 유일했다.[33] ― 심지어 고기를 먹는 카페초*는 거의 없다.[34] ― 만조는 호저, 원숭이, 비비, 야생돼지를 사냥해서 먹었다.[35] 만조가 건드린 물건은 오염된 것으로 여겨졌다. 만조가 다른 계층을 만날 때면 '당신을 위해 목숨을 바치겠습니다'라는 의미의 인사를 해야 했다. 상대가 고귀하다면 '지금 이 자리에 파묻혀도 좋습니다'라는 의미의 인사를 해야 했다.[36] 왕이 지나간다면, 일단 다른 이들처럼 엎드리고 흙을 먹겠다 말하는 정도로 그치지 않았다. 실제로 흙을 먹었다.

카파 왕국이 오래 지속될 수 있었던 또 다른 요인은 경제력이었다. 그 기틀은 봉가에서 시작해서 북부 에티오피아로의 내륙길, 홍해 뱃길을 따라 아덴만으로 이어지는 핵심 무역로였다. 이 무역로는 중세 시대에 시작해 19세기에 최절정을 이루었다.[37]

봉가에서부터의 무역로 중 북쪽 길은 일련의 핵심 상업 도시들을 통과한다. 먼저 만나는 곳은 시미엔 산맥의 고산 도시 '곤다'인데,[38] 이곳은 파

* 카파 사람들을 말함― 옮긴이

실리데스 황제가 예수회를 쫓아낸 뒤 1635년에 전략적으로 세운 도시로서 이후 250년간 제국의 수도였다. '곤다'를 지나면서 길이 갈라지는데, 서쪽 길은 내륙으로 쑤욱 들어가서 나일강을 따라 '마탐마'로 향한다. 이 도시는 강가 저지대 도시로 무덥긴 하지만 수단 쪽 국경 도시인 데다가 나일강을 통해서 이집트와 지중해로 연결된다. 다른 쪽 길은 북동부 고지대를 통과한다. '악숨', '아드와'를 거쳐 저지대로 내려가 홍해의 '마사와'에 닿는다.

봉가에서부터 동쪽 해안 방향으로도 큰 길이 나 있다. 대상들은 지마와 샤와를 지나 리프트 밸리를 건너 하라로 갔다. 하라는 동부 지역의 정치와 상업의 중심 도시이자 아라비아 반도와의 핵심 교역 도시이다. 하라에서부터 소말리아를 건너 제일라와 베르베라로 갈 수는 있지만, 이쪽은 매우 위험했다.

상인들은 커피, 꿀, 말린 카다멈 깍지, 엔세트 잎으로 감싼 버터를 바구니에 담아 낙타와 나귀에 실었다. 금을 캐서 리프트 밸리를 건너기도 했고, 남쪽에서 가져온 상아가 화물이 될 때도 있었고 표범 가죽이 실릴 때도 있었다. 머스크 향료도 주요 상품이었다. 사향고양이의 분비물은 향수의 재료로 매우 중요한 상품이었다. 사향고양이는 너구리 정도 몸집에 어두운 색 줄무늬와 반점이 있으며 카파 숲에 산다. 사람들은 사향고양이를 잡아 작은 대나무 우리에 넣고 고기, 수수, 우유, 버터, 옥수수를 넣은 죽으로 배불리 먹인다. 그러면 항문 쪽 작은 분비물 주머니에 왁스 같은 기름이 모이는데, 이를 모아 소뿔에 담는다.[39]

그렇지만 카파산 교역물품 중 가장 중요한 것은 노예였다. 노예제는 역사가 길었고, 카파의 노예는 인구의 2분의 1에서 3분의 1에 달할 정도로 그 수가 많았다.[40] 왕국은 남쪽의 부족을 습격하거나, 전쟁 포로, 공물, 노예 시장에서 노예를 충당했다. 일반인도 노예가 될 수 있었다. 빚을 지거나 도

둑질을 하거나, 저주의 눈길을 보냈다거나, 무속인이 "이 사람은 밤에 하이에나가 된다"고 고발하면 노예로 전락했다.[41] 여성은 간통죄를 저지르거나, 마사이아의 말에 따르면, 심지어는 혼자 음식을 먹은 죄로도 노예가 됐다.[42] 일부 학자들은 19세기 동안 소말리-지부티 해안 쪽 항구를 통해 유출된 노예는 대략 50만으로 추정하고 있지만, 에티오피아의 한 학자는 1800년대 전반 50년만 해도 125만은 될 것이라고 추정한다.[43] 이 루트는 홍해 쪽 이슬람 노예 무역의 일부에 속했기에 대다수는 신대륙의 사탕수수, 담배, 목화 플랜테이션이 아닌, 아라비아와 오스만 제국의 가사 노예로 공급되었을 것이라고 본다. 또한 에티오피아는 환관의 공급원이었다. 여성들은 미모가 뛰어나 하렘으로 들어가기도 했다.

대상들은 봉가로 돌아올 때 구슬과 유리, 그리고 철막대를 가지고 왔다. 철막대는 녹여서 농기구를 만들 수 있었다. 그러나 가장 중요한 수입품은 아몰*과 소금 막대였다. 사람과 가축에게 소금은 특히 중요해서 소금 막대는 철막대와 함께 돈처럼 쓰였다. 가치는 북동부 다나킬 저지대의 소금 광산에서 얼마나 먼 길을 왔는가에 따라 결정됐다. 대상이 하루라도 더 많이 이동하면 그만큼 가치는 더 높아졌다. 1870년대에 이탈리아 여행객 체키는 안디라차 시장에서 "훌륭한 사자 가죽"이며 "검은색 담배 덩어리", 은제 장식품들 사이에서 커피를 찾아냈다. 껍질째 말린 커피를 10-15킬로그램씩 물레토(가죽 바구니)에 담아서 팔았는데, 가격은 소금 막대 3-4개에 달하는 상당한 값어치였다.[44] (꿀 15-16킬로그램이 소금 막대 1개)[45] 소금을 화폐로 거래하는 모습은 20세기까지 이어졌다. "카파 고지대에서 돈은 생소한 개념이다." 오스트리아 여행가 프리드리히 비에베르Friedrich Bieber는 1905년 카파

---

* 비누나무 뿌리로 비누 대용—옮긴이

에 방문한 뒤 이렇게 말했다. 당시 유일한 화폐는 소금 막대였다.[46]

19세기 말이 되면서, 남서부의 가장 중요 상품으로서 커피가 부각되기 시작했다.[47] 향수 업계에서 머스크 대신 합성 향료를 쓰기 시작했고, 상아 거래량이 줄어들었으며, 1930년대부터 정부가 노예 무역을 금지하면서 마침내 커피가 주요 수출품이 되었다.[48]

1890년, 카파의 왕 타토 갈리가 즉위 22년 사망하자, 그의 죽음은 7일간 비밀에 부쳐졌다.[49] 그 사이, 안디라차에서는 후계자를 결정하기 위한 원로회의가 소집되었다. 왕가의 모든 남성들은 선왕의 임종 전부터 후사가 결정될 때까지 사슬에 묶여 지낸다.[50] 후계자는 세습될 필요는 없지만—"왕위는 범우주적으로 인정되는 것이고 초월적으로 인가되는 것이다."[51]—그렇기에 갈리 왕도 아버지 뒤를 이어 왕위를 물려받았고, 이번에는 그의 아들 중 선택된 고귀한 자 가키가 왕위를 물려받았다.

왕의 죽음과 후계자의 이름이 동시에 선언되고, 그와 함께 백성들의 애도 의식이 시작된다. 남자는 수염을 깎고 정수리 쪽 머리를 자른다. 여자는 해진 옷에 머리를 깎고, 드러난 두피를 가시로 긁어 피를 낸다. 안디라차 왕궁에는 왕의 물건들이 모두 펼쳐지고,[52] 문상객이 모인다.[53] 왕의 시신을 씻어 버터를 바른 뒤 왕의 옷을 입히고 나무로 만든 관에 뉘어 알현실에 모신다.

관은 3일 뒤 묘지로 이동하며, 그때까지 사람들은 금식한다.[54] 일곱 명의 제관이 소를 제물로 바쳐 시신이 이동할 길을 정화한다.[55] 쇼샤에 있는 왕가의 무덤까지 가는 데는 하루가 걸린다. 커피숲을 지나 대나무가 빽빽한 길이다. 문상객들 사이로 새 국왕 가키가 걸어간다. 의식 규정에 따라 그는 해진 농부의 옷을 입는다.

갈리 왕이 죽고 21일째에, 장지에서는 시신을 6.1미터 깊이의 묘실로 내린다. 참석한 제관 한 명이 소 한 마리는 제물로 잡고, 열네 마리를 따로 도살한다. 소의 심장을 꺼내 왕의 시신 위에 놓고, 왕의 얼굴에는 소의 피를 뿌린다.[56] 내세에서 왕을 모실 수 있도록 노예 한 명을 죽여 왕과 함께 묻는다. 무덤 안에는 벌꿀 술이 담긴 단지와 커피가 담긴 잔을 차려둔다.[57]

"카파에서는 시신을 매우 깊이 묻는다. 굴을 파고 들어가 가장 끝 바닥에 묘실을 마련한다." 러시아 귀족이자 여행가, 그리고 장교인 알렉산데르 불라토비치는 1800년대 말 이렇게 적었다. "일반적으로는 시신을 야자수 가지로 싸고, 묘실에는 커피, 돈, 상아를 함께 둔다."[58]

"그들에게 가장 중요한 것들이죠."라고 메스핀 테클은 말한다. 사후에도 꼭 필요하다 여길 만큼 특별한 것으로 간주된 것이 바로 커피였다.

연기와 오래된 가죽내가 자욱한 안디라차의 안방에서 테테라가 말한다. "지금도 부자가 죽으면 가족들이 부장품을 넣지. 돈이나 상아……" 그는 구석에 있는 포대들을 본다. "그리고 커피."

갈리 왕의 무덤에는 1년간 음식과 마실거리를 바친다.[59] 1년이 지나면, 방문이 금지되고 아무도 찾아가면 안 된다. 이제 무덤은 야생에 남겨진다. "그 뒤로는 숲의 동물들만이 그의 곁에 남는다."라고 비에베르는 남겼다.[60]●

가키 왕은 부왕의 장례 후 짧은 기간 격리된다. 이후 수석 시인이 가키 왕의 팔에 금팔찌를, 새끼손가락에는 반지를 끼워주고, 왕의 휘장을 둘

● 지금도 마찬가지이다. 카파의 최고 영적 지도자라 할지라도 찾아갈 수 없다. 메스핀은 "굴 곁에서 생활하는 만조라면 위치를 알 것"이라고 했다. "무덤은 자연의 일부가 되었고, 그렇기에 대나무 숲속에서 이를 찾을 가능성은 없다."

러준다. 백성들은 사람보다 직책을 더 존경하며 왕의 권위를 나타내는 이 상징들은 그 권력의 핵심을 완성한다.

가키 셰로초, 그는 20대에 왕이 되었다. 그리고 10년이 채 되지 않아, 5세기에 걸친 카파의 왕가는 막을 내린다. 그때 카파를 방문한 첫 이방인이 체키였다. 체키는 또한 독립 국가로서의 카파를 마지막으로 본 인물이기도 하다. 얼마 되지 않아, 가키 왕의 선대 무덤들처럼, 카파 왕국 또한 사라질 운명이었다.

CHAPTER 4

카파의 마지막 왕
The Last King of Kafa

카파 왕국은 근 20년 동안 메넬리크 2세에게 공물을 보내지 않았다. 가키 왕의 아버지는 노예와 머스크 향료, 커피를 바치기로 한 약속을 치세 내내 한 번도 지키지 않았다.[1] 그러나 1896년이 되자 상황이 달라졌다. 카파는 고립되었고, 주변 영지는 거의 대부분 메넬리크 2세의 손에 들어갔다. 메넬리크 황제의 거대하고 강력한 군대에 비해 카파의 무력은 미약했다.

가키 왕은 몇 년 전 에티오피아인들의 급습을 물리친 뒤로는 카파 내에 군대가 주둔하지 못하게 했다. 아마도 내부 반란을 막기 위해서였을 것이다.[2] 이 때문에 왕국 내 확보된 머스켓 장총 수는 300여 개에 불과했고, 그나마 모두 구식이었다.[3] 이대로는 메넬리크 2세의 군대를 막기란 아예 불가능했다. 안디라차에서 열린 귀족 평의회에서 가키 왕은 이웃 나라 지마의 왕 아바 지파르의 사례처럼 이제라도 황제에게 공물을 바치는 것이 어떠냐고 제안했다. 그러나 거의 승리를 기대할 수 없는 상황임에도 불구하고[4] 평

의회는 전쟁을 선택했다. 그들은 "우리 영토의 숲, 그리고 동물들의 도움을 받아 싸우기로" 결정했다.[5]

신중한 방어전을 펼쳐야 했다. 카파에는 정규군이 없었기 때문에 여덟 살에서 여든 살까지의 모든 남성을 징집해[6] 게릴라식 저항을 계획했다. 왕은 곡물 저장고를 파괴하고[7] 모든 곡물을 없애라 명했다. 왕은 적이 굶주림을 견디지 못하고 퇴각할 것이라 기대했다. "왕은 식량 부족 상황을 만들어 아비시니아인들이 퇴각하길 바랐다. 식량 부족에 익숙한 카파 사람들은 스스로 살 길을 찾을 수 있으리라 생각했다." 러시아의 군사 보좌관이자 다음 해 카파에 진주한 메넬리크 2세의 군대를 살펴보기도 한 알렉산데르 불라토비치는 이렇게 적었다. "이를 위해, 고위 제관들이 신의 계시를 받았고, 카파가 반드시 아비시니아의 침입을 물리칠 것이라는 소문이 퍼졌다."[8]

6월부터 9월까지는 우기이다. 도로가 진창이 되고 강은 건널 수 없는 상태가 되기 때문에 예전부터 이 시기에는 군대가 움직일 수 없었다.[9] 라스 월데 기오르기스는 참을성 있게 기다렸다. 길이 마르고 강물이 줄어들자, 2만 정의 근대식 소총으로 무장한 3만 명이 넘는 용맹한 군대가 사방에서 중세의 왕국을 공격했다. 아바 지파르의 협조로 지마 방향에서도 공격이 가능했다.[10] 만조 경비병들은 속이 빈 나무 몸통을 두드려 8킬로미터 정도 떨어진 카파 방위진에 내습을 알렸다. 공습을 알리는 북소리는 그에 응답하듯 울려퍼졌다.

카페초들은 숲을 잘 알았으며 원시적인 형태의 단검, 장검, 활, 화살, 창들, 하마와 들소 가죽으로 만든 방패 등 숲 특유의 자원을 활용했다. 강둑을 비롯해 적이 쉼터로 쓸 만한 시원한 곳에는 벌이 든 단지를 두었다가 단거리 전투시에 이를 써서 적을 교란시켰다. (물론 카파 군 또한 벌에 쏘이겠지만, 벌이 있다는 것만 알아도 위험을 줄일 수는 있었다.)[11] 벌만큼 강력하진 않겠지만 단거리 전투에서 더 효과적인 것은 붉은 개미였다.[12] 음식이나 뼈 조각에 모인 개미를 가죽 포대에 담아 두었다가, 백병전이 벌어지면 적에게 개미 군단을 던졌다.

"카파인들은 자기들만의 전투법으로 싸웠죠." 안디라차 주민인 테테라 메코넨 에메르는 이렇게 말했다. 그의 할아버지는 북쪽 방향에서 들어온 라스 월데 기오르기스 휘하의 군인이었고 카파인들의 전투 방식에 대해 들려주었다고 한다. "그들은 아주 영리하게 싸웠지." 테테라는 가볍게 미소지으며 말했다. 카페초들의 무기는 원시적이었지만, 그들은 매우 무서운 존재였다고 드문드문 난 회색 수염을 어루만지며 덧붙였다.

"창만 봐도, 갈라에서 보던 것처럼 단순하지가 않았다.* 매우 정교했고 거의 독이 발라져 있었다."라고 불라토비치는 적었다. "아비시니아 인들은 갈라 때보다 더 힘든 전쟁을 치렀다. 카파인들이 물에 독을 탔고 가능한 모든 수단을 동원했다는 소문이 돌았다. 게다가 험준한 산과 울창한 숲은 카파인에겐 큰 이점이었다.[13]

특히 카파인들은 적의 생식기를 잘라내는 것으로 적군에게 두려움을 줬다. "갈라의 모든 부족들은 아비시니아 주변 모든 곳을 빽빽이 둘러싸고, 진격해 나가면서 점령한 모든 곳을 태우고 잡히는 모든 생명을 죽였다." 제임스 브루스는 이렇게 적었다. "그들은 남자의 생식기를 잘라내 말린 다음 집에다 걸어두었다."[14]

물론 장식용으로 걸어둔 것이 아니다. 전사들이 전투 후에 포상—

---

* 갈라는 오로모족을 나타내는 옛 표현인데 경멸적인 뜻을 담는 경우가 많다. 과거에는 카페초를 비롯한, 남쪽과 서쪽의 비 암하라 사람들으로서, 암하라인들에게 정복당한 이들을 지칭하는 말이었다. 불라토비치는 이 말 뜻을 구분할 수 있었던 몇 안 되는 유럽인이었다.

소, 노예, 토지, 흑표범 가죽―을 잘 받으려면 잘라두었던 적의 생식기를 보여주어야 했다.[15] 승전을 축하하는 잔치가 열리면 전사들은 이것들을 이마에 달고 있다가 이후에는 난로 바닥돌 아래 묻었다.[16] 9월에 안디라차에서 축제가 열리면 전사들은 상체를 벗고 이마를 숯으로 검게 칠한 뒤 왕이 앉은 곳 앞으로 나아가서는 자신의 영웅담을 외치고, 말린 적의 생식기를 그의 발 아래 던졌다.[17]

"그것 말고도 더 잘라냈지." 테테라가 한 손을 얼굴 한쪽으로 올려, 흉하게, 마치 잘려진 양 만들며 말한다. "귀가 없는 사람들 보면 무섭지? 그런 걸 보면 나머지 병사들은 겁을 먹게 마련이지."

그렇지만, 그 명성도, 녹슨 머스킷 장총도, 독을 바른 창도, 붉은 개미를 담은 가죽포대도 오전 잠깐 새 이탈리아 군대를 궤멸시킨 라스 월데 기오르기스의 군대에는 상대가 되지 않았다.

라스 월데 기오르기스는 군대를 이끌고 카파의 동쪽 국경을 넘어, 방어선을 뚫고, 안디라차로 곧장 향했다. 군대는 왕궁을 무너뜨리고 언덕에 캠프를 세웠다. 그는 용맹하고 자비심이라곤 없는 군대에게[18] 모든 마을을 휩쓸고, 남자는 죽이고, 여자와 아이는 노예로 잡으라고 명령했다.[19]

연합군은 카파를 빠른 속도로 휩쓸었다. 그러나 전쟁은 가키 셰로코가 잡히고 나서야 끝났다. 그리고 가키 셰로코를 잡는 일은 놀랍게도 무척이나 힘들었다.

건기가 지나갔지만 가키는 흔적조차 보이지 않았다. 다시 우기가 왔다. 처음에는 조금씩 내렸지만 이내 폭우가 내렸다. 장군은 후추와 양배추를 심으라고 명령했다.[20] 비가 계속되면서 강은 불어났고 길이 사라졌다. 모든 것이 물에 잠겼다. 캠프에는 진흙과 오물이 가득했다. 이질이 퍼졌다. "군대는 굶주림과 병으로 완전히 지쳐버렸다." 불라토비치는 캠프에 잠시 들른

뒤 이렇게 적었다. "안드라차*에 쌓여 있는 시체더미에서 나는 악취는 참을 수 없을 정도였다."²¹

장군조차 포기하고 아디스 아바바로 돌아갈 생각을 했다.

그 수 개월 동안, 가키 왕은 넝마를 입고, 농부로 위장해 숨어 지냈다. 하인들은 점차 줄어들었다. 포위망이 좁혀오자, 왕은 군대의 감시를 뚫고 남쪽으로 탈출하려고 했다. "그는 민간인 행색으로 하인 한 명만 데리고 밤에 경비 초소를 뚫으려고 했다."라고 불라토비치는 적었다. "그러나 경비병들이 알아채고 경보를 울렸다. 가키는 근처 숲으로 도망쳤고, 아비시니아 군인들이 재빨리 숲을 포위했다." 그러나 숲속에 그는 없었다. "몇 차례나 샅샅이 훑었지만 왕은 없었다."²² 왕은 마치 사라진 것 같았다. 수 세기 전, 카파의 숲에서 자란다고 포르투갈인들이 말했던, 바로 그 마법의 나무를 이용했을지도 모른다.

그날 밤, 1897년 9월 11일,²³ 잃어버린 나귀를 찾아 관목을 살펴보던 병사 한 명이 우연히 가키 왕을 찾아냈다.²⁴ 왕은 급히 창을 던졌다. 처음엔 은 창을, 다음엔 구리 창을 던졌지만 모두 빗나갔다. 은신 9개월째였다.

왕을 잡았다는 소식을 듣고, 장군은 종전을 선언했다. 포로들은 석방되었고, 암하라인들의 승리로 전쟁이 끝났다는 말이 퍼져나갔다.

장군은 가키에게 좋은 옷을 입혀 데려오라 명했다.²⁵ 처음 만남에서 두 사람 모두 땅바닥 위에서 존중의 인사를 했다. 가키는 팔에서 금 팔찌를 벗어 라스 월데 기오르기스—최초의 카파 정복자—에게 이를 받아달라고 청했다. "받지 않는다면 나는 그대를 경멸할 것이오."라고 말했다.²⁶

장군은 가키에게 족쇄를 채우라고 명한다. 그러자 왕은 "나는 철 사

---

* 안드라차를 말한다. 표기법은 xi 를 참조.

슬에 묶이는 야수가 아니오."라고 말했다고 한다. 왕은 금으로 된 사슬로 묶어달라고 요청했다.[27] 하지만 그렇게까지 하려면 황제의 허가가 필요했을 것이다. 장군은 은 족쇄를 차는 선에서 타협했다. 병사들은 가키의 목에 족쇄를 두르고 망치로 쳐서 잠갔다. 족쇄의 다른 쪽 끝에는 시종 한 명이 묶였다. 카메토라는 이름의, 카파의 종교 지도자였다.*

아디스 아바바로 돌아가기 전, 군대는 가키의 왕관을 회수해야 했다. 왕관은 곧 카파의 상징이었기 때문이다. 왕관이 카파에 남아 있는 한, 왕국은 여전히 강성할 것이라고 했다. 군대가 침입해 들어올 때 가키 왕은 왕관을 숨겼고 왕실의 삼발 의자도 사라졌다. 병사들은 정보원들을 압박했고,[28] 마침내 부타 산의 대나무숲 동굴 안에서 왕관과 의자를 찾아냈다.[29]

라스 월데 기오르기스는 새 정복지를 다스릴 분견대를 일부 남기고, 가키의 아내들은 봉가에서 하루 거리 떨어진 외진 농가로 보낸 뒤,[30]** 포로가 된 가키와 함께 아디스 아바바로 행군했다. 가키는 나귀를 탔고 스스로 양산을 들고 갔다.

고제브강에서 행군이 멈추었다. 가키는 나귀에서 내려 새끼손가락에서 금반지를 빼 강에 버렸다. 우기가 끝나가고 있었지만 수위는 여전히 높고 물살은 거셌다. 물가를 따라 난 덤불을 감돌아 휘몰아치다 오모강으로 내려가는 물이었다. 물이 적으면 해질녘 웅덩이에 모이던 하마들도 없었을

---

* 프리드리히 비에베르는 그를 아루루라는 이름의 노예라고 말한다. 그륄에 따르면 아루루는 "경비병"을 말한다.

** 3개월 뒤 불라토비치는 이 아내들의 사진을 찍었다. "바나나무 그늘 아래 쇠가죽이 펼쳐져 있는 자리 위에 젊고 아리따운 여성이 앉아 있었다. 그 뒤에 포로가 된 하렘 여인들을 감시하는 간수장―몸집이 크고 수염이 없는 환관―이 서 있었다. 다른 두 아내, 네 명의 첩, 그리고 아름답고 용감한 열두 살의 누이가 있었다." 불라토비치, Ethiopia through Russian Eyes, 253

것이다. 카파 왕국은 끝났다고, 흙탕물 속으로 반지를 던지면서 가키는 말했을지도 모른다.

최근 만났던 봉가의 한 공무원은 한껏 감정에 젖어 이렇게 말했다. "그는 카파 주변에 흐르는 강에 반지를 던졌지요. 후손들이 언젠가 찾을 수 있도록 말이죠."

1897년 11월 6일, 가키는 아디스 아바바에 있는 황궁에 닿았다. 족쇄를 하고, 항복의 상징으로 어깨에 돌을 얹고 궐문을 지났다.[31]• "마침내 가키가 궁궐에 도달했다. 납작 엎어져서는 목에 돌을 얹은 상태로, 황제가 말할 때까지 기다렸다."라고 초대 미국 외교 사절단 수장은 적고 있다. "황제는 카파의 군주가 자신에게 저질렀던 일들을 돌이키며 점점 더 분노했다. 병사들은 끝없이 고함을 지르며 이 불행한 왕을 상처 입혔다."[32]

사관에 따르면, 황제는 관용을 베풀기로 유명했고(그리고 확실히 실용주의적이었다.) 공물을 정기적으로 바치겠다고 약속하면 가키를 다시 카파의 수장으로 삼을 생각이었다. 그러나 전투에 참전했던 이들은 생각이 달랐다. 그들은 오랜 전투로 수많은 동료들을 잃었고 이를 잊지 않았다. 이들은 가키의 사형을 요구했다.[33] 이때 라스 월데 기오르기스가 제3의 대안을 제안했다. 가키를 가두는 것이었다. 황제는 동의했다. 장군은 또한 자기가 카파를 다스리고 싶다고 말했다. 황제는 이 요청 역시 허락했다.

가키 셰로코가 잡힌 뒤 찍힌 사진은 단 한 장이다. 어두운 색 망토를 두르고 밝은 색 숄을 오른손에 휘감고는, 법정 입구처럼 보이는 낮은 나무

• 카파 쪽 기록에는 가키 왕의 저항에 대해 좀더 자세하게 표현했다. 카메토가 첫 번째 궐문을 두드렸을 때, 호위병들이 가키가 절을 해야 문을 열어주겠다고 했으나 그가 거절했다고 한다. 그러자 호위병들이 왕의 목에 무거운 돌을 매달아 강제로 숙이게 했고, 그 뒤에야 문이 열렸다.

사슬에 묶여 있는 가키 셰로코와 하인.

문 뒤에 서 있다. 목에 채워진 굵은 사슬이 그의 시종과 이어져 있다. 사진 끄트머리에 있는 하인은 고개를 숙이고 있는데 몸 대부분을 천으로 둘둘 말고 있다. 가키는 면도를 하지 않은 것처럼 보인다. 한동안 이발을 하지 않아 아프로 머리가 되었다. 카메라를 똑바로 바라보는—아마도 처음 보았을 것이다.—그는 꼿꼿이 서 있고, 순순히 굴복하지 않겠다는 듯한 모습이다.

가키는 처음에는 샤와의 옛 수도인 안코베르에 수감되었다가, 이후 북동부의 월로로 옮겼고 마지막에는 아디스 아바바로 갔다. 그는 1919년 죽었다. 20년 이상 감옥에 갇혀 있었다.*

가키는 죽어서도 카파의 쇼샤 산 왕가의 묘지에 묻히지 못했다. 그가 묻힌 곳은 아디스 아바바의 북쪽, 데브레 리바노스의 계곡에 있는 사원이다.** 이 사원은 13세기에 세워진 것으로, 메넬리크 2세의 고향 샤와의 주 수도원이자 중세 시대 에티오피아 정교회의 중심지였다. 가키의 무덤에는 그를 위한 소의 심장도, 사후 세계를 위한 커피도, 테지 술도 없었을 것이다.

   불라토비치는 카파 정복과 그 직후의 영향을 가장 가까이에서 본 사람이다. 코사크 체제 하에서 전통 교육을 받은 사관 출신인 그는 아드와 전투에서 부상당한 에티오피아 전투병들을 간호하기 위해 파견된 러시아 적십자사의 일원이었다. 이후 그는 '바로' 강을 따라 서쪽 지역 원정군에 합류했다가 러시아로 돌아간 뒤, 다시 통상 대표로 에티오피아에 돌아왔다. 그는 메넬리크 2세에게 도주 중이었던 카파의 왕을 잡을 수 있게 라스 월데 기오르기스를 돕겠다고 청원했지만 황제는 이를 거절했다. 하지만 그는 아디스 아바바에서 라스 월데 기오르기스의 개선과, 포로가 된 카파의 왕을 사진에 담을 수 있었다.

   남부의 용장 라스 월데 기오르기스는 가키를 압송한 뒤 카파로 돌아갔다. 그러나 메넬리크 2세는 장군을 훨씬 더 남쪽으로 보냈다. 카파의 남쪽, 에티오피아와 케냐의 접경지인 루돌프 호수 위쪽 지역이 목적지였다.[34] 불라토비치는 앞서 전설적인 승마 기술로 황제의 눈에 든 적이 있었는데, 이번 원정지가 영국이 식민지로 선포한 곳과 인접해 있던 만큼, 영국과의

- 가키는 황제 메넬리크 2세보다 오래 살았다. 황제는 매독을 앓았고 1907년부터는 부분 마비 증세를 보였다. 뇌졸중이 계속되었고 병상에서 벗어나지 못하다 1913년 말 죽었다. 정부는 내전을 우려해 3년 가까이 그의 죽음을 알리지 않았다. Marcus, History of Ethiopia, 110; Underhill, "Abyssinia Under Menelik anf After," 49.
- 오늘날 카파 사람들 일부는 이 사실을 믿지 않는다. 그들은 가키가 묻힌 곳도, 묻힌 때도 그에 관해 아무런 증거가 없다고 주장한다.

충돌을 우려한 황제는 그를 참관인 자격으로 라스 월데 기오르기스 군에 합류시켰다.

불라토비치는 1898년 1월 고제브강을 건넜고 카파 지역에 들어와 안디라차에 도달했다. 아마도 그곳에서 장군을 만났을 것이다. 빽빽한 숲을 뚫고 올라가 만난 광경에 황홀해하는 그의 기록이 남아 있다. "자연 속에서, 살아 있어서 기쁘다는 감정을 느꼈다. 이곳은 에너지가 넘친다. 매혹적인 아름다움이 마치 마법의 세계에 온 듯하다. 잠자는 숲속의 공주가 살고 있다는 그 마법의 숲이, 공주와 성과 시종들만 빼고 다 여기 있다. 그렇지만, 그 아름다운 동화 속 광경 대신, 죽음과 파괴라는 무시무시한 징표들이 깔려 있다."[35]

가키 왕이 잡힌 지 고작 몇 개월밖에 지나지 않았을 때였다. 왕국은 폐허 그대로였다. "녹색 풀이 자라난 사이로, 하얀 뼛조각이 여기 저기서 빛을 낸다. 사람이 사는 흔적은 어디에도 보이지 않는다. 경작지의 무성한 잡초들만이 여기 사람들이 살았다는 것을 증명한다." 불라토비치는 계속한다. "카파의 수도로 가까이 갈수록, 전쟁의 흔적은 더 뚜렷했다. 안디라차 근처 공터에는 온통 사람의 뼈가 가득했다."[36]

카파의 모든 경작지는 파괴되었고 농장에는 아무것도 없었다. 불라토비치는 여기서 사람들을 보았다. "사람들의 행렬은 끝이 없었다. 다들 무언가를 들고 있었다. 키 크고 강인한 갈라족 사람들이 곡물을 머리에 이고 카파로 향하거나, 커피나 벌꿀 술을 지고 카파에서부터 나왔다."[37] 사람들이 찾을 수 있었던 유일한 상품은 야생 커피였다. 이들은 커피와 식량을 교환했다. 과거, 커피는 삶이고 문화적 시금석이었는데 이제는 굶주림을 이겨낼 구원 상품이 된 것이다. "궁궐 앞 공터에서 2주일에 한 번씩 장이 열렸다. 근처 주민들이 이곳에 모였다. 사람들은 지마에서 공급되는 빵을 사기 위해 커피를 내밀었다. 커피야말로 이곳의 유일한 재원이었다."[38]

불라토비치는 카파의 상황이 매우 심각하다는 사실을 알게 되었다. "굶주린 카파의 어린이들이 아무것도 입지 않은 채 우리가 묵는 곳 주변을 돌아다니며 쓰레기를 뒤지고 있다. 그들을 보고 있자니 마음이 아프다. 믿기지 않을 만큼 말랐다. 아니, 정확히 얘기해서 피골이 상접했다. 여윈 다리엔 살점이 거의 없다. 무릎 연결 부위가 선명하게 드러나 있다. 볼도 눈도 쑥 들어가 있고, 배는 볼록 나왔다."[39]

전쟁 이후, 카파의 백만 인구 중 60% 가까이가 죽거나 난민이 되었다.[40] 20세기 첫 사분기 동안, 카파의 인구는 거의 10만 가까이로 줄었다.[41] 과거에 비해 10분의 1이 된 것이다. 황제에 가장 강력히 맞섰던 두 곳, 아르시와 카파는 '효율적으로'(너무 쉽게) 사람이 살지 않는 땅이 되었다.[42]

이제 막 정복된 안디라차에는 32000명의 군대가 주둔했고 불라토비치는 그곳에서 2주 가까이 머물렀다. 군대는 우기가 오기 전 루돌프 호수 남쪽으로 행군했고, 불라토비치는 이로써 카파를 가로지른 첫 외국인이 되었다. 길은 험했고 초행길이었지만, 큰 어려움은 없었다. 두 달 뒤, 군대는 제국의 남서쪽 끝에 도달했다. 병사들은 메넬리크 2세를 상징하는 녹, 적, 노랑의 깃발을 세우고 5천 정에 달하는 총을 쏘아 축포를 울렸다.[43] 라스 월데 기오르기스와 병사들은 4만 7천 제곱 킬로미터,[44] 뉴저지와 코네티컷, 델라웨어, 로드 아일랜드를 합친 면적(한반도의 절반에 해당)을 더 넓혔다.

황제는 적극적인 팽창 정책을 폈고, 그 결과는 성공적이었다. 근대와 현대 에티오피아의 영역은 이때 갖추어졌다. 메넬리크 2세는 샤와 왕국이라는 고립되고 반쯤 종속적인 나라에서 시작해 유럽인들이 식민화하지 못했던 동아프리카의 영역 전부를 손에 넣었고 113만 제곱 킬로미터에 달하는 —프랑스, 스페인, 포르투갈을 합친 크기— 거대한 영토의 제국을 건설했다. 아디스 아바바는 이 제국의 수도로서 완벽했다. 에티오피아는 내륙국이었다. 그래서 바다로 나가려면 소말리아, 지부티, 에리트레아를 지나야 했다. 그러나 에티오피아는 광대했다. 그리고 심장부인 중부 고지대는 건조 저지대 또는 열대 저지대와 같은 완충 지역으로 보호를 받았다.

불라토비치는 카파 전투에 참여한 장군, 사관, 병사들과 4개월 동안 함께 지냈다. 그는 1900년에 러시아어로, 《With the Armies of Menelik II》라는 책을 펴냈고, 이 책은 정확히 100년 뒤 영어로 번역되었다. 카파 정복기를 담은 책은 이 책이 거의 유일하다.* 국제적 문헌으로는 이 외에 보고서 한 건만 나와 있다. 파리의 일간지 〈Le Temps〉에 짧게 나온 기사이다.⁴⁵

어느 위대한 아프리카 왕국의 쇠망에 대한 이야기, 그리고 세계 최초의 커피 문화에 대한 이야기는, 잊혀졌다고 할 수는 없다. 애초에 알려진 적도 없었다. 그리고 메넬리크 2세의 군대는 문자 그대로 파괴할 수 있는 모든 것을 파괴하고 태워 없애버렸다.

"모든 게 타버렸지." 테테라는 침대에 앉아서 이렇게 말했다. 불은 강력한 무기였다. 병사들은 불을 휘둘렀고 카파의 중심지 거의 모든 것을 태워버렸다. 건물은 물론이고, 왕국의 존재를 증명할 수 있는 모든 것들이 사라졌다. "군대가 지나간 곳에는 폐허만 남았다."라고 불라토비치는 적었다. "탈 수 있는 모든 것에 불을 놓았다."⁴⁶ 1920년대 중반, 막스 그륄은 봉가

---

* 불라토비치는 떠날 때 많은 선물을 받았다. 그중에는 가키가 병사에게 던졌던 은 창도 포함되어 있었다. 황제는 아디스 아바바에서는 보기 드문 황금 방패를 선물했다. (Bulatovich, Ethiopia Through Russian Eyes, 380) 불라토비치는 러시아로 돌아온 지 얼마 안 되어 전역하고 수도승이 되어 아토스 산에 거주하면서 동방정교회의 도그마 운동을 이끌었다. 그러나 군에 대한 마음이 완전히 없어진 것은 아니었는지, 1차 세계 대전에서는 군종 성직자로 활동하면서 돌격을 이끌었다고 한다. 그는 이단 신앙을 이유로 파문당했고 1919년 강도를 만나 동부 우크라이나에서 죽었다. (같은 책 417)

에 대해 "더 이상 존재하지 않는다. 눈부신 녹색 빛으로 가득한 '캐슬 힐'과 이웃한 협곡 마을 '딘차' 위로 오두막이 몇 개 있을 뿐이다. 영광의 시대를 보여줄 유물은 흔적조차 없다."[47]라고 썼다.

안디라차와 왕궁 또한 같은 운명을 맞았다. 도시 곳곳을 파괴한 "아비시니아인들은 이 거대한 건물을 무너뜨렸고, 마침내는 불태워 없앴다." 불라토비치는 이렇게 기록했다.[48] 수 년 뒤, 프리드리히 비에베르가 이곳을 방문했을 때는 울타리 몇 개와 오두막 한 채만 있었고, 그것도 오래지 않아 사라졌다. "왕궁은 흔적도 없이 사라졌다." 그륄의 글이다. "옥좌가 있던 방(하라비) 자리에 농부가 쟁기질을 하고 있다. 거실과 여성 거주지가 있던 곳에는 땔나무들이 잔뜩 쌓여 있다." 왕국이 정복된 지 겨우 25년이 지난 뒤의 일이다. "카파 왕국의 모든 영광과 함께, 왕궁은 사라지고 잊혀졌다."[49]

1954년, 에티오피아의 황제 하일레 셀라시에가 비엔나를 방문했다. 그는 오스트리아 탐험가 프리드리히 비에베르가 카파에서 수집한 물품을 보러 이 도시에 있는 민족 박물관에 방문했다. 황제는 모직 더플코트로 단단히 감싼 채, 검, 직조 벨트 등이 전시된 전시실을 둘러보고는, 왕관은 어떻게 되었는지 물었다. 수행원 중 한 명이자 비에베르의 아들인 오토가 왕관은 취리히에 있는 은행 금고 안에 있다고 설명했다. 가키가 붙잡히고 가키의 왕관이 아디스 아바바에 도착하고 얼마 뒤, 카페초 무리들이 왕관을 훔쳐 카파로 가져가려고 했던 사건이 있었다. 왕관의 상징성을 잘 아는 메넬리크 2세는 오랫동안 자신의 조언자였던 알프레드 일그Alfred Ilg라는 스위스 기술자에게 왕관을 스위스로 가져가라고 명령했다.

셀라시에 황제는 비엔나 방문 일정을 조정해 즉시 취리히로 향했다. 그는 일그의 미망인과 두 아들을 만나 왕관 회수를 위한 협상을 벌였다.[50] 열흘 뒤, 그는 스위스에어의 DC-6 수송기를 타고 에티오피아로 돌아갔다.

돌아가는 길에는 왕관이 함께했다.

　　왕관은 현재 아디스 아바바에 있는 Institute of Ethiopian Studies에 있다. 옛 전화 부스 크기의 유리 케이스 안에 전시되어 있다. 왕관 옆으로는 삼발 의자가 있다. 다리가 짤막하고 하키 스틱처럼 구부러져 있다. 가키가 쓰던 왕관은 다른 전형적인 왕관들처럼 퍼지는 햇살이나 화환 모양이 아니다. 차라리 금속으로 만든 조커 모자처럼 보인다. 왕관 제일 높은 곳, 그리고 앞과 옆을 따라 여러 부분에 타조 깃털이 돋아나 있고, 30센티미터 길이의 가느다란 사슬장식이 달려 있다.

　　카파 주 정부는 봉가에 있는 새 박물관에 전시하기 위해 왕관의 반환을 요청해왔다. 이 거대한 박물관은 아직 미완성이며 역사, 문화 쪽은 거의 비어 있다. 공식적으로는 국립 커피 박물관이지만, 어차피 카파 지역 문화에는 커피가 필연적으로 섞여 있다. 어느 하나를 기념하면 다른 하나도 기념되는 것이다.

　　하지만 이 요청은 받아들여지지 않을 것 같다. 독립주의 면에서의 상징성이나 정서 면에서 너무나 많은 것을 내포하는 유물이기도 하고, 특히 인근 감벨라나 오로모족들에게 민족주의적 긴장이 조성되고 있기 때문이다. 이쪽에서 일어난 소요 때문에 에티오피아 정부는 2016년 비상사태를 선언하고 가혹한 조치를 취하기도 했다.

CHAPTER 5

원산지
Origins

봉가 중심지에는 작은 로터리가 있다. 과거엔 이 로터리 가운데에 도시의 상징인 거대한 제베나 주전자가 있었다. 그런데 몇 년 전 도로 공사를 하면서 이 조형물을 철거했고, 지금은 그 자리에 잡초만 무성하다. 새로 세운 조형물은 여기서 수백 미터 떨어진 곳, 바로 국립 커피 박물관에 있다. 눈에 띄는 적포도주색 지붕 위에 커다란 커피콩 모형이 얹어져 있다. 정면에 커다란 커피콩이 하나 더 서 있는데, 마치 거대한 전쟁용 방패 같다. 그 받침 주위로 '카파'와 '만키라'라는 이름이 수십 개는 적혀 있다.

이 건물은 시공 년도가 2007년이고, 에티오피아 수상이 개관 선언을 한 것은 2015년이다. 그러나 2016년 말에도 공사는 끝나지 않았다. 대중 공개는 요원하고, 특정일에만 개방한다. 7월에 확인했을 때는 전등도 없이 드넓은 벽에 전선만 깔려 있었다. 거대한 건물 가운데엔 두툼한 기둥을 따라 나선형 계단통이 있다. 지하에는 물이 2피트 정도 고여 연못을 이루고 있었다. 문은 닫혀 있고, 안에 채워진 것은 거의 없다. 직원이 열어준 곳은 세 군데인데, 한 곳에는 카파에 대한 정보가 전시되어 있었다. (옛 왕국의 행정구조를 표시한 도표와, 1897년 네 방향에서 펼쳐진 카파 공략을 나타낸 손그림이었다.) 다른 한 곳은 특별할 것 없는 커피 관련 수집품 모음이었다. 녹이 슨 초창기 이탈리아제 에스프레소 머신, 협동 조합에서 커피 포대 계량용으로 사용하던 무거운 저울, 먼지 가득한 유리 진열대 안에는 소뿔로 만든 잔, 흙으로 만든 제베나 주전자, 막대기 모양의 막자가 딸린 나무 사발 두 쌍이 구석에 기대어 서 있었다.

흰 벽엔 커피를 발견했다는 에티오피아 염소지기 칼디가 등장하는 그림이 그려져 있다.

칼디 이야기는 잘 알려져 있다. 책이나 전 세계 커피 업체 홈페이지에 소개된 글에 따르면 어느 날, 목동 칼디가 잠이 든 사이 염소 떼가 어디론가 사라져버렸다. 와신트(대나무 피리)를 불어도 염소가 오지 않자 한참을 찾아 다니던 칼디가 마침내 염소들을 발견한다. 그런데 염소들이 신명나게 뛰어놀며 뒷다리로 춤을 추고 있는 게 아닌가. 칼디는 이 염소들이 어떤 나무가지에 달린 붉은 열매를 먹고 있다는 것을 알아채고 자기도 몇 개 따서 먹어본다. 그리고 그 역시 염소들과 함께 춤을 추기 시작했다. 칼디는 이 신비한 열매를 주머니에 가득 채워 집으로 돌아와 아내에게 주었고, 아내는 이것을 수도원으로 가져가보라고 말한다. 그러나 수도원장은 무심하게도 이 열매를 불에 던져버렸는데, 열매가 구워지는 매혹적인 향기가 방을 가득 채우면서 수도승들의 호기심을 자극한다. 이들은 불씨를 뒤적여 구워진 씨앗들을 꺼내, 잘 빻아서 뜨거운 음료로 만들었는데, 한 모금 들이켰더니 평소와 달리 정신이 말똥말똥해져서 긴 야간 기도를 또렷한 정신으로 드릴 수 있었다. 소문은—그리고 그 음료도—점차 퍼져나갔으며, 처음에는 수도승끼리, 그리고 마침내는 일반 사람들까지 커피를 마시게 되었다.

이 이야기는 다름 아닌 유럽의 첫 커피 논문에 실려 있다. 앙뜨앙 파우스투스 나이론이라는 시리아계 기독교도이자 로마 대학 언어학 교수가 1671년 라틴어로 쓴 것인데, 소개된 즉시 비판을 받기도 했지만 이야기는 널리 퍼져나갔다. 루이 14세 공인 골동품 전문가이자 아랍어 원문의 '천일야화'와 압 알-콰디르 알 자지리가 커피의 기원에 대해 쓴 16세기 글을 번역한 프랑스인 동양학자 앙뜨앙 갈랑드는 나이론이 이 목동 이야기를 창작했을지도 모른다며 비판했다. 커피에 있어 최고의 권위자 윌리엄 유커스는 "(갈랑드는) 역사적 사실로 믿을 만한 가치가 없다고 말했다."라고 1922년 언급했다. "다만, 그 또한 아비시니아의 염소가 커피를 발견했다는 이야기와 수도원장이 수도승들을 위해 열매 조리법을 만들어냈다는 이야기 속에 어느 정도 사실인 부분도 있을 것이라고 조심스레 덧붙이긴 했다."[1]

그런데 야생 커피 숲이 있는 지역에서 전해지는 커피 발견의 이야기들은 비슷한 부분이 있다.

"100에서 200킬로미터까지, 정글 아래 보이는 모든 것이 야생 커피나무 덤불이다." 20세기 초 프리드리히 비에베르는 이렇게 말했다.[2] 그는 오스트리아의 사절단의 일원으로 에티오피아를 찾았고 알렉산데르 불라토비치가 이 지역을 본 이래 이곳을 방문한 첫 외국인이었다. 수도에서 업무를 수행한 다음 그는 카파 지역을 방문하고 싶다고 청원했고, 황제는 이를 승낙하고 말 탄 사람 일곱 명을 포함한 오십 명의 단원과 짐을 진 나귀 스무 마리로 된 여행단을 꾸려주었다.

비에베르는 아프리카, 특히 에티오피아에 평생 매혹되어 있었다. 그는 초행길에 암하릭어를 통달했고 다음 번 방문에서는 카피누누어를 유창하게 말했다. 그가 방문했던 때 카파는 정복된 지 이제 6년이 지난 때였고,

그는 이 지역과 사람들, 역사에 대해 끊임없이 묻고, 알아낸 모든 것을 공책에 적었다. 손자인 클라우스의 말에 따르면, 그 공책의 별명은 '아부 키타바'였다. 책의 아버지란 뜻이다. 비에베르는 카파에 한 달간 머무르면서 500개의 물품과 수많은 정보를 모았다. 카파에 대해 지금까지 나온 것들 중 가장 탄탄한 결과물을 낼 수 있을 만한 양이었다. 그리고 그는 불과 얼마 전에 완전히 사라져버린 문화에 대해 세세하게 기록한 천 페이지에 달하는 글을 썼다. 카파 지방 정부의 교육부 공무원은 이렇게 말했다. "우리의 문화는 구전되어 왔지요. 여기에 비에베르의 책까지 있어요."

어느 날, 비에베르는 에티오피아를 여행하다 시골 농장 근처에 머물러 쉬고 있었다. 그때 그는 나이 든 카페초가 커피를 만드는 광경을 보게 되었다. 비에베르는 쓰고 있던 피스 헬멧을 바닥에 내려놓고 "즐거이 이 훌륭한 커피를 들이켰고" 사내가 들려주는 커피 발견에 대한 이야기를 일기장에 기록했는데, 그의 아들 오토에 따르면 내용은 이러했다.

> 오래 전, 염소와 양 들이 정글 바닥에 떨어져 있던 커피콩을 먹고서는 한밤중까지 이리저리 뛰어다녔다. 목동들이 그걸 보고 작은 커피콩의 신비한 효과를 알게 되었다. 커피콩을 먹는 순간 힘이 솟고 끈기가 강해지고 밤에는 잠을 잘 필요가 없었다. 카페초의 말에 따르면, 그러다 나중에는 작은 용기에 불을 담아서 커피 씨앗을 구웠다고 한다.[3]

흥미롭게도 이 이야기는 유럽식 옛이야기와 비슷하다. 당시 카파 지역은 외부와 철저하게 차단되어 있었는데도 말이다. 비에베르가 오기 전 이곳에 왔던 유럽인은 손에 꼽을 정도이고, 심지어 그에게 이야기를 들려준 사람은 세계 곳곳으로 여행을 다닌 봉가 출신 상인이 아니라 어떤 농장에서 우연히 마주친 농부였다.

그렇지만 칼디 이야기와는 차이점이 있는데 이 부분이 매우 흥미롭다. 대수롭지 않을 수도 있겠지만, 이 이야기에는 염소와 양이 나오고, 칼디 이야기와 달리 나무에 달린 열매가 아니라 땅에 떨어진 열매를 먹었다. 그리고 좀 더 중요한 부분은, 최근 카파 지역의 커피 숲에서 들을 수 있는, 내용상 여섯 가지 정도로 나눌 수 있는 이야기와 거의 비슷하다는 점이다.

그리고 이 이야기에는 수도승이 전혀 등장하지 않는다. 그리고 사실 이것이 더 신빙성이 있다. 정교회가 카파에 오려면 16세기는 넘어야 한다.―교회가 처음 생긴 게 1520년대이다.―그때쯤이면 메카, 다마스커스, 카이로에 이미 커피점이 들어설 때이다. 이야기 속에서 나오는 것처럼 커피가 곧바로 종교적으로 사용된 것도 아니다.

더 중요하게는, 앞서 말한 이야기에는 커피열매 발견사에 더해 커피콩을 볶아 분쇄를 하고 이것을 음료로 만드는 이 엄청난 대발견을 수도승들의 공으로 묘사한다. 하지만 커피 추출은 아무래도 훗날의 이야기일 것이다. 우리가 아는 커피음료는 천천히 진화된 결과이다. 커피는 음식으로 시작했다.

"만키라 인근을 다스리던 왕의 염소지기 칼리 아두가 있었어요. 아두는 자기 아버지 이름이에요." 이렇게 말을 시작한 타미라트 하일레이는 운동복에 짧은 부츠를 신고 있는 20대 청년이다. 만키라 숲의 한 오두막에서 그는 카피누누어로 말하고 있다. 대나무 건조대에는 야생 커피가 깔려 있고, 주위로 십여 명의 사람들이 모여서 이야기를 듣고 있다. "어느 날, 염소들을 끌고 나갔는데, 그날 염소들이 너무 이상하게 행동했어요. 밤새 자지 않고 날뛰었죠. 다음 날 아침, 왕이 칼리 아두에게 말했죠. "염소들을 쫓아가 무엇을 먹는지 보거라. 찾으면 몇 개 가져오거라." 염소지기는 왕이 시키는 대로 했고, 염소들이 먹던 잎이랑 열매를 가지고 왔어요. 왕은 그 열매를 몇 알 먹었죠."

"날것으로 말인가요?"

"그럼요. 하지만 얼마 후에 왕은 그것을 구웠어요."

"불에 던진 게 아니에요? 구워진 냄새를 맡고 먹어본 거 아니었어요?"

"아뇨. 그런 일은 없었어요." 타미라트는 고개를 저었다. "다른 것들도 구우면 맛이 더 좋아져요. 숲에서 나는 것들은 거의 다 그래요. 텃밭에서 나는 것도 그런걸요. 옥수수 같은 거."

몇 명의 사람들이 끄덕인다.

"왕은 커피를 굽고 나서 냄새를 맡았어요. 그리고 구운 커피콩을 몇 개 먹었죠. 그리고 왕은 신하들에게도 알려줬어요."

"왕이 그걸 마시진 않았나요?"

"커피콩을 빻아서 음료로 만드는 건 다음 왕 때여요."

커피 산지에서 전하는 이야기는 이러하다. 타미라트가 마을 어른에게서 들은 이야기처럼, 사람들은 처음에는 커피열매를 그냥 먹었을 것이다. 처음 커피열매를 먹은 사람들은 그 맛을 좋아했을 게 분명하다. 눈부시게 아름다운 진홍색 커피열매들이 나무에 달려 있는 모습은 매혹적이다. 게다가 살짝 달콤하고, 약간의 청량감과 카페인이 주는 자극 효과도 조금 있다.

카파 사람들이 언제부터 커피를 먹었는지 정확히 알아내기란 불가능하겠지만, 2004년과 2005년에 미국-프랑스 연합 고고학 프로젝트에서는 봉가 남쪽, 만키라에서 멀지 않은 곳 바위 틈새 피난처에서 원시적인 부싯돌과 도구들, 그리고 커피콩을 찾아냈다. 탄소 연대 측정값으로는 최소한 1800년 전의 것이라고 한다.[4]

카파의 커피숲 주변에서 살았던 이들은 커피열매를 그냥 먹기도 했고, 요리하기도 했다. 19세기에 안토니오 체키는 커피열매에 간을 하고 버터를 넣어 볶아 만든 요리에 대해 기록했다. 요즘도 수확기에 특별한 행사가 열리면 이 요리가 나온다.

월데기오르기스 샤워의 이야기는 또 다르다. 그는 자기가 소년 시절 들은 이야기를 해주었다. 앞서 이야기를 듣고 몇 개월 뒤인 촉촉한 3월 아침, 숲에 여전히 물기가 가득한 때였다. 그는 칼로 쟁반 만한 크기의 잎을 잘라내더니 흙투성이 둑 위에 몇 겹 깔고 그 위에 앉아 이야기를 들려주었다. 이것도 커피 기원에 대한 이야기이다. 그 이야기는 만조들이 추방당한 이유가 사냥을 하고 원숭이를 먹기 때문이 아니라, 바로 그들의 대장이 커피를 갈구했기 때문이라는 내용이었다.

"옛날에는" 월데기오르기스는 낮은 톤으로, 간결하게 말한다. "숲은 울창했고 사람들은 숲에서 먹을거리를 구했지만 커피는 알지 못했어요. 그런데 어느 날, '게페타토'* 였던 염소지기가 염소들이 활기차게 움직이는 것을 봤어요. 그는 염소들이 먹는 열매를 맛보았고, 그 풍미가 마음에 들어서 이 열매를 가지고 와서 아내에게 요리를 하게 했지요." 월데기오르기스는 머리에 쓴 야구모자를 벗어 칼 옆에 둔다. 숲을 떠날 줄 모르던 아침 구름이 이제서야 멀리 떠가고 있다. "카파에 마토라는 왕이 있었어요. 그 왕은 왕비가 셋에 집도 셋 있었는데 게페타토의 아내는 왕에게 선물을 드리는 뜻에서 한 왕비에게 커피열매를 조리하는 방법을 가르쳤습니다. 그런데 만조들도 자기들만의 왕이 있었지요. 그 왕은 커피에 대한 이야기를 듣고 자기도 먹어보고 싶었습니다. 만조의 왕은 왕비가 아흔아홉에 집도 아흔아홉이 있었어요. 그는 마토에게 왕비 마흔 명과 집 마흔 채를 줄 터이니 커피를 만들 줄

• 강력한 영적 지도자를 말한다.

아는 왕비를 달라고 했지요. 하지만 마토는 거절했어요. 그렇지만 만조의 왕은 포기하지 않았고, 결국 왕을 죽이고 왕비를 납치하려 했습니다."

월데기오르기스가 말을 멈추고 일어섰다. 그가 풀어놓은 소 여섯 마리가 보이지 않는다. 잠시 귀를 기울이자 저 멀리에서 소 목에 달린 종이 울리는 희미한 소리가 들린다. "그 뒤로 카파 사람들이 만조들을 좋아하지 않게 된 겁니다. 지금도 그렇고." 간결한 끝맺음이었다.

커피 발견에 대한 이 지역의 이야기 중에서 가장 자세하면서도 의미 있는 것은 카파의 역사학자 베켈레 월데마리암이 소개했다. 이 이야기는 전래 설화이면서도 커피가 음식에서 음료로 차츰 변해간 과정을 보여준다.

숲에는 버릴 것이 전혀 없다. 모든 것이 쓸모 있다. 숲에 의존해 사는 사람들은 숲이 주는 모든 것을 이용하는 방법을 익혔다. 대개 구하기 쉬운 것부터 시작하는 법이다. 커피나무에서 가장 구하기 쉬운 것은 잎이다. 즉, 커피콩이 아니라, 처음에는 잎이 음료로 쓰였다.

월데마리암의 이야기는 2세기경부터 시작한다.

어떤 염소지기의 가족이 염소의 숨에서 특이한 향을 맡았다. 바로 커피 향이었다. 이 염소지기의 이름은 칼리 또는 칼리티*이다. 칼리는 염소들의 뒤를 쫓아서 염소들이 마구 먹으려고 하는 어떤 나뭇잎을 찾아냈다. 그는 이파리 몇 개를 따서 집으로 가져왔고, 칼리티 가족은 호기심에 그 이파리, 이후 커피라고 알려진 나무의 잎을 끓는 물에 집어넣었다. 이렇

---

* 월데마리암에 따르면, "칼리티(줄여서 칼리)는 카파 사람들 또는 카페초들이 쓰는 그 지역에서 붙이는 이름이다. 용감하다, 빠르다, 기민하다는 뜻을 가지고 있다.(Woldemariam, History of the Kingdom of Kaffa, 56). 해당 철자는 음역하면서 붙인 것이고 보다 정확한 표현은 '칼리 디이'쯤 된다.

게 만든 음료는 매우 기분 좋은 특이한 맛이 났다. 소문이 카파 전역에 퍼졌고, 확실히는 알 수 없지만 얼마 동안은 커피나무 잎을 갈아서 달여 마셨고, 그 뒤에 커피나무의 씨앗이 발견되었다.[5]

커피열매가 익은 상태를 유지하는 기간은 얼마 되지 않는다. 그에 비해 잎은 일 년 내내 구할 수 있다. 모으기도 쉽고, 커피콩처럼 말리거나 껍질을 벗겨야 할 필요도 없다. 그저 뜨거운 물에 담그기만 하면 음료가 된다. 카파에서는 오래 전부터 커피 잎 달인 물을 마셨다. 숲에서 채집으로 먹고사는 가난한 사람은 물론이거니와, 고대 왕들도 "노란색 커피 잎 가루에 꿀을 넣은" 음료를 마셨다.[6]

노란색보다는 청동색에 가깝다. 청동색은 숲에서 커피 잎을 딸 때 핵심 기준이다. 청동색일 때 향미가 가장 좋다고 강조한다. 잎을 따서 며칠간 말린 뒤 팬에 올려 바스라질 정도로 굽는다. (어떤 사람들은 그냥 잎을 말린 다음 가루로 만들어 뜨거운 물에 넣는다.) 이 담금식으로 제조한 음료는 연한 보이차와 맛이 비슷한데, 단맛이 있고 흙내가 난다. (이 음료엔 항산화 성분이 많다.)

하라와 디레 다와 주변, 동부 에티오피아에서는 특히 '쿠티'라는 이 음료를 널리 마신다. 오후에 환각성분이 있는 '카트' 잎을 씹을 때 쿠티를 곁들인다. "카트에만 곁들이는 게 아니죠." 미그노트 솔로몬Mignot Solomon은 잎을 한 움큼 집어 뜨거운 철판에 던지며 그렇게 말했다. 디레 다와의 늦은 오후, 아늑한 시간이다. 철 국자로 잎을 휘저으며 갈색이 될 때까지 볶은 다음, 물이 끓고 있는 찻주전자에 담고 소금을 약간 넣는다. 몇 분 정도 지나, 찻잔에 음료를 따르고, 커다란 각설탕을 잔마다 하나씩 넣는다. 음료 색상은 질 좋은 홍차 느낌이 나는 청동색에 광택도 훌륭하다. 맛이 부드럽고 떫은 맛은 전혀 없다. 탄닌이 없기 때문이다.

하라의 어린이들도 이 음료를 마신다. "여기 아이들은 열두 살이나 열세 살이 되면 커피를 마셔요." 하라의 커피 매장 직원은 그렇게 말한다. "그렇지만 쿠티는 나이랑 상관없이 마셔요."

카파에도 커피 잎으로 만드는 음료가 있지만 만드는 법은 더 복잡하다. '차모'라고 하는데, '쓰다'는 뜻이다. 마늘과 야생 생강, '루에'라는 허브, 그리고 칠리까지 들어간다. 카파 남쪽에서 자주 쓰는 제법으로 볶아 분쇄한 잎을 칠리, 야생 카다멈, 가염 정제버터 한 조각을 넣어 만드는데, 이 향긋한 음료를 마시면 입안에서 모든 감각이 폭발하는 듯하다. 메스핀 테클레가 차모에 대해 이렇게 말했다. "향미를 즐기는 음료이긴 하지만 약리 효과도 있다. 꽤 독하지만 목에 좋다." 그의 말에 따르면 카파에서는 애가 두 살만 되어도 이 음료를 준다. 커피를 주는 시기도 비슷하다.

"에티오피아에서 이 정도는 놀랄 거리도 아니다." 인류학자 리타 판크허스트는 이렇게 적었다. "이 나라는 식생 자원이 엄청나고, 그에 대한 지식도 널리 알려져 있다." UN 산하 FAO에 따르면, 인구의 85% 이상이 식물 요법 또는 야생 동물에서 얻어낸 것들을 1차 진료에 쓰고 있다.[7] "야생 커피나무 또한, 이 사람들은 그 신비스러운 효과를 이용했을 것이다."

마침내, 사람들은 커피콩의 신비스러운 효과를 찾아냈고, 커피콩으로 음료를 만들었다.

"오랜 세월이 흐른 뒤, 카파의 노인들은 붉은색, 녹색 커피 열매에 주목했다."라고 월데마리암은 적고 있다. "새들이 커피콩을 먹는 것이 눈에 들어왔다. 그래서 그들은 커피콩을 따서 도기 팬에 볶았다. 볶은 커피콩은 향이 더 강했고, 잎보다 훨씬 매력적인 향이 났다."

처음에는 볶은 커피콩을 먹었다. 요즘도 카파 주민들은 견과류를 먹듯 한 움큼씩 커피콩을 먹는다. 그러다가 곧 커피콩을 빻아 음료를 만들기 시작했다. "볶고 분쇄해서 끓인 커피는 자극 효과가 더 강하고 향도 더 강하다는 것을 알아챘다."9

일반적으로는 아랍, 수피계 사람들이 처음으로 커피 음료를 만들었다고 알려져 있다. 그렇지만 담금 제법을 처음 시작한 건 야생 커피나무 주변에 살던 사람들일 가능성이 가장 높다. 제법의 변화는 자연스럽고 단계적으로 이루어진다. 런던의 왕립 식물원 커피 소장 아론 데이비스Aaron Davis도 그렇게 말했다. "커피를 볶거나, 커피를 다른 것과 함께 조리하다가, 어떤 순간에 음료가 나오는 법이죠."

카페초들이 처음에 어떻게 음료를 만들었는지에 대해 알려진 것은 없다. 문자가 없기에 그들 스스로는 제법을 기록할 수 없었다. 그렇지만 카파를 처음 찾았던 유럽인들이 남겨놓은 글을 샅샅이 뒤져보면 초창기의 독특한 커피 제법에 대한 흥미로운 내용이 몇 가지 나온다.

1920년대 중반, 독일 여행가 막스 그릴은 "버터, 꿀, 향신료를 넣은 엄청난 카파 커피"를 마셨다.10 그릴은 그의 가이드 치니토에게 커피를 만드는 방법을 물어봐달라고 요청했고, 그가 답해준 정확한 과정을 길고 상세히 인용하고 있다.

커피콩을 불 위에 올려 볶는다. 식사를 하기 전에 커피를 볶는데, 멋진 갈색이 될 때까지 볶은 다음 아주 곱게 빻는다. 모도(나무로 된 절구인데 길이는 55센티 정도이다. 절굿공이는 90센티가 넘는다.)로 커피를 빻은 뒤 버터와 꿀을 약간 넣어 작은 구슬 모양으로 빚는다. 이 작은 덩어리들을 커피 주전자에 넣고 계속 끓인다. 커피를 만드는 여성은 커피를 끓이면서 오피오(파라다이스 향신료나 아프리카 후추와 유사한 일종의 향신료)를 몇 알 더한다. 이제 커피는 다 만들어졌다. 카파에서는 언제나 이런 방식으로 커피를 만든다. 아주 옛날에 만초―카파에 사는 카페초들의 선조―들도 이런 방식으로 커피를 만들었다. 요즘은 하베쇼(에티오피아) 방식으로 버터와 꿀을 넣지 않고 만드는 경우가 많지만, 그렇게 만든 것은 카파 커피가 아니다.

그릴은 정통 제법을 배웠다는 데 몹시 흥분했다. "세상에서 제일 오래된 커피 제법을 방금 치니토로부터 전수받은 것 같다!"[11]

아니, 최소한 옛 제법들 중 한 가지는 배웠다고 볼 수 있다. 그보다 20년 전에, 비에베르도 시골 마을의 '나이 든 카페초'가 더 고전적인 제법으로 커피를 만드는 것을 본 적이 있었다. 염소지기 이야기를 해줬던 사람이다. 비에베르가 본 것은 커피콩을 "거친 돌 두 개로 매우 곱게 간 뒤에, 야생꿀에 개어 작은 구슬처럼 만들어 끓는 물에 집어넣는" 방식이었다.[12] 비에베르는 이것이 "원래 방식"이라고 적었다.

버터가 등장한다는 것은 이들에게 암소가 있었다는 것을 의미한다. 그렇지만 카파 지역 모든 사람들이 암소를 키운 것은 아니다. 설령 있다 해도 우유를 짜고 버터를 만들려면 시간이 걸린다. 그에 비해 숲속 야생꿀은 풍부하다. 야생꿀은 나무 느낌이 살짝 드는 단맛에 잘 익은 과일 향이 난다. 카페초들은 부드러운 빵에 꿀을 듬뿍 발라 아침으로 먹거나 꿀을 발효시켜 술을 만들었다. 바로 카페초들의 사랑을 받지만 먹고 나면 두통이 남는 테지 술이다.

숲으로 들어가거나 여행을 갈 때 들고 가는 커피에는 전통적으로 꿀을 넣었다. 카파숲의 꿀은 서구 수퍼마켓에서 파는, 줄줄 흐르는 형태가 아니라 뻑뻑하고 불투명해서 굵게 간 커피가루를 섞으면 찐득한 공처럼 만들어 주머니에 넣을 수 있었다. 이 혼합물을 뜨거운 물에 넣으면 바로 즉석에서 마실 수 있는 커피 한 잔이 탄생한다. 물론 그 자체로 먹을 수도 있었다.

소를 치는 목동들은 꿀 대신 버터를 쓰는 경우가 많았다. 그리고 에티오피아를 찾은 초창기 유럽 여행객들은 이 모습에 엄청나게 놀랐다. 18세기에 나일강을 탐험한 제임스 브루스는 이렇게 기록했다. "도대체 그 음식이 무엇인지 사람들은 정말로 궁금해했다. 갖고 다니기 편하고, 이것만 있으면 어마어마한 사막도 걱정 없이 횡단해서 아비시니아 문명국의 마을과 도시에 닿을 수 있었다."

그것은 다름 아닌 볶은 커피이다. 커피를 볶아 가루로 만든 뒤에, 버터와 잘 섞어서 공처럼 만들어 가죽 가방에 담는다. 실링 동전과 크라운 동전 절반 크기 정도에서 당구공 크기까지 있는데 이것 하나면 하루 종일 생기를 유지할 수 있다. 빵 한 덩어리, 고기 한 점보다 더 효과가 좋다.[13]

한마디로 에너지 바였다.

초창기 카파 여행인들은 이곳 사람들이 시도 때도 없이 커피를 마시는 모습을 자주 목격했고, 그 모습을 기록했다. 알렉산데르 불라토비치는 1898년 카파를 지나가면서 현지민이 커피를 홀짝이는 모습을 보고 이렇게 적었다. "하루에도 여러 번, 식사 전까지 마시고 식사 후에 또 마신다. 커피는 도기 그릇에 담아 끓이고 소뿔로 만든 작은 컵에 따른다."[14] 비에베르는 소위 "원래 방식"과 더불어 여자들이 식사 때마다 뜨거운 커피를 만드는 모습을 보았다. "조리용 그릇에 커피콩을 넣어 볶은 뒤, 절구로 으깨어 가루로 만든 다음, 커피 끓이는 주전자에 물과 함께 넣어 난로 위에 얹는다."[15] 작은 뿔 컵에 커피를 따라주는데 그는 덧붙이기를, 여기 사람들은 파라다이스 또는 클로브 같은 향신료를 조금 넣어서 먹는다고 기록했다.

지금도 카파에서는 뿔컵을 볼 수 있다. 다만 이제는 손잡이가 없는 작은 중국제 도자기로 많이 대체됐다. 몇몇 사람들은—만키라의 월데기오르기스도 그중 하나이다. ─ 대나무 잔을 즐겨 쓴다.

"나는 하루 커피 세 잔 이상은 못 마시겠어요." 메스핀이 웃으면서 말한다. "하지만 여기 마을 사람들은 하루 여덟 내지 아홉 잔은 마시죠. 집에서 두세 번, 그리고 나머지는 친구 집에서 함께 마셔요. 손님을 초대한 자리에는 반드시 커피가 함께하죠." (월데마리암이 조언하기로, "손님을 초대하고 커피가 없다면 그건 제대로 된 초대가 아니다."라고 했다.)[16] 사실은 초대조차 필요 없다. 메스핀 말로는 커피 만드는 냄새가 풍겨온다면, 그냥 한잔 마시러 들어가면 된다. 커피는 언제나 넉넉하고, 낮은 테이블엔 잔이 가득 쌓여 있다. "부끄러워하거나 난처해할 필요 없어요. 어느 집에든 들어가면 커피를 대접할 겁니다."

숲의 정령들에 대한 전통 희생 의식에서부터 사회화 과정, 그리고 가족 경제에 이르기까지 언제나 커피가 함께한다. "카파 사람들에게 커피는 삶의 한 부분입니다." 메스핀은 설명한다. "거의 언제나, 장을 볼 때, 옷이건 무언가를 살 때도 커피 기반으로 생각합니다."

미국의 인류학자 암논 오렌트는 1960년대에 카파의 시골 오두막에서 8개월 머무른 뒤, 커피가 부를 측정하는 단위이자 부를 표현하는 방법이라고 언급했다. "오늘날 카파에서는 자기 땅에 커피가 얼마나 있는가가 곧 재산이다. 커피는 대개 봉가에서 현찰로 판매된다. 이 돈으로 소를 사거나 하는데, 이런 식으로 개인의 사회적 위상이 높아진다. 소가 있으면 더 나은 결혼을 할 수 있으며 더 좋은 혼인으로 신분 상승의 길이 열리기도 한다."[17]

커피는 오랫동안 카파의 문화 중심점이었다. 그리고 여전히 어디에도 비할 데 없이 중요하다. 메스핀이 말한다. "여기 사람들은 커피가 곧 자기 자신이라고 생각하죠."

CHAPTER 6

왕과 왕국에 내려진 선물
Gift for King and Country

카파 지역, 그리고 에티오피아의 그 수많은 언어에서 커피를 일컫는 말에는 '분'이 붙는다.[1] "'부노'라는 말은 카피누누어로 커피를 의미합니다." 봉가 교육부의 젊고 똑똑한 부장이 설명한다. "그런데 이 말은 '붉은 빛이 나는 불'이라는 의미도 있어요." 잘 익은 커피열매의 색을 좀 더 시적으로 표현한 것이다. 불을 켜지 않은 복도 끄트머리에 있는 그의 사무실에는 커다란 벽장이 있고, 살짝 열린 벽장 문 안쪽에 화학, 수학, 지리 교재들이 먼지를 잔뜩 얹은 채 비스듬히 꽂혀 있다. 거의 수십 년은 묵은 책들이다. "만키라 인근의 마을 이름도 '부나'입니다. 커피 원산지 숲 근처에 있어요." 기원으로 보기엔 이쪽이 더 말이 되는 것 같다. 그는 1분쯤 더 생각하더니, 뜻이 하나 더 있다고 알려준다. "경고"란다.

메스핀 테클레에 따르면 이런 뜻들은 다 우연의 산물이고, 커피 이름과는 거의 관련이 없다. "이 말은 원래 왕에게 바치는 선물을 뜻해요." 부노는 '보노'에서 파생되었고, 보노는 왕을 가르키는 공식적인 표현이다. 그리고 '카포'란 말은 선물 덮개 내지는 선물 포장을 뜻한다. 메스핀 테클레가 두 단어를 재빨리 이어 말한다. "보노 카포, 보노 카포. 이게 부노가 된 거죠." 이번에는 두 음절을 천천히, 장음으로 늘인다. '부-누-' 그리고 끝은 부드럽게 마무리한다. 우 발음할 때의 입 모양은 마치 아 발음 정도로 벌어진다.

3월의 주말 오후였다. 우리는 커피랜드라는 이름의 바에 있었고 그곳은 조용했다. 날마다 주차장을 가득 메우던 차들이 아직 보이지 않았다. 메스핀이 앉은 자리 뒤로는 여성 한 명이 낮은 의자에 앉아 커피를 볶고 있다. 볶을수록 커피콩 색은 어두워졌고, 짜릿하고 달콤한 연기가 방 안에 퍼져나간다. 그녀는 아직 따뜻한 커피콩 한 줌을 메스핀에게 주었고, 그는 한 알을 입에 넣고 옥수수를 먹듯이 깨물어 먹었다.

"이 말은 선물과 관련 있습니다." 그가 말을 이어 나간다. "왕에게 바치기로 한 선물이요." 표현이 완곡한데, 직설적으로 표현하자면 공물이다. 공물의 종류는 여러 가지였다. "그중 하나가 커피입니다. 사향고양이의 사향, 상아나 꿀도 그렇죠. 이런 것들은 왕에게 선물로 바칠 수 있었습니다. 옛날, 커피는 쉽게 구할 수 없는 귀한 것이었고, 그래서 커피가 선물이 된 거죠." 1850년대에 카푸친회 수도사 굴리엘모 마사이아는 카파 사람들이 군주에게 커피를 바칠 의무가 있다는 것을 알아냈다.[2]

이 선물을 바칠 때 엔세트 나뭇잎을 덮개로 썼다. 엔세트 잎은 바나나 잎처럼 딱딱한데, 불을 쬐어주면 부드러워진다. 그러면 숙련된 솜씨로 엮어 용기 모양으로 만든다. 지금도 엔세트 잎은 이런 용도로 쓰인다. 매주 봉가에서 열리는 일요 장터에 나가면 엔세트 잎으로 싼 치즈, 버터, 소금, 코초 빵, 커피를 볼 수 있다.

메스핀이 커피콩을 하나 더 씹어 먹는다. "(카페초) 사람들은 여행을 떠날 때 커피를 갖고 갔습니다. 커피를 마시고, 냄새도 맡고 싶으니까요. 그래서 커피를 용기에 담아서 갖고 가죠." 테이블 위 쟁반에서 커피를 하나 더 집는다. 거의 검정에 가까운 짙은 갈색이다. "보노 카포, 보노 카포" 그가 다시금 재빨리 말한다. "부노" 그가 커피를 깨문다. "이런 이야기랍니다."

커피는 발견되자마자 "카파 고지대 마을에서 마을로, 지역에서 지역으로 퍼져나갔다."고 베켈레 월데마리암은 적었다. "커피나무를 구할 수 있던 카파 사람들은 열매나 커피콩을 한 짐 싸서 멀리 떨어진 친구나 가족에게 보냈다."[3] 카파 사람들 대부분은 인근 숲이나 집 주변에서 자라는 나무에서 조금씩이나마 커피를 구할 수 있었다. 1870년대 말, 이탈리아 지리학회 회원인 안토니오 체키가 보니, 카파에는 커피나무가 없는 집은 거의 없을 정도였다. 체키는 숲에서 경작지로 이식하는 방법 두 가지를 언급한다. 하나는 숲에서 묘목을 찾아서 옮기는 방법이고, 다른 하나는 씨를 심어 기르는 방법이었다.[4] 지금도 거의 다르지 않은데, 카파 마을에는 어느 집에나 커피나무가 최소한 몇 그루 정도는 자라고 커피콩을 말리는 간단한 건조 테이블이 있다.

커피를 더 멀리 퍼트린 것은 에티오피아 고지대를 통과하는 대상들이다. "고대부터 이어져온 무역로를 따라 집들이 있었지요." 메스핀은 이렇게 설명한다. 상인들이 멈춰 서서 휴식을 취하고 물자를 조달하는 영구 거주지였다. 상인들은 하인을 대동했고, 한 번 길을 나서면 수 개월, 때로는 수 년씩 돌아다녔다. "이들이 씨앗이랑 묘목을 들고 다니다가, 이동하면서 조금씩 심었습니다." 이와 관련해 전해 내려오는 많은 이야기가 있다. 메스핀은 그런 이야기를 모으는 열렬한 수집가이자 과학자이다. "이랬을 가능성이 가장 높아요." 그가 마치 판결을 내리듯 말한다.

카파에서 뻗어나가는 길을 따라 커피 또한 의도치 않은 방식으로 뻗어나갔다. "아라비카 커피나무는 길을 따라, 버려진 땅에 홀로 자라는 나무 아래, 또는 마을 인근 숲 개간지에서 마치 잡초가 자라듯 급속히 퍼져나갔다." 1960년대 FAO의 에티오피아 커피 관련 보고서는 이렇게 말한다. "사람, 나귀, 여러 동물들이 커피 씨앗을 퍼뜨리고 있다."[5] 아라비카 커피를 여기저기 퍼뜨리는 데 특히나 기여한 것은 코뿔새와 대형 새들, 몇몇 영장류일 것이다. 여기에 대상들도 기여했다.

대상들의 주요 거래선은 에티오피아의 주요 커피 생산지를 그대로 뚫고 지나간다. 카파에서 북쪽으로는 리무, 일루바보르, 월레가를 지나 곤다르로 향하는 길이 있고, 동쪽으로는 지마를 지나 리프트 밸리를 건너 시다모, 아르시, 하라로 이어진다. 두 길의 시작점에는 봉가가 있다.

야자잎을 꼬아 만든 바구니에 말린 커피열매를 담아 나귀나 낙타에 매단다. 커피를 싣고 가던 나귀가 무언가에 (또는 자기들끼리) 부딪히거나, 나무에 대고 몸을 긁어대거나, 사람들이 짐을 이리저리 옮기다가 성긴 바구니 틈 사이로 커피콩이 빠져나온다. 이런 커피콩 중 몇 개는 싹을 틔울 것이고 길을 따라서 나무가 자랐을 것이다. 그러면 그 지역 사람들이 묘목이나 씨를 얻어 자기 텃밭에 심었을 것이다.

노예들이 이동한 길도 같다. 입증된 것은 아니지만 흥미롭고 그럴싸한 가설이 있다. 노예들이 익은 커피열매를 먹고 씨앗을 뱉으면서 커피나무 확산에 기여했다는 설이다. 노예 상인들은 비가 멈추어 강의 물살이 약해지고 흙탕길이 마른 뒤에 출발한다. 이때가 마침 커피 수확기이므로 나무에는 익은 커피열매가 달려 있었을 것이다. 족쇄나 고삐에 묶여 끌려가는 노예들은 맨발에 대개 나체이고 거의 먹지도 못했다.[6] 커피열매는 과육은 거의 없지만, 먹으면 입안이 상쾌해지고 카페인 각성 효과도 느낄 수 있다.

1850년대 소말리 항구 제일라에서 내륙의 하라로 이르는 주요 대상

길, 오랫동안 커피 재배가 이어져온 곳의 어느날 밤으로 돌아가보자. 탐험가이며 언어학자인 리처드 버튼Richard Burton이 사람들이 커피열매를 먹고 있는 장면을 마주한다. 이런 모습은 그에게도 특이할 것 없는 일상이었을 것이다. 열매를 씹는 것에 대해서는 간단히 몇 마디로 넘어가고, 미신에 대해서만 이야기를 풀어가기 때문이다. "커피열매는 입에 짝수로 넣지 않는다."[7]

메넬리크 황제가 나라를 통일하면서 도로 연결이 좋아지고 사람들의 왕래가 많아지자 커피 확산도 빨라졌다. 메넬리크 2세는 공을 세운 장군들에게—사실 이들 다수가 친척이었다.—포상과 함께 봉토를 내렸다. 보수를 따로 지급하지 않았기에 새 영주들은 영지에서 "먹을 것"을 가져갔다.[8] 카파 지역은 라스 월데 기오르기스가 기존의 귀족들에게서 토지를 압류해 재분배했는데, 대개는 외부인들이 그 혜택을 받았다. 북부 지역에서 내려온 이주민들은 대개 병사들이었고, 이들은 월급 대신 땅이나 노동력에 대한 권리를 가졌다.[9] 영주들은 임기를 마치면 봉토를 반납해야 했다. 라스 월데 기오르기스는 1910년에 이임했고, 그의 병사들은 노예와 가축들을 가능한 한 많이 끌고 돌아갔다.[10] 1926년 막스 그릴은 수백의 노예 무리와 마주쳤는데, 그들이 흙탕길을 뚫고 그를 지나치는 데에만 몇 시간이 걸릴 정도였다. "거의 아무것도 걸치지 않은 남녀가 서로 사슬에 묶여서는, 아이들은 손을 잡거나 등에 태운 채 더러운 진창길을 가고 있었다. 무자비한 주인은 그들을 가축처럼 끌고갔다."[11] 타지로 떠나는 영주에게 붙잡힌 이들은 지마로 끌려가 팔릴 운명이었다.[12]

카파에서는 노예, 상아, 머스크뿐 아니라 커피도 약탈 대상이었다.[13] 이르갈렘, 시다모의 노인들 말에 따르면, 하일레 셀라시에의 사위 라스 데스타 담테위는 4년간 카파를 통치하고 1932년에 떠났는데, 이때 병사들이 커피 묘목을 가져다가 새 부임지에다 심었다고 한다. 이곳은 오늘날 에티오피아의 유명 커피 산지가 되었다.*

세계 주요 커피 생산지 대부분은 플랜테이션 방식으로 커피를 재배한다. 넓은 개활지에 관리가 잘 된 농지가 펼쳐져 있다. 그러나 에티오피아에서는 불과 1세기 전에야 최초의 현대식 플렌테이션을 시작했다. 플랜테이션 농장은 카파 남서부 지역에 있는데, 가장 큰 곳은 베베카, 테피, 리무에 있고, 작은 농장들은 여기저기 흩어져 있다. 최근 10년 사이 현대화가 꽤 이루어졌지만, 에티오피아에서 플랜테이션 체계는 여전히 일반적이지 않다. 수출 가능한 커피 생산량의 5% 미만이 플랜테이션 커피이다.

가장 일반적인 경작 형태는 텃밭 커피이다. 가족 소유의 작은 땅이나 인근 작은 부지에서 커피를 키우는데, 대개는 여러 종류의 과일나무, 엔세트, 옥수수, 동부 지방에는 카트까지 섞어 기른다. 이런 형태가 에티오피아 커피의 최소 절반을 이룬다. 잘 알려진 유명 커피 산지인 시다모, 예가체프, 하라는 완전히 이런 텃밭 커피이다.

에티오피아 특유의 경작법으로 반삼림법semiforest이 있다. 일 년에 몇 번, 야생 커피숲 주변을 따라 농부들이 위쪽 나무들의 가지를 솎아서 커피나무가 빛을 좀 더 많이 받게 하고, 리아나(열대 칡)나 덤불처럼 낮게 자라는 식물들을 제거한다. 커피나무도 조금씩 가지를 쳐서 성장을 촉진시키고 생산성을 높여준다.

다만 커피나무는 원래 그늘이 많은 환경에서 자랐기 때문에 그늘을 제공하는 가지를 너무 많이 쳐내면 안 된다. 야생 아라비카 나무는 가늘고, 천천히 자라는데, 빛을 더 받고 영양을 공급받으면 더 잘 자라고 열매를 더 많이 맺긴 한다. 그러나 그늘을 제공하는 가지가 사라지면 과잉 결실 문제

* 데스타 담테위는 1932년 시다모 영주로 부임했다. —옮긴이

야생 커피를 따는 일꾼들은 익은 것과 익지 않은 열매를 가리지 않고 딴다.

가 생긴다. 즉 토양에서 얻을 수 있는 양보다 더 많은 영양소가 필요하고, 그러면 뿌리가 죽기 시작한다. 그늘이라는 방패막이가 사라지면 병에 걸리기도 쉽다. "언제나 승리자는 자연이죠." 메스핀이 묘한 표정으로 미소짓는다.

그리고 야생 숲에서 채집하는 커피가 있다. 에티오피아 총 생산량 중에서는 5% 정도로 매우 소량이다. 품질은 뒤죽박죽이고 생산성은 극히 떨어진다. 관리를 거의 하지 않기 때문에 나무의 생산성은 자연히 2년 주기의

고-저 패턴을 따른다.

카파에서는 삼림법과 반삼림법 모두 워프 제라쉬이다. 차이라면 후자가 조금이나마 관리를 하고 재배 조건상 개입할 여지가 있다는 정도일 뿐, 나무는 둘 다 야생에서 싹이 터 자란 것이다.

유럽 마케팅을 시작한 몇몇 업체를 제외하면* 이 지역 밖에서는 야생 커피를 거의 구하지 못한다. 최소한 싱글 커피로는 말이다. 커피숲 주변에서는 이런 채집 커피들을 사용하는데, 카파 지역 시장에서도 일부가 거래된다. 일부는 카파, 리무, 지마 등지에서 생산된 향미 특성이 비슷한 다른 커피와 섞여 에티오피아 상품 거래소에서 Jimma Grade 5 상품으로 거래된다.

수확하고 나면 커피콩을 말려야 한다. 대개 두 가지 방법을 쓰는데, 첫 번째는 일광 건조로 '내추럴(건식)'이라고 한다. 갓 딴 열매를 건조대에 고루 펼쳐 열매 속 커피콩이 마를 때까지 두는 방식이다. 커피콩이 마르면 껍질은 부수어 내고 정제한다.

내추럴 커피는 야생 열매의 향미와 열대의 향기, 바디감과 크리미한 느낌이 있다. 그렇지만 음료의 균일성은 떨어진다. 완벽하게 익은 붉은 열매만 따는 건 거의 불가능한 데다, 농부들이 내추럴 커피를 정제소나 협동조합에 팔 때는 커피열매가 완전히 마른 다음인데, 이 시점에는 익은 것이나 덜 익은 것이나 모두 똑같아 보인다. 마르고 나면 푸른빛이 나는 보랏빛으로 색이 거의 똑같다. 물론 음료 맛은 크게 다르다.

두 번째 건조 방법은 워시드(수세)이다. 현대적이고, 대규모로 이루

* 2014년에 왕립 식물원의 아론 데이비스는 이스트런던의 Union Hand-Roasted Coffee 및 에티오피아 현지 협력인들과 함께 '야유' 커피 보존지구의 야생 커피 품질을 높여 해외 시장을 개척하는 협력 프로젝트를 시작했다.

일반적인 건조대에서는 커피를 말리는 데 2주 걸린다.

어지며, 고가의 기자재가 필요하다. 수확하자마자 기계로 바깥쪽 껍질을 벗기고, 커다란 시멘트제 물탱크에서 담금 과정과 세척 과정을 통해 씨앗을 둘러싸고 있는 두껍고 끈끈한 점액질을 제거한다. 이후 일꾼들이 길게 이어진 건조대에 커피콩을 펼쳐놓고 햇볕에 말린다. 아직 촉촉하고 녹색기 띠는 노란빛이 날 때는 살짝 발효된 듯한 향이 나지만 이후 며칠 동안 건조되면서 바깥쪽 파치먼트는 표백한 뼈처럼 밝은색으로 변한다. (나중에 정제소에서 제거된다.) 손으로 만지면 자갈 같은 느낌이 든다.

수확하자마자 과육을 제거하면 최종 음료의 맛이 깔끔하고 화사하고 부드러워진다. 과일 향은 부드럽고 섬세하고 복합적인 향미로 변한다. 점액질을 없애기 위해 진행하는 담금 과정에서는 발효가 일어나고, 이로 인해 산미가 올라간다. 시큼한 레몬의 산미가 아닌, 풋사과의 신 느낌이다. 입에 생기가 돌고, 생동감 넘치는 느낌이 난다.

에티오피아의 첫 수세 처리장은 1972년에 문을 열었다. 1975년에 '워시드' 커피는 에티오피아 수출 커피의 5%에 불과했다.[14] 수세 처리법은 비용이 더 많이 든다. 물도 많이 써야 하고 담금 과정에서 발생하는 오수를 비롯해 발생하는 폐기물도 더 많다. 그렇지만 생산되는 커피의 질이 일정하고 국제 시장에서 더 높은 가격을 받는다. 에티오피아 정부와 USAID, TechnoServe를 비롯한 원조 단체, 그리고 메노 시몬스Menno Simons가 설립한 커피 수입업체인 트라보카Trabocca가 수세 처리장을 세우는 데 자금을 지원하고 도움을 주었다. 현재 수세 커피는 에티오피아 전체 커피의 20-30% 수준이지만[15] 수출 분량에서는 훨씬 큰 비중을 가지고 있다.

하라에서는 일광 건조(건식)만 한다. 카파도 내추럴이 주를 이룬다. 카파 삼림 커피 재배인 협동 조합 연합Kafa Forest Coffee Farmers' Cooperative Union 회원인 43개 협동 조합 중에서 수세 처리장이 있는 조합은 7개뿐이다.

19세기 중엽, 상인들은 에티오피아 커피를 두 가지로 분류했다. 하나는 아비시니아 커피로서 대개 남서부 야생 커피를 일컫는 것이었고, 다른 하나는 하라였다. 1920년대까지는 주로 이 두 가지 이름으로 수출이 이루어졌다.[16] 이후 재배지가 늘어나 커피는 20세기 에티오피아의 경제에서 가장 중요한 상품이 되었다. 21세기 첫 10년 사이 커피 생산량은 두 배 이상 늘어났다. 2014년 에티오피아가 커피 수출로 번 돈은 8억 8천만 달러에 달한다.[17] 이 중 95%는 소유 농지가 2헥타르 미만인 소규모 영농인들이 생산한 것이다.

에티오피아는 아프리카 최대의 커피 생산국이면서 세계 5위의 커피 생산국이다. 2016-17 시즌에 생두 생산량은 대략 650만 포대(60킬로그램들이), 톤 단위로는 390500톤에 이른다. 에티오피아가 생산하는 종은 오직 아라비카뿐이다. 품종은 통상 에티오피아 재래종heirloom이라 불리는데, 야생 커피나무, 오래된 커피나무, 예전에 숲에서 채취해서 텃밭에서 키운 커피나무, 생산성이 가장 좋은 나무에서 씨앗을 받아두었다가 심어 기른 나무들이 섞여 있다. 때문에 에티오피아 커피는 어떤 산지의 커피보다 향미 범위가 넓다. 에티오피아 커피 음료는 부드러우면서 강렬한 향과 향미가 있으며 열매를 연상시키는 과일 느낌에 시트러스와 초콜릿의 느낌이 살짝 감돈다. 에티오피아 스페셜티 커피의 주요 수입업자인 메노 시몬스는 이렇게 말했다. "에티오피아 커피의 향미는 대체할 수 없습니다."

에티오피아 커피는 이 나라 무역의 3분의 1 정도를 차지하는 몇 안 되는 외화 수입원이다. 이 돈으로 석유를 사고 아프리카 내 3위 수준의 군대를 유지한다. 수출 가능한 등급의 커피는 반드시 수출해야 하고, 국내 시장에는 오직 저품질 커피만 판매할 수 있게 정부가 규제하고 있다. 즉 에티오피아 사람들은 등외품, 깨진 것, 수분이나 벌레 때문에 손상을 입은, 품질이

아디스 아바바의 대형 창고에 커피 포대가 쌓여 있다.

낮은 커피만 소비할 수 있다. 그럼에도 수요가 워낙 많아서 가격은 수출 가능 등급 커피보다 더 높은 경우가 종종 있다. 관련 규제 법률이 폐지된다면, 수출시장은 거의 무너질지도 모른다.

    커피 하면 떠오르는 국가들은 중남미에도 있다. 그렇지만 자국 생산량의 절반 이상이 소비되는 나라는 에티오피아가 유일하다. 1억에 가까운 인구가 230만 킬로그램 정도의 커피를 소비한다. 이 나라 인구의 절반이 14세 미만이라는 점을 생각하면 특히나 놀라운 수치이다.(그에 비해 케냐는 자체 소비량이 3%에 불과하다. 콜롬비아는 생산량의 86%를 수출한다.)

에티오피아 고원 전역에 커피나무가 퍼지긴 했지만 그렇다고 커피가 바로 유행한 것은 아니었다. 북쪽의 기독교 정교회 사람들은 처음에 커피를 무슬림의 음료라고 생각했다. 그도 그럴 것이 무슬림들이 커피를 거래했고 자기네 나라로 가져가 재배했기 때문이다. "아비시니아의 기독교인들은 커피뿐만 아니라 담배도 거부하는데, 아마도 무슬림들과 구별되기 위해서인 것 같다." 리처드 버튼은 1850년대 에티오피아 동부와 소말리아를 다녀온 뒤 이렇게 적었다.[18] 그렇지만 이런 편견은 19세기 후반에는 완전히 사라졌고, 커피는 에티오피아의 음료로서, 나아가 에티오피아의 상품으로서 자리를 잡았다.

커피는 에티오피아 사람들의 삶을 짜는, 대체할 수 없는 날실이다. 사회 인류학자 알룰라 판크허스트는 이렇게 말한다. "커피가 이 나라 문화에서 차지하는 비중은 너무나 크다. 사교성의 상징이자 사회 관계성을 위한 은유적 표현이자 영적 축복을 위한 동력원이다."[19] 어디에나 있고, 체감상 언제나 있는 것이 커피이다.

함께 모여 이야기하는 것을 일컫는 '부나 테투'라는 말이 있다. 문자 그대로는 "커피 마시기"라는 뜻이다. 즉, 만남에는 커피가 있고, 커피를 마실 때는 언제나 함께하는 사람이 있다. 에티오피아에서 '부나를 마신다'는 것은 공동체의 활동이다. 혼자 마시는 경우도, 빨리 마시는 경우도 드물다.

에티오피아 사람들의 삶에는 전통적인 커피 의식이 자리잡고 있다. 많은 사람들은 이것이 에티오피아 문화에서 가장 중요한 부분이라 생각한다. 80개의 서로 다른 민족 출신의 사람들이 이 의식으로 묶여 있다. 1세기 전만 해도 서로 다른 나라 사람들이었던 이들을 결합시킨 것이다.

작은 언덕, 숲 끄트머리와 이어져 있는 곳에서 렘렘 두발레가 길게 자란 풀과 양치류를 쳐낸다. 그리고 숲이 시작하는 지점 근처에 분홍색 꽃과 종 모양의 노란 꽃 스물네 송이를 펼쳐놓는다. 이번에는 꽃을 바라보는 자리에 반원형으로 의자를 놓는다. 렘렘은 흰색 바탕에 붉은 줄무늬의 반팔 면 원피스를 입고 머리는 틀어올렸다. 화로 속 숯에 불을 붙이고는 참을성 있게 부채질해서 불을 키운다. 부젓가락으로 불씨를 집어 작은 화로에다 옮긴다. 작은 화로에는 흰색 향료가 담겨 있다. 흰 연기와 함께 향이 퍼진다. 이제 커피 의식이 시작되고 있다.

이곳은 시다모이다. 리프트 벨리의 남쪽 지역이다. 이런 커피 의식은 에티오피아 거의 전역에서 볼 수 있다. 의식은 정례화되어 있고 진행 방식 또한 잘 알려져 있다. 각각의 정해진 단계가 정교하고 아름답게 진행될 때마다 감탄과 즐거움이 솟아난다.

화려하게 마감된 나무 받침대 위에 튤립 모양 주둥이의 작은 잔을 놓는다. 오늘 오기로 한 손님은 예닐곱 명 정도, 그러나 렘렘이 준비한 잔 수는 두 배가 넘는다. 나머지는 지금 향을 맡고 오는 사람들이 마실 거라고, 그녀는 조용히 말한다. "누구나 환영이에요."

주석 통을 흔들어 살짝 오목한 철판에다 생두를 조금 붓는다. 깨진 것과 작은 돌을 꼼꼼히 골라내고 나서 물을 조금 부어 커피콩을 씻는다. 철판을 화로에 올리고, 천천히 커피를 볶는다. 금속 띠를 휘어 놓은 모양의 도구로 커피를 이리저리 굴린다. 나무 그루터기에 앉아서 꾸준히 뒤섞는다. 마침내 커피콩이 초콜릿을 연상시키는 갈색으로 변하고 연기가 나기 시작한다. 갓 잘라낸 풀내와 숯내, 매캐한 냄새가 퍼진다.

거의 15분이 지났다. 이제 커피콩은 윤기가 나고 색은 거의 검은색에 가깝다. 그녀는 철판 위로 올라오는 연기를 손으로 퍼뜨린다. 그 향을 맡아서였을까, 점점 사람들이 모여든다. 렘렘이 사람들이 앉아 있는 나무 의자 사이로 천천히 지나간다. 사람들에게 갓 볶은 커피의 향을 맡게 해주기 위해서이다. 사람들이 감탄할 차례이다. 작은 무리 사이에서 감명받은 듯 "아아!" 소리가 흘러나온다.

몇 분 동안 커피콩을 식힌다. 그 사이 그녀는 제베나에 물을 담고 뜨거운 불에 올린다.

커피 의식에 필요한 도구 중 가장 중요한 것은 둥글고 목이 긴 주전자, 바로 '제베나'이다. 흙으로 만들고 검정으로 칠해 윤기가 난다. 주둥이는 짧고 튀어나와 있다. "커피는 숲에서 나온다." 유네스코에서 에티오피아 전통 수공예품에 관한 책을 낸 적 있는 자크 드부아 Jacques Dubois 는 아디스 아바바의 도자기 공방에서 이렇게 말한 적이 있다. "숲의 정령은 이따금 커피와 함께하려 하고, 제베나에 깃든다." 그의 말에 의하면, 주전자 주둥이가 저렇게 튀어나온 데는 그럴 만한 이유가 있다. 앞쪽 주둥이 덕에 의식을 치르는 동안 정령이 평화롭게 빠져나올 수 있다.•

렘렘이 향로에 새 불씨를 올리고 나무 상자 속 향 조각들을 넉넉히 집는다. ("이 향 스페셜 블렌드인가요?" "그럼요." 그녀가 대답한다.) 향을 위에서 뿌려준다. 향기 나는 연기가 바람을 타고 오른다. 정교회 사원, 사원의 성물을 연상시키는 향이다. 주변이 조용해진다.

커피콩을 원통형 막자사발에 넣는다. 굵기가 허벅지 정도 되는 속이

• 만키라의 전통 제베나는 많이 부푼 형태는 아니고 목이 길고 좁으며 벌어지지 않았다. 앞쪽 주둥이도 없다. 이것은 '카페오 제베나'라고 부른다. 만키라의 한 여성이 설명하기로는, 이것이 "원래 모습"이라고 한다. 음료에 추가할 것들은 위쪽 열린 곳으로 넣고 음료도 이쪽으로 따른다. 버터를 넣는 경우가 흔한데, 그녀의 설명으로는 버터는 음료 위에 떠 있다가 컵에 따를 때 따라 나온다고 한다. 앞쪽 주둥이가 있는 경우는 따라 나오지 않는다.

전통 방식의 커피 테이블. 에티오피아에서 흔히 볼 수 있다.

빈 나무 몸통으로 만든 것이다. 지팡이처럼 생긴 뭉툭한 절구로 빻기 시작한다. 손으로 사발 위를 덮어 커피가루가 튀어나가지 않게 한다. 커피콩이 부서지면서 과일 향을 강렬하게 내뿜는다. 에티오피아 일부 지역에서는 야생 카다멈이나 클로브를 커피와 함께 빻는다. 수단 접경지대에서는 시나몬 껍질을 넣기도 한다. 카파에서는 갓 캔 야생 생강을 넣기도 한다. 렘렘이 커피가루를 제베나 주전자에 넣는다. 가루가 기다란 목을 타고 내려간다.

커피가 끓는 사이, 그녀는 사람들에게 옥수수와 찐 보리가 담긴 나무 사발을 건넨다.

가까운 마을에서 온 알레마유라는 남자가 사발에서 옥수수를 한 움큼 덜어낸다. "당신 나라에서는 커피를 맛으로 마시더군요." 이 향기로운 모임에 대해 물었을 때 그는 이렇게 대답했다. 우리가 커피로 느끼는 경험이 한 가지 감각기에만 초점을 맞추고 있다는 뜻이다. "이곳에서는 오감을 쓰죠." 그는 손가락을 꼽으며 말한다. "첫 번째, 시각입니다. 자리, 풀, 꽃이 장식된 모습을 봅니다. 커피를 만드는 여성은 미소를 짓고, 행복해 보이네요." 두 번째 손가락을 접는다. "냄새." 갓 볶은 커피, 향, 장식된 풀과 꽃의 향, 갓 빻은 가루들까지. 이제 그는 귀를 가리킨다. "바로 앞에서 커피를 가루로 만들었어요. 그 소리가 세 번째죠." 커피콩을 볶을 때 나는 크랙 소리, 자갈이 구르는 듯한 소리, 그리고 잔에 커피를 따를 때 물 흐르는 소리도 난다. 이번에는 촉감이다. "마시는 것. 그리고 우린 손잡이가 없는 잔을 씁니다. 손에 딱 맞고 손가락이 따뜻해지죠."

사발에서 다시 옥수수를 한 움큼 꺼낸다. 숲속에서는 하이에나 소리가 들린다. 깊은 울음 소리는 낮게 시작해서는 끝날 때쯤 갑자기 솟구치듯 높아진다. "휘이이이이웁!"

마을에서 온 경비가 숲 경계에서 음식 찌꺼기 한 바구니를 버리고 있다. 알레마유는 손을 오무려 입에다 대고는 외친다. "암바! 암바!" (이리 오라는 뜻이다.)

"이제 맛이겠네요?"

"그렇죠. 이제 맛이죠." 알레마유가 웃는다. "커피로 이 다섯 가지 감각을 만족시키려면 시간이 걸려요." 이제 답을 내릴 때이다. "30분? 한 시간? 더 걸릴 수도 있어요. 그래서 커피를 아침에 줘요. 무언가 같이 먹을 게 있어야 해요. 팝콘, 인제라, 코초 같은 것 말이에요. 이건 특별한 음식입니다. 점심용, 저녁용이 아니라 바로 커피 의식을 위한 음식이죠."

제베나에서 보글보글 소리가 난다. 알레마유가 손가락을 귀에 가져간다. 또 다른 즐거운 소리가 난다는 뜻이다. 렘렘이 주전자를 바닥에 내려놓는다. 보글보글 소리가 멈췄다. 이제 가루가 가라앉을 것이다. 제베나에는 필터가 없어서 가루를 가라앉히고, 가라앉은 가루가 다시 떠오르지 않도록 따라야 한다. 훌륭한 커피 음료를 만들기 위해 특히 중요한 과정이다.

이제 황혼 녘이다. 빛이 순식간에 사라지고 있다. 점박이 하이에나 한 쌍이 숲 밖으로 나와 조용히 어슬렁거리면서 음식물 찌꺼기를 파헤친다. 독수리 한 쌍도 육중하게 내려온다. 하이에나 한 마리가 달려들어 독수리를 쫓아내려 한다.

렘렘이 깨끗한 천으로 잔을 하나 하나 닦아 쟁반에 늘어놓는다. 잔 머리끼리 서로 맞대고 있다. 우아하게 커피를 따른다. 끊이지 않고 커피가 흘러나온다. 알레마유가 다시 귀를 짚고 눈을 치켜뜬다. 커피를 따르는 소리를 들으라는 듯.

렘렘이 소리 없이 모여든 열두 명에게 커피를 나누어 준다. 따뜻한 커피잔이 사람들 손에 아담하게 들려 있다.

커피를 만드는 데 한 시간이 걸렸다. 그 사이 기대감이 채워진다. 잔은 순식간에 비워진다. 커피는 익숙할 정도로 진하고, 부드럽고, 한결같다. 카파의 야생 커피에서는 잘 느낄 수 없는 맛이다. 이 커피는 마을의 텃밭에서 아보카도, 바나나, 엔세트와 함께 자란다.

렘렘이 빈 컵을 모은다. 아직 의식이 끝나지 않았다. 사하라에서 차를 마실 때도 그러하듯, 커피도 전통적으로 세 번을 마신다. 농도는 점점 연해진다. 렘렘이 제베나에 물을 붓고 다시 불 위에 올린다. 옥수수와 보리를 담은 사발이 다시 돌아간다. 코초 빵도 있다. 푹신한, 거의 고무 같은 질감이다. 엔세트 전분을 구덩이에 파묻어 수 개월씩 발효시킨 것인데 처음에는 익숙해지기 어려운 맛이다. (카푸친 회 수사 굴리엘모 마사이아가 19세기 중엽 코초 빵을 처음 접하고 나서 쓴 기록이 있다. "익숙해지기 전까지는 이 빵은 누구에게도 먹을 게 못 된다.")[20]

반원 모양으로 렘렘을 마주하고 앉은 이들이 그녀의 섬세하고도 정확한 움직임을 지켜본다. 대화가 잦아든다. 커피를 만드는 모습은 여유롭고 고요하다. 이 모습이 카페인이 주는 활력 효과와 대비, 아니 아마도 댓구를 이루는 것 같다. 휘이이이이웁! 하이에나 한 마리가 소리를 지른다.

렘렘이 두 번째 커피를 따르고 세 번째 물을 붓는다. 이 마지막 커피를 바라카라고 하는데, 찾아온 손님의 가호를 비는 의미가 있다. 이 커피를 받기 전에 떠나는 것은 무례한 행동이다. 카파에서는 어떤 사람이 사고를 당하면 '부네 마라코 가체토'라고 말한다. "커피의 정령을 존중하지 않았구나 라는 뜻이오." 봉가의 커피랜드에서 메스핀이 갓 볶은 커피콩을 으깨면서 설명했었다. "커피 의식을 끝내고서야 떠날 수 있지요. 그냥 한 잔만 마시고 가는 건 안 돼요. 만약 그랬다가는 커피의 정신이 무너진답니다."

제베나의 목에서 구글구글 소리가 난다. 렘렘이 주전자를 땅에 잠시 내려둔다. 이제 거의 깜깜할 정도이다. 하늘에 보랏빛 잉크를 탄 듯하다. 휘이이이이이이웁! 휘이이이이이이웁! 숲에서 하이에나 소리가 울린다. 렘렘이 마지막 커피를 따를 때 하이에나의 그림자가 숲 주변으로 지나간다.

PART 2

숲을 떠나
Out of the Forest

CHAPTER 7

코페아 에티오피카
Coffea aethiopica

짐마차가 헤렌웨그Herenweg 도로 위로 덜컹거리며 움직인다. 암스테르담 외곽 하를렘Haarlem에서 남쪽으로 약 30킬로미터 떨어진 라이덴Leiden까지 뻗은 길이다. 가는 길에 거대한 여름 별장들이 보인다. 여름 열기 속, 코를 찌르는 암스테르담의 하수구 냄새를 맡을 필요가 없는 부유한 이들의 집이다. 반쯤 움직였을까, 네덜란드의 유명한 구근 꽃밭 지대 근처에서, 짐마차는 방향을 틀어 할테캄프Hartekamp에 도착한다. '사슴 공원"이라는 뜻이다. 사슴들이 야생으로 돌아다니는 건 아니지만, 연노란색 대저택 지붕에 달린 사슴 모양의 풍향계는 전원 느낌을 물씬 풍긴다. 짐차가 멈추고, 한 젊은이가 내린다. 스웨덴에서 온 식물학자, 칼 린나에우스이다.

린나에우스는 생식기관에 따라 식물을 분류하는 체계를 개발 중이었다. 이것은 혁신적인 작업이었다. 루터파 목사의 아들이자 원예학자 지망생인 그는 이후 이 업적 덕에 식물 분류학의 아버지의 칭호를 얻고 자연사

학에서 가장 위대한 사람 중 하나가 되었다. 그렇지만 1735년 8월 중순경인 이때는 그를 아는 사람은 거의 없었다. 그는 2개월 전에 의학 학위를 받으러 네덜란드에 왔다. 미리 써놓은 논문을 제출하고 며칠도 되지 않아 학위를 받았다.[1]

할테캄프의 주인 조지 클리포드 3세가 손님을 맞았다. 부유한 앵글로계 네덜란드 은행 가문 출신의 50세 남성, 홀아비였던 그는 거대 무역업체인 네덜란드 동인도 회사의 중역이었지만, 진정 빠져 있던 것은 자연이었다. 그는 자연에 많은 돈을 쏟아부었다. 클리포드 가문이 이 지역을 사들이기 전에도 이미 이곳엔 저택과 온실이 있었다. 여기에 클리포드가 인접한 토지를 사들여 정원을 넓히고 온실 네 개를 새로 세웠다.[2] — 각각 남유럽, 아시아, 아프리카, 그리고 신대륙의 식물을 기르는 곳이었다. 연구용 도서관과 수천 개의 표본을 수집한 세계적 수준의 표본집과 식물원이 있었다.

린나에우스는 할테캄프의 이 엄청난 보물들에 압도되고 매혹되었다. "귀하의 동물원에 빠져버렸습니다. 호랑이, 원숭이, 야생 개, 영양, 야생 염소, 페커리, 맷돼지들이 가득하고, 수많은 새가 울고 노래하는데 그 소리가 동물원 전체에 메아리치는군요. 그중에서도 앵무새, 꿩, 공작, 비둘기 들이 눈에 띕니다." 린나에우스는 그 여름날의 방문에 대해 이렇게 썼다. "귀하의 온실에 들어갔을 때 너무 깜짝 놀랐습니다. 놀랍도록 풍성하고, 다양한 식물들이 추운 북쪽 지방에서 온 저를 매혹시켰습니다. 귀하가 만든 이곳은, 제가 이제껏 알지 못했던 신세계입니다."[3]

클리포드는 린나에우스의 식물학 지식과 새로운 식물 분류 능력에 감명받았다. 그는 린나에우스에게 할테캄프의 수집종을 정리, 관리하고 기록으로 남겨달라고 요청했다.[4] 이 마지막 요청이 특히 이 스웨덴 학자의 흥미를 끌었다. "공공에 개방된 이런 정원에서 일해보는 것을 얼마나 고대했는지 모른다. 그리고 도움이 되지 못할까봐 얼마나 두려웠는지 모른다."[5]

그로부터 일주일이 채 지나지 않았을 때, 린나에우스는 호툴라누스(정원 관리사)이자 상주 의사가 되었다. 클리포드는 '건강 염려증' 증세가 약간 있었는데, 린나에우스는 주치의도 겸하기로 했다. 숙식과 급여에 더해, 린나에우스는 할테캄프의 도서관에 둘 책과 수집종에 넣을 표본 구매, 영국 방문 경비까지 지출할 수 있는 예산을 받았다. 그는 "수도승처럼"[6] 살았고 작업에만 몰두했다. 그가 몰두했던 작업 중 하나는 클리포드의 수집품을 목록으로 만드는 것이었다. 9개월 만에, 그는 《호르투스 클리포티아누스Hortus Cliffortianus》의 원고를 탈고했다.

1737년, 린나에우스는 클리포드의 후원으로 2절판 크기의 커다란 도록을 한정판으로 펴냈다. 도해가 많이 들어간, 라틴어 책으로, 식물원과 할테캄프 주변 숲에서 자라는 1,251가지 식물, 그리고 표본집으로 만든 2,536가지 건조 표본에 대해 기술하고 있다. 그리고 이 식물 표본에 커피가 들어 있다.

커피 항목과 관련해, 린나에우스는 파리에 있는 왕실 정원Jardin du Roi*의 앙뜨앙 드 쥐시에Antoine de Jussieu가 20년 전 진행한 연구 결과를 참조했다.[7] 쥐시에는 유럽에서 처음으로 커피나무에 대해 연구하여 식물학적 기술 사항을 발표했다. 그에 따르면 커피는 월계수 계통이었다.

린나에우스가 본 건조 표본은 쥐시에가 연구한 바로 그 나무의 직계 후손이었다.[8] 가느다란 가죽끈으로 종이에 고정시켜놓은 30센티 길이의 가지는 마치 화려한 꽃병에 곧게 서 있는 듯했다. 18세기의 네덜란드에서는 장식 꽃병, 메달, 정교한 라벨, 페넌트를 보면 수집 물품의 주인을 알 수 있었

---

* 프랑스 혁명으로 부르봉 왕가가 전복된 이후, 식물원Jardin des Plantes으로 이름이 바뀌었다.

다. 표본을 묶어 놓지 않으면, 빌려가서 복제품이랑 바꿔치기할 수 있었다.

《호르투스 클리포티아누스》에서 린나에우스는 이 프랑스인의 기록을 포함하되—Jasminum arabicum, lauri folio, cujus femen apud nos Caffé dicitur[9](아랍의 자스민, 월계수 잎과, 커피라 부르는 씨앗이 있음)—월계수라는 결론에는 반대했다. 그리고 새로운 속명 Coffea를 만들었다.

《호르투스 클리포티아누스》를 펴내고 얼마 뒤, 린나에우스는 할테캄프를 떠나 스웨덴으로 돌아갔다. 거기서 그는 더 간명하고 간단한 분류 체계를 완성하는 연구를 계속했다. 처음에는 식물, 다음에는 동물, 더 나아가 살아 있는 모든 생명체를 규명할 계획이었다. 그는 모든 것에 두 단어로 이름을 붙였다. 린나에우스의 과학 분류 체계에서는 첫 번째 단어는 속명이고, 두 번째로 나오는 특정 명칭은 종에 대한 별칭이었다. 이것은 산지나 특징을 설명해주는 일종의 형용사였다.

린나에우스가 커피에 어떤 이름을 붙일 것인가에 대한 첫 번째 실마리는 얀 완데어라르Jan Wanderlaar가 그린 삽화에서 찾을 수 있다. 왕관을 쓴 여신의 모습인 어머니 지구(에우로페)가 할테캄프 정원(식물학적 왕국)의 문을 열 수 있는 육중한 열쇠를 들고 있다. 할테캄프의 문은 그녀 바로 뒤에 열려 있다.• 바닥에는 장원의 지도가 펼쳐져 있고 그 곁으로 정원용 기구들, 나침반, 온도계(린나에우스는 이 발명을 도왔다.), 그리고 천사 한 쌍이 있다. 어머니 지구는 암사자와 숫사자 위에 앉아, 식물원에서 바치는 공물을 받는다. 아메리칸 인디언이 신대륙에서 자란 헤르난디아, 아프리카의 여성은 알로

• 공들여 만든 이 화면에 젊은 신 아폴로가 있다. 월계수로 몸을 간신히 가린 수준이다. 그는 갈퀴 같은 혀를 가진, 무지와 거짓을 상징하는 용을 무찔러서는 발 아래 짓누르고 있다. 왼손에 든 횃불로 빛을 발하고, 오른손으로는 어둠을 밀어젖히고 있다. 아폴로의 얼굴은 바로 린나에우스이다.

린나에우스의 《호르투스 클리포티아누스》에 실린 얀 윈데어라르의 권두 삽화.

에, 그리고 아라비아의 여성은 커피나무를 심은 큰 화분을 바치고 있다. 책 속, 한 장 정도의 커피 항목에서 린나에우스는 다소 직설적으로 표현했다: Crescit in sola Arabia Felici — "이것은 행운의 아라비아(예멘)에서만 자란다."[10]

런던 린네 학회Linnean Society of London는 린나에우스가 모은 표본집의 건조 표본을 피카딜리의 벌링턴 하우스 아래 비밀 금고에 보관하고 있다. 린나에우스의 자료로 가득한 나무 패널 지하실에서 한 사서가 조심스레 코페아 표본을 연다. 클리포드 표본집의 화려한 샘플과 달리,* 평이하고 장식이 없다. 잎 두 장은 떨어져 있고 종이에 화석처럼 잎맥 흔적이 남아 있다. 왼쪽에 얼핏 얼룩처럼 보이는 글자가 있다. "Caffe." 아래쪽에는 좀 더 밝은색 잉크로 적혀 있다. 사서의 말로는 린나에우스 자필이라고 한다. "arabica."

1753년 린나에우스는 자신의 식물 대전인 《스페시에스 플란타룸 Species Plantarum》을 출판했다. 이 책에는 당시 알려져 있던 모든 식물 약 5900종이 들어 있다. 여기서 그는 커피에 이명법으로 공식 이름을 붙였다. Coffea에 붙인 수식어는 arabica였다. 뜻은 "아라비아에서 온"이다.

에티오피아가 있는 곳, 일명 '아프리카의 뿔'은 홍해 쪽으로 불쑥, 아덴만 쪽으로 찌를 듯이 튀어나와 있다. 바다는 가장 좁은 곳은 거리가 30킬로미터 정도밖에 되지 않고 가장 넓은 곳이라 해도 약 300킬로미터 정도이다. 이 좁은 바다는 고대부터 핵심 상업로였고, 이집트와 지중해 왕국들, 인도, 인도양, 그리고 동방으로 이어지는, 사람들의 왕래가 활발했던 연결 통로였다. 바다 동쪽은 아라비아 반도, 이슬람과 아랍인들의 본거지이자 세계

---

* 클리포드가 죽고 나서 미망인은 1791년 표본집을 영국 왕립 식물원장 조셉 뱅크스에게 매각했다. 현재 이 수집품은 런던의 자연사 박물관에서 소장하고 있다.

에서 가장 오래 전부터 사람들이 거주했던 장소이다.

아라비아 반도 남쪽, 홍해가 시작되는 곳에 붙어 있는 항구가 모카이다. "도시 가장자리는 오목한 반달 모양이고 양쪽에 있는 두 개의 성채는 무너지는 중이다." 1795년 이곳을 방문한 영국인 여행자는 이렇게 적었다. 건물은 진흙이나 산호를 재료로 만들었고 벽체는 치장을 했으며 보루는 하얗게 칠을 했고 탑에는 흉벽을 둘렀다. "해안은 낮고, 모래가 많으며, 초목은 보이지 않는다. 아마 과거에는 바다였을 것이다. 그러나 내륙 깊숙이 들어가면 비옥한 계곡이 있고 그 사이로 산이 솟아 있다. 날씨가 청명하면 반대쪽 아비시니아 해안이 희미하게 보이는데, 그쪽은 산이 더 많다."[11]

모카는 13세기경 세워진 도시이다. 1500년대 중반 오스만 제국이 점차 세를 떨치면서 예멘을 정복했고(이들은 이웃한 이슬람 성지인 메카와 메디나도 정복했다.) 그 이후 모카가 두각을 나타냈다. 평범한 어촌 마을이었던 모카는 번성하는 항구로 재빨리 변모했다. 네덜란드 동인도 회사의 의류상 피터 판 덴 브로에케Pieter Van den Broecke는 1616년 모카에 들렀을 때, 인도와 페르시아까지 가는 배가 30척 넘게 정박하고 있었고[12] 천 단위의 낙타를 이끄는 대상 무리가 도착했다고 서술했다.[13]

오스만 체제는 오래가지 못했다. 1635년, 알 카시미 왕조가 들어서면서 투르크인들은 쫓겨났다.[14] 알 카시미 치세 하에서 모카는 홍해의 핵심 항구로 명성을 떨쳤고 세계 무역망의 주요 목적지가 되었다. 인도산 향신료와 면화류, 신대륙의 은, 중국의 비단이 모카로 향했다.[15] 그러나 그중에서도 핵심 상품은 커피였다.

최초로 대규모 커피 상거래가 이루어진 곳이 예멘이다. 모카는 거의 2세기 동안—린나에우스의 생애를 통틀어—전 세계의 커피 거래를 독점했다. 커피 문화가 중동과 유럽으로 퍼져나가면서, 아라비아 반도는 커피와 동의어가 되었고, 모카항은 커피콩의 유일한 공급처가 되었다.[16] 모카는 커피와 뗄래야 뗄 수 없는 이름이 되었고, 시장에 판매되는 커피에 모카라는 이름이 붙었다.*

커피를 담은 포대는 아랍 배, 투르크 배에 실려 홍해를 거슬러 올라가 '제다'와 '수에즈'로 이동한다. 거기서부터는 낙타에 실려 '카이로'와 '알렉산드리아'까지 이동해, 향료와 커피를 매매하는 상인들의 창고로 들어간다.[17] 이제 무역상들이 지중해를 통해 커피를 보내는 것이다.

유럽의 수요가 늘어나면서, 중간 상인들을 빼고 직거래를 하기 위해 무역상들이 직접 모카로 찾아오기 시작했다. 처음으로 예멘에 진출한 것은 영국 동인도 회사였고, 라이벌인 네덜란드 동인도 회사는 그보다 늦은 1696년에 진출했다.[18] 네덜란드인들은 상관—도매상들이 운영하는 거래소—설립을 허가받아 매년 커피 600베일$_{bale}$**을 무관세로 보낼 수 있었다.[19] 이어 프랑스, 영국 상관이 세워졌다.

모카의 커피 거래는 1720년에 정점을 찍었고[20] 이후 독점이 깨졌다. 수요가 급감했으며, 유럽 식민지에서 재배된 커피가 늘어나면서 경쟁이 치열해졌다. 항구는 점점 쇠퇴했다.[21]

오스만 제국이 모카를 다시 정복한 것은 1800년대 중반이었다. 이미 그 전인 1839년, 영국이 아덴을 점령하고—빅토리아 치세 대영제국의 첫 정복지였다.—아덴항을 주요 항구로 사용하면서 모카는 큰 타격을 입었다. 다른 유럽인들도 이곳을 사용했다. 1885년에 아덴을 찾은 프랑스 무역인은

---

* 오늘날은 약간 혼선이 있다. 세계 여러 곳에서 모카는 초콜릿을 넣은 커피를 의미한다. 아마도 이는 모카산 커피에서 초콜릿 향이 났기 때문이 아닌가 한다.

** 1베일은 100-125킬로그램—옮긴이

이렇게 적었다. "모카(커피)는 모두 여기서 공급된다. 모카(항)는 버려졌기 때문이다."[22]

오스만 치세 하의 모카는 제1차 세계대전까지 존속했다. 그러나 우물은 말라버렸고 항구에는 모래가 들어찼다. 인구가 줄고 상인 거주지가 허물어지면서 마을은 쇠락했고, 과거의 영광을 알리는 흔적은 거의 남지 않았다.

세계 커피 시장은 16세기 중엽까지는 한정적이었다. 아마도 에티오피아만으로도 모카항의 커피 수요를 충족할 수 있었을 것이다.[23] 1550년대 오스만 제국이 예멘을 정복하기 전에도 예멘에서 커피가 재배되기 시작했지만 그 양은 많지 않았다. 그러다 오스만 제국이 들어서면서 재배량이 크게 늘었다. 중동과 지중해 동부에서 커피가 유명세를 타면서 수요가 급증했고, 투르크인들은 자본을 투입해 계단식 경작지와 관개망을 건설하고 타이즈에서 모카항까지의 경사지와 해안을 따라 이어지는 서향 급경사지에 커피나무를 심었다. 농부들은 와디(계절 강우가 오면 물이 차는 골짜기) 바닥 축축한 곳과 언덕의 계단식 경작지에 커피를 심었다. 어떤 농지는 좁은 계곡 안으로 너무도 빽빽히 우겨넣어서 단과 단 사이 높이가 6미터에 이르기도 했다.

50년도 안 되어 예멘은 에티오피아를 제치고 주요 커피 생산지가 되었다.[24] 믿기 어려울 정도의 성과였다. 예멘은 대지의 2%만이 경작이 가능하다.[25] 당시 환경이 지금보다 조금 더 나았다 가정해도 물은 부족하고 경작 조건은 가혹했을 것이다. 커피 재배를 위해서는 관개를 해야 했다. 1762-63년 사이 왕립 덴마크 탐사단이 예멘을 답사했을 때, 카르스텐 니부어Carsten Niebuhr와 페테르 포르스칼Peter Forsskål은 커피 경작지를 보러 언덕을 올라갔다. 그들이 본 것은 차곡차곡 쌓인 계단식 밭이었다. 일부 경작지는 비로 물을 대고, 어떤 경작지에는 중력에 의해 물이 공급되도록 설계되어 있었다. 위쪽 경작지에는 커다란 웅덩이가 있어서 이 샘물을 아래 경작지로 흘려보냈다. 경작지마다 나무가 너무 빽빽하게 심어져 있어서 빛이 흙에 거의 직접 닿지 못했다.[26] 예멘 사람들은 이 마른 계단식 경작지에 커피와 더불어 다양한 과일나무와 기타 식물들을 재배했다. 이런 방식으로 부족한 물 자원을 완벽히 활용했다.

예멘의 커피 농부들은 완벽한 농지 관리와 선별 수확, 그리고 열매를 자연 건조할 때 꼼꼼하게 하는 것으로 유명했다. 그들은 커피열매가 다 마르면 짚으로 엮은 바구니에 담아 창고에 보관했다가 낙타에 실어 모카항으로 보냈다. 커피는 이곳에서 분류된 뒤 전 세계로 팔려나갔다.

타이즈에서 저지대로 내려가면 높은 성채가 하나 나온다. 계단식 경작지 사이로 성곽이 아직 남아 있다. 백토로 테두리를 한 유리창 위로는 설화 석고와 색유리로 장식한 작은 창문들이 우아하게 달려 있다. 문 위에는 갓 세탁한 카페트가 걸려 있다. 평평한 지붕 위에는, 시원한 햇살 아래 펼쳐진 열매가 말라가며 자두 느낌의 보라색으로 변하고 있다.

1753년, 린나에우스는 커피에 아라비카란 접미어를 붙이면서 에티오피아가 가져야 할 우선권을, 의도하지는 않았겠지만, 뺏어버렸다. 10년 후 그는 자세한 세부 내용을 담은 18페이지짜리 소책자 포투스 코페아Potus Coffea를 펴냈는데, 여기에는 커피가 'Arabia felici & Aethiopica(행운의 아라비아와 에티오피아)'에 자생한다고 덧붙였다.[27] 그러나 이미 너무 늦었다. 그가 붙인 이름은 코페아 아라비카Coffea arabica이지 코페아 에티오피카Coffea aethiopica가 아니다. 아라비아는 앞으로 대중에게 커피의 기원으로 인식될 터였다.

이와 관련한 초기 저술을 보자면, 압드 알-카디르 알-자지리의 역작인 《커피의 합법성을 지지하는 최고의 변호The Best Defense for the Legitimacy of Coffee》[28]와 다우드 알-안타키의 《아라비아 의학자가 저술한, 카우이 또는 코페라 불리는 음료의 성질, 그 원료인 열매에 대한 이야기The Nature of the Drink Kauhi,

왕립 덴마크 탐사단의 예멘 답사(1762-1763)를 표현한 판화에서 커피 경작지의 가파른 경사를 확인할 수 있다. 경작 체계를 명확히 보여주기 위해서 나무를 일부만 그렸다.

or Coffee, and the Berry of Whichit is Made, Described by an Arabian Phisitian》[29]에서도, 아라비아는 커피의 기원으로 인식되고 있다.

린나에우스가 커피를 분류체계에 넣을 당시에는, 홍해 건너 에티오피아를 원산지로 지목하는 문헌은 극소수였다. 샤를-쟈크 퐁셰Charles-Jacques

Poncet는 커피가 에티오피아에서 자란다고 기록했고, 영국의 식물학자 리처드 브래들리Richard Bradley는 《A Short Historycal Account of Coffee(1715)》에서 퐁셰의 관찰사항인 "에티오피아에서 자생하며 행운의 아라비아로 이식되었다."는 내용을 반복하고 있다.[30]

린나에우스가 이름을 잘못 붙인 지 10여 년 뒤, 덴마크의 예멘 탐사단 일원은 그들이 만난 아랍인들의 말을 인용하며 커피가 원래 에티오피아에서 왔다고 적었다.[31] 18세기 말에 제임스 브루스는 탁월한 선견지명을 발휘해, '카파'라는 말이 특정한 산지를 말한다고 언급하는데, 이는 다른 사람들보다 150년은 앞선 것이었다.[32] 그러나 당시 브루스의 말은 거의 신뢰를 얻지 못했고 무시되었다.

에티오피아가 아라비카의 원산지라는 보고가 점차 늘어나긴 했지만, 커피가 아라비아에서 기원했다는 믿음은 20세기 중반까지도 여전했다. 심지어 학자들 중에도 그런 경향이 있었다. 피에르 실뱅Pierre Sylvain은 1950년대 중반 UN이 지원한, 에티오피아와 예멘에 대한 2년간의 커피 프로젝트를 통해, '에티오피아가 원산지로 생각되며, 아마도 코페아 아라비카의 유일한 산지일 것'[33]이라 기록했다. 그러나 반박 불가능한 과학적인 증거가 없었기에 이 주장을 검증해줄 이들이 필요했다. 그리고 1958년에, A. E. 하러A. E. Haarer가 《Modern Coffee Production》에서 에티오피아가 커피의 원산지라는 증거 대신 예멘이 커피의 원산지가 아니라는 증거를 내놓으면서 예멘의 커피 원산지설을 부정했다. 그에 따르면 예멘은 "소위 '아라비아' 커피와 숲에 필요한 생태학적 조건을 갖추기에는" 강우량이 충분하지 않았다. 야생 커피나무는 반드시 위를 덮어주는 숲이 있어야 하는데, 예멘에는 그조차도 없었다. 설사 있다 해도 아라비아에 숲이 있었다는 참조 문헌이 없었다. 토양도 맞지 않았다. 예멘의 아라비카 나무는 에티오피아만큼 다양하지 않앉으며,³⁴ 아라비아에서 야생으로 자라는 아라비카 나무가 존재한다는 권위 있는 기록 또한 없었다.³⁵ 1961년, 프레드릭 웰만Frederick Wellman은 그의 역작 《Coffee: Botany, Cultivation, and Utilization》에서 약간 더 나갔다. "현재, 커피의 원산지로 널리 받아들여지고 있는 곳은 에티오피아 고지대에서부터 앵글로-이집트 수단˙과 동남부 경계까지로, 케냐까지 뻗어 있지는 않다."³⁶

웰만은 커피가 어떻게, 정확히 언제 아라비아로 넘어왔는지에 대해 "구전과 민속 문화에서 감만 잡을 뿐 명확히 알 수는 없다."라고 적었다.³⁷ 이것은 최신 DNA 기법을 써도 아직은 풀리지 않는 수수께끼이다.

초기 저작물에는 이상할 만큼 커피가 등장하지 않는다. 고대 이집트인들은 홍해 해안을 따라, 그리고 나일강을 거슬러 올라가며 탐험했지만 그들이 커피에 대해 남긴 기록은 없다. 고대 그리스인들 또한 홍해를 항해했지만 기록을 남기지 않았다. 히브리인들의 저작이나 성경에도 커피에 대한 명확한 기록은 없다. 심지어 17세기 중엽에 집대성된 코란도 그렇다. 페르시아계 이라크인 의학자이자 철학자인 라제스(865-925)는 '번첨'이라는 약용 검은 추출물에 대한 기록을 남겼는데, '번'이라 불리는 열매로 만들었다고 한다. '번'은 에티오피아와 아라비아에서 커피열매를 일컫는 말이었다.³⁸ 대개는 이를 커피에 대한 최초의 문헌으로 본다. 그 뒤 1000년경, 페르시아에서 태어난 과학자이자 철학자인 아비센나(이븐 시나)도 유사한 저작을 남겼다. 그러나 학계의 오랜 견해로는 '번첨'은 뿌리를 뜻한다.³⁹ 역사서에도, 도자기 파편 속 기록에도 15세기에는 커피에 대해 언급한 설득력 있는 내용이 없으며 16세기가 되어서야 몇 가지 내용이 출현한다. (라제스와 아비센나의 커피에 대한 기록은 신빙성이 떨어지는 것으로 본다. 그 뒤 500년 동안 그 외 어떤

˙ 1956년 수단 독립 전의 국가명—옮긴이

문헌에도 커피가 나오지 않기 때문이다.)

그렇다면, 아라비아 반도에 커피가 전래된 것은 언제일까? 전문가들 사이에서도 의견 차가 크다. 지금으로부터 1500년 전에서부터 300년 전까지라는 주장이 있다.[40] 웰만은 첫 이동이 575년, 동로마 제국과 사산조 페르시아가 대치하던, 악숨 왕국이 최대 판도를 떨치던 시기로 본다.[41] 당시 악숨 왕국은 북부 에티오피아에서 남부 아라비아까지 통치하고 있었다.[42] 그리고 두 번째 전래는 890년에 있었다고 한다.[43] 에티오피아 커피 협회에서 펴낸 자료에는 "9세기 이전에 아랍 상인들이 커피를 가지고 가서 아라비아에 심은 것이 확실하다."라고 나와 있다.[44]

6세기는 너무 이르다. 8세기나 9세기경 아라비아 반도의 문화는 고도로 발달했는데 커피에 대해 검증 가능한 문헌을 전혀 남기지 않았을 리가 없다. 그렇지만 겨우 300년 전이라니 그건 너무 짧은 것 같다.[45] 그때엔 타이즈 주변 언덕에도 커피가 이미 재배되고 있었다. 아마 14세기가 타당하지 않을까.[46] 확실히 1400년대 이전에 전래가 된 것으로 보인다.[47] 1500년대에 와서는 수요가 급증하면서 예멘에서 커피 재배가 본격적으로 진행되었기 때문이다.

에티오피아에서는, 커피가 아라비아로 이동했음을 보여주는 그림들을 수없이 찾을 수 있다. 봉가에 있는 국립 커피 박물관, 지마, 아디스 아바바, 하라의 호텔 로비에도 그런 그림이 있다. 첫 화면에서는 칼디와 염소가 커피를 발견하는 장면이 나오고, 다음은 커피음료를 만드는 여성이 등장한다. 무슬림 상인들이 커피를 홀짝이고 커피콩이 들어 있는 포대를 사는 모습이 나온다. 그리고 상인들이 작은 배에다 커피를 싣고 아라비아로 이동하는 모습이 나온다.

"이 카파라는 콩을 생산하는 나무는 무슬림 상인들이 아라비아로 이

식한 것이다." 1920년에 프리드리히 비에베르는 이렇게 기록했다. "상인들은 1530년에서 1565년까지 옥좌에 있었던 '마디 가도' 또는 '워디 가포'라 불리는 왕의 치세 당시에는 카파에서 생산되어 '마사와'를 거쳐온 커피를 공급받았다."[48] 이 기록은 예멘이 오스만 통치 하에서 커피를 널리 심고 계단식 경작지를 넓히던 때와 일치한다. "아라비아가 커피나무의 원산지로 알려져 있는데, 이는 잘못된 것이다." 이 오스트리아 탐험가는 이렇게 기록하고 있다. "아랍 상인들이 카파 또는 커피라는 이름의 나무를 예멘으로 가져왔다. 그리고 예멘에서부터 전 세계로 뻗어나가기 시작했다. 커피의 진짜 기원은 카파이다."[49]

몇몇 그림에서 상인들이 교활한 모습으로 등장한다. 돈주머니는 불룩하고 눈초리는 엉큼하다. 정직하지 못해서 그런지 두려워서 그런 것인지는 확실하지 않다. "한 아랍인이 목숨을 걸고 커피 묘목을 카파에서 반출했고, 들키지 않고 아라비아로 가져갔다는 이야기가 있다." 독일 탐험가 막스 그륄은 이렇게 적었다. "이것이 예멘 고지대에 커피 농장이 만들어진 토대가 되었다."[50]

"훔쳐간 건 아닙니다." 어느 비 오는 날 봉가에서 메스핀 테클레를 만났을 때 그는 고개를 저으며 그렇게 말했다. "거래였을 뿐이지요. (카파와 예멘 사이) 연결 선상에 '텡골라'가 있습니다." 그는 무슬림 상인들이 세운 옛 모스크와 거래소를 언급하며 이렇게 말했다.

텡골라는 봉가와 안디라차의 중간, 길을 벗어나 아래로 좁은 길을 따라 느릿느릿 15분을 걸으면 나온다. 때는 11월의 어느 오후, 길과 나란히 물길이 있고 물길 위로 나무가 우거져 있다. 태양새와 딱새가 나무 위로 날아오른다. 언덕 사면에 작은 농가가 여럿 있고 엔세트 나무가 둘러싸고 있다. 뾰족한 잎의 잎맥은 비트처럼 붉다. 모스크 경내엔 풀밭이 펼쳐져 있고 열

텡골라 모스크는 한때 상품을 수입하던 상관의 일부였다.

두어 채 흙집이 들어서 있다. 담벼락 대신 관목과 가시 돋힌 유포리아 나무를 빽빽하게 심어놓았다. 모스크는 녹슨 붉은 골판지붕에 첨탑도 없는 키 낮은 직사각형 건물이다.

카파에 이슬람교를 소개한 첫 전도사는 '아비디르 셀람'이라고, 모스크의 이맘(승려) 셰키 케디르 세딕은 나무 문에 달린 무거운 자물쇠 한 쌍을 벗기며 말한다. 설명인즉, 아비디르 셀람은 헤자즈, 즉 예멘과 사우디 아라비아의 서쪽 해안 지대에서 건너와 약 700년 전에 이곳에 모스크를 세웠다고 한다. 옛 건축 방식으로 지은 진흙 오두막 형태의 원래 건물은 이미 오

카파 지역 텡골라Tengola 모스크의 이맘인 셰키 케디르 세딕.

래 전에 허물어졌고 그 뒤로 여러 번 재건되었다. 지금 건물은 나뭇가지를 엮은 벽체에 진흙과 흰 돌가루에 엄청난 양의 테프를 섞어서 집어넣은 것이다. 건물 길이만큼 이어진 지붕 위에 짚이 얇게 덮여 있다.

케디르가 여닫이문을 열고 스위치를 켠다. 천장에 달린 갓 없는 전구 셋이 오렌지 빛, 채도 낮은 불빛을 낸다. 화려한 무늬의 카페트가 깔려 있지만 그래도 흙바닥을 다 덮지는 못했다. 빈 부분에는 짚이 흩어져 있다. 금요 기도회에는 약 50에서 60명이 모이지만 중요한 행사가 있으면 수백 명이 와서, 풀밭에서 수 일간 머문다고 한다.

"아비디르 셀람의 숲이오." 케디르가 모스크 너머 작은 숲을 가리키며 말한다. 커다란 금반지가 헐렁한 듯 그의 손가락에서 살짝 미끄러져 내려온다. "저기에 집이 있었지요."

케디르가 텡골라의 이맘으로 임명된 것은 40년 전이다. 그는 이웃 지역 '오로미아'에서 전승되는 훈련 과정을 거쳤다. 그는 자신이 자기 가계에서 8대째 이맘이라고 자랑스러운 목소리로 말했다. 오후 날씨는 더웠지만 그는 커다란 회색 옷을 입고 있다. 모자는 두툼한 금색 실로 수를 놓은 흰색 니트 스컬캡이다. 이마엔 땀이 송송 맺혀 있다.

케디르는 아버지와 할아버지, 옛 텡골라 이맘들의 역사를 알고 있다. 그의 말에 따르면 이슬람 신앙이 카파로 전래된 것은 1300년대의 일로, 일반적인 역사학자들의 기록에 비해 수 세기 이르다. 그렇지만 이미 아랍 상인들도 아비디르 셀람보다는 일찍 들어왔고, 그들이 신앙을 처음으로 가지고 왔을 것이다. 카파의 이슬람교는 '나가데 기비노', 즉 '상인들의 종교'[51]였고 무슬림을 가리키는 표현 또한 '네가도', 문자 그대로 '상인'이라고 메스핀은 말한다. "처음엔 거래가 있고, 다음엔 친구가 되고, 선물이 오가고, 마지막에 종교가 오는 법입니다."

텡골라와 안드라차 사이, '티파'라는 곳에 옛날에 큰 시장이 열리던 지대가 있다. 도로에서 한 시간 정도 떨어진 곳, 이제는 작은 마을에 불과하지만 1878년 안토니오 체키가 들렀을 때는 일주일에 4일씩, 그 지역에서 가장 큰 장이 열렸다. 무슬림들은 여기서 인근 숲에서 거둔 커피, 꿀, 머스크와 남쪽 지역에서 생산된 금과 상아를 사들였다고 한다. "상인들은 갈 때는 이런 물품을 들고 갔고 올 때는 소금을 들고 왔지요." (노예 이야기는 하지 않았지만 상인들은 소금과 노예를 물물 교환하기도 했다.)

카파에서 아라비아 반도로 커피 씨앗을 가지고 가는 것도, 이 씨앗을 수 개월 뒤에도 발아 가능한 상태로 유지하는 것도 얼마든지 가능한 일이었다. 최적의 발아를 위해서, 예멘까지 이동해 아라비아 농부들에게 전달하기까지 씨앗을 잘 보관했다.

오늘날 카파의 월데기오르기스 샤워 같은 농부들은 매년, 갓 수확한 커피열매를 손으로 껍질을 벗겨낸 다음, 가장 좋아 보이는 씨앗을 골라 재나 숯을 묻혀 집 안 서늘한 곳에 보관하는 전통적인 방법을 사용한다. 재와 숯은 항균제 역할을 한다. 커피 자원 보존 관련 전문가이자 에티오피아에 대한 지식이 해박한 장-피에르 라부시Jean-Pierre Labouisse에 따르면, 커피 씨앗은 완전히 말리지 않은 상태로 축축한 실온 환경에 보관할 경우 최대 2년까지는 생존 가능하다. 이 정도면 예멘까지 여행해서 파종하기 좋은 시기까지 기다리는 게 충분히 가능하다.

나는 케디르에게 커피가 카파숲에서부터 어떻게 퍼져 나갔는지 물었다. 그러자 참을 수 없다는 듯 그가 외친다. "오로모!" 에티오피아에서 가장 수가 많은 민족 이름이다. "오로모인들이 와서 커피를 가져갔소. 그들은 무슬림들과 함께 동쪽에서 거래를 했지요. 아마 하라쯤 될 거요." 케디르는 대략 동쪽 방향으로, 경멸적으로 손을 흔든다. "할아버지한테 들은 게 전부요." 그는 자라면서 이 이야기를 계속 들어왔다. 그가 으쓱하니, 앙상한 어깨가 드러난다. 그가 집으로 들어간다.

그의 할아버지가 한 말은 케디르가 생각하는 것보다 훨씬 더 사실에 가깝다.

1990년대 들어 새로운 DNA 기법이 적용되면서, 예멘의 커피가 카파나 그 인근 숲에 사는 야생 아라비카보다는 그렇게 근연관계는 아닐 것이라는, 그보다는 동쪽 지역, 아마도 하라 부근의 야생 아라비카와 가까울 것이라는 결과가 나왔다. "에티오피아 남서부 고지대에서 수집된 생식질과 예멘에서 재배되어 전 세계로 퍼진 커피나무의 생식질은 서로 분명하게 구분된다." 선구적인 커피 유전학자 필립 라셔메스Philippe Lashermes는 1995년에 이렇게 보고했다. "이 결과는 아라비카 커피나무가 에티오피아의 남동부 상록 수림에서(시다모와 하라) 시작해 아랍인들에 의해 예멘으로 이식되었다는 가설을 뒷받침한다."[52]

그런데, 지금 몽펠리에 소재 IRD Institut de Recherche pour le Développement 내, 컨퍼런스의 유리벽 너머 값비싸고 정교한 기계가 웅웅거리는 연구실에서 만난 그는 과거의 발견을 부정했다. 그는 20년 전 연구에 사용된 기법은 오래된 것이고, 당시 교토에서 열린 학회에 제출한 논문으로 동료 심사 절차를 받지 않았다고 한다. 이 연구는 샘플이 충분히 뒷받침되지 않았고, 면밀히 읽어보면 결론으로 이끌어 가기엔 무리가 있었다. 그는 어깨를 으쓱했다. 그는 하라가 중계지인지 몰랐고, 추정하고 싶지도 않아했다.

그에 비해, 라셔메스의 동료 브누아 베르트랑Benoit Bertrand은 최근 에티오피아와 예멘 커피에 대해 최신 DNA 기술을 적용해 다양한 연구를 완수했고 최종적으로 논문 검수 중이다. 이 연구에서는 798개 커피 샘플의 유전자형에 대해 유전자 배열 작업을 진행했는데, 이 중 예멘산 커피는 100개에 달한다. 주요 커피 유전학자이자 최고의 커피 육종학자이기도 한 베르트랑은 연구실 칠판에 이렇게 적었다.

"야생" 에티오피아 커피

예멘

현대

"모든 현대 품종은 예멘에서 온 것입니다." 그는 아래쪽 단어 두 개를 줄로 연결하며 이렇게 말했다. "그리고 예멘 커피는 에티오피아에서 건너왔죠." 그는 위쪽 단어 두 개는 짧게 줄로 연결했다. "에티오피아에서 커피가 오기 전에는 예멘에 커피는 없었어요."

그는 힘차게 칠판을 닦더니 아프리카의 뿔 지역과 아라비아 반도를 그렸다. "에티오피아와 예멘 사이 어딘가에 커피가 처음으로 재배된 곳이 있습니다." 홍해를 가로질러 아라비아 쪽으로 붙어 있는, 튀어나온 곳을 그려 나간다. "그렇지만, 에티오피아에서 예멘으로 커피가 바로 전달되었는지 아니면 하라가 처음 재배된 중심지인지에 대해서는 확언할 수 없네요."

그는 컴퓨터로 자리를 옮기더니 마우스를 잡았다. 화면이 켜지고 논문 내용이 나온다. "커피가 에티오피아에서 시작되었다는 것은 여기 나와요." 화면을 내리니 도해가 나온다. 여기에는 유전 마커를 사용했을 때 뚜렷이 구분되는 세 가지 커피 군종이 나온다. 현대의 품종, 예멘의 커피, 그리고 야생 에티오피아 커피이다.

그렇지만 이 자료로는 하라가 징검다리인지는 알 수 없다. "지금으로서는 불가능합니다." 커피의 복잡한 가계도를 알아내려면 아직 가야 할 길이 멀다.

라셔메스가 지적한 대로 예멘의 전체 커피 산업은 "커피 한 포대면 충분히" 일어날 수 있었겠지만, 여러 방면으로 커피가 들어오면서 커졌다는 것이 아마도 확실할 것이다.

에티오피아 남서부 지역의 커피는 예멘의 많은 일조량과 건조한 환경에 적응할 필요가 있다. 베르트랑은 삐뚤한 모래시계 모양의 아라비아, 그리고 아프리카의 뿔 지도 앞에 섰다. "여기는 숲이죠." 에티오피아 쪽을 가리킨다. "예멘 개체군은 많은 일조량과 건조한 환경에 적응하는 과정을 거쳤습니다." 아라비아 쪽을 두드린다. "이 과정에서 상당수 품종이 실패했죠.

일부 품종만이 예멘의 환경에 적응할 수 있었어요."

아마도 이것이 언제 첫 도입이 이루어졌는지 명확한 시점을 알아내지 못하는 이유일 것이다. "처음? 모릅니다." 라부시는 이렇게 말했다. 오랜 기간 동안 많은 품종이 도입되었기 때문에, 처음 들어온 때가 언제인지는 중요한 것이 아니라는 듯 어깨를 으쓱한다. 에티오피아를 제외하면 예멘에 있는 커피 품종이 세계의 다른 어떤 곳보다도 많다는 점은 예멘의 커피 경작지가 남서부 삼림에서 자라는 야생 커피나무뿐만 아니라 전설상의 거래 장소인 하라를 포함해 다른 에티오피아 지역의 커피로도 채워져 있을 가능성이 있음을 보여준다. 예멘으로 운반된 커피 씨앗들 중, 에티오피아에서도 건조한 동부 지역의 커피가 아마 적응하기는 제일 쉬웠을 것이다.

CHAPTER 8

성자의 도시
City of Saints

1842년에 영국 왕립 지리학회에서는 〈하라의 지리학적 위치에 대한 추정적 발췌 보고Extract Report on the Probable Geographical Position of Harrar〉라는 보고서를 펴냈다. 이 보고서는 하라를 떠나 소말리 해안에 있는 항구로 30일 내지 40일간 이동하는 '카필라', 즉 대상 상인들에 대한 상세한 정보를 담고 있다. 언제 떠나는지, 어디서 멈추는지, 낙타가 실은 것은 무엇인지가 자세히 기록되어 있다. 도시에 비축된 무기의 양이나 방호벽의 관문 이름, 주변 언덕에서 자라는 작물 정보도 있다. "커피는 가장 중요한 상품으로서 연간 최소 2000베일*이 수출된다. 커피는 해안의 '베르베라', '제일라' 항구로 이동한 다음 여기서 아라비아나 인도를 거쳐 최종적으로 유럽 시장에 도달한다.[1]"

* 모카 커피의 양을 재는 데 사용한 옛 도량형이다. 옥스포드 영사전에서는 1베일을 2-2.5웨이트 (100-125킬로그램)로 설명한다.

그렇지만, '추정적'이란 말이 그러하듯, 175년 전의 이 고명한 지리학회는 한 가지 필수적인 정보를 빼먹었다. 바로 하라의 정확한 위치이다. 이에 관해서는, 영국인은 고사하고 비 무슬림계 사람조차도 이 도시에 들어가 본 적 없다.

수 세기에 걸쳐 하라는 주요 무역 거점이자 에티오피아의 서부와 남부에서 고대 항구로 향하는 대상길의 교차점이었으며 메카로의 연례 순례 길이 지나는 지점이었다. 이 독립 토후국은 재정 체계가 탄탄했고 거래망이 잘 갖추어져 있었으며 고유한 언어를 사용했고 자체 화폐도 있었다. 무늬가 있는 하라의 금, 은, 동 주화는 상당히 가벼워서 손바닥에 올려놓으면 거의 감지하기 힘들 정도이다. 하라의 시장은 시끌벅적했으며 주요 상품은 상아, 머스크, 노예, 커피였다.

지역 기록에 따르면 13세기, 셰이크(족장) 아바디르 우마르 아르-리다가 43인을 이끌고 아라비아에서 넘어와, 새로운 도시를 짓기 위한 부지로 하라를 점찍었다고 한다.[2] 그러나 그 전에도 하라는 있었다. 유네스코가 2006년 세계유산 목록에 하라를 선정하면서 만든 자료에는 이 도시의 모스크 중 셋은 10세기까지 거슬러 올라간다고 나와 있다.[3] 과거 언젠가 이 지역의 한 수장이 여러 마을을 '하라'라는 이름으로 뭉치게 했다고 보는 편이 더 맞을 것이다. 하라의 어느 박물관에 걸린 배너에는 969년에서 1887년까지, 하라를 통치한 토후(에미르) 72명이 나열되어 있다.

셰이크 아바디르가 하라의 영적 아버지라면, 에미르 누르 이븐 알-무자히드는 군사적인 면에서 아버지이다. 누르는 16세기 중반 에티오피아 군대와 치른 전투에서 황제를 죽이는 전과를 거두었지만 기독교 왕국의 영역으로 정복을 계속하는 대신 하라로 물러나서(적의 목을 창에 꽂고 이동했다.) 이 도시와 주변 지역에 대한 지배를 공고히 했다. 그가 남긴 가장 큰 유산은

'주골'이라는, 튼튼한 성벽을 세운 것이다. 주골은 4-5미터 높이에 다섯 개 관문이 튀어나와 있으며 둘레 3킬로미터에 걸쳐 굳건하게 세워져 있다.• 토후국 시절에는 황혼이 오면 관문을 닫았고 열쇠는 토후가 보관했다. 동이 트기 전에는 아무도 나가지 못했다.

하라는 타원형 모양이며 지대는 약간 경사져 있다. 120에이커(0.5제곱킬로미터)의 아담한 면적에 차분하면서 다채로운 골목이 곳곳에 매듭처럼 엮어져 있는 것이 메디나와 유사하다. '주골' 안에 거주하는 인구는 최대였을 때가 5만 명이었다. 그 작은 면적에 거주한다고는 믿기 힘들 정도의 수이다. 그러나 도시가 고대 성벽을 넘어 팽창하면서 만이천 명으로 줄어들었다. 여전히 많긴 하지만 이제는 감당 가능한 정도이다. 수십 개의 첨탑에서 기도 시간을 알리자 무지갯빛 작은 새가 놀라서 날아오른다. 황혼이 오면 점박이 하이에나가 먹이를 구하러 관문에 모인다. 이들은 밤이 되면 특유의 곰 같은 걸음걸이로 인적 없는 골목을 돌아다니며 사람들이 내놓은 쓰레기를 찾는다.

한 관문의 맞은편에 향신료 상점들이 다닥다닥 붙어 있다. 여기 상인들은 유명한 하라 커피를 판매한다. 19세기 중엽 하라산 커피는 네 가지로 구분지어 판매되었다.[4] 하나는 '번'으로, 일반적인 커피콩을 말한다. 최고급 품질의 커피콩은 별도로 '하마라토스'라는 이름으로 판매되었다. 말린 열매 껍질은 '코투'라는 이름으로, 잎은 '카샤르'라는 이름으로 불렸다. 이런 판매 구조는 지금까지 남아 있다. 회반죽을 칠한 도시 성벽 근처에서 나이 든 여성이 싱싱한 커피 잎이 담긴 포대 앞에 쪼그리고 앉아 있다. 딴 지 하루 아

• '하라리스'라는 단어는 때때로 6,666큐빗(7619미터)을 의미한다. 6,666은 코란의 연 수를 나타내는 상징적인 수이다. 관문은 1933년에 개방되었다. 성벽은 여전히 남아 있다.

하라 시장에서 커피 껍질—일부 국가에서는 말린 커피 열매 껍질을
카스카라cascara라고 부른다.—을 캔에 담아 팔고 있다.

니면 이틀 된 것이다. 생생했던 녹색이 이제 막 시드는 참이다. 근처엔 다른 사람이 커피 껍질을 팔고 있다. 셰노Sheno 마가린 쿼트 사이즈 주석통으로 담아 파는데 1파운드에 6비르(270원) 정도이다.

커피콩은 주트 포대에 담겨 있다. 평평한 지붕 위에서 말린 참깨, 콩, 칠리, 보석 같은 향 덩어리가 담겨 있는, 끄트머리가 돌돌 말린 포대 무리 중에 커피콩 포대도 있다. 한 거래인이 완두콩 빛깔의 커피콩을 한 줌 쥐어서는 앞으로 내민다. "최고 품질입니다." 하며 손을 펼쳐 커피콩을 잠시 동안 보여주더니 다시 포대에 넣는다.

하라는 '마디나트 알-아월랴', 곧 성인의 도시이다. 에티오피아의 무슬림 공동체에게는 신앙의 중심지이고 이슬람 종교에서 네 번째로 성스러운 도시이다. 주골 안 모스크는 82개이며 성소는 약 102개에 달한다.[5] 불신자는 들어갈 수 없었다. 무모하게 시도했다가는 죽을 수도 있었다.

그 '마법의 금기'[6]를 깬 첫 유럽인은 리처드 버튼, 영국인 탐험가이자 뛰어난 언어학자이고 나중에는 《카마수트라》, 《아라비안 나이트》, 《퍼퓸드 가든》을 번역한 사람이다. 1855년 당시 그는 이슬람교에서 가장 성스러운 도시인 메카를 방문한 최초의 비무슬림으로서 막 이름이 알려진 상태였다. 그의 고용주 동인도회사는 그의 다음 탐험지로 소말리아와 하라를 점찍고 있었다.

그렇지만 실제로 이 도시에 닿기까지 위험은 어마어마했다. 소규모 수행단을 꾸려 해안부터 도시까지의 5주간 여정은 가면 갈수록 위험했다. 여행 직후 그는 2권 분량의 여행기를 펴냈는데, 베스트셀러가 된 이 여행기의 총 10장 중 하라에서 보낸 10일에 대한 내용은 오직 1장뿐이다. 그는 아랍 상인으로 위장했고, 숨어 지내지는 않았다. 그는 도시 관문에 도착하자마자 토후에게 알현을 요청했고 피스톨을 바쳤다.

여행기에 하라의 커피에 대한 언급은 거의 없다. "하라의 커피는 유럽 시장에서 너무 잘 알려진 상태라 굳이 설명할 필요가 없다."[7] 그의 기록에 따르면, 커피 산업은 워낙 가치가 있기에 토후는 "커피 재배인, 곧 '하라쉬'들의 여행을" 금지했다. 이는 "커피나무 재배 기술이 유출되지 않게 하기 위함"이었다.[8]

따라서 언제 출국 금지령이 떨어질지 몰랐기에, 버튼은 곧 떠나야 한다고 둘러댔다. 토후는 승낙했고, 그는 바로 그 다음 날 새벽이 오기 전에 떠났다. "납으로 된 외투를 벗은 것처럼, 주의와 걱정을 덜어내고 홀가분해졌다." 도시의 관문을 안전하게 통과해 다시 해안을 향해 언덕을 지나치면서 그는 이렇게 적었다. "커피나무에 맺힌 이슬은 커다란 다이아몬드 같았고, 길가 덤불에서는 새들이 즐거이 노래했다.—자연이 이처럼 사랑스럽게 다가온 적이 없었다." 그러나 그의 수행단원들은 지체하지 않았다. "총으로 무장하고 매복해 있는 갈라인들과 마주칠까 주의하면서 강을 건너고, 깊은 골짜기와 가파른 길을 올랐다."[9]

이렇게 버튼은 금기를 깰 수 있었지만, 이후에도 수십 년간 하라는 유럽인들에게는 금단의 지역이자 방문할 수 없는 곳이었다. 하라에 유럽인 한 사람이 거주하게 된 것은 25년이 지나서의 일이다. 그는 젊은 프랑스인이었다. 이름은 아르튀르 랭보 Arthur Rimbaud였다.

이 역사적 도시 중심부, 청록색 뚜껑의 단단해 보이는 성소들, 나무 발코니가 그늘을 드리우는 꼬불꼬불한 길, 땅콩과 사탕수수 막대를 파는 여인들을 지나면 랭보의 저택이 나온다. 공들여 지은 고급 목조 저택으로 앞면은 우아하게 장식되어 있고 3층 회랑에서는 저택 주변을 둘러싼 언덕까지 멀리 볼 수 있다. 하지만 랭보는 여기에 살았던 적이 없다. 이 집은 랭보 시대가 지나간 뒤 인도 상인이 지은 것이다. 랭보도 하라도 너무 전설적인 존재이다 보니 이런 사소한 내용들은 아무도 신경쓰지 않는 것 같다.

    랭보는 열여섯 살이 되던 1871년에 현대 프랑스 시 문학에서 가장 영향력 있는 작품인 100행짜리 '취한 배'를 썼다. 그는 이 시를 폴 베를렌에게 보냈고 얼마 안 가 이 유부남 시인을 만나 압생트와 섹스에 빠져 살았다. 둘은 파리에서 도망쳐 런던으로 향했고 다시 브뤼셀로 옮겼다. 여기서 베를렌이 질투에 눈이 멀어 랭보에게 총을 쏘면서 13개월간의 떠들석하고도 무모했던 연애는 끝났다. (베를렌은 이 사건으로 2년간 옥살이를 했다.) 랭보는 18세에 걸작 '지옥의 계절'을 썼다. 이후 눈부신 3년간 그는 유럽의 시문학을 재창조했지만 그것을 끝으로 문학과 결별했다. 그는 문학을 배신하고, 원고를 불태우고, 독일, 인도네시아, 지중해 동부를 떠돌았다. 21세 생일 이후로 그가 다른 운문 작품을 썼는지는 전혀 알 수 없다.

    1878년, 랭보는 홍해를 따라 남쪽 이곳 저곳을 떠돌며 일을 구했다. 제다, 수아킨(수단 동북부), 마사와, 호데이다(예멘), 그리고 마침내 아덴에 닿았을 때, 알프레드 바르데이 Alfred Bardey라는 커피 상인이 그를 고용했다. 랭보의 첫 직업은 현장 감독이었다. 고지대에서 생산된 커피를 낙타에 실어 오면 그 짐을 받는 작업을 감독했다. 창고에 들어오는 커피는 건조는 되어 있지만 껍질은 까지 않은 것이었다. 그는 원주민 여성들이 그라인더로 껍질을 제거하고 커피콩을 정제하는 작업도 관리했다. 정제된 커피콩은 분류, 계량을 거쳐 70킬로그램 이상을 담을 수 있는 큰 마대자루에 포장되어[10] 마르세이유로 선적되었다.

    아덴으로 들어오는 커피 중 일부는 하라에서 온 것으로 '베르베라' 항구를 거쳐 들어왔다. 바르데이는 에티오피아에 거래선을 구축할 기회를 엿보다가, 1880년에 랭보를 하라로 보내 전초 기지를 세우려고 했다. 랭보는 홍해를 지나 말을 타고 20일에 걸쳐 소말리 사막을 지나 새 정착지에 도

달했다.¹¹ 그의 나이 26세 때의 일이었다.

오랫동안 독립국이었던 하라는 랭보가 도착하기 수 년 전에 이집트에 정복되었다. 토후는 사라졌고, 도시는 이집트인들이 다스렸다. 오늘날 중앙 광장인 '페레스 메갈라(말 시상이란 뜻)'의 북면, 정차 중인 푸른색 라다Lada 택시들 뒤로 자그마한 카페가 하나 있는데, 이름이 알마두Almadu이다. 이 카페 위층엔 방이 두 칸 있다. 한때 여기에 커피와 상아, 가죽, 머스크를 수출하던 바르데이의 회사 사무실이 있었다. 그리고 랭보는 이곳에서 수 년 간 하라 주변에서 생산된 커피와 여러 상품을 구매하고 이것들을 해안 및 아덴 쪽으로 보내면서 살았다. 커피는 염소가죽 포대에 담겨서 낙타 등에 실려 이송되었다.

현재 랭보의 사진으로 알려진 것은 여덟 장뿐이다. 하나는 커피 농장 안에서 찍은 1883년도 사진이다. 그해 그가 사들인 커피가 대략 300만 프랑쯤이었으니, 아마도 농장을 찾아다니는 것이 그의 일상이었을 것이다.¹² 그는 월급으로 300프랑을 받았고 경비는 별도로 받았다. 크게 풍족하지는 않았지만, 그는 거래에 능한 편이었고, 바르데이는 랭보와 계약을 3년 연장했다. 그렇지만 1884년 초, 랭보는 급히 사무실을 폐쇄했다. 전쟁이 일어나 사업이 크게 위축되었기 때문이었다.¹³

아덴으로 돌아온 뒤 물량이 크게 줄긴 했지만 랭보는 여전히 커피 무역에 종사했다. "주요 상품은 커피야. 모카라고 불리지." 그는 편지에 이렇게 적었다. "다른 상품도 여러 가지 있어. 말린 가죽, 상아, 깃털, 고무, 향, 등등등등등. 수입하는 것들도 다양해. 하지만 지금 여기서는 커피만 해. 나는 구매랑 탐사를 하지." 그는 달에 약 20만 프랑의 커피를 사들였다.¹⁴ "그렇지만 프랑스의 모카 사업은 죽었어. 하루가 멀다 하고 값이 떨어지는 통에 배삯도 겨우 낼 정도야."¹⁵ 그는 "아덴이라는 무시무시한 함정"¹⁶에서 고

하라 커피 농장의 아르튀르 랭보.

군분투했지만 얼마 안 되는 자기 급여 정도밖에 벌지 못했다. 사업 존속은 불가능해 보였다.

결국 그는 커피 사업을 접고 총기 사업으로 전환했다. 그는 메넬리크 2세에게 무기를 공급하는 사업체를 조직했다. 당시 황제는 영토 확장에 열심이었다. "황제의 관심사는 갈라 전사들에게 줄 총을 구하는 것뿐이야." 랭보는 이렇게 적었다.[17] 이 무기는 아마도 황제의 군대가 이탈리아 군대를 물리치고 카파를 점령하는 데 도움이 되었을 것이다.

지부티의 '타주라'에서 무더운 수 개월을 참아가면서ㅡ너무 더워서, 숨을 들이쉬면 감각에 혼란이 온다고 적었다.[18]ㅡ랭보는 라이플 1755정, 탄창 45만 개, 사냥 카트리지 30만 개를 모았다. 그는 백 마리의 낙타, 에티오피아인, 소말리인, 다나킬인으로 구성된 백여 명의 대상을 이끌었다. 대상은 아파르 저지대를 지나 아살 호 둘레를 따라 움직였다. 수면보다 150미터나 낮은, 황량하고 타들어갈 듯 뜨거운 곳이다. 이들은 옛 소금길을—마른 모래, 뜨거운 자갈, 미라가 된 낙타 시체가 있는 곳이다.—따라 가며 리프트 밸리를 넘어 중부 고원 지대에 올라 고도 2400미터인 곳, '안코베르'의 주도 '샤완'에 도달했다. 랭보는 50-60일이면 도착할 것이라 생각했지만[19] 실제로는 4개월이나 걸렸다. 1887년 2월 9일, 대상은 마침내 목적지에 도달했다.[20]

이렇듯 여정은 용맹스런 서사로 진행되었지만 결론은 우스꽝스런 모양새가 되어버렸다. 황제가 남서쪽으로 170킬로나 떨어진 '엔토토'로 천도한 것이다. 대상은 계속 움직일 수 밖에 없었다. 마침내 엔토토에 도달했건만, 정작 황제는 그곳에 없었다. 이집트인들이 점령한 하라에서 친정 중이었다. 랭보는 황제가 돌아오기를 기다리는 수밖에 없었다. "(황제가) 엔토토에서 도착했어. 하라에서 찾아낸 악사들이 마치 자기들의 목숨이 여기에 달렸다는 듯 이집트 트럼펫을 불면서 그의 귀환을 알렸지. 그 뒤로 군대와 전리품이 줄을 이었지. 그중에 크룹 사의 대포도 두 정 있더군. 각각 80명이 달라붙어 옮기고 있었어."[21]

군대는 대포와 함께 이집트인들이 버리고 간 엄청난 양의 군수품을 확보했다. 랭보가 가져온 라이플과 탄약 가격은 폭락했다. 랭보는 황제를 보좌하는 스위스인 고문관 알프레드 일그와 협상을 해봤지만, 자신이 생각하던 가격의 5분의 1 수준에 넘길 수 밖에 없었다.[22] 사기 당했다는 생각에, 그는 황제에 대한 분노를 편지에 가득 담았다.[23]

게다가 황제는 랭보에게 현금을 주지 않았다. 황제는 자기 서명이 있는 증서를 주었고, 증서에는 황제의 사촌이자 하라의 새 영주 라스 마콘넨이 값을 지불한다고 되어 있었다. 3년 후에 랭보는 빈털털이로 돌아왔다. "언젠가 여기서 일어난 일이다." 카이로의 주요 신문에 기고된 장문의 편지에서 랭보는 이렇게 적었다. "아비시니아인들은 이 도시를 끔찍한 오물통으로 만들어놓았다. 그들은 흑인들만이 아는 방식으로 집을 부수고 농장을 못쓰게 만들었으며 사람들을 죽였다."[24] 군대가 수많은 커피나무를 없애긴 했지만, 한편으로는 도로를 개선한 덕에 커피 생산은 크게 늘어날 수 있었다.[25] 랭보 같은 구매인들은 수확한 커피를 편하게 옮길 수 있었고, 농부들도 커피를 하라 시장에 내다 팔기에 편해졌다.

랭보는 아덴으로 옮겼고, 잠시 카이로에 머물다가 1888년 5월 하라로 돌아왔다. 아덴 기반의 프랑스 수출입 상인 여러 사람에게 고용되어 일하면서, 그는 다시금 해안 쪽으로 향하는 대상을 조직했다. "이곳에서 생산되는 상품들, 금, 머스크, 상아, 커피, 등등등등등등"을 실어 날랐다.[26] 업체 주장으로는 커피 구매에서부터 낙타에 실어 해안까지 보내는 일은 랭보가 전적으로 다 맡았다고 한다. 다른 상품들은 여러 중개인들과의 거래를 통해 구매한 것이었다.[27] 여기다 에티오피아의 중심부 '샤와'로도 대상을 보냈다. 여기에는 편지용 종이, 모직물과 플란넬, 진주와 단추, 조리용 팬, 기타 아덴에서 들여온 물품을 실었다.

이때쯤 랭보는 꽤 존경을 받았다.[28] 그는 집을 지었고 정부를 들이고 '자미'라는 이름의 하인을 두었다.[29] 그는 라스 마콘넨과 가까워졌으며, 이 나라 이곳 저곳에 흩어져 있는 유럽인들의 사교 모임을 만들었다.(일그도 여기 포함되어 있었다.) 그렇지만, 사업은 형편없었다. 그래도 그는 이곳에 머물렀다. "프랑스였다고 달리 뭘 했겠어?"[30]

그렇지만 어머니와 누이에게 보낸 편지에는 불평불만이 가득했다. 날씨도, 먹을것도, 편지 체계도, 자기 주위의 것들이 모두 불만스러웠다. "나날이 지겹네. 가족 없이 사는 것, 지적인 추구 없이 사는 것, 흑인종들, 나는 그들의 삶을 좀 더 낫게 해주려고 이렇게나 애쓰는데도 그들은 이용해 먹으려고만 하고, 물건을 제때 팔지도 못하게 해."라고 그는 적었다.[31]

재능과 수사가 가득했던, 10대의 아름다운 문상과 비교하면, 이 편지 속 격정과 고통은 극명한 대조를 이룬다. 1891년 2월 말쯤, 그는 어머니에게 한쪽 다리의 정맥류를 치료하기 위한 고무 스타킹을 보내달라고 요청했다. 그러나 오른쪽 무릎에 난 것은 종양이었다. 고통은 극심해졌고, 그는 이내 걷지 못하게 됐다. 2개월 뒤, 아덴에서 본가로 부친 편지에서는 그가 급히 하라를 떠났다고 나온다. 열여섯 명의 운반인이 그를 들것에 실어 '제일라'까지 300킬로미터가 넘는 길을 내달렸고, 그 10일간 그는 극심한 고통을 겪었다.[32] 그는 홍해를 건넜고, 5월 10일에는 프랑스로 가는 배에 몸을 실었다. 12년 만의 귀국이었다. 도착하고 며칠 뒤, 의사가 암이 발생한 다리를 무릎 위에서 잘라냈다.

랭보는 자신이 살았던 하라에 대해 그토록 불평불만을 늘어놓았지만 결코 잊지는 못했다. 수술 후 일주일 만에 그는 라스 마콘넨에게 몇 개월 뒤에는 돌아갈 거라고 편지를 썼다. 건강은 악화되었지만 실제로 그는 그 해가 가기 전에 하라로 향했다. 그러나 마르세유까지가 한계였다. 그는 그곳에서 죽었다. 향년 37세였다.

하라에서는 지금도 커피를 재배한다. 그렇지만 도시 근교에서 재배하는 것은 아니다. 아니, 큰 마을은 물론이고 작은 마을에도 커피는 없다. 접근성이 좋은 농지는 모두 카트밭으로 변했다. 카트는 가장 신선한 상태로 판매해야 하기 때문이다. 그에 비해 커피 농장은 가장 가까운 곳이라도 하라에서 3시간 이상 떨어져 있다. 주요 커피 재배지는 대여섯 시간을 가야 하는 오지에 있는데, 연락망을 잘 갖추고 무장한 호위를 동반하고, 반드시 낮에만 다니는 경우가 아니라면 외부인이 방문하기엔 너무 위험한 곳이다. 왜냐면 오로모 자유군Oromo Liberation Army이라는, 1970년대 이래 자치를 주장하며 정부군과 교전을 벌이는 반군 잔당이 이곳에 있기 때문이다. ("이들은 농장에 잠복해 있습니다." 다름 아닌 에티오피아에 파견된 국제 참관인의 말이다. "농부들이야 아무 말도 안 하지요. 말했다간 살해당할 수도 있으니까요.")

하라에서 서쪽으로 뻗은 길은 하라마야 호수를 따라 길게 이어진다. 이 호숫가 갈대밭에 거대한 플라밍고랑 흑따오기, 황새가 퍼덕인다. 물에서 솟아오른 앙상한 나무 위로는 가마우지가 날개를 반쯤 편 채로 산들바람을 맞으며 미동도 없이 균형을 잡고 있다. 큰 카트 시장이 열리는 '오데이'를 지나면 구불구불하고 파헤쳐진 진흙길이 나온다. 이 길은 산마루에서부터 이어져 있는데 중간에 언덕을 지난다. 이곳에서는 옥수수, 콩, 카트를 기른다. 흙먼지 가득한 풍광에 망고 농장, 구아바 농장이 드문드문 끼여 있는데, 녹색 천조각을 기워 넣은 듯한 풍경이다. 어느 작은 마을을 지나는데 여자들이 장으로 가고 있다. 얇고 다채로운 색의 천을 머리부터 두르고 있다. 자기들이 생산한 농산물, 달걀, 그리고 살아 있는 닭의 발을 묶어 바구니에 넣고 매주 한 번씩 열리는 장으로 가는 중이다. 그 옆 우물가에는 여자와 아이들이 노란색 낡은 식용유 용기에 물을 채우고 있다. 지그재그 길 위쪽, 개울이 있고 키 높은 나무가 제법 있는 곳에는 새까만 혹소들이 수백 마리 있다. 농부 압델라 무메의 집은 여기서 한 시간 정도 거리에 있다.

"내 아버지의 선조 때부터 대대로 이 땅을 소유했지요." 그는 오로모어로 말한다. 자기 커피 농장이 있는 곳으로 10분째 걷는 중이다. 커다란 민소매 셔츠는 바람이 불 때마다 펄럭거린다. 허리춤에는 무늬가 있는 녹색 천을 둘러 묶고 붉은색 샌달을 신었다. 그가 재배하는 면적이 얼마인지 물었다. 그는 헥타르 단위로는 몰랐다. "몇 그루인지만 압니다. 250그루."

압델라 무메가 하라 외각에 있는 자기 농장의 오래된 커피나무 앞에 서 있다.

커피 농장 안으로 들어서자, 본능적으로 열매를 누른다. 열매가 다 익었는지 확인하는 것이다. 지금은 11월, 아직은 거의 대부분이 녹색이다. "제일 오래된 나무는 할아버지의 아버지가 심었지요." 압델라는 55살이다. 그러므로 이 나무들은 150-200살은 되었다는 뜻이다. 그의 생각으로는, 확실치는 않아도 이 지역 다른 나무들은 200살은 넘을 것이란다. 서쪽으로 조금 더 멀리 가면 '제르제르토우'라는 곳이 나오는데—버튼이 이곳의 커피에 대해 "완벽하다"라고 기록한 적이 있다.—농부들 말로는 그곳의 커피 농장들은 8에서 9세대는 내려왔다고 한다. 250년에서 300년은 된 셈이다.

거기서 끝이 아니다. 하라 주변엔 훨씬 더 오랜 재배 기록이 있다. 최소한 16세기 초반까지는 거슬러 올라간다.[33] 이때는 하라에 두터운 성벽이 있던 시기이고 예멘 언덕에 커피 재배용 계단식 밭을 만들던 때이다. 아랍 연대기 작자인 알-우마리는 하라 출생의 명장 아마드 그란("왼손잡이"라 불렸다. 1507-43)에 대해 언급하면서 다와로 지역 — 압델라의 농장에서 남서쪽에 있다. 그리 멀지 않다. — 의 유력자들이 평화를 맺자는 뜻으로 "보기 좋은 나귀 세 마리, 설탕과 카트, 그리고 커피콩"을 바쳤다고 적었다.[34]

압델라는 농장의 다른 쪽으로 걸어가면서 카트 가지를 하나 꺾었다. 커피나무 사이로 카트를 기르는 중이다. 어린 잎 몇 개를 따서 입에 넣는다. "비가 제때 적당히 오면, 10퀸탈 정도 수확하지요.* 비가 적게 오면, 5퀸탈." 집 옆에 건조대를 두고 여기서 수확한 열매를 말린 다음, 수매인에게 판매한다. (그보다 더 오지에 있는 농부들은 나귀에 커피를 실어 온다.) 수매인은 마른 열매를 디레 다와의 정제소까지 보낸다. 열매를 실은 플랫 타입 이스즈 트럭이 시골길을 실로 공포스런 속도로 달리는데, 그래서 지역에서 부르는 이름조차 '알 카에다'이다.

커피가 하라로 언제, 어떤 경로로 들어왔는지 아직 학자들은 밝히지 못했다.[35] 그러나 압델라는 확신에 차 있다. "카파에서 왔다고요? 절대 아닙니다!" 그는 카트를 씹으며 화난 목소리로 외친다. "아라비아!" 그는 단호하게 주장한다. 하라의 다른 농부들도 거의 의견이 같았다. 이 지역에 심은 나무들은 예멘에서 씨앗을 받아왔다는 생각이 널리 퍼져 있다.

• 에티오피아에서 퀸탈은 100킬로그램이다. 중남미에서도 퀸탈을 쓰지만 100파운드를 말한다. 즉 46킬로그램이다.

유전자 검사를 통해, 이곳의 커피가 원래는 리프트 밸리 너머 야생 숲에서, 심지어는 '발레' 산맥의 '하레나' 숲에서도 왔다는 것이 증명되었지만, 압델라만 이렇게 생각하는 것이 아니다. 심지어 그 생각이 반드시 틀렸다고 할 수도 없다.

1958년에 피에르 실뱅은 하라 커피는 아마도 15세기경 아랍인들이 도입했을 것이라고 주장했다. "분명, 예멘과 하라를 찾아본 후에, 누군가 재배 방식이 비슷하다는 데 충격을 받았을 것이다." 프랑스인 연구원이자 유엔의 커피 전문가이기도 한 그는 이렇게 언급했다. "이 방식이 홍해를 건너왔다는 것은 의심할 바 없다. 에티오피아의 다른 지역에는 이런 방식이 없다."[36] 그가 말했던 이 '재배 방식'은 그늘나무 없는 일광 경작과 계단식 밭을 말한다. 이 방식은 예멘 커피의 핵심이거니와 에티오피아에서는 이 동부 고지대에서만 찾을 수 있다. 특히 세심한 경작법이라든가 물 사용법도 같다. 압델라는 나무마다 일일이 물을 준다. 나무마다 정사각 형태로 둔덕을 만들어 귀중한 물이 고스란히 땅속으로 흡수된다. 부정기적으로 비가 오고 나면, 커피나무 아래쪽에 돌을 둘러 뿌리가 수분을 계속 잡아둘 수 있게 한다. 그는 이런 방법을 아버지, 그리고 할아버지에게 배웠다고 했다. 구멍 하나에 묘목을 두 그루 심는 것도 마찬가지이다. 에티오피아의 다른 곳에서는 씨앗 하나를 심는다.[37]

예멘의 사나 대학교 식물 육종학 교수이자 저명한 커피 전문가인 아민 알 하키미에 따르면, 압델라를 비롯한 이곳 농부들의 농사법은 예멘 농부들과 비슷하다. 풍경이나 재배 환경이 비슷하다 한들, 경작 기술이 유사한 이유를 다 설명할 수는 없다.

역사적으로 하라와 아라비아의 관계는 길고도 깊다. 하라에는 아라비아 출신의 사람들이 거주하며, 양국 모두 무슬림 신앙이 중심이다. 예멘

하라 시장에서 한 상인이 말린 커피콩을 확인하고 있다.

해안에서 메카까지 다녀오는 순례는 매년 이루어진다. 하라는 에티오피아와 아라비아 반도 사이의 핵심 연결 고리이자 중계지이다.

  두 지역은 이렇듯 깊은 관계를 맺고 있다. 그러므로 커피 씨앗 또한 주고받았을 것이다. 왕립 식물원의 아론 데이비스는 처음에는 하라에서 예멘으로 씨앗이 이동하고, 이후 개량종이 되돌아왔을 것이라고 추정한다. 시간이 흘러, 정보 교류와 경작 개선이 양방향으로 이루어지고 씨앗 교환이 일어났다. 알 하키미 교수는 반대 방향으로 커피가 갔을 것이라고 믿지만,

다만 처음에만 그랬을 거라고 본다. "씨앗, 기술, 사람들은 한 방향으로 움직이는 게 아니라, 왔다 갔다 하면서 움직입니다."

메넬리크 2세는 1887년 하라를 정복하면서 해안으로 가는 동부 대상 길을 장악했다. 그리고 그와 동시에 하라의 전략적 가치는 떨어졌다. 아디스 아바바에서 해안의 지부티에 이르는 철도가 건설되었기 때문이다. 철길은 하라를 우회해 50킬로미터 떨어진 저지대의 신도시 '디레 다와'를 지나갔다. 하라의 마을은 중계지가 아니라 옆길 지점이 되었다. 이 지역의 커피 산업 중심지는 이제 '디레 다와'가 되었다.

'디레 다와'는 현재 에티오피아에서 가장 국제적인 도시이다. 최근 연기를 내뿜는 시끄러운 '바자즈'─인도산 세 바퀴 디젤 트럭─가 등장하면서 도로의 평화가 깨지긴 했지만, 그래도 중세 분위기가 남아 있는 나른한 도시이다. 타는 듯한 더위 속에 자카란다, 아카시아, 플람보얀 단풍이 그늘을 드리우고 그 아래 키 낮은 건물들이 다닥다닥 붙어 있다. 아디스 아바바와 지부티를 잇는 철길과, 철길을 따라 길게 늘어선 펜스를 건너면 나오는 오래된 그리스인 거주지에 한 커피 수출 업체가 있다. MOPLACO라는, 에티오피아 태생의 그리스인 야니 게오르갈리스Yanni Georgalis가 세운 업체로 지금은 딸 헬레아나Heleanna Georgalis가 운영하고 있다.

이곳 커핑룸에서 수석 테이스터 미그노트 솔로몬이 대리석 테이블에 정렬된 열두 개 잔 중 하나에 집게손가락을 댄다. 적당히 식었는지 확인하는 것이다. 마침 알맞게 식었다. 이제 잔 가까이 코를 대고 동부 하라산 커피 샘플의 향을 깊숙이 들이마신 뒤 한 스푼 뜬다. 날카롭게 빨아들이는 소리가 크게 두 번 울릴 때, 연필심 같은 그녀의 눈썹도 동그랗게 치켜 올라간다. "갈색 초콜릿" 향을 언급한다. "와인 느낌." 음료가 식으면서 블루베리 향이 나타나기 시작한다. 작은 플라스틱 접시를 흔들어본다. 각지에서 수확

에티오피아 동부 디레 다와Dire Dawa 소재 커피 수출 업체 MOPLACO에서 커피를 분류 중이다.

한 커피콩이 담겨 있다. 약간 작아 보이는 커피콩들이 해변의 자갈 같은 소리를 낸다. 손가락으로 이리저리 훑어가며 결점두를 찾아본다.

하라와 예멘의 커피음료는 놀라우리만큼 비슷하다. 둘 모두 내추럴, 즉 건식 처리이고 향미도 비슷하다. "하라 커피는 예멘 커피보다 더 깔끔하고 과일 느낌도 더 강합니다. 사실상 품질이 더 뛰어나요. 전체 품질, 특성, 입안 느낌, 바디가 더 좋죠." 헬레아나는 아디스 아바바에 있는 MOPLACO의 창고에서 말했다. "좋은 예멘 커피는 과일 느낌은 덜하고 초콜릿 느낌이 강해요. 그에 비해 하라는 와인 느낌이 또렷하죠. 와인 느낌이 또렷이 나오는 것이 품질 좋은 하라입니다."

이 마지막 품질 요소가 핵심이다. 하라의 고품질 커피는 특별한 향미 프로필이 있고 그 덕분에 수요가 많다. 고전적인 모카 향미에 초콜릿과 블루베리 느낌이 살짝 돌면서 부드럽고 온화한 산미에 크림 같은 느낌이 있다. 건조한 돌무더기 언덕에서 생존하면서 얻은 고유한 속성이다. 하라 커피는 사우디아라비아에서 최고의 명성을 얻고 있으며, 가격이 매우 높아 수입업체들로서는 이웃 '아르시'에서 몰래 들여오는 저품질 커피와 혼합되는 일이 없도록 방비를 구축해야 한다. (예멘과 하라 모두 커피 생산량이 점점 떨어지고 있다. 이 지역 농부들이 연중 여러 번 수확이 가능한 카트 재배로 전환했기 때문이다.)

"내 견해로는," 네덜란드 커피 수입업자 메노 시몬스는 이렇게 말한다. "품질 좋은 하라 커피는 꿀 같은 단맛에 건포도와 초콜릿 느낌의 향미가 있습니다. 톡 쏘는 느낌은 강하지 않아요. 내 생각이지만 그건 예멘 커피 쪽이 더 강해요. 물론 예멘 커피도 단맛이 있지요."

이러한 차이는 미묘한, 세부적인 부분에서 나타나는 것이고, 대개는 전문가들만이 감지한다. 대부분은 그저 맛이 같다고 느낀다.

16세기에 커피가 폭발적으로 유명세를 타면서, 모카의 커피 수요도 급증했다. 그런데 에티오피아에서부터 커피를 가져오는 것은 위험하고 비용이 많이 들었으며 시간은 수 주일씩 걸렸다. 특히 악명 높은 아파르 전사를 비롯해 위험한 도적떼가 출몰했다.• 예멘의 커피 산업 발전은 그런 위험

• 수 세기 동안 이는 사실이었다. 리처드 버튼은 1850년에 이렇게 적었다. "하라를 방문했을 때, (커피) 27파운드들이 한 짐 가격은 4분의 1달러였다. 그런데 베르베라까지 커피 스무 짐을 싣기 위한 낙타 빌리는 값이 5달러였다. 아직 인건비와 위험 비용은 더하지도 않은 상태이다." 버튼, First Footsteps in East Africa, 2:26

부담을 피하고자 마련된 대책 중 하나였다. 차라리 모카 뒤쪽 언덕 부지에서 커피를 재배하는 것이 더 쉬웠다.

그러나 그 뒤로도 수 세기 동안 커피는 하라에서 공급되었다. 당시 구매자들이 이를 인식하지 못했다 할지라도 말이다. 1842년 왕립 지리학회의 보고에서는 하라 커피가 최종적으로는 "모카 커피로 판매된다."[38]고 말했다. 얼마 지나지 않아 독일 사절단 J. L. 크라프도 같은 내용을 보고했으며, 그 전에 랭보도 그런 기록을 남겼다. 이후 미국의 특사 로버트 스키너Robert Skinner 또한 그렇게 말했다. "아라비아 커피는 지금까지도 높은 명성을 얻고 있다. 모카 커피의 원형이자 더 나으면 나았지 못하지는 않은 하라 커피가 아덴에서 아라비아의 모카와 꾸준히 섞여 팔리고 있을 정도이다. 아니, 섞지 않고 그냥 모카라는 이름으로 팔리고 있다." 1903-04년 특사로 메넬리크 황제의 궁궐에 들른 뒤에 쓴 글이다.[39]

오늘날에도 정직하지 않은 거래업체에서는 예멘 모카를 다른 커피와 섞는다. 그렇지만 이제는 더 이상 하라 커피는 섞지 않는다. 너무 비싸졌고 상대적으로 귀해졌기 때문이다. (2016년 하라의 생산량은 에티오피아 전체 생산량의 7% 정도에 불과하다.) 1855년에 크라프는 '곤다'를 방문하고 이런 기록을 남겼다. "카파산 커피와 하라산 커피가 모카라는 이름으로 수출되고 판매되지만 에티오피아 내 '최고 품질' 커피는 카파산 커피이다."[40] 그 당시로서는, 매주 열리는 곤다 장에서 가장 비싼 커피였을 것이다. 지금은, 하라, 즉 원래의 모카가 아디스 아바바 커피 거래소에서 최고가로 낙찰된다. 생산량이 줄고 있으며 모두가 탐내는 이 커피는 대부분 사우디 아라비아로 직행한다.

CHAPTER 9

아라비아 밖으로
Out of Arabia

에티오피아 바깥 세상으로 커피를 알리고 커피음료가 전 세계로 퍼질 수 있도록 영감을 불어넣은 장본인은 이슬람의 신비주의 종교집단 수피파이다. 이들은 기나긴 기도 시간 동안 정신을 집중하고 잠들지 않기 위해 커피를 마셨다. 이들이 모임에 커피를 가지고 가면서, 커피는 중동, 페르시아, 이집트의 수피파 사회에 퍼져 나갔다. 이들은 은둔 지향적인 사람들이 아니었다. 그들은 직업이 있고 장을 보러 시장에 나가며 지역 모스크에서 기도하고 공공 욕장에서 이야기를 나누었다.[1] 그러므로 커피가 더 큰 공동체로 전달되기까지는 그리 오랜 시간이 걸리지 않았다. 그리고 일단 퍼져 나간 뒤에는, 커피는 빠르게 정복해 나갔다. 그 매력은 압도적이었다.

 이슬람에서는 술을 금지하기 때문에, 커피는 더욱 인기를 누릴 수 있었다. 15세기 말, 메카와 메디나에 커피점이 문을 열었고, 곧이어 카이로, 다마스커스, 바그다드, 이스탄불에도 커피점이 등장했다. 시리아에 첫 '카흐베

하네'가 문을 연 것은 1555년의 일이다.² 식당이라는 개념은 존재하지 않았고, 술집이나 도박장은 결코 용납될 수 없던 시절이었기에, 커피점은 친구를 만나고 어울릴 수 있는 이상적인 장소였다. 커피점은 누구에게나 열려 있는 곳으로 사회적 장벽을 깨뜨렸으며, 커피 자체에 대화를 나누도록 북돋워주는 효과가 있었다. "커피를 마시면 정신이 일깨워지고 훌륭한 생각이 깃든다." 커피가 들어온 지 얼마 되지 않았을 때 아랍의 한 평론가는 이렇게 적었다.³

아랍 도시 일대에 커피점이 생겼다. 10-20년 사이 이스탄불의 커피점 수는 600개나 되었다.⁴ 다만 커피점 고객들에 대한 기록이 긍정적이기만 한 것은 아니다. "여기 오는 사람들 모두 상당히 저열하다. 옷도 허름하고 굉장히 게으르다. 거의 대부분의 시간을 나태에 빠져 지내고 있다." 1585년에 베네치아 여행객 지안프란체스코 모로시니는 이렇게 적었다. "공공 장소에서, 매장에서, 거리에서 끊임없이 빈둥거리고 습관적으로 음료를 마신다. 그들이 마시는 음료는 검은 액체이다. 겨우 손댈 수 있을 만큼 (뜨겁게 펄펄) 끓고 있는데, 카베라 부르는 씨앗에서 추출한다. 그들의 말로는 사람을 깨어 있게 하는 효능이 있다고 한다."⁵

커피점이 중동의 사회생활의 핵심 요소가 되면서, 정부도 이에 주목하게 되었다. 특히 기도회 참석자가 크게 줄어든 것이 결정적이었다. 몇몇 이슬람 성직자들은 커피가 사람들을 취하게 한다며 이를 금지해야 한다고 주장했다. 이슬람 세계에서 커피라는 단어는 금지된 단어를 떠오르게 한다. 커피나 카페의 논리적인 어원은 '카파'이지만, 어원 연구학자들은 일반적으로 그 어원을 아라비아어 '카화'에서 찾는다. 그런데 그 뜻은 '포도주'이다.* 초기 신비주의 수피파는 기도할 때 정신을 집중하기 위해, 그리고 신의 이름을 찬미하며 부르면서 '정신적으로 취하는' 의례에 커피를 사용했다.⁶ 게다가, 이 음료가 가져다주는 행복 가득한 효과를 가르키는 단어도 있었다. '마르카하'인데, 이는 '커피로 인한 도취'로 번역할 수 있다.[7]

확실히, 커피가 순수히 영적인 음료는 아니었다. 가장 성스러운 도시 메카에서조차 말이다. 프랑스 여행가 장 드 라 로케Jean de la Roque는 1700년대 중동과 예멘을 들르고 나서 이렇게 적었다. "메카 사람들은 이 '음료'가 독실한 신자들이나 학자들에게 책잡히지 않으면서 자기들 입맛에도 딱 들어맞는다는 것을 깨달았다. 그들은 일상적으로 커피를 마신다. 커피점에서는 내놓고 커피를 판매하고, 사람들은 그곳에 모여 즐거이 시간을 보낸다. 체스를 두고, '만칼라' 게임을 하고, 돈내기도 한다. 노래를 부르고, 악기를 연주하며 춤을 춘다. 좀 더 엄격한 '모호메탄(무슬림)'들로서는 버티질 못할 정도인데, 결국에는 문제가 생기지 않을 수 없다."[8] 1511년, 메카의 총독 카이르 베이는 커피 음료를 금지했다. 그런데 그의 포고령에 기분이 상한 사람들 중에 상급자, 바로 카이로의 술탄이 있었다는 게 문제였다. 술탄이 개입해 명령을 거두어들였다. 라 로케는 이렇게 적었다. "그의 후임자는 카이르 베이를 소환해 그의 과오에 대해 해명을 받으라는 명령을 받아 그를 심문했다. 결국 다음해에 그는 죽었다."[9]

그 뒤 2세기 동안은 급진적인 원칙주의자들이 커피점을 공격하는 일이 가끔 있었다. 몇몇 보수주의 지도자들은 커피점을 열지 못하게 막기도 했다. 그러나 이 정도의 저항은 커피의 전파를 막기에는 너무나 미미했다.

• 랄프 하톡스Ralph Hattox라는 학자는 이렇게 적었다. "'카화'라는 단어와 '카파'라는 장소는 흥미롭게도 유사성이 있다고 누군가 생각했을 것이다. 이 열매와 음료는 처음에 카파의 이름을 따서 붙여졌고, 그 후에 아라비아로 도입되면서 커피를 아는 이들에게서 '포도주에 쓰이던 말, 발음이 비슷한 말을 여기에다 쓰자'라고 시적인 충동이 일었을 수 있다." Hattox, Coffee and Coffeehouses, 19.

커피는 오스만 제국의 대표 음료가 되었고, 오스만 제국의 판도는 커피콩을 갈아서 만드는, 작고 진한 커피음료를 마시는 나라들로 확인할 수 있을 정도였다. 슐레이만 대제조차도 톱카프 궁전에 카흐베시바시, 곧 수석 커피 제조인을 둘 정도였다.[10]

많은 기독교인들에게 커피는 이슬람의 음료이자 심지어는 악마가 만든 것으로 여겨졌다. 1600년대 바티칸에서 커피를 접했을 때 고문들은 교황 클레멘트 8세가 커피를 금지해주기를 원했다. 그런데 전하는 말로는 교황은 커피를 맛보고 나서 이렇게 말했다고 한다. "아니, 이 악마의 음료라는 것은 너무나 훌륭하구나. 이것을 이교도들만 마신다니 슬프지 않은가. 짐은 커피에 세례를 내리고 진정한 기독교인의 음료로 만들겠노라. 그리하여 악마에게서 이 음료를 빼앗아 진정한 기독교 음료로 만들겠도다."[11]

유럽에서도 커피의 유명세는 즉시, 그리고 열렬히 퍼져나갔다. 중동에서 그랬던 것처럼 어떤 저항도 무의미했다. "이 이국의 사치품에 대한 유럽인들의 열정은 너무도 강렬해서, 최고 세율의 세금도, 가장 가혹한 금지 정책과 벌금조차도 막을 수는 없었다." 18세기 말 프랑스인 기욤 토마스 레날은 이렇게 적었다. "대세는 기울었고 어떤 금지령도 커피를 굴복시킬 수 없었다. 정부의 노력은 수포로 돌아갔다. 모든 나라가 이 격류에 따를 수밖에 없었다."[12]

베네치아에 커피 화물이 도착한 1615년까지 커피는 유럽에서 거의 미지의 음료였다. 그리고 1650년에 한 레반트 출신 유대인이 옥스포드에서 커피를 팔았다.[13] 1년 뒤에는 '술탄의 머리 Sultan's Head'라고 불렸던 런던의 '코페 하우스'에서 커피를 팔았다. 그러나 일반적으로는, 오스만 스미르나 출신으로 콧수염을 기른 그리스계 파스카 로제 Pasqua Rosée가 런던 최초의 커피점을 열었다고 알려져 있다. 1652년의 일이다. 1675년에 영국 내 커피점 수는 3000개를 헤아렸다.

중동에서처럼, 커피점은 만남과 사상 토론을 위한 장소가 되었다. 이 강력한 카페인 음료는 사람을 멍하게 만드는 에일 맥주와는 정반대였다. 커피는 생각을 명료하게, 대화를 영민하게 이끌어주는 촉매였다. 사람들이 나누는 대화 전부가—양보해서 대부분이—분명 고결하기만 하진 않았지만, 영국 내 유명한 커피점에는 저명한 시인들, 정치가들, 대중 선동가들, 훌륭한 재사들이 가득했고, 이들의 판단에 따라 존 드라이든, 알렉산더 포프, 새뮤얼 페피스, 존 밀턴, 제임스 보스웰, 새뮤얼 존슨, 올리버 골드스미스, 에드워드 기번, 애덤 스미스 같은 이들의 평판은 오르내렸다.

커피는 이국적인 동양에서 온 사치품이었다. 루이 14세 시절이던 1669년, 오스만 대사 '술레이만 아가'는 커피를 가지고 파리에 입성했다.[14] 투르크 복장을 한 하인들이 사회의 저명 인사들에게 쓴맛 음료가 담긴 작은 잔을 금박으로 수놓은 냅킨과 함께 제공했다. 1680년대 아르메니아인인 파스칼은 파리 최초의 커피점을 열 때 매장을 오스만 형식으로 꾸몄다. 여기서 직원으로 일하던 시실리아인 프란체스코 프로코피오 데이 콜텔리는 수 년 뒤에 르 프로코프Le Procope라는, 지금도 영업 중인 우아한 커피점을 열었는데 이 매장은 여성을 환대했다. 커다란 벽면 거울이나 크리스탈 샹들리에, 태피스트리, 대리석 테이블 같은 세련되고 귀족적인 프랑스 취향으로 장식했지만, 직원들은 이국적인 동양식 제복을 입고 일했다.[15] 라퐁텐, 볼테르, 루소, 보마르셰, 빅토르 위고, 벤자민 프랭클린, 토머스 제퍼슨이 이곳을 찾았고, 하루 50잔씩 마셨다는 프랑스 최고이자 최악의 커피광 오노레 드 발자크도 이곳에 들렀다. 발자크는 아디스 아바바의 유명 커피점 카페 토모카에서 빈속에 커피를 마시는 것에 대해 언급한 바 있다. "커피가 목구멍을 통과하니 세상이 눈을 뜬다. 전장에 돌진하는 부대처럼 생각이 몰아닥

친다."* 프랑스의 주교이자 외교관이었던 샤를-모리스 드 탈레랑은 완벽한 커피를 "악마처럼 검고, 지옥처럼 뜨거우며, 천사처럼 순수하고, 사랑처럼 달콤하다"고 했다.

오래지 않아, 아메리카 대륙의 식민지에도 커피점이 문을 열었다. 뉴욕의 첫 커피점은 킹즈암즈(King's Arms, 1696년에 트리니티 처치와 시더 스트리트 사이, 오늘날 브로드웨이 자리)에 문을 열었다. 보스턴에는 레드 라이언, 킹즈헤드, 인디언 퀸이 있었다. 윌리엄 펜은 펜실베니아에 델라웨어와 퀘이커의 안식처가 될 커피점을 열었다. 독립 혁명 이후 커피는 서쪽으로 뻗어나갔다.[16]

커피가 전 세계에서 인기를 끌면서, 모카는 커피의 독점 공급지로서 성공가도를 달린다. 당국은 시장 보호를 위해 외국인들이 커피 농장에 방문하는 것을 금지했다. 거기다 커피콩은 끓여서 발아력을 없앤 이후에야 수출하게 했다는 말도 있었다.[17] 그렇지만 아마 낭설이었을 가능성이 높다. 커피콩을 전량 끓이는 것은 현실적으로 어렵고, 상품가치가 없어질 수 있다.** 이후 칙령에서는 단순히 커피나무의 반출을 금했을 뿐이다.

그러나 커피는 너무나도 유명해져서, 퍼지지 않을 수가 없었다. 1670년에, 수피파 인도인 순례객 바바 부단이[18] 메카 순례를 마치고 집으로 돌아가는 길에 모카에 들렀다. 전하는 바에 따르면 그는 씨앗 일곱 개를 허리춤에 숨겨 인도 남부의 마이소어로 가지고 갔다고 한다. 하지만 커피 이식을

---

* 원문: Le café caresse la gorge et met alors tout en mouvement: les idées se précipitent tels les bataillons d'une grande armée sur le champ de bataille.
** 프랑스의 물리학자 샤를 자크 퐁셰는 1600년대에 에티오피아를 여행하면서 에티오피아인들도 그런 조치를 했다고 암시하는 글을 남겼다. "커피가 자라지 못하도록 끓는 물에 넣는다고 하는데, 그건 잘못된 일이다."

급속히 퍼뜨린 장본인은 네덜란드인이었다.

 1720년 즈음에 모카의 세계 커피 시장 독점은 최정점에 달했다. 그런데 몇 년 되지 않아, 모카에서 7천여 킬로미터 떨어진 곳에서 새 커피 산지가 탄생했고, 암스테르담 거래소에서는 이곳의 물량이 모카산 물량을 뛰어넘었다.[19] 커피는 세계 최초의 전 지구적 거대 상품으로서 급속히 성장했다. 1750년, 커피는 5개 대륙에서 재배되었다.[20]

 17세기 동안, 네덜란드 상인들은 오스만의 동 지중해 상관에서, 이후에는 모카의 상관에서 커피를 대량으로 사들였다. 아라비아의 상인들은 거의 독점에 가깝게 시장을 장악하고 가격을 고정시켜놓은 상황이었다. 네덜란드 동인도 회사 Verenigde Oostindische Compagnie, VOC는 커피 재배와 수출이 상업적으로 잠재력이 있음을 깨달았고, 자체 농장을 만들고자 했다.[21] 커피는 가치가 높았고 시장은 성장 중이었다. 말린 열매는 선창에 저장할 수 있었고 유럽까지 큰 품질 손상 없이 운송이 가능했다. 즉 커피는 교역하기에 아주 이상적인 상품이었다.

 1602년에 발족한 네덜란드 동인도 회사는 동인도―대략 오늘날의 인도네시아―와의 교역을 담당했다. 자바섬의 바타비아(자카르타)는 이 회사의 아시아 유통망의 중심지였다. 네덜란드인들은 진작부터 커피나무에 대해 가능한 한 많은 것을 알아내려고 노력해왔다. 상단 대표들은 모카, 알렉산드리아, 베네치아로 운항하면서 정보를 모았고, 가능한 경우 식물학 지식을 가진 사람들을 대동했다.[22]

 1696년, 한 네덜란드 동인도 회사 소유의 배가 인도 남쪽의 '말라바' 해안에서 묘목을 채취했다.[23] 바바 부단이 모카에서 가지고 온 씨앗의 후손이었다.[24] 이 묘목은 서부 자바에 이식되어 자랐지만, 지진에 이어 홍수까지 겹쳐 일어나는 바람에 재배는 실패했다. 두 번째 시도는 1700년에 있었다.[26]

네덜란드인들은 말라바에서 더 많은 묘목을 채취했고, 이번에는 바타비아 외곽, 고지대에 심었다. 이것은 성공했다.[27]

커피는 자바에서 왕성하게 자랐고 그 씨앗은 1706년 암스테르담에 도착해 그곳의 커피 바이어들에게 감동을 주었다. 1711년, 말린 커피콩이 실린 첫 화물이 네덜란드 동인도 상인에게 팔렸다.[28] 그해 후반에는 암스테르담 공개 옥션에 400킬로그램 정도의 선적 물량이 등록되었다.[29]

화산재가 풍부한 자바의 토양에서 커피는 무럭무럭 잘 자랐다. 너도나도 토지를 개간하고 나무를 심으면서 생산량은 치솟았다. 1717년 암스테르담으로 간 선적 물량은 900킬로그램 정도였으나 1720년에는 53000킬로그램으로 늘었다. 그로부터 4년 후에는, 더 많은 나무에 커피가 열렸고 동인도 무역선에 실리는 물량은 더욱 늘어났다. 후추, 클로브, 비단, 인디고와 함께, 45만 킬로그램이 넘는 자바 커피가 암스테르담 시장에 공급되었다.[30] 1726년이 되자 자바의 공급 물량은 한해 180만 킬로그램에 달했다. 자바는 모카를 뛰어넘어 최대 공급자가 되었을 뿐만 아니라 가격 또한 아라비아산 커피의 3분의 1에 불과했다.*[31] 그 뒤 10년 동안, 암스테르담으로 가는 물량은 연간 180만에서 270만 킬로그램으로 늘었다.[32]

네덜란드 동인도 회사의 총독 요안 판 호른Joan van Hoorn은 1706년, 암스테르담에 보내는 커피 선적물에 암스테르담 식물원Hortus Botanicus에 보낼 나무를 실었다. 이 식물원은 1638년에 설립된 약초 위주의 식물원으로서 세계 최초이자 최고의 식물원이었다. 네덜란드 동인도 회사는 물론이거니와

• "예멘 커피의 입지는 여전했다." 1760년대 아라비아를 여행한 카르스텐 니부어는 이렇게 말한다. "아마도 유럽인들이 예멘 사람들과 같은 형태로 커피를 재배하지 않기 때문일 것이다. 또, 예멘처럼 높은 지대에서는 온도도 항상 일정하다." Ellis, Historical Account of Coffee, 22

서아프리카에서 미주, 태평양까지 담당하던 서인도 회사에서는 지속적으로 이국의 식물들을 보내 왔으며, 이로 인해 식물원의 수집종은 크게 늘어나고 있었다.[33]

새로 발명된 유리 온실에 심은 커피나무는 매우 잘 자랐다. 식물원의 정원사들은 씨앗을 발아시켜 묘목을 심었다. 약 10년 뒤 영국의 식물학자이자 삽화가 리처드 브래들리Richard Bradley는 이렇게 말했다. "암스테르담의 식물원에 커피나무가 두 그루 자란다. 키는 각각 2미터 정도이다. 잠깐 동안 꽃을 피우고, 나머지 기간 동안은 열매가 달려 있다."[35]

카파에서뿐만 아니라 유럽에서도 커피는 왕에게 진상할 만한 가치 있는 선물이었다. 1712년, 암스테르담의 시장 니콜라스 빗선Nicolaas Witsen은 태양왕 루이 14세에게 보내는 선물로 훌륭한 어린 묘목 한 그루를 보냈지만 이 나무는 죽어버렸다. 다음 해,[36] 시장은 더 건강한 나무를 골라 왕의 거주지 샤또 드 말리Château de Marly로 보냈다.[37] 18세기 관리들이 커피에 대해 남긴 관찰 기록이 있다. "이 희귀한 식물종 한 그루를 왕에게 선사했다. 물길 수송에도 알맞게 섬세하고 꼼꼼하게 포장되어 있고 유리 덮개가 있는 신기한 기계가 날씨로부터 보호해준다. 높이는 1.5미터에 줄기 지름은 2.5센티 정도, 잎이 무성하고 녹색 열매와 익은 열매도 달려 있다."[38] 나무가 도착하고 다음 날, 왕은 이를 파리의 왕립 식물원에 보냈다. 당시 젊었던 앙뜨앙 드 쥐시에가 나무를 관리했고, 커피나무를 위해 프랑스 최초의 온실이 세워졌다.[39]

프랑스 또한 이 '고귀한 나무'로부터 커피나무를 번식시켰다. 루이 14세가 몸소 베르사이유 정원에 몇 그루를 가져다 놓았는데 여기서 한해 2.3킬로그램 정도의 익은 열매를 수확했다. 왕은 커피 음료는 물론, 커피 음료를 만드는 의식도 즐겼기에, 스스로 커피를 볶아 음료를 만들어 손님들에게 대접하곤 했다.[40]

1723년(혹은 1720년) 프랑스 해군 사관 가브리엘 마티유 드 클리외 Gabriel Mathieu de Clieu는 인맥이 넓은 한 여성의 주선으로 파리 왕립 식물원에서 묘목을 한 그루 얻어 '낭트'항에서 카리브 행 배를 타고 마르티니크 섬에다 이 묘목을 심었다.⁴¹ 그는 말도 못하게 고생스럽고 드라마틱한 항해 이야기를 남겼다. 많은 작가들이 그의 모험담을 바탕으로 여러 이야기를 썼는데, 어느 이야기에나 허세와 여자의 환심을 사려는 대사가 가득했다.

모든 나무가 다 죽고 이제 단 한 그루만 남았다. 배는 무풍 지대에 들어섰다. 바다는 유리처럼 매끈했고 항해는 수 주일째 지지부진했다. 속도는 너무 느렸고 열기는 견디기 힘들었다. 물이 점차 바닥나고 있었고 모든 이들이 배급을 받았다. 사람들은 미치기 일보 직전이었고, 그중 한 명은 클리외가 나무에 물을 주는 것을 보고 격분해서 나무를 짓밟으려고 했다. 가지 하나가 꺾였지만 클리외는 그를 막을 수 있었고, 선원들의 도움으로 나무를 지켜냈다. 마침내 배는 마르티니크에 닿았고, 쇠약해진 기사와 살아 있는 커피 묘목은 땅에 닿을 수 있었다.⁴²

커피는 안틸리스 제도의 토양을 만나 번성해 나갔다. 첫 수확은 1726년으로, 자바산 커피의 암스테르담 수출량이 180만 킬로그램에 달했던 해이다. 나무는 급속히 퍼져 나갔고, 커피 농장은 급증했다. 50년 만에—1774년 클리외의 사망시까지—이 섬에서 재배되는 커피나무는 거의 1900만 그루에 달했다.⁴³ 이때 마르티니크의 생산량은 이미 자바를 넘어섰다.

이 '고귀한 나무'는 아메리카와 서인도 제도에 자라는 거의 모든 커피나무의 조상이 되었다. 이 나무가 후손을 빨리, 널리 퍼뜨리기도 했거니와 유럽 국가들이 이 후손에서 묘목을 채취해 멀리 떨어져 있는 자기네 식민지 영토에 심었기 때문이다. 이 나무의 공식적인 품명은 코페아 아라비카, 아라비카 변종Coffea arabica var. arabica인데, 티피카라는 이름으로 더 잘 알려져 있다.

  티피카의 확산 이야기 중 브라질로 커피가 도입되는 부분에는 음모와 절도, 운과 성적인 스캔들이 포함되어 있다. 1727년, 프랑스령 기아나와 네덜란드령 기아나(수리남) 간에 국경 분쟁이 있었다. 이로 인해 가까운 브라질에서 관리인이 파견되는데, 그의 이름은 프란시스코 드 멜로 팔레타Francicco de Melo Palheta 중령이다. 분쟁 중인 식민지 두 곳은 모두 커피를 재배했고, 이 브라질 관리인은 자기 나라로 커피 씨앗을 가져가고 싶었다. 그는 두 식민지의 합의를 이끌어냈고 프랑스령 총독의 어린 아내와 동침도 할 수 있었지만, 정작 커피나무는 얻을 수 없었다. 그러나 그가 떠날 때, 총독 부인이 꽃다발을 선물했는데, 바로 꽃 아래에 금수품인 커피열매가 숨겨져 있었다. 이 커피는 북동부 주 '파라'에 심어졌고,[45] 여기서부터 오늘날의 브라질, 견줄 곳 없는 세계 최대의 아라비카 생산국의 커피 산업이 시작했다.

  티피카가 이렇게 대서양 쪽에서 성장해가는 사이, 예멘에서 채취된 또 다른 아라비카 품종도 전 세계로 뻗어나가고 있었다.

  1708년, 두 척의 프랑스 배가 모카에서 커피 씨앗과 어린 나무 60그루를 얻어 인도양의 마다가스카르 동쪽에 있는 작은 화산섬인 부르봉 섬(현재의 레위니옹)에 심었다. 그러나 이 나무는 모두 죽었다. 프랑스인들은 1715년에 재차 시도했고, 이번에는 두 그루가 살아남았다. 그리고 1718년, 세 번째 시도에서 비로소 성공을 거두었고, 1721년에는 열매를 많이 수확할 수 있었다.[46] 100년이 채 되지 않아, 부르봉 섬의 연간 커피 생산량은 270만 킬로그램에 달했다.[47]

  이 아라비카 품종은 섬 이름을 따 부르봉으로 불렸다.* 티피카에 비해 더 촘촘하고 곧게 자라며, 수형이 방사형으로 자라는 편이고 가지는 더 많고 잎은 더 넓고 열매는 더 둥글고 생산성은 20-30% 더 많다. 부르봉 커피는 좀 더 달고 전반적으로 품질이 좋고 산미가 더 화사하고 바디는 가볍고 밸런스가 좋다. 그러나 재배할 때 더 섬세한 관리가 필요한다. 매우 예민한 편이고, 강한 바람이나 비에 약해서 낙과가 되기 쉽다.

티피카와 부르봉은 처음으로 널리 재배된 커피 품종(내지 변종)이다. 식물은 자연 선택을 통해, 또는 농부들이 상태가 좋은 나무를 골라 그 씨앗을 선별해 재배하는 방식을 통해, 아니면 몇 가지 특성을 얻어내기 위한 선별 육종을 통해, 씨앗에서부터 향미, 바디, 산미에 이르기까지 뚜렷한 특질을 지닌다. 그렇지만 이런 특질은 고도나 강우량 등 환경 요인 때문에 달라질 수 있다.(오늘날 재배되고 있는 주요 아라비카 품종은 스무 개 정도이다.** 이런 품종의 이름은 대개 가장 처음 재배된 장소 이름을 딴다.)

다만 부르봉산 신품종 커피는 파리의 커피 상인에게 그다지 큰 감동을 주지 못했다. 파리 상인들은 "그저 모양만 닮았지 아무짝에도 쓸모없는 커피!"[48]라고 말했다. 1730년, 어떤 프랑스인이 남긴 글이 있다. "아직까지는, 지금 유럽으로 들어온 이 커피에서는 덜 익은 냄새가 나고, 곰팡이 맛이 뒤섞여 있다."[49] 그러나 처리법과 수송 방식이 발전하면서 의견이 점차 바뀌어갔다.

티피카도 그랬듯이, 부르봉은 상인들의 노력, 정부의 노력, 그리고

• 부르봉은 루이 14세의 성이자 오랜 기간 프랑스를 통치한 왕가 가문 이름이다. 명칭을 이렇게 했다는 점에서 프랑스에 커피 문화를 확립하고 프랑스령 식민지의 토양에 작물이 잘 자라길 바라는 마음에 왕이 이를 윤허했다고 볼 수도 있다.

•• 재배종cultivar과 품종variety은 서로 혼용되는 편이지만 기술적인 면에서는 다르다. 재배종은 재배되는 품종이란 것으로 재배 기법 또는 농기술적 방법을 통해 생산된 품종을 말한다.

중세 유럽의 성직자들의 전통을 따르는 농부 수사들의 노력으로 널리 퍼졌다. 동아프리카에서 부르봉의 확산에 기여한 것은 프랑스의 카톨릭 수사들이었다. 신부들은 자체 조달용 및 수익원으로 쓰기 위해 정착지 주변에 커피를 심었다. 본국에서 보내주는 기금은 항상 부족했기 때문이다.

19세기 후반, 성령회 신부들은 부르봉 섬에서 커피를 구해 아프리카 대륙에 심었다. 처음에는 커피가 더운 기후에서 잘 자랄 거라고 생각해서 저지대 습지에 심었지만, 다르 에스 살람 북쪽 '바가모요' 교구에서만 재배가 가능했을 뿐 다른 곳은 실패했다.[50] 그 뒤에야 킬리만자로 산의 사면, 과거 독일령 동아프리카 지역이 더 적합하다는 것을 알게 되었다.

선교단에게 커피 농업은 상징적으로 큰 의미가 있었다. 커피 농업으로 신뢰의 씨앗을 심고 공동체를 키워나간 것이다. 이들은 교육을 주요 사명으로 삼았다. 1905년경 선교사들이 킬리만자로 주변에 세운 학교에 다니는 학생은 5천 명이 넘었다. 1차 세계대전이 발발할 즈음, 이 지역의 선교 학교는 150개였고 학생은 16000여 명이었다.[51] 선교 역사상 독특한 점은, 이 학교의 수업에 커피를 심고 가꾸는 과목이 있었다는 것이다.[52] 선교 집단에서 이렇게 이 지역 커피 산업의 기초를 닦는 데 도움을 주었지만, 인접국 케냐의 커피 산업이 커지면서 탄자니아의 커피 산업은 역으로 쇠퇴한다.

1899년 8월, 잔지바르 교구의 주교와 두 명의 성령회 선교인이 영국령 동아프리카의 남쪽 저지대에 위치한 보이Voi에서 열차를 탔다. 이들은 '아이언 스네이크', 즉 우간다의 철길을 따라 고지대로 느긋이 여행할 참이었다.* 그들의 짐에는 성경과 양초와 모기장, 그리고 타이타 언덕의 '부라'

---

* 아이언 스네이크는 마사이, 키쿠유 부족 등에 내려오는 예언 속에 등장하는 철길을 의미함—옮긴이

교구에서 가져온 백여 그루의 묘목이 있었다. 3일 후 황혼이 내려올 무렵, 이들 세 사람은 Mile 325라는 지점에서 내렸다. 고도 1800미터인 이곳은 수개월 전까지는 철로 공사 중이었던 곳으로 이후 나이로비라는 도시가 되지만, 당시엔 서늘하고, 나무가 없고 오두막만 몇 채 있는 고원 지대였다.

오래지 않아, 선교단은 지역 족장 '킨얀유이'로부터 땅을 사들였고 여기다 세인트 오스틴 St. Austin's 이라는 교구를 세웠고, 교구 교회를 세울 때 귀중한 커피 묘목을 심었다. "드넓은 마당과 계단, 테라스 그리고 종탑까지 갖춘 장려한 회색 대교회가 있다. 교회는 커피 농장 한가운데에 있었는데, 이 커피 농장은 여기서 가장 오래되었다. 아주 숙련된 일꾼들이 여기서 일하고 있다." 카렌 블릭센 Karen Blixen, 필명 아이작 디네센 Isak Dinesen으로 잘 알려져 있는 이 작가는 1937년작《Out of Africa》에서 이렇게 묘사했다.[53]

세인트 오스틴 농장은 1년 만에 성공을 거두었다. 부라 교구에서 더 많은 묘목을 올려보내면서 나무를 더 많이 심을 수 있었다. 첫 수확기에는 묘목이 새 환경에서 잘 적응했는지 커피 맛을 보기 위해 여러 수사들이 모여들었다. 그리고 그 커피는 그들이 지금까지 맛본 것 중 최고였다. 그들만이 그렇게 느꼈던 것이 아니었다. 세인트 오스틴은 1905년, 나이로비의 농업, 원예학회 박람회 Agricultural and Horticultural Society's Nairobi Show에서 커피 분야 1위를 기록했다. 다음 해, 세인트 오스틴 커피는 "프렌치 미션 커피 French Mission Coffee"라는 이름으로 깡통 포장되어 나이로비의 식료품점에서 팔렸고, 곧이어 프랑스로도 수출되었다.[54] 1910년에는 이 교구 농장에 15000그루의 커피나무가 자랐다. 농장에서는 수확한 커피를 처리할 수 있는 수차, 펄퍼, 껍질 벗기는 기계를 설치했다. 커피가 어떻게 처리되는지 보기 위해 관리, 예술가, 관심 많은 방문객들이 연일 찾아왔다. 전 미국 대통령 테오도르 루즈벨트도 사파리 사냥 중에 들렀을 정도였다.[55]

선교단은 커피 사업을 독점하지 않고, 너그러이 씨앗과 묘목을 배포했다. 1904년, 세인트 오스틴 교구에서 발행한 〈Mission Journal〉에는 이 지역에서 가장 저명한 식민지 영농 가문의 "델라미어" 여사에게 '쁘띠 아브레스petis arbres', 즉 어린 나무 3500그루를 보냈다고 나와 있다. 1909년에 커피 가격이 오르자 다른 정착자들도 커피나무를 심기로 하고 이곳 신부들에게서 묘목을 얻었다. 1차 세계 대전이 발발했을 때, 이 선교단에서 기르는 나무는 52000그루에 달했지만 이 정도로도 가까스로 수요를 맞출 정도였다.[58]

1차 세계 대전이 끝난 뒤, 세인트 오스틴은 커피에서 교육으로 초점을 옮겼다. 교단은 학교를 개선하고 땅을 팔아 동아프리카 내 다른 성령회 교단의 기금을 조성했다. 이 신부들은 커피 산업이 성장해나갈 때까지 지속적으로 지원했다. 그리고 공식적으로 영국령 식민지인 케냐가 되는 1920년까지, 이 신부들은 커피 영농에 헌신했다.[**]

블릭센은 초기 커피 영농인 세대에 속한다. 그녀는 1914년 배를 타고 아프리카에 왔다. 스물여덟 살의 이 젊은 덴마크 여인은 몸바사에 닿은 다음 날 오전에 사촌인 브로르 폰 블릭센-피네케Bror von Blixen-Finecke 남작과 결

• 영국령 동아프리카의 커피가 모두 부르봉은 아니다. 초기에 티피카도 몇 번 들여왔는데, 굳이 이것을 '티피카'라고 말하지 않았을 뿐이다. 또한, 독일 정착민들도 자바, 현지에서는 '메나도'라 부르는 곳에서 티피카 계열 개체를 들여왔고, 1902년에는 세인트 오스틴에서 20킬로미터 정도 떨어진 곳인 키쿠유 지역의 스코틀랜드 선교단이 말라위의 니아살랜드에서 얻은 개체를 심었는데, 이것은 자메이카 블루마운틴 산에서 구해온 것이다.(그리고 이 자메이카의 커피는 마르티니크가 기원이다.) 얼마 후에 이 선교단은 인도 남쪽에서 개발된 티피카 계열 품종인 켄트Kent를 도입해 실험했다. Kieran, "Origins of Commercial Arabica Coffee Production in East Africa," 66.

•• 이곳 신부들은 개종보다는 교육과 커피 산업에서 더 큰 성공을 이루었다. 1953년에 교구장이 지난 50년 동안 키쿠유 지역에서 세례를 받은 사람이 3천 명뿐이라고 불평했을 정도이다. Gogan, Holy Ghost Missions, 27.

혼했는데, 결혼 증인은 스웨덴의 빌헬름 공작이었다. 원래 계획은 소를 기르는 것이었지만 남편이 커피에 반하면서 계획을 바꾸었다. 그녀가 도착했을 때 이미 18제곱킬로미터의 토지 중 2.4제곱킬로미터에[59] 커피 묘목을 심어놓은 상태였다.

농장은 프랑스 선교단의 농장과 겨우 16킬로미터 떨어져 있었다. "프랑스 신부들은 내 최고의 친구들이었다."라고 그녀는 기록했다. 그녀는 천주교 신자는 아니었지만 일요 미사에 참석하곤 했다. "프랑스어로 말하고 싶기도 했고, 선교단에 가는 것이 즐거웠다."[60] 크리스마스에는 선교단이 그녀를 초청했다. "프랑스 신부들이 때때로 오토바이를 타고 찾아와 함께 점심을 먹었다. 그들은 라퐁텐의 우화를 들어가며 나에게 커피 농장에 대한 훌륭한 조언을 해주었다."[61]

부부는 돈을 빌려 농장을 24제곱킬로미터로 넓혔다. 이 지역 최대 크기의 농장이었다. 1921년에 부부는 이혼했고, 블릭센은 1920년대 내내 혼자서 농장을 운영했다. 가뭄과 메뚜기 떼, 지속적인 흉작에 악전고투를 해야 했고,[62] 거기다 커피 처리장에 화재까지 발생했다. "커피 재배는 참으로 시간이 오래 걸리는 일이다." 나중에 그녀는 이렇게 썼다. "희망에 차 있던 어린 시절, 빗줄기를 맞으며 묘목장에서 나온 반짝이는 어린 나무를 보며 꿈꾸었던 것들이 다 들어맞지는 않는다."[63] 커피 가격은 출렁거렸고, 빚은 불어났다. 이 농장은 커피 재배에 적합하지 않았다. 고도가 다소 높았고[64] 토양이 산성토였고, 비가 충분하지 않았다.

그래도 위안은 있었다. 농장 자체, 풍광, 그리고 무엇보다도, 데니스 핀치 해턴Denys Finch Hatton과의 연애였다. 그는 니지게(스와힐리어로 메뚜기라는 뜻)라는 이름의 샛노란 집시 모스Gypsy Moth 경비행기에 그녀를 태워주었다.[65] "생각하면, (그) 덕분에 이 농장에서 내 인생 최고의 유람의 기쁨이 무엇인지 깨달았다. 그와 함께 아프리카를 날았던 일이다."[66]

결국 농장은 망했고, 경매에 넘어갔다.[67] 블릭센은 마지막 수확을 위해 1931년까지 머물렀다. 유럽으로 돌아가기 위해 짐을 싸던 즈음에, 핀치 해턴이 죽었다. 비행기 사고였다. 사고가 난 곳은 보이, 세 명의 성령회 수사들이 30년 전 커피 묘목을 가지고 열차에 올랐던 곳이었다. 파산, 슬픔, 병마를 안고 그녀는 덴마크로 돌아가 작가가 되었다. 그녀는 향수와 슬픔이 가득한 그녀의 동아프리카 커피 재배 이야기를 책으로 썼다. 그 첫 문장이 유명하다. "나의 농장은 아프리카, '은공Ngong' 언덕의 발치에 있었다."[68]

오늘날 아라비카는 적도에서부터 남북회귀선까지 걸쳐 있는 40여 개 국가에서 재배된다. 이퀘이터 커피 앤 티Equator Coffees & Teas 본부 겸 로스팅 공장의 휴게실에서 베이 에어리어Bay Area의 커피 팀장 테드 스태추라Ted Stachura가 벽걸이 세계지도 앞에 서서 손가락으로 회귀선을 따라 간다. 브라질은 남방 한계이고, 하와이는 북방 한계이다. 검지 끝이 하와이 열도 여러 섬을 짚고 있다. 이퀘이터 커피 앤 티의 창고에는 마대 포장된 커피가 팔레트 위에 적재되어 있다. 2016년, 이퀘이터는 아라비카 커피 생두를 45만 킬로그램 사들였다. 커피가 생산되는 대부분의 국가에서 사들인 것이다.

2016년 전 세계에서 생산된 아라비카는 60킬로그램들이 포대로 9350만 포대이다. 6억 킬로그램에 가까운 경이적인 수치이다. 무게로는 엠파이어 스테이트 빌딩보다 15배 더 무겁고 금문교보다는 여섯 배나 더 무겁다. 그중 85%가 중남미에서 생산된다. 하지만 대부분은 고작 두 가지 품종에서 나왔다. 티피카와 부르봉이다. 유전 검사를 통해 이 품종들이 에티오피아에서 예멘으로 옮겨졌고 네덜란드와 프랑스인들의 손을 거쳐 퍼져나갔다는 것이 밝혀졌다. 이렇게 한정적인 유전적 기반 때문에 오늘날 커피 산업은 심각한 문제에 직면했다.

◇◇◇◇

CHAPTER 10

물결 너머
Beyond Waves

블루 보틀Blue Bottle의 바리스타가 콜롬비아 우일라 지역 엘 쁠라욘El Playón산 커피를 디지털 저울로 계량한 뒤 분쇄한다. 커피가루를 탈탈 털어 원뿔 모양 필터에 담는다. 길고 가느다란 주둥이가 달린 일제 주전자를 살짝 기울여 커피가루를 적시자 무지갯빛 거품과 함께 커피가 살짝 부풀어오른다. 이제 뜨겁고 가느다란 물줄기가 천천히 내려온다. 물을 붓는 손목이 시계 반대 방향으로 원을 그리며 천천히 돌아간다. 몇 분 지나 잔을 준비한다. 작은 블루 보틀 로고가 바닥에 그려져 있다. 벽에는 커피에 대한 설명이 적혀 있는 나무 패널이 걸려 있다. 지금 만드는 이 커피는 "버터스카치, 블러드 오렌지, 월계수 잎" 향이 있다고 되어 있다. 꽤나 흥미로운, 얼핏 보기엔 입에 맞지 않을 것 같은 조합이다.

캘리포니아 오클랜드의 110년 된 건물, W.C. 모르스Morse 빌딩에서 매혹적인 빛이 흘러나온다. 한때 자동차 전시장이었던 이곳은 6미터 높이의 천장까지 유리창으로 되어 있다. 애플 제품을 디자인하는 조니 아이브처럼 호화스런 미니멀리즘과 세련된 미적 감각으로 꾸며진 이 커피점에는 키 높은 테이블 몇 개, 검정 오크로 만든 대형 테이블[1] 하나, 테이블 위에 놓여 있는 은제 볼과 볼 안에 담겨져 있는 파스닙*밖에 없다. 테이블 주변 자리엔 십여 명의 사람들이 조용히 휴대폰에 몰두해 있거나 값비싼 커피를 조금씩 마시고 있다. 늦여름 오후이다. 고급 스피커에서 흘러나오는 음악들이 없다면, 이 커피점은 미술관처럼 조용할 것이다.

  미국의 커피 사업은 규모가 크다. 전미 커피 협회 National Coffee Association, NCA에 따르면, 2015년 소비자들이 커피에 쓴 돈은 742억 달러이다. (별도로 추출 기구, 감미료, 향미 첨가제에 쓴 돈이 60억 달러이다.) 그해 미국 내 커피 산업이 미친 경제적 효과는 2252억 달러이다. 미국인들은 하루 4억 잔을 마신다. 지난 15년 사이 소비는 43% 성장했다.[2] 월드 커피 리서치의 부장 팀 실링 Tim Schilling은 이렇게 말했다. "수요는 계속 늘고 있습니다. 그렇지만 싸다고 많이 팔리는 것은 아닙니다. 더 맛이 좋은, 고품질 커피 쪽으로 수요가 몰리고 있어요." 그는 바로 스페셜티 커피를 언급했다. 그에 따르면 25년 전 스페셜티 커피의 산업 내 비중은 1%였지만 오늘날은 20-30%에 달한다.

  스페셜티 커피는 원래 특유의 향미가 있는 커피를 생산하는 특수한 미소 기후에 대해 일컫는 말이었다. 미국 스페셜티 커피 협회(SCAA)에 따르면,** 결점두가 없는 생두로 만든 고품질의 커피로서, 향미 잠재력을 최고로 발휘하도록 로스팅하고 뚜렷한 특성을 내는 음료로 추출되어 100점 만

---

* 채소의 일종—옮긴이
** 2017년에 미국과 유럽의 커피 협회는 단일 단체인 Specialty Coffee Association (SCA)으로 통합했다.

점 기준, 맛 평가에서 80점 이상을 받은 것이다. 80점 미만이면 일반 상품, 일반 종류물 수준으로 간주된다.

W. C. 모르스 빌딩의 블루 보틀이 웨스트코스트*에서 가장 잘나가는 스페셜티 커피 카페 중 하나일 수는 있겠지만, 높은 점수의 마이크로랏 싱글 오리진 커피를 공들여 추출해 공급하는 카페는 미국에만도 수천 개는 있다.

그렇다고 미국인의 이런 커피 문화가 한 번에 이런 수준까지 도달한 것은 아니다. 이것도 소위 '물결'을 탔다.

커피가 미국인의 기호 음료가 된 것은 폴저스Folgers가 설립된 1850년과 힐스 브로스Hills Bros.가 진공 포장을 도입한 1900년 사이의 언제인가부터이다. 이 '제1의 물결'을 거치면서 커피는 도회지 사치품에서 일상 소비재가 되었다. 1962년경, 10세 이상의 미국인은 하루에 커피 3.1잔을 마셨다. 아침, 점심, 그리고 저녁 만찬에서 커피를 마셨고, 직장 휴게실, 사친회 모임, 교회 모임에서 커피를 마셨다. 당시 미국인들은 퍼콜레이터로 한 냄비 가득 커피를 만들었다. 1970년에 전기 드립 커피메이커가 탄생했다. 1970년대 말, 조 디마지오Joe DiMaggio가 미스터 커피 브랜드의 광고에 출연하자 이 업체 커피메이커는 백화점 매대에서 하루에 4만 대씩 팔렸다.[3] 커피가 담겨 있는 주전자를 워머 위에 두고 언제든 넉넉하게 마실 수 있었다. 그렇지만 커피 맛이 언제나 좋을 수는 없었다. 갓 볶아 포장한 수퍼마켓 표 블렌드로 만들어도 그랬다. 커피 산업은 편의성 위주로 움직였고 오묘한 향미보다는 대량 생산 위주의 체제로 흘러갔다.

1966년, 네덜란드에서 이민 온 알프레드 피트Alfred Peet가 캘리포니아

* 미 서해안, 캘리포니아 — 옮긴이

버클리 시에 매장을 열었다. 그는 유럽식으로 강하게 볶아 맛이 강하고 오일이 감돌 정도의 음료가 나오는 원두를 소량씩 포장해서 판매했다. 아버지가 암스테르담의 코피브란데르(Koffiebrander, 커피 로스터)였던 그는 고품질 커피 시장이 있다고 확신했다. 그의 매장에서부터 제2의 물결이 시작되었고, 이 물결은 미국인의 커피 경험을 재정의했다.

강 로스팅에 감명받은 이들 중에, 샌프란시스코 대학을 다녔던 학생이 셋 있었다. 제리 볼드윈Jerry Baldwin, 제브 시글Zev Siegl, 고든 보우커Gordon Bowker는 1971년 시애틀에 고품질 커피와 로스팅 기구를 들여놓은 매장을 열고 이름을 스타벅스 커피, 티 앤 스파이스Starbucks Coffee, Tea and Spices라고 붙였다. 처음에는 피트 커피를 받아 팔았지만 이후 직접 로스팅했다. 그들의 커피 또한 강하게 볶은, 향이 짙은 쪽이었다.

1980년대 초반, 매장이 네 개로 늘면서, 그들은 마케팅과 영업을 맡아줄 사람으로 하워드 슐츠Howard Schultz를 고용했다. 슐츠는 밀라노에서 열린 무역 박람회를 참관하면서 이탈리아식 커피점(이지만 앉을 자리가 있고 음료 크기는 큰 것)을 열어야겠다는 생각을 했다.[4] 밀라노의 수많은 에스프레소 바에서 사람들의 움직임을 보며, 슐츠는 "계시를 받았다. 스타벅스는 핵심을 놓쳤다, 완전히 놓쳤다."라고 그의 첫 책에 썼다. "커피를 사랑하는 사람들과의 연결 고리를 굳이 집에서만 찾을 필요는 없다. 우리는 커피의 신비나 로맨스를 먼저 커피점에서 공개해야 한다." 그렇게 하려면 커피의 사회적 요소를 품어야만 했다. "스타벅스는 커피 사업에 뛰어들었지만 아주 중요한 사업 요소를 간과하고 있었다!"[5]

그러나 슐츠는 "스타벅스는 그저 대형 소매점이 아니라 엄청난 '경험'이 될 수 있다."라는 자신의 생각을 고용주들에게 납득시키지 못했다.[6] 그는 1985년 회사를 떠났고 일 지오날레Il Gionale라는 소규모 커피 체인을 열었다. 여기서 스타벅스 커피를 원료로 만든 커피 음료를 팔았다. "무언가 오래되고, 따분해졌고, 일상적인 것—바로 커피—에 로맨스와 공동체를 결합시키려고 했다." 그는 자신의 목표를 이렇게 적었다. "커피의 신비와 매력을 다시 발견하고자 했다. 현학과 스타일과 지식으로 소비자를 매혹시키는 것이 우리의 의도였다."[7]

2년 뒤, 슐츠는 과거 고용주들에게 스타벅스를 사들였고 일 지오날레 매장은 이름을 바꾸었다. 그리고 투자자 지원을 받아 공격적으로 확장 정책을 펼쳤다.

유럽의 카페는 만남의 장소로 기능했다. 도시라면 거의 모퉁이마다 카페가 하나씩 있었다. 그러나 1980년대 미국에서 커피점은 대부분 대학교 주변에 있었다. 17세기 유럽에서처럼 커피음료만으로는 인기를 독점할 수 없었다. 슐츠는 미국인이 공동체를 원한다고 느꼈고, 스타벅스는 제3의 장소가 되었다. "마음이 편하고, 다른 사람과 어울릴 수 있는 모임 장소, 집이나 직장과는 떨어져 있는 곳, 베란다를 연장한 것 같은 그런 장소"[8]

1992년, 스타벅스는 기업 공개를 진행했다. 뉴욕 타임스의 식당 담당 특파원은 커피 산업의 급성장에 대해 다음과 같이 보도했다. "고급 식당과 패스트푸드를 파는 식당까지 가릴 것 없이 거의 모든 뉴욕 레스토랑들이 이제 에스프레소라는 것을 제공한다. 이것은 이탈리아식 커피로, 작은 잔에 담겨 나온다." 이것이 점차 미국식 경험의 하나가 되고 있었다. "커피는 90년대의 와인과 같습니다." 슐츠는 한 신문사와의 인터뷰에서 이렇게 말했다.[9]

당시 스타벅스는 뉴욕에 매장을 낼 계획이 없었지만[10] 이내 2000년까지 2천 개 매장을 연다는 목표를 세웠다. 1990년대 들어 매장 수는 근무일 하루에 하나 꼴로 증가했다. 목표치보다 1000개나 높은 확장세였다. 2016년까지, 뉴욕에서만 매장 수가 220개에 달했다. 한 뉴욕 시립대 대학원생은 맨

해튼 어느 지점에서든 평균 407미터만 움직이면 스타벅스 매장이 있다고 발표했다.[11]

가향 커피—바닐라, 헤즐넛, 라즈베리 시럽을 조금씩 추가한 것—가 스페셜티 커피 산업의 40%를 차지하던 시기에 스타벅스는 단숨에 성장했다.[12] 어떤 향이 나는 커피건 간에, 로스팅은 강하게 해야 했다. 강 로스팅된 원두는 대용량 단위로 조정하기도 더 편했다. 이런 방식은 스타벅스의 전형이 되었다. '숯'타벅스라든가, 물 탄 타르에 비유하는 등 비난도 있긴 했지만, 강 로스팅은 처음에는 좋은 것으로 여겨졌다. 미스터 커피 브랜드 커피메이커에 올려져 있던 뜨뜻 미지근한 국물 같은 커피에 대한 반동으로 볼 수 있다.

음료의 크기도 변했다. 스타벅스는 기존의 소, 중, 대 사이즈 개념을 없앴다. 시트콤 '프레이저Frasier'에서 이를 두고 패러디한 적이 있다. 시애틀 라디오 진행자이자 심리학자인 주인공이 어느 카페에서 주문을 하려는데 자기 단골 카페인 'Nervosa'와 사이즈가 달랐다.

직원   고객님, 죄송한데 저희 카페에는 라지 사이즈가 없어요. 사이즈 단위는 피콜로, 마초, 무초, 무초 마초랍니다.

프레이저   그래요? 'Nervosa'의 그란데랑 비슷한 사이즈는 뭔가요?

직원   잘 모르겠네요. 다만 무초 사이즈가 '세미 콜로살' 사이즈랑 양이 비슷합니다. '커피콩 흘리지 마시오'라는 카페에 있는 거 말이에요.

프레이저   아, 좋아요. 콜로살 사이즈가 Nervosa 그란데랑 비슷하고, 세미 콜로살은 콜로살 사이즈의 한 4분의 3 정도니까, 무초와 세미 콜로살이 비슷하고……. 그러면 무초 마초로 할게요. 대신

8분의 5만 채워주세요.¹³

10년 남짓한 사이에, 스타벅스는 시장을 완전히 지배했다. 세계 최대의 커피 구매자가 된 이 기업의 수익은 190억 달러를 넘어섰다. 그러면서도 성장세는 여전히 공고하다. 진출한 나라 수는 70개에 매장 수는 24000개 정도이다. 2016년 주주회의에서 스타벅스는 앞으로 5년 동안, 진출하기 어렵기로 악명 높은 중국에 500개 매장을 새로 열 계획이라고 발표했다. 또한 2017년을, 오랫동안 불가능하다고만 여겨졌던 국가이자 슐츠에게 "계시가 내린"—34년 전 슐츠는 "너무나 즉시, 너무나 현실적으로 느껴져서 몸이 떨릴 지경"이라고 했던—곳인 이탈리아 진출 년도로 잡았다.

"그렇지만 정복의 댓가로, 특성을 잃었다. 한때는 새로웠던 것—온화한 장식, 은은한 음악, 이탈리아어를 본뜬 단어—들이 진부한 것이 되었다." 〈슬레이트 Slate〉의 칼럼니스트 윌 오레무스 Will Oremus는 이렇게 적었다. "요즘 커피 좀 한다 하는 이들은 스타벅스에 가느니 차라리 산카 SanKa• 냄새를 맡을 것이다."¹⁵

그렇긴 하지만, 미스터 커피 블렌드의 커피메이커 커피를 마시던 고객이 블루 보틀의 푸어오버 pourover 드립 커피 고객으로 곧바로 변하기란 불가능하다. 중간 디딤돌 역할을 한 것이 피츠와 스타벅스였고, 이 매장의 매력 요인은 커피음료였다. 슐츠는 1991년, "단순히 커피 한 잔을 판매하는 것이 아니라 경험을 제공한다."라고 말했다.¹⁶ 스타벅스는 많은 미국인들에게 그때까지는 존재조차 몰랐던 다양한 에스프레소 기반 커피를 선보였고, 산지에 대해서도 최초로 정보를 주었다. 즉, 케냐산 커피는 인도네시아나 과

• 미국의 디카페인 인스턴트 커피 브랜드—옮긴이

테말라산 커피와 조금 다르다는 인식을 주는 역할을 했다.

피츠와 스타벅스가 한 일이 하나 더 있다. 소비자들이 더 많은 돈을 내고 커피를 마시는 데 익숙해지게 한 것이다. 알프레드 피트가 죽은 2007년에 블루 보틀의 제임스 프리먼James Freeman은 이렇게 말했다. "그는 미국인들이 더 좋은 커피를 마시기 위해 기꺼이 돈을 더 낼 의사가 있다는 것을 증명했다."17

커피 애호가이자 클래식 클라리넷 연주가이기도 한 프리먼은 2002년 오클랜드에서 블루 보틀을 창립했다. 그는 낡은 묘목 창고에서 커피를 로스팅해서 농산물 시장에 내다 팔았다. 그는 '코다와리*', 완벽을 위한 강박적이면서 끈질긴 추구라는 뜻을 지닌 일본식 개념을 받아들여, 안목이 높은 고객에 맞추어 훌륭한 커피를 제조한다는 의미로, 똑같은 작업을 몇 번이고 반복함으로써 완전 무결한 한 잔을 만드는 컬트적인 훈련을 진행했다. 이는 클래식 음악가로서 자신이 해왔던 훈련과 비슷했다.

피트가 세상을 떠나던 즈음에, 커피는 이미 일반 상품 이상의 존재가 되었다. 커피는 장인의 작품이 되었고, 존중받았으며, 제조 단계마다 세심한 주의를 기울여야 하는 대상이 되었고, 한 번에 하나씩, 고귀한 한 잔으로 탄생했다. 이것이 '제3의 물결'이었다.

바르셀로나의 엘 본에 있는 14세기 건축물 바실리카 산따 마리아 델 마르에서 몇 걸음 떨어진 곳에, 스페인에서 가장 유명한 스페셜티 커피 로스터인 카페스 엘 마그니피꼬Cafés El Magnífico가 있다. 살바로르 산스Salvador Sans의 할아버지가 1919년에 세운 업체이다. 몇 블록 떨어진 곳에 대형 로스팅 설비에서 물량 대부분을 해결하지만, 산스는 사람이 바글바글한 가게 뒤편

• こだわり—옮긴이

에서 수요일과 토요일 아침마다 로스팅 작업을 한다. 그럴 때면 오래된 단골 고객들에게 이름을 부르며 인사한다. 산스처럼 커피에 풍덩 담겨 있는 사람, 문자 그대로 커피 볶는 연기를 들이마시며 살아온 사람은 많지 않다. 그렇지만 '제3의 물결' 로스터들은 산지에 따라 다른 커피의 고유한 성질에 대해 산스와 마찬가지로 열정을 가지고, 이들을 생산한 농부의 노력에 존경을 표하며, 로스터 드럼 안에서 그 커피의 잠재력이 완전히 드러날 수 있도록 세부적인 데까지 세심한 주의를 기울인다. ("약 로스팅도, 강 로스팅도 존재하지 않는다. 완벽한 로스팅만이 있을 뿐이다.", "제대로 볶았거나, 아니면 망쳐버렸거나.") 로스팅은 감각적이고 물리적인 영역이다. 그들은 커피콩의 변화를 눈으로 보면서 그 열과 냄새를 즐긴다. 산스는 이것을 오피시오oficio라고 불렀다. 오랜 시간 동안 연마한 기술을 뜻한다.

북미의 수많은 지역 로스터들 중 커피 재배인과 관계를 구축해 나가면서 소비자들도 교육하고자 하는 업체로는 시카고의 인텔리젠시아 Intelligentsia Coffee, 포틀랜드의 스텀프타운Stumptown Coffee Roasters, 노스캐놀라이나의 카운터 컬쳐Counter Culture Coffee, 3개 업체가 있고, 여기에 더해 샌프란시스코의 블루 보틀은 좀 더 높은 가치를 추구하는 네 번째 업체이다.

피츠 커피나 스타벅스가 유럽을 주시한 것처럼, 미국의 '제3의 물결' 또한 처음에는 스칸디나비아, 북유럽, 일본을 살펴보았고, 그 다음에야 스스로 세계적 움직임을 이끌었다. "스칸디나비아의 소규모 커피인들은 실험하고 갈 수 있는 데까지 밀어붙이고 제대로 된 커피에 제대로 된 로스팅 그리고 제대로 된 추출법을 결합합니다." 2014년도 유럽 부띠크 로스터를 수상한, 암스테르담의 보카 커피 로스터스Bocca Coffee Roasters의 설립자 메노 시몬스는 이렇게 말한다. "이를 통해 고객은 이전에 절대 맛보지 못했던 무언가를 얻게 되죠."

◇◇◇◇

프리먼은 일본식 커피 추출법이 자기에게 얼마나 큰 영향을 미쳤는지 말해왔다. 드립용 주전자를 사용해 천천히, 가느다란 물줄기를 붓는 특유의 스타일은 정밀한 환경을 창출하고 이로써 고객 경험을 완성한다. "상세한 부분까지 꼼꼼히 수행하는 그 감각, 그 열망이 너무나도 감동적입니다. 그 공간, 이 아름답고도 완벽한 거품까지, 그 모든 것이 감동적입니다."[18]

그리고 이런 움직임의 중심에 약 로스팅이 있다. "이는 아마도 정말로 품질 높은 커피를 사는 데 주력하기 때문일 것입니다." 시몬스는 이렇게 말한다. "이 정도의 약 로스팅을 하려면 정말 좋은 커피만 사용해야 해요. 약 로스팅에서는 좋은 점도 나쁜 점도 모두 드러나기 때문이죠." (그런 경우도 있겠지만, 로스팅이 덜 된 경우도 있다. 덜 볶아진 커피콩은 종이 같은 느낌이 혀에 또렷이 남는다.)

토요일 오전, 산스는 엘 마그니피꼬 매장 뒤쪽에 있는 비토리아Vittoria 로스터 곁, 항상 있던 자리에 섰다. 이베리아식 하몽을 넣은 샌드위치를 먹으며 로스팅을 하고 있다. 에티오피아 구지산 건식 커피가 점차 어두운 색을 띤다. 매 1분 또는 2분마다 샘플을 꺼내 진행 과정을 냄새로 확인한다. 로스팅을 마칠 때쯤에는 거의 몇 초마다 커피를 확인한다.

커피콩이 드럼 로스터 안에서 튕기고 구르면서 뚜렷한 올리브그린색이 바래지면서 오렌지색, 그리고 갈색으로 변한다. 초반은 천천히, 점진적으로 진행된다. 갓 쳐낸 풀, 밀짚, 부풀어오르는 빵, 때로는 팝콘 같은 향이 커피콩에서 나기 시작한다. 콩 밀도에 따라서 10분이나 12분째에 1차 크랙이 온다. 팝콘이 터지는 것 같은 커다란 소리이다. 야생 과일 느낌이 드는, 화사하고 생기 넘치는 음료가 되는 약 로스팅 단계에 도달했다는 뜻이다. 이제부터 커피의 향이 올라온다. 로스팅 진행은 점차 빨라진다. 순식간에 견과류 향, 캐러멜 느낌 향이 우세해지더니 이내 달콤 매캐한 향이 나기 시작한다. 이쯤이 다크 로스트, 강 로스팅 단계이다. 대개 에스프레소로 사용한다. 16분이나 17분쯤 지나면 2차 크랙이 시작된다. 1차 크랙에 비해 약하고 가볍게 살짝 부서지는 듯한 소리가 난다. 커피콩 속 당분이 완전히 캐러멜화되었고 기름기는 연소되었다. 향은 짙고 매캐하다. 탄화된 향이 지배적이다.

측정기 수치를 본다. 구지 커피 로스팅이 다 되었다. 산스가 배출구를 열어 원형 타공판 위로 커피를 쏟아낸다. 날개판이 돌면서 커피를 섞어가며 식힌다. 그 사이 산스는 로스터에 새로 볶을 생두를 넣는다. 이번 커피는 약 로스팅으로 볶을 것이다. 청동빛 갈색, 또는 밀크초콜릿 색상이다. 망고와 열대 과일 느낌이 살짝 돌면서 군침 도는, 달콤한 커피가 나올 것이다.

약 로스팅이 인기를 끌면서 추출법에도 혁신이 일어났다. 커피 매니아들은 자동 드립 커피메이커를 내버리고 자기 손으로 커피를 추출하는 간단한 방식을 사용하기 시작했다. 이는 1908년도, 드레스덴의 가정 주부 멜리타 벤츠Melitta Bentz 시대로 거슬러 올라간 것이다. 당시 그녀는 놋쇠 주전자 바닥에 구멍을 내고 아들의 연습장을 필터로 삼아 커피액을 걸렀다. 벤츠는 특허권과 약간의 창업 자금으로 사업을 시작했고, 이 업체는 오늘날 1회용 필터 시장을 지배하고 있다.

커피 추출 방법에 따라 사용하는 기구, 필터 형태, 분쇄 정도가 다르다. 지금 쓰고 있는 것은 콘 푸어오버cone pourover*이다. 대개 일본 업체 하리오의 V60 세라믹 콘형 드리퍼나 멜리타 브랜드, 또는 모양이 비슷한 칼리타의 웨이브 필터를 사용한다. 열성적인 커피 애호가들에게 프렌치프레스는 한물간 기구이다. 그 빈자리는 에어로프레스가 차지했다. 밀봉 플런저** 형태

* 원뿔형 드리퍼를 사용하는 푸어오버 방식 ─ 옮긴이

인데 물을 밀어내 커피가루를 통과하게 하는 기구이다. 그렇지만 이 산업의 엘리트들 대다수는 케멕스Chemex로 커피를 만든다. 1941년 독일 이민자로서 뉴욕에 정착한 페테르 쉴룸봄Peter Schlumbohm이 발명한 기구로서 모래시계 모양의 본체에 상징과도 같은 윤기 나는 나무 목을 대고 가죽끈으로 묶었다. 디자인이 뛰어나서 뉴욕의 현대 미술관Museum of Modern Art에 케멕스 디자인 컬렉션이 따로 있을 정도이다. 날렵하고 섹시한 중세적 우아함과 기능성이 뛰어나서 커피의 향미와 깔끔함을 최대한 끌어낸다.

이런 방식으로 커피를 만들면 어쩐지 값비싸 보이고, 엄숙해 보이고, 심지어는 심각해 보일 수도 있다. 중력을 이용하는 방식이라 흉내내기도 쉽다. 아직 경험이 없다면, 아무리 결과물이 일정하고 균일하게 나온다지만 꼭 그렇게 값비싼 버 그라인더(절대 칼날 그라인더가 아니다!)에, 무게를 재기 위해 전자 저울을 쓰고, 물줄기를 섬세하게 조절하기 위해 가늘고 긴 주둥이의 주전자로 물을 흘려보내야 하는지 미심쩍을 수 있다. 그렇지만 이런 세심함을 발휘하면, 의심할 바 없이 더 고급스러운 커피가 나온다. 과일, 초콜릿, 귤 느낌이 드는 쓴맛이 올라온다. 공을 들이지 않았다면 훨씬 못한 아류의 맛, 무미건조한 음료가 나왔을 것이다.

하워드 슐츠가 커피를 90년대의 와인으로 표현했을 때, 그가 말한 커피는 사교용 음료였다. 삶의 중요한 순간에 핵심을 차지하는 존재라고 할 수 있다. 제3의 물결 속의 애호가들도 커피를 와인에 자주 비유하곤 한다. 일반적으로는 떼루아의 영향, 여러 가지 향미 프로필에 대해 언급할 때 그런 표현을 쓴다. 로스터는 뚜렷하면서 일관된 맛이 나는 특정 단일 산지에서 생산된 고품질 커피를 직접 들여온다는 사실을 강조한다. 열매를 따는

•• 실린더와, 실린더 쪽으로 누르는 피스톤으로 구성된 장치 — 옮긴이

데서부터 이를 음료로 만들기까지 수십 가지의 변수가 최종 맛을 좌우하며, 그렇기에 영향을 미치는 각각의 요소에 주의를 기울여야 한다.

그렇지만 이러한 움직임을 다르게 보는 사람도 있다. 산지에 엄청난 관심을 갖고 완벽한 커피를 추구하며 로스팅하는, 순수하면서 원칙적인 면은 간과하고 "한 잔에 돈은 4달러씩 내고 10분씩 기다려서 음료를 받아야 하는 장인주의 커피점 움직임을 번지르르하게 표현한 것"[19] 정도로 보는 이들 말이다.

2015년 10월, 일요일 늦은 오전, 시몬스와 튜이스Tewis의 두 형제는 카트를 밀면서 암스테르담 인근의 근사한 지구, 요르단Jordaan 가를 지나간다. 1970년대 생산된 커다란 프로밧Probat 로스터가 커피 포대 위에 얹혀 있다. 로스팅 사업을 시작했던 2001년의 창고 부지에서 이제 케르크스트라트Kerkstraat의 새 보금자리로 이사하는 중이다. 자갈길을 따라 백여 명의 고객과 친구들이 뒤를 따른다. 운하를 지나가려면 비탈길을 넘어가야 하는데 이때는 함께 밀어주기도 한다. 행렬 앞에는 4인조 토고 드러머와 죽마 탄 댄서 두 명이 있다. 마치 카니발 축제 같다. 계절이 무색할 정도로 따스한 날이다. 슈피겔크바르티에르(Spiegelkwartier, 거울 구역이라는 의미이다.) 지구, 갤러리와 앤틱 가게 사이 자리한 목적지에 다다를 때쯤, 보카 커피Bocca Coffee 글자가 적힌 하늘색 티셔츠를 입은 시몬스는 녹초가 되었다.

나는 그 며칠 뒤 시몬스를 만났다. "로스터가 있는 곳은 마법이 시작되는 곳입니다."라고 그가 말한다. 옛 프로밧 기계는 카페 입구에 서 있다. 장식적이기도 하고, 상징적인 의미가 더 커 보인다.* "커피 볶는 사람이라면

---

* 분명히 실용적이지는 않다. 그는 매장 내에서 로스팅이 될 리가 없다고 본다. "매장과 로스팅 둘 다 제대로 하려면, 같이 두면 안 됩니다."

응당 그래야죠. 이 기계는 근본적으로 커피 볶는 사람의 심장입니다."

카페 가운데엔 디귿 자 바가 기다랗게 들어서 있다. 판매 카운터, 기다란 푸어오버 카운터 위에 멋진 에스프레소 머신 세 대가 올려져 있다. 매장 내부는 깔끔하고 생기 가득한 리첸그린 색―줄무늬 카페트, 가벽, 1950년대 복고풍의 두툼한 커피잔들―에 더해, 질감이 살아 있는 원목으로 포인트를 줬다. 포스트 미니멀리즘을 표방하는 스칸디나비아식 장식이다. 주요 디자인 관련 상을 두 번이나 수상했고 〈에스콰이어〉가 네덜란드 최고의 커피점Koffiebar으로 언급하기도 했지만, 보카 매장은 아직 단 하나뿐이다. "중점 컨셉은 우리 고객들에게 영감을 주는 것입니다. 한번 붙어보자란 의미는 아니에요."라고 시몬스는 말한다. 보카의 로스팅 공장은 암스테르담에서 북쪽으로 한 시간 거리인 플레보란트Flevoland에 있다. 한 해 거의 22만 킬로그램을 로스팅한다. 네덜란드의 많은 커피점들이 이 커피를 사용한다. 매장 자체는 행사와 만남의 목적, 그리고 가장 중요한 목적인, 보카 커피를 쓰는 바리스타들을 교육하고 훈련하는 장소로 쓰이고 있다.

차 제품에 비해 커피 제품은 만들어내기까지 거쳐야 할 단계가 더 많다. 그렇기에 최종 맛에 영향을 끼치는 사람들도 더 많다. 차는 잎을 딴 그 장소에서 제조되는 반면, 커피콩은 수확한 곳에서는 건조, 정제까지만 하고 생두 상태로 수출한다. 일반적으로 로스팅은 음료로 가공하는 곳에서 진행된다. 로스팅을 한 뒤에도 문제가 생길 여지는 많다. 최종 단계를 예로 들자면, 차는 누가 만들어도 제대로 맛이 나오는 편이다. 뜨거운 물을 붓기만 하면 된다. 와인은 더 쉽다. "와인은 그냥 마개를 뽑으면 되죠." 암스테르담 사무실 인근에서 점심을 먹으면서 시몬스가 말한다. "그렇지만 커피는 말이죠, 그 마지막 순간에 완전히 망쳐버릴 수도 있습니다."

완벽한 예시로 에스프레소 추출 작업이 있다. 로스팅(강), 분쇄(거의 가루 수준으로 미세하게 분쇄)가 제대로 되었고, 바스켓에 고르게 담고 제대로 다졌다. 머신 온도(90도)와 압력(8.85기압)이 적당하고, 최근에 기기 청소도 했다고 가정하자. 그러면 추출 시간이 결과를 좌우한다. 최적 시간은 대개의 머신에서 25초 정도로 잡는다. 여기서 몇 초가 짧으면 음료 맛이 약하고 시큼하며 크레마가 풍부하게 나오지 않는다. 몇 초만 더 길어도 잉크처럼 짙은 검은색 추출물에 쓴맛 나는 기름이 함께 나오며 탄맛이 같이 추출된다.

"커피를 망가뜨리는 걸 보면 마음이 아파요." 시몬스가 어떤 기억을 떠올렸는지 움찔한다. 자신이 생산한 커피를 제대로 다룰 줄 아는 사람이 별로 없다는, 로스터의 슬픔이 느껴진다.

유일한 예외는 블루 보틀이 아닐까 싶다. 이 업체는 마지막 한 모금까지 모든 단계를 관리하려고 한다. 잔 형태는 물론 음악도 예외가 아니다. "상황이나 방법, 결과를 통제할 수 없다면 불안해집니다. 이 모든 것이 우리 커피를 마시는 경험에 포함되어 있으니까요." 프리먼은 2015년 웹사이트에서 자신의 결정을 알리면서 이처럼 말했다. 그는 당시 십여 년간 매장에 집중한 끝에 원두 도매 사업을 접겠다고 발표했다.[20] 보카는 이와 달리 이 나라 전역의 매장에서 커피를 가능한 한 좋은 상태로—문제가 없는 상태로—즐길 수 있도록 노력하고 있다.

보카 커피는 세부적인 면에 강박적일 정도로 주의를 기울임으로써 사람들이 많이 찾는 원두를 만들고 매장에서는 신이 깃든 커피 음료를 생산한다. 보카를 비롯해 몇몇 로스터 모임에서는 끊임없이 탐구하고 경험하면서 완벽한 커피를 실현하고 있다. '제4의 물결', 아직은 명확하지 않은 움직임이지만 그 징조는—명확히 정의할 순 없지만 '제3의 물결'이 나오자마자 '제4의 물결'은 예견되고 있었다.—여기서 나타나고 있다.

트라보카 사무실의 커핑 테이블.

　보카를 시작한 지 몇 년 뒤 시몬스는 트라보카Trabocca를 창업했다. 에티오피아를 중심으로 하는 커피 수입 업체이다.* 현재 북미와 유럽, 일본, 한국의 스페셜티 커피 업체에서 공급하는 에티오피아 커피는 아디스 아바바 소재 트라보카 커핑실을 거쳐 암스테르담의 트라보카 커핑실을 통과한 것

* 보카는 트라보카의 로스팅 부서가 아니다. 두 업체는 별개이다. 보카는 스텀프타운, 인텔리젠시아처럼 트라보카의 고객이다.

일 확률이 높다. 2016년에 이 업체가 공급한 에티오피아산 스페셜티 커피는 200컨테이너, 386만 킬로그램에 달한다. 업계 내 시몬스의 위상은 이처럼 어마어마하지만, 그의 느긋하고 겸손한 수줍은 미소, 낡은 청바지와 티셔츠, 두카티 오토바이 스웨터 복장에 가려지곤 한다. 그는 정직함으로, 그리고 에티오피아에서 이루어온 트라보카의 섬세한 준비 작업으로 업계에서 존경받고 있다. 에티오피아 쪽에서 최고의 커피를 세심하게 공급하고 있는 업체는 '제3의 물결'에 속하는 다른 유명한 업체들이 아니라 바로 트라보카이다. 대부분의 유명 로스터는 모두 이 업체와 거래한다.

트라보카를 통해 시몬스는 한 명의 로스터 입장에서 커피 유통망 전체를 조망하게 되었다. 그는 12년 이상을 에티오피아 내, 토양 분석에서부터 수확 후 기법 연마에 이르기까지 모든 영역에서 농부, 협동농장 들과 긴밀하게 일했고 현지에 많은 시간을 투자했다. 그는 이제 최종 단계의 실험, 바로 로스팅과 추출 실험을 진행하고 있으며, 또한 농장과 처리장에서 시작해 수 개월 뒤 최종 음료에서 드러나게 될 요소에 대해 더 많은 지식을 모으고 있다.

제3의 물결 덕에 커피에 대해 진지하게 관심을 가지는 사람들이 나타났고 일반 대중들의 기술과 이해 면에서도 큰 진보가 이루어졌다. 시몬스는 제4의 물결에서는 아마도 "진정한 커피 애호가"들이 분리될 것이라고 말한다. 커피에 관심을 가지는 사람들이 성장하면 할수록, 새로운 물결은 점차 기간과 간격이 짧아졌다. 그러므로 다음번 물결도 지금껏 나타난 물결 중 가장 빨리 짧게 찾아올 것이다. 라떼 아트나 카푸치노의 풍성한 거품 위에 나뭇잎이나 엘비스 프레슬리 얼굴을 그리는 능력과는 관계없을 것이다. 캔으로 포장한 콜드 브루의 성장 또한 상관없다. "커피에 대한 실질적인 지식이 아닐까 합니다."

트라보카Trabocca 사무실에서 하디스 테카 게브레마리암이 최근 들어온 샘플을 커핑하고 있다.

이 말은 기본으로 돌아가, 커피와 물에 대해 마스터한다는 것을 의미한다. 뛰어난 제빵사라면 자기가 사용하는 밀에 대해 잘 아는 게 당연하겠지만, 로스터들 중에는 자기가 볶는 커피콩에 대한 지식이 얕은 이가 많다고 시몬스는 말한다. 로스팅을 하려면 산지와 품종에 대해 일반적인 정도가 아니라, 세부 내용까지 철저히 알 필요가 있다.

　　"그리고 물에 대한 지식이 있어야죠."라고 그는 말한다. "커피는 물이 98%이니까요." 물은 핵심 추출 요소이지만 거의 고려되지 않았다. 보카에서는 역삼투압 방식의 유의성 검정도 진행한다. 역삼투압 정수는 물에서 염과 미네랄 등 고형분을 제거하는 공정이다. "마시기엔 좋지만 커피 제조용으로는 적합하지 않아요. 향미가 잘 나오려면 고형분이 좀 있어야 합니다." 그래서 일정량의 고형분을 다시 물에 집어넣는다. 정확히 얼마나 넣는가는 커피 종류, 커핑 결과에 따라 달라서 한 가지 방법으로 폭넓게 적용하지는 못한다. "실험을 해봤는데, 산지가 다르면 물도 달라야 하더군요."

　　시몬스는 제4의 물결이 올 것을 확신하며 참을성 있게 기다리고 있다. "시간이 걸리긴 하겠지만, 그때가 되면 우리가 알지 못했던 취향이 드러날 겁니다. 궁극적으로, 우리는 커피를 이해하려고 노력합니다. 아직 진정 커피를 이해하지는 못했기 때문이죠." 그들의 실험은 계속된다.

　　2009년, 뉴욕 타임즈는 "펑크 또는 종교 수준의 열정을 가진" 오리건주 포틀랜드의 장인 커피 업체 스텀프타운의 뉴욕 입성을 보도했다.[21] 미 서부의 힙스터 감성은, 독일제 빈티지 로스터만큼이나 스텀프타운의 본질이었다. 2년 뒤, 비타민워터와 팝칩스에 투자한 이력이 있는 사모펀드 TSG가 스텀프타운의 최대 주주가 되었고, 블로그, 소셜 미디어에서는 실망 일색의 반응을 내놓았다. "듀안 소렌슨Duane Sorenson, 그는 스텀프타운의 창립자이자 바리스타를 락스타로 변모시킨, 우리 세계의 체 게바라 같은 존재였다. 그런 그가 일생의 과업을 경매로 넘겨버리다니." 텔레비전 출연자이자 커피 로스팅 업체 라 콜롬베La Colombe의 공동 창업자 토드 카마이클Todd Carmichael 은 이렇게 불평했다.22

TSG는 4년 만에 스텀프타운을 피츠 커피에 팔아넘기며 짭짤한 이윤을 냈다. 반응은 즉각적이면서 강경했다. "피츠의 스텀프타운 매입에 대해 어떻게 생각하시나요? 자작 펑크록의 죽음일까요? 아니면 위대한 존재의 탄생일까요?" 캘리포니아 남부의 감성 가득한 한 스페셜티 커피 로스터는 트위터에 이렇게 글을 올렸다. 그리고 스텀프타운이 여기에 응답했다. "펑크는 살아 있고, 스텀프타운도 죽지 않습니다. 만인을 위한 훌륭한 커피여, 영원하라!" 이것은 스텀프타운의 관점이다. 그들은 더 많은 사람들에게 고품질의 스페셜티 커피를 제공하기 위해 이런 선택을 했을 것이다. 그러나 모두가 동의하진 않았다. 몇몇 사람들은 스텀프타운이 독립성을 잃어버렸다고 슬퍼했다.

"이제 커피는 신기술 업체의 영역입니다." 마야랜드 커피Mayaland Coffee의 호수에 모랄레스Josué Morales는 과테말라 시티에 있는 자신의 로스팅 공장 겸 커피 연구소 TG-LAB에서 이렇게 말했다. "모두 엮이고 싶어하지요." 신기술 업계라면 위와 같은 합병은 당연히 축복받았을 것이다. 구글, 아마존 닷컴, 마이크로소프트에 매각되는 것이야말로 대부분의 기술 기반 스타트업 업체의 목표이다. 구매자가 거대할수록 이득도 더 크다. 커피 세계는 아직 이 정도는 아니다.

다만, 이번 매입을 비난하는 목소리에도 '스타벅스가 샀으면 좋았을 텐데' 따위 악담은 없다. 어쨌든 피츠 커피는 스타벅스 반대파였다. 피트닉Peetnik이라고 해서, 피츠 애호가를 일컫는 단어까지 있다. 그런데 널리 보도되지도 공론화되지도 않은 내용이 있다. 피츠 커피가 2012년 지주회사 JAB(요 아 벤키저)에 약 10억 달러에 팔렸다는 사실이다. 독일의 이 거대 소비재 업체는 알려진 것이 별로 없는 라이만Reimann 가문이 소유하고 있는데, 세계 최대의 커피 전문 업체 야콥스 다우베 에그베르츠Jacobs Douwe Egberts를 비롯해 10여 개의 세계적 커피 브랜드(다우베 에크베르츠, 모코나Moccona, 센세오Senseo, 로르L'or)를 소유하고 있고 연 매출이 50억 유로에 달한다. JAB는 여기에 카리부 커피(Caribou Coffee, 미국 2위의 커피 체인), 아인슈타인 브로스Einstein Bros., 노아즈 뉴욕 베이글Noah's New York Bagels, 맨해튼 베이글Manhattan Bagel, 크리스피 크림Krispy Kreme도 소유하고 있다. 피트닉들이 놀랄 일이 더 있다. JAB가 지미 추Jimmy Choo, 발리Bally, 벨슈타프Belstaff 등의 럭셔리 소매품 지주 회사와 거대 미용업체 코티Coty도 소유하고 있다는 점이다. 코티는 연 매출이 44억 달러에 달하는 업체로 향수 부문에서 시장 2위이다. 하위에 있는 주요 브랜드만 해도 캘빈 클라인Calvin Klein, 클로에Chloé, 마크 제이콥스Marc Jacobs, 다비도프Davidoff, 플레이보이Playboy, 비욘세Beyoncé이다.

  JAB은 공격적인 커피 업체 매입 전략 선상에서 피츠를 매입했다. 2015년 10월에 피츠는 인텔리젠시아의 대주주가 되었다. 12월에는 JAB가 139억 달러를 내고 큐리그 그린 마운틴Keurig Green Mountain을 사들였다. 그린 마운틴이 소유한 큐리그 케이 컵K-Cups 커피 포드와 털리스 커피Tully's Coffee, 티모시 월드 커피Timothy's World Coffee, 반 후트Van houtte도 포함된 거래였다. 현재 JAB는 전 세계 커피 시장의 21%를 장악하고 있다. 점유율로는 네슬레Nestlé에 고작 1-2% 뒤처진다.[23] 이 두 거대 업체가 전 세계 커피 시장의 거의 절반을 점유하고 있다. 2017년 4월에는 또 다시 몸집을 불렸다. 75억 달러에 베이커리 카페 체인인 파네라Panera를 사들였다. 이것은 스타벅스를 직접 겨냥한 것이다.

  아직은 스텀프타운이나 인텔리젠시아, 심지어는 피츠 커피조차도 여전히 소규모 업체인 것처럼 행동하고 있다. 웹사이트의 "회사 연혁"이나 "회사 소개"를 읽어보면 자기 개성이나 장인주의 뿌리를 넘어서 다른 쪽으로 이동했다는 뉘앙스는 전혀 보이지 않는다. 피츠 커피는, JAB라는 이름을 "투자자용 기업 홍보" 칸에 깊숙하게, 한 줄로 숨겨놓았다. 스텀프타운은 피츠에 매각되었을 때 블로그에 단 한마디만 남겼고 인텔리젠시아는 공동 창업자 더그 젤Doug Zell이 직원들에게 보내는 공개 편지 형태로 "스페셜티 커피의 원조 대부인 피츠 커피에게" 팔렸다는 글을 블로그에 올렸다.[24] 그것 말고 JAB에 대한 내용은 한마디도 없다.

그러는 사이 블루 보틀도 벤처 투자자들의 구애 대상이 되었다. 블루 보틀은 커피계의 애플로 불렸다. 실리콘 밸리의 유명 인사들, 인스타그램 창업자 케빈 시스트롬Kevin Systrom, 트위터 공동 창업자 에브 윌리엄스Ev Williams, 플리커 공동 창업자 카테리나 페이크Caterina Fake, 여기에 모건 스탠리와 구글 벤처스, 트루 벤처스까지[25] 나서서 수천만 달러를 제시하면서 인수에 나섰다.* 블루 보틀은 3번에 걸쳐서 자금 공모를 진행했는데, 첫 번째 공모에서만 이미 1억 2천만 달러를 모았다. 그 자금으로 뉴욕과 도쿄에 진출했고, 핸섬 커피 로스터스Handsome Coffee Roasters를 매입해 로스엔젤리스 영업 본부로 바꾸었고, 캘리포니아 남부에 새로 매장을 열었다. 샌프란시스코의 상징적인 장인 베이커리 업체 타틴Tartine도 매입했다.

커피 한 잔에 사치스런 가격을 매기고 점심 한 끼 먹을 만한 시간을 기다리게 만드는 사업 모델은 확장하기도 어렵거니와, 품질을 희생하지 않고서는 고유한 요소, 틈새 요소를 유지하기도 쉽지 않다. 그런데 바로 그 품질이 이런 업체에게는 가장 근본이고 심지어는 그 정체성의 핵심이다.

* 2017년 네슬레가 블루 보틀의 지분 68%를 인수했다.—옮긴이

스텀프타운은 콜드 브루에 집중하기 시작했고, 복고풍의 독특한 포장 세 가지 형태로 제공하고 있다. 첫 번째는 레이니어Rainier 맥주 같은 뭉툭한 검은색 콜드 브루이고, 다음이 햄Hamm사 제품을 닮은 질소 충전식 커피이다. 마지막은 코코넛 크림으로 향을 더한 것인데 소형 우유팩 형태로 판매한다. 이 마지막 제품를 스텀프타운은 "비건 게임 체인저", 즉 완전 채식주의자를 위한 혁신적인 제품이라 자부하지만, 그럴싸한 포장의 즉석 프라푸치노로 보는 사람들도 있다.*

불가피한 일이지만, 업체 본부와 투자자들은 수익을 원하고, 그로 인해 브랜드가 오염되는 일이 자주 일어난다. 수익을 높이기 위해 매장 수를 너무 많이 늘리고, 제품군을 너무 많이 넓히며, 저품질의 제품을 내놓는다. 제3의 물결에서는 가능한 최고의 커피를 마시는 데 치중했고, 그것이 한계를 만들었다. 이쪽에서는 "최고"의 커피 내지 스페셜티 커피 협회 척도로 80점을 넘어서 "스페셜티"로 불릴 수 있는 커피만 존재한다.

그로부터 변화가 처음 시작된 것은 유통망에서였다. JAB에 매입된 후 피츠 커피는 순 지급 조건을 표준 30일(또는 그 미만)에서 120일 이상으로 바꾸었다. 이는 거래업자가 돈을 받으려면 120일에서 280일까지 기다려야 한다는 뜻이다.[26] 팀 호튼즈Tim Hortons와 유럽 브랜드 타시모Tassimo와 센세오Senseo 또한 JAB가 매입한 뒤로 이렇게 달라졌다. 큐리그와 인텔리젠시아, 스텀프타운 또한 동일한 조건을 적용했다.[27] 제3의 물결 커피에서 핵심 교리 중 하나가 원재료 조달인데, 대개 이는 마이크로랏(micro lot─농장 일부 부지별 또는 날짜별로 수확분을 나누어 매매하는 품질 위주의 거래방식) 형태로 재배인에게 직접 구매한다. 대규모 생산자나 중간 상인들이라면 돈을 받는 데 180

* 펩시(PepsiCo)는 1996년부터 스타벅스의 캔 프라푸치노를 생산하고 있다.

일씩 기다려 줄지도 모른다. 그렇지만 중미나 아프리카의 소규모 재배인들은 그럴 수 있는 여유가 없다. 이 돈에 그들의 생계가 달려 있다. 즉, 직구매 방식이 앞으로는 중간 상인들로부터의 대량 구매로 바뀔 수도 있는 위험이 있다.

다만, 막대한 현금 투자 덕에 새로 프로젝트를 시작할 수 있는 가능성과 유통과 시장 가시성이 높아졌다. "결과적으로, 이로써 우리는 여기까지 오는 데 기여해 온 것들에 더 많이 투자할 수 있는 힘과 자원을 갖게 되었습니다." 인텔리젠시아가 매입되었을 때 젤은 공식 편지에서 이렇게 썼다. "말하자면 지역 갤러리에 우리 작품들을 전시하고 있었는데, 이제 루브르 Louvre 박물관에도 전시 공간이 마련된 것입니다."[28] 노출도가 높아졌다는 점에서 그의 말은 맞다. 다만 비유 대상은 루브르 박물관이라기보다는 미국식 교외 아울렛 매장이 더 맞지 않을까?

커피 산업은 분명 굳건하다. 기존의 시장의 성장은 물론이고 신흥 시장도 눈에 띄게 성장하고 있다. 미국 밀레니얼 세대(1980-2000년대 출생한 사람들)의 커피 선호는 꺼질 기미가 없다. 29세에서 34세의 커피 수요는 전체 미국인들의 커피 수요 중 44%를 차지한다.[29]

다만, 아라비카 자체가 문제를 가지고 있다. 향미를 잘 발현시키지 못한다거나 하는 문제가 아니다. 주요 유통망에도 문제는 없다. 문제는 재배지다. "지금은 우리 커피 시대, 커피 산업에서 최악의 시기입니다." 중앙 아메리카 최고의 커피 로스터이자 커피 컨설턴트로 일하는 모랄레스는 그렇게 말한다. 기업 인수, 바리스타 대회, 널리 알려진 신종 SCAA 플레이버 휠 같은 이슈에 가려 사람들은 이 심각한 문제를 제대로 보지 못한다. 이 문제는 점점 더 외면받고 있다.

커피 재배의 역사적 특수성으로 인해 커피 산업은 위험에 처해 있다.

커피의 역사적 배경과 아라비카 번식 방법의 특성으로 인해, 전 세계 커피 농장의 유전적 다양성은 매우 낮다. 그리고 생태계의 새로운 위협이 위태로운 상황을 가속화시키고 있다. "지금 당장 과거 감자 기근 사태 같은 심각한 자연재해가 닥쳐도 전혀 이상하지 않은 상황입니다." 육종학자이자 WCR 이사 팀 실링은 우려한다. "언젠가는 일어날 사고입니다."[30]

어쩌면, 이미 일어나고 있는지도 모른다. 위기가 현실화되고 있다.

CHAPTER 11

녹병
La Roya

빠블로 곤잘레스Pablo González가 차를 몰고 핀까 엘 바예Finca El Valle의 입구로 들어간다. 그림같이 아름다운 도시 안띠구아Antigua의 바로 남쪽에 있는 농장이다. 빨간색 지프 랭글러는 비베로(vivero, 양육장) 앞에서 멈춘다. 이곳엔 어린 커피 묘목 수백 개가 물병을 잘라 만든 화분에서 자라고 있다. 이 아래쪽, 40헥타르 크기의 농장 가운데를 지나는 흙길이 뻗어 있다. 농장은 이미 수확이 끝났다. 꼬세차(cosecha, 수확기) 동안 숙소에서 머물던 수확인 가족들도 이제는 원래 살던 마을로 돌아갔다. 때는 5월, 비가 끝난 지 몇주 되었다. 도로는 먼지투성이에 화산재가 섞여서 잿빛이다. 길 옆으로는 키 큰 마카다미아 나무가 있는데, 다람쥐들이 열매 껍질을 떨어뜨려놔서 발걸음마다 부서지는 소리가 난다. 사방엔 그라빌레아 나무가 무성하게 자라 위를 덮고 있고, 그 아래에 커피나무가 펼쳐져 있다. 가지마다 귤색 머리의 잉꼬, 딱따구리, 그리고 눈에 보이지는 않지만 노래하는 새들이 수없이 지저귀고 있다.

빠블로는 30대이다. 넓은 어깨에 사람 좋아 보이는 미소, 머리는 뒤로 넘겨 짧게 꽁지머리를 했다. 그는 5대째 커피를 재배하는 농부이다. 이 농장은 원래 로스 바예스(Los Valles, 계곡들이란 뜻)라는 커다란 농장의 일부였다. 5대조 할머니가 세웠는데, 그녀는 이 지역의 전설적인 존재로, 결단력도 강하고 매우 부유했다고 한다. 할아버지 대에 와서 농장이 넷으로 나뉘었고, 그중 하나가 바로 이 엘 바예*이다. 빠블로의 어머니 끄리스띠나가 상속받은 것으로, 그녀는 남편과, 빠블로를 포함해 세 아들과 함께 이 농장을 운영해왔다.

핀까 엘 바예에서는 고품질 아라비카 커피를 63500킬로그램 생산한다. 농장의 오래된 부르봉과 티피카 나무에서 수확한 이 커피는 미국의 유명 스페셜티 커피 로스터들이 가져간다. "우아하게 균형이 잡혀 있고, 묵직하며, 멋지고, 강렬하다." 워싱턴 주 올림피아에 있는 뱃돌프 앤 브론슨Batdorf & Bronson에서는 이렇게 언급한다. "초콜릿이 스며든 듯한 향내, 진한 캐러멜 느낌의 바디, 사탕수수의 단맛이 압도적이지만 그러면서도 최고급 안띠구아 커피 특유의 섬세한 향이 살아 있다.―이곳을 둘러싼 활화산을 연상시키는 깔끔한 향신료 느낌이 있다."[1]

과테말라에 부르봉이 들어온 것은 1750년대이다. 프랑스 예수회에서 들여왔다. 그러나 동아프리카 쪽 수도사들과는 달리, 과테말라의 예수회 사람들은 커피나무를 수도원 정원 장식용으로 길렀다. 본격적인 상업적 플랜테이션 커피 농업이 시작된 것은 그보다 1세기 뒤, 옛 식민 도시 안띠구아에서였다. 이곳은 지대가 높고 낮에는 해가 잘 들고 밤에는 시원하며 인근에는 활화산이 셋이나 있어서 커피 농사에 적합했다. "씨앗을 흩뿌리기

* 로스 바예스는 복수형, 엘 바예는 단수형 ― 옮긴이

만 해도 5년 뒤면 커피를 마실 수 있어요." 호수에 모랄레스는 이렇게 말한 적이 있다. 그의 연구소는 과테말라에서 스페셜티 커피를 생산하는 재배인 1300명과 협력체계를 유지하고 있다. 토양에는 화산에서 생성된 부석돌이 섞여 있는데, 이것이 토양 내 수분 보유에 도움이 되고 습도가 낮을 때는 수분을 보충해준다. 그늘을 드리워 재배하기 때문에 강렬한 햇빛이나 서리 피해를 막아주는 효과가 있다. 이렇듯 안띠구아는 커피가 자라기에 이상적인 환경이라 주변 언덕의 농장들은 세계 최고급 수준의 아라비카 커피를 생산한다.

핀까 엘 바예가 미국으로 처음 커피를 수출한 지 얼마 되지 않은 2012년, 영향력 있는 커피 매체 〈커피 리뷰Coffee Review〉는 핀까 엘 바예의 커피를 사용한 캔자스 주 토피카 소재 업체 피티스 커피 로스팅 컴퍼니PT's Coffee Roasting Company의 커피에 92점을 매겼다. "블라인드 평가 : 산뜻함, 견과류 느낌이 살짝 드는 초콜릿 향, 건포도 느낌의 과일 향, 시트러스 느낌, 부드러우면서도 생생한 산미, 부드러운 마우스필, 깊고 부드러운 향이 가득한 마무리."[2] 2년 뒤, 〈커피 리뷰〉는 이퀘이터 커피Equator Coffee의 핀까 엘 바예 커피에 다시 높은 점수를 주었다. 그해 가을, 오리건 포틀랜드에 있는 수입업체 서스테이너블 하비스트Sustainable Harvest가 후원하는 하비 어워드HarVee Award에서 이퀘이터 커피의 핀까 엘 바예는 중미, 멕시코 부문에서 1등을 수상했다.

핀까 엘 바예에서는 살충제, 제초제, 살균제를 사용하지 않는다. 벗겨낸 껍질은 천연 비료로 만들고 수세 처리장에서 나온 오수 역시 재활용한다. 여러 면에서 타 농장의 모범이 되고 있고, 서스테이너블 하비스트에서 진행하는 중남미와 아프리카 재배인 대상 교육 훈련 프로그램에도 참여하고 있다.

녹병

농장 가운데, 길이 교차하는 곳에서 빠블로가 왼편으로 꺾는다. 약해 보이는 나무들이 보이는데, 그쪽을 따라 걸어간다. 여기 나무들은 잎이 많이 떨어져 있다. 남아 있는 잎 뒷면에는 노란색, 주황색 반점이 있다. 얽혀 있는 가느다란 가지에 드문드문 씨앗이 몇 개 붙어 있는데, 쪼글쪼글하고 향이 전혀 없다. "라 로야 La roya."라고 그가 말한다. 로야는 커피잎녹병을 일으키는 곰팡이균을 일컫는 스페인어이다.

처음에는, 작고 연한 노란색 반점이 잎 앞면에 나타난다. 이것이 점점 커지다가 근처 반점이랑 합쳐지면서 일정하지 않은 모양새가 된다. 곧이어, 잎 뒷면에는 노르스름한 귤색 먼지 덩어리 같은 동그란 포자가 나타난다. 병변에서 새로운 포자가 나타나면서 다른 나무로 퍼진다. 커피녹병으로 나무가 바로 죽지는 않지만 심각하게 약해진다. 결국 잎은 다 떨어지고, 씨앗으로 가야 할 영양이 제대로 가지 못해 생산량이 격감한다.

이 농장에는 1980년대에 녹병이 유입됐다. 나무 몇 그루가 녹병에 걸렸다. 끄리스띠나는 그날 아침 가족에게 이야기를 했다. 나무에서 잎이 계속 떨어졌다. 2011년도 수확을 시작할 때쯤에는 농장 남쪽 나무들은 거의 녹병에 점령됐다. 그리고 다음 몇 년이 지나면서, 녹병은 천천히, 농장 전체를 뒤덮기 시작했다.

하비 어워드를 수상한 2014년에는 모든 나무에 녹병이 들었다. 그해 농장의 수확량은 12700킬로그램, 80%가 줄어들었다. 2015-16 시즌 수확량은 더더욱 낮았다.

빠블로의 발걸음이 점차 느려진다. 말수도 줄어든다. 녹병이 휩쓸고 간 곳에 다가가는 중이다. 사방 수백 미터 안에 있는 커피나무들은 죄다 밑동만 남아 있다. 무릎 높이에서 다 잘라낸 것이다. 우뚝 솟은 그늘나무들 또한 가지가 시작되는 부분에서 잘라냈다. 잘라낸 나무들은 45센티정도 길이로 다듬어 길에 쌓아두었다. 불쏘시개 용으로 팔기 위해서다.

커피녹병의 원인균은 Hemileia vastatrix라는 곰팡이균이다. 이 균은 커피와 함께 진화했다. 에티오피아 남서부 고지대를 포함해, 적도 아프리카에서 커피와 함께 수천 년 넘게 진화해온 것이다.[3] 카파에서는 곰팡이가 신화를 거치면서 일종의 균형 단계를 이룬 것으로 보인다.[4] 과거는 물론 지금도 여러 가지 관측 요소로 확인되고 있다. 유전학자 필립 라셔메스는 "에티오피아 어디든 녹병이 있지만, 종의 다양성이 있기에 큰 문제가 아닙니다."라고 말한다. 즉, 봉가 주변 숲에도 균이 있지만 문제가 될 만한 수준은 아니라는 것이다. 사실 이 지역에서는 이 병에 이름조차 붙이지 않았다. 쿰프티Kumpty 숲에서 커피를 수확하는 이가 했던 말을 직역하면 "잎에 난 그것"이란 뜻이다. 메스핀 테클레는 "그건 이름이 없답니다."라고 했다. "피해를 입히지 않으니까요."

1500년도 이전에는 대개 야생 커피나무에서 종자와 묘목을 얻었다. 그러다 수요가 늘어나면서, 아라비아 반도에 커피 재배가 정착한다. 커피나무는 예멘의 계단식 관개 농장에 성공적으로 적응했지만 이곳 기후가 극도로 건조했기에—세계적으로 메마른 지역—녹병균은 적응하지 못했다. 녹병균이 발아하고 번식하려면 물이 필요한데, 예멘엔 물이 없었기 때문이다. 캐나다의 환경 역사학자이자 커피녹병 전문가인 스튜어트 맥쿡Stuart McCook에 따르면, 커피나무 번식 경로상에서 이 예멘이라는 경유지가 "우연이긴 하지만 참으로 효과적으로 녹병을 차단하는 환경 필터 역할"[5]을 했다. 예멘이 재배종 커피의 근원이 되었다는 점에서, 예멘의 환경은 참으로 중요한 거름막이 된 것이다. 17세기부터 19세기 후반까지, 전 세계로 퍼진 커피나무는 야생에서 채집한 것이 아니었다. 그러나 "후손들은 직접적이든 간접적이든 녹병이 없는 커피 재배지에서 생산된 것이고, 전 세계 재배 커피들은

카파숲 전문가 메스핀 테클레가 커피 녹병에 걸린 잎을 보여주고 있다.

환경과 역사의 이 우연한 결합으로 건강하게 자랄 수 있었다."[6]고 맥쿡은 설명한다.

1861년, 한 영국 탐험가가 빅토리아 호수 주변에서 녹병 곰팡이를 발견했다고 보고했다. 그리고 10년도 되지 않아, 실론(스리랑카)에 대대적으로 녹병이 발생했고, 곧이어 인도 남부에도 녹병이 창궐했다.[7]

네덜란드 사람이 실론 섬에 커피를 들여온 것은 1600년대였다. 그러나 농장이 체계적으로 구축된 것은 영국인이 섬을 지배한 뒤인 18세기 후반에서 19세기 초반 사이였다. 커피에 대한 전문 지식이 많지 않던 때였지만 섬 중앙의 고지대 정글을 마구잡이로 파괴하고 투기적으로 나무를 심으면서 커피 산업이 크게 성장했다. 그러다 1845년, 영국에 재정 위기가 일면서 거품이 터졌다. 돈을 빌릴 수 있는 곳이 사라지자 커피 가격은 폭락했다. 농부들은 농장을 포기했고, 버려진 농장엔 원숭이, 쥐, 다람쥐, 각종 애벌레, 진딧물 같은 해충들이 나타났다.[8] 그러나 10년도 안 되어 영국의 사정이 나아지면서 커피 산업은 또다시 폭발적으로 성장했다. 1869년에는 산지와 해안이 철길로 연결되었다. 여기에 인도 남쪽에서부터 꾸준히 유입되는 값싼 노동력, 커피 재배에 알맞은 기후, 높은 수요가 더해지면서, 실론의 미래는 굳건해 보였다. 그런데 그해, 녹병이 들어왔다.

실론의 농부들은 녹병이 없는 곳으로 이동했다. 그러나 새 재배지도 오래지 않아 녹병에 감염되었다. 1870년에서 1877년 사이, 재배지가 늘어나는 중에도 생산량은 거의 3분의 1로 줄어들었다.[9] 그때까지 커피 농장의 평균 생두 생산량은 헥타르당 204킬로그램이었다. 그런데 몇 년 안 되어 90킬로그램까지 떨어졌고, 이후에는 그마저도 생산하지 못했다.[10] 실론의 커피 산업은 비교적 빨리 성장했고—50년 만에 세계 최대의 커피 생산지가 되었다.[11]—더 빨리 몰락했다. 1870년에 실론의 커피 수출량은 5352만 킬로그램에 달했다. 1873년은 녹병과 악전고투를 하는 중이었지만 그래도 수출량은 5058만 킬로그램이었다.[12] 그러나 이후 15년도 지나지 않아, 사실상 실론에서 커피는 사라졌다.

발생 시기와 발생 지역이 완전히 무작위는 아니었다. 유럽이 식민지 확대 정책을 펴면서 말라리아, 수두, 페스트, 소 역병이 확산되는 기반이 마련된 것이다.[13] 전 세계적으로 직거래 항로가 늘어나고 사람과 물건의 이동이 잦아지면서 커피 농장 또한 병원체의 공격에 더 많이 노출되었다. 영농 형태도 한몫했다. 농부들은 농지 사이에 있는 숲을 베어냈고, 이로 인해 곰팡이 균체의 확산을 저지할 수 있는 자연 방벽이 사라졌다. 게다가 재배인들은 집약적 단일 경작에 치중했다. 이 또한 역병이 퍼지기에 알맞은 조건이었다.[14]

곰팡이 균이 어떻게 아프리카에서 인도양을 건너 실론까지 올 수 있었는지 확실히 알 수는 없다.[15] 어쩌면 식물, 상아 같은 선적물과 함께 왔을 수도 있고, 1860년대 에티오피아로 파견된 영국군이 돌아올 때 데리고 온 반려 고양이 털에 묻어왔을 수도 있다. 당시 에티오피아 최대 커피 생산지인 카파나 하라에 있는 어느 작은 농장에서 왔을 수도 있다.[16] 아니면 몬순 기류를 타고 날아왔을 수도 있다.[17]

살아 있는 곰팡이 포자는 공기 중으로 살포되어 바람을 타고 이동한다. 포자는 수 개월씩 생존할 수 있는 데다가, 적정한 온도, 습도 조건에서 커피나무와 만나면 몇 시간 안에 발아해서 잎 조직으로 침투할 수 있다.[18] 조직 안으로 들어간 균사체는 급속히 성장해 수 주일이면 다 자란다. 그러면 잎 뒷면에 가루 같은 귤색 포자 덩어리가 나타난다. 나무 한 그루에 이런 반점, 즉 포자낭군이 수천 개 나타날 수 있는데, 각 포자낭마다 포자가 15만 개 정도 생성된다. 이 포자가 다시 공기 중으로 살포되고 바람이나 비를 통해, 또는 인부나 새, 심지어는 벌레를 타고 이동한다.

실론 섬에 녹병이 들이닥치고 10여 년 후인 1880년대 초, 런던의 왕립 식물원Kew에서는 스물다섯 살의 호리호리한 케임브리지 출신 균류학자 해리 마셜 워드Harry Marshall Ward를 섬으로 파견했다. 그는 2년 동안 섬에 머무르면서 기생 곰팡이인 H. vastatrix가 녹병의 원인균이라는 점을 밝혀냈고 이 병원균의 생애 주기를 체계적으로 정리했다. 다만 치료법은 알아내지 못했다. 철저히 파괴되고 있는 커피 산업을 지켜낼 방법은 없었다.[19] 재배인들은 임시 변통으로 여러 치유법을 써봤지만, 파국을 막아낼 수는 없었다. 손실은 너무 참혹했고, 커피 재배가 불가능한 상황이 순식간에 와버렸다. 결국 많은 농부들은 커피 농장을 갈아엎고 차*, 고무, 기나(cinchona, 말라리아 약제인 키니네 원료)로 재배 작물을 바꾸었다. 일부 농부들은 카카오를 심었다. 1886년 들어 커피 수출량은 80%가 감소했다.[20] 녹병이 닥친 지 20년이 지난 1890년, 기존 커피 재배지의 90%는 버려졌다.[21] 생태학적 재앙이었다.

이제 커피 시장에서는 실론산 커피 대신 아프리카와 아시아의 커피가 부각되기 시작했다. 그러나 이 지역의 커피 또한 결국 녹병에 쓰러졌다. 레위니옹 섬은 19세기 마지막 20년 동안 생산량이 75% 떨어졌다.[22] 자바 섬과 수마트라 섬 저지대 생산량도 녹병 때문에 한 시즌 만에 3분의 1에서 2분의 1까지 줄었다.[23] 1920년이 되어서는 아프리카 중부, 동부의 커피 생산국 대부분이 녹병 피해를 입었다. 비극을 피한 것은 에티오피아뿐이었다. 그 사이, 중남미에서 커피 산업이 급성장했고, 이 서반구 국가들이 주요 아라비카 생산국이 되었다.[24]

녹병이 아프리카를 가로질러 뻗어나가는 동안에는 중남미 국가는 녹병 청청 지대였다. 그리고 1950년대에 마침내 서아프리카에 녹병이 도달했다. 세계에서 가장 무서운 커피 질병―과학자들은 유사 이래 가장 중대한 식물 질병으로 감자마름병, 바나나 시듦병, 밀깜부기병과 함께 커피 녹병을 든다.[25]―이 이제 해풍을 타면 대서양을 건너 바로 들이닥칠 수 있는 상황이 된 것이다.

중남미도 녹병의 마수를 영원히 피할 수는 없었다. 마침내, 1970년에 중남미 대륙에 녹병이 상륙했다.

그해, 한 식물 병리학자가 브라질 동부 바이아 주의 한 버려진 커피

---

* 실론 섬의 커피를 성공적으로 대체한 것은 차이다. 오늘날 스리랑카는 세계 4위의 차 생산국이다.

농장에서 녹병에 감염된 잎을 발견했다. 곧 전문가들이 급파되었고, 그들은 병원균이 상륙했다는 것보다 그 감염 정도에 경악했다. 바이아 주와 다른 두 주에 걸친, 52만 제곱 킬로미터에 달하는 면적에 이미 곰팡이가 퍼져 있었다. 녹병은 이미 수 년 전에 상륙한 것으로 보였다. 감염을 확인했을 때는 박멸이 불가능한 정도로 퍼져 있는 상황이었다.[26]

커피 산업 전체가 충격에 휩싸였다. 커피는 중남미의 경제 중추였다. 중남미 국가 13개국의 1-2위 수출 품목이 커피였다. 실론에서 일어났던 파국이 여기서도 벌어질 것이라는 공포가 중남미를 뒤덮었다. 콜롬비아 커피 재배인 협회에서는 콜롬비아의 생산량이 최대 80% 줄어들 것이라고 예측했다.[27]

정부는 녹병 억제 계획을 세웠지만, 그 계획이 실행되기도 전에 녹병은 다른 커피 재배지로 뻗어나갔고,[28] 곧이어 국경을 넘었다.

1972년, 녹병균은 바람을 타고 파라과이와 아르헨티나로 날아갔다. 볼리비아에서는 1978년 녹병균을 발견했다고 발표했고 한 해 뒤에는 페루가 녹병균 감염을 알렸다. 두 나라는 브라질 서부에서 공급한 묘목 중에 감염된 개채에서 퍼진 것으로 파악되었다. 1981년에는 녹병균이 바람을 타고 페루에서 에콰도르로 넘어왔고, 1983년에는 콜롬비아의 한 농장에서 발견되었다. 다음 해에는 베네수엘라에 도달했다.[29] 이제는 중미 차례였다. 1976년 니카라과 까라소Carazo에 녹병균이 나타났는데, 브라질 이주민 또는 브라질에 다녀온 노동자에 묻어온 것으로 보인다. 의도한 것은 아니겠지만 커피 수확인들이 이동하면서 녹병균도 니카라과에서 엘살바도르로 넘어갔다. 이것이 1979년의 일이고 다음 해에는 온두라스와 과테말라에 녹병이 나타났다. 멕시코는 1981년, 그리고 마침내 코스타리카에도 1983년 녹병 포자가 나타났다.[30] 10여 년 사이, 녹병이 미주 대륙의 커피 생산국 전체에 퍼져 나간 것이다.

그러나 너무나도 다행인 것은, 중미에서 커피 재배지가 즉시 광범위하게 붕괴되지는 않았다는 점이다. 재배인들은 녹병을 어느 정도 제어할 수 있었고, 녹병균은 구제 가능한 것처럼 보였다. 많은 이들이 낙관적인 견해를 냈다. 최소한 다음번, 더 치명적인 녹병이 휩쓸기 전까지는 말이다.

2000년대 초, 세계적으로 커피 공급 과잉 현상이 일어나면서 파운드당 3달러까지 올랐던 커피 가격이 파운드당 40센트로 폭락했다. 기존 생산비보다 훨씬 낮은 수준까지 내려간 것인데, 여기에 더해 생산비는 치솟았다. 농부들은 농장을 버렸고, 살아남으려 고군분투하던 이들도 살균제 구매 비용을 줄이거나 녹병을 막는 데 필요한 유지 관리 조치를 소홀히 했다. 그런데 당시 이 재배지의 커피 품종은 대개 재래종으로 커피 녹병에 특히 취약했다.[31] 여기에 라 니냐 La Niña 현상으로 겨울에 평년 대비 더 많은 비가 내렸다. 병이 창궐하기에 딱 맞는 조건이 갖춰진 것이다. "말하자면 퍼펙트 스톰—더할 수 없이 나쁜 상황—이었죠." 각종 요인들이 모인 결과를 두고 모랄레스는 이렇게 말했다. 2008년 로야는 이렇게 들이닥쳤고, 커피 재배지를 휩쓸었다. 콜롬비아 수확량의 40%가 줄었다.[32]

녹병은 3년을 끌었다. 안띠구아—그리고 핀까 엘 바예—는 비교적 피해가 덜한 편이었다. 그런데, 2011년 말, 병이 좀 수그러들었나 하는 순간 또 다른 녹병, 더 세고 심한 녹병이 중남미에 들이닥쳤다. "이 녹병은 달랐습니다." 빠블로의 말이다. "이전 녹병과 같은 종류가 아니었어요." 끄리스띠나가 그때를 떠올리는 것만으로 괴롭다는 듯한 표정으로 말했다. 그해 농장 수확은 최고를 기록했고 그것이 마지막이었다. 그 뒤로는 생산량이 격감했다.

이 녹병은 유사 이래 이 지역 최대의 녹병이었다. 평년 대비 온난한 날씨와 많은 비, 그리고 강한 바람을 타고 녹병은 빠르게 퍼져 나갔다. 훨씬 더 공격적인 녹병이 온난한 날씨를 타고 높은 지역까지 올라가서는, 한때 안전한 지역으로 여겨졌던 재배지까지 감염시켰다. 그때까지 1580미터보다 높은 곳은 녹병으로부터 안전하다고 알려져 있었다. 그러나 이때는 2000미터 고지의 나무조차도 녹병에 걸렸다.[33]

수 년 동안, 녹병은 농장에서 농장으로 번져 나갔다. 2013년, 엘살바도르는 74%, 과테말라는 70%, 온두라스는 25% 작황이 날아갔다. 이 세 나라에서만 일자리 20만 개가 사라졌다.[34] 이 국가들과 이웃한 다른 국가에 비해 산업 발전, 경제 다양성 면에서 취약해서 커피 위기를 극복할 만한 힘이 없었다. 결국 세 나라의 정부는 경제 파국을 막기 위한 비상 사태를 선언할 수밖에 없었다.

하필 이때는 값싼 로부스타가 시장에 넘치던 시기였다. 베트남의 로부스타 커피 산업이 지속적으로 성장하던 때라 국제 커피 시장 가격은 오르지 않았다. 엎친 데 덮친 격이었다. 많은 소규모 재배인들이 바나나 재배로 전환했지만, 바나나 판매 수익은 커피에 비해 훨씬 적었다. 더 큰 농장들도 이윤이 격감했는데, 이는 곧 고용인 수와 임금의 삭감을 의미했다. 중미 인구 중 200만 이상이 커피로 생계를 유지했는데[35] 이들 중 다수는 커피가 유일한 수입원이고 식량을 구매할 돈을 버는 수단이었다. 농장 일꾼들은 직업을 잃자 일을 찾아 도시로 몰려들었다. 갱단 조직원들은 나날이 늘어났고 폭력 사태도 점점 더 증가했다. 엘살바도르의 살인 사건 발생 건수는 심각하게 높아졌다. 2016년에는 온두라스가 살인 사건 발생 건수에서 엘살바도르를 제쳤다.[36] 부모들은 아이들을 북쪽으로 보냈다. 아이들 홀로, 또는 중간상인 겸 밀수업자들에게 의뢰해 미국의 친족에게 보내려고 했다. 2011년 미국 이민국에서는 멕시코 접경 지역을 넘어오는 엘살바도르, 온두라스, 과테말라 출신 어린이 4219명을 체포했다. 그 수는 2012년에 두 배, 2013년에는 다시 두 배로 늘어났다. 그 다음 해, 홀로 국경을 넘은 어린이 수는 거의 55000명으로 추산된다.[37] 대이동 사태는 수그러들 기미가 없었다. 2015년 10월과 11월 2개월 동안 밀입국으로 수감된 이들 중 위 세 나라 출신 어린이는 10500명을 넘어섰다.[38] 오바마 정부가 긴급 지원 자금으로 수십 억 달러를 배정했지만, 불법 입국 때문에 국가적으로 논쟁이 벌어졌고 감정적인 앙금이 생겼다. 미국 의회 보고에서는 미국으로 단독 밀입국하는 어린이들이 폭증한 주요 원인이 커피 녹병이라는 글을 인용했다.[39] 그렇지만 녹병 자체는 거의 논의의 대상이 되지 못했다. 한 신문은 이렇게 썼다. "커피 녹병 문제를 제쳐두고 중미 이민 사태를 논하는 것은 감자마름병은 언급하지 않고 1845년 아일랜드 이민을 설명하는 것과 같다."[40]

전체적으로, 중미의 커피 농장이 겪은 손실은 30-70% 정도였다. "이 나라 모든 커피 산업이 근본적으로 말살당한 수준입니다." 최근에 모랄레스는 이렇게 언급했다. 여기서 그가 말한 나라는 과테말라지만, 파나마 지협 위쪽 다른 어떤 나라도 마찬가지였을 것이다. 2015-16 수확기에[41] 엘살바도르의 생산량은 2090만 킬로그램이었다. 2011-12 시즌 1억 200만 킬로그램이었던 것이 이렇게 줄어든 것이다.

그런데 더 큰 커피 산지는 녹병 피해를 거의 입지 않았다. 브라질─세계 최대의 커피 생산국이자 생산량 면에서 다른 나라들과 상당한 격차가 있다.─의 생산량만으로 세계 생산량 감소분을 벌충할 수 있었다. 그런데 마침 브라질에 연이어 가뭄이 닥쳤다. 그로 인해 브라질 또한 2014년에서 2016년 사이 생산량이 15% 줄었다.

커피 녹병은 치료약이 없다. (일반적으로 구리를 사용한 살균제를 쓰면) 어느 정도는 제어 관리가 가능하지만 박멸할 수는 없다. 아라비카가 녹병에

대한 저항력을 갖추게 하는 메커니즘 또한 완벽히 밝혀지지 않았다.[42]

프랑스 몽펠리에의 Institut de Recherche pour le Développement에서 필립 라셔메스가 녹병의 복잡성을 설명하겠다면서 작은 스프링 공책을 편다. 그런데 한동안 볼펜을 들고 있더니 조용히 내려놓는다. 볼을 빵빵하게 하더니만 고개를 흔든다. 어떻게 간략하게 말할 수 있을까 고민한다. 갑자기 컨퍼런스 테이블 맞은편 동료 쪽으로 고개를 돌리고 프랑스어로 투덜대더니 마침내 영어로 한마디 한다. "복잡합니다."

이 병은 변이를 거듭한다. 변종이 계속 생기면서 식물의 자연 내성도, 살균제의 작용도 넘어선다.[43] 게다가, 상당히 많은 농장에서 살균제 사용을 꺼린다. 만약 유기농 인증을 받은 농장이라면 사용해서는 안 된다.

녹병에 걸리면 열매의 수도 줄어들고 커피콩의 향미도 나빠진다. 브누아 베르트랑은 이렇게 설명한다. "병에 걸린 나무에서 딴 열매로 만든 커피음료는 확실히 품질이 떨어집니다. 열매에 영양이 제대로 가지 않기 때문이죠. 열매는 식물의 광합성 능력과 식물이 토양에서 영양소와 물을 얼마만큼 뽑아낼 수 있는지에 따라 생화학 조성이 결정됩니다." 즉 병에 걸린 나무의 커피콩은 근본적으로 영양 불균형 상태이다. "Las hojas no sólo adornan la planta." 안띠구아의 전문 테이스터는 이렇게 말했다. 잎은 단순히 나무를 장식하는 용도가 아니라는 말이다. 잎은 자기만의 기능이 있다.

일반적으로, 커피나무에 녹병이 들어서 생산량이 기대치의 절반 아래로 떨어질 경우, 또는 녹병에 걸린 나무가 수령이 25년을 넘어선 경우에는 나무를 뿌리채 파서 건강한 나무로 교체하는 것이 권장 사항이다. 아니면, 밑둥만 남기고 자른 뒤, 다시 새순을 키워야 한다. 이 경우에는 커피를 다시 생산하기까지 3년이 걸린다. 나무를 새로 심으면 5년이 걸린다.

그렇지만, 밑둥을 자르는 것 자체가 나무에게 크나큰 스트레스이고 그 자체로 위험도가 높다. "녹병이 너무 심하면 아예 회복이 불가능해요. 그럴 땐 나무를 새로 심는 게 낫습니다." 베르트랑의 말이다.

핀까 엘 바예에서는 녹병에 점령된 뒤 어린 나무는 밑둥을 잘라내고 오래된 나무는 교체하는 방법으로 농장을 살려내려 했다. 궁극적으로는 농장 전체를 쇄신해야 하지만 벅차기도 하고 경제적으로도 불가능하다. 녹병이 들면 재정 면에서 이중고를 겪는다. 수익은 줄어들었는데 나무 교체 비용도 지출해야 한다. 모든 일이 잘 풀린다 해도 수익이 발생하는 수준까지 생산량이 돌아오기까지 5-10년이 걸린다.

녹병은 곤잘레스 가족의 재정에 치명적인 타격을 줬다. 게다가 아들 한 명이 심장마비를 두 번 겪었다. 모아두었던 돈은 병원비로 들어갔다. 건강 문제에서부터 병원비까지 악운이 줄줄이 이어졌다.

이제 할 수 있는 것은 농장을 담보로 잡는 방법뿐이라고, 빠블로는 생각했다고 한다. 이자율은 턱없이 높았지만 그래야 나무 살 돈을 구할 수 있었다. 하지만 은행은 녹병에 감염된 농장에 돈을 빌려주지 않았다. 땅을 일부 파는 방법이 있었지만 핀까 엘 바예는 원래도 그리 큰 농장이 아니었다. 만약 4분의 1 이상을 판다면 농장은 주말농장 수준으로 떨어질 위험이 있었다. "Ya no es un negocio." 빠블로가 말한다. 그렇게 되면 더 이상 사업이 아니라는 말이다.

2014년의 어느 봄날, 이쿼이터 커피의 테드 스타추라Ted Stachura가 구글 캠퍼스 모임에 참석했다. 이번 프로젝트는 환경 변화를 분석하기 위해 위성 이미지를 사용하는 것이었다. 스타추라는 커피 녹병에 초점을 맞춘 과제를 제안했고, 구글에서는 정상 농장, 감염된 농장, 회복 중인 농장을 살펴보는 아이디어에 관심을 보였다. 스타추라는 크기와 접근성 면에서 몇 가지 표준이 되는 곳을 선정할 권한을 얻었다.

스타추라는 뼛속까지 커피인이었다. 그는 대학 시절 바리스타로 잔뼈가 굵었고, 10여 년 동안 전설적인 알프레드 피트와 함께 일한 뒤 케네스 데이비즈Kenneth Davids가 운영하는 막강한 커피 매체인 〈커피 리뷰Coffee Review〉에서 일했다. 5년 전부터는 이쿼이터에서 커피 사업부 부장으로 일했다. 그런데 그런 그조차 이쿼이터가 커피를 구매하는 농장 중에서는 범주에 딱 들어맞는 분석 대상을 떠올릴 수 없었다. 그는 서스테이너블 하비스트의 창립자 데이비드 그리스월드David Griswold에게 의견을 구했고, 핀까 엘 바예를 추천받았다.

이 구글 프로젝트는 이쿼이터 커피가 농장과 관계를 맺는 것부터 시작했다. 스타추라는 커피 샘플을 확인하고, 일부 수확분을 구매했다.

핀까 엘 바예가 녹병과 심장마비라는 불운을 겪었을 때, 스타추라는 나무를 새로 심기 위한 자금을 마련하는 킥스타터 캠페인을 해보자고 제안했다. 서스테이너블 하비스트가 이를 지원했고 소개 화면을 만들기 위한 동영상 촬영도 해주었다. 모금 목표는 2만 달러였다. 100달러가 있으면 커피나무 25그루를 심거나 녹병에 걸린 나무 20그루를 처리할 수 있었다. 기부자에게 주는 보상으로는 이쿼이터와 뱃돌프 앤 브론슨의 원두, 육중한 로데오 스타일 벨트 버클 등이 있었다. 안띠구아 농장을 방문할 수 있는 기회도 제공되었다.

킥스타터 캠페인은 2014년 10월 시작했고 모금액이 쌓였다. 그러다 알레그로 커피Allegro Coffee가 등장한다. 홀 푸즈Whole Foods가 소유한 이 스페셜티 커피 로스팅 업체는 과거 핀까 엘 바예 커피를 구매했던 이력이 있었는데, 이 캠페인에 5천 달러라는 최고액을 냈다. "여성이 운영하는 이 가족 농장이 병, 그리고 녹병으로 인한 피해로부터 회복할 수 있도록 도움이 필요하다." 업체가 페이스북에 올린 내용은 이러했다.[44] 그런데 그 후 모금이 지지부진해졌다.

처음에 스타추라는 목표액을 듣고 액수를 너무 높게 잡은 것 아니냐고 걱정했다고 한다. 목표액을 채우지 못하면 돈을 집행할 수 없기 때문이다. 목표액이 가까워질수록 남은 기금을 채우기가 쉬워진다는 것을 알고 있었기에, 이퀘이터 커피에서는 5천 달러를 내기로 결정했다. 이를 계기로 다시 모금 행렬이 탄력을 받기 시작했고, 기한을 며칠 앞두고 마침내 목표액을 넘어섰다. 그리스월드는 안띠구아로 날아가 끄리스띠나에게 21,464 달러라는, 목표 이상의 액수가 적힌 수표를 건넸다.

곤잘레스 가족은 녹병에 더 잘 견디고 생산성도 좋은 신품종 대신 자체 묘목장에서 키운 기존 품종을 쓰기로 했다. 이런 유형을 "포크 셀렉션(folk selection, 민간 농가의 선택종)"이라고 말한다. 과학적으로 수집한 것이 아닌, 농장에서 자란 나무 중 좋은 나무에서 씨를 얻어 기른 것을 말한다. 새로운 품종의 향미가 어떨지 알 수 없고, 그래서 그런 위험은 감수하지 않기로 한 것이었다. 고품질 스페셜티 커피를 생산해야 경쟁—나아가 생존까지도—을 할 수 있는 상황이었다. 물론 기존의 부르봉 품종을 쓴다는 결정은 녹병이라는 과제를 안고 가는 것이다. 그렇지만 빠블로는 말한다. "전 세계가 물량을 외치는 상황에서, 우리가 할 수 있는 것은 좋은 향미, 좋은 품질을 지키는 것뿐이네요."

스페인인들이 식민지 수도 안띠구아를 세운 것은 16세기 초의 일이다. 이들은 이탈리아의 르네상스에서 영감을 받아 바둑판 모양으로 시가지를 꾸몄다. 1773년 지진으로 도시 대부분이 파괴된 뒤 수도는 32킬로미터 정도 떨어진 과테말라 시티로 이동했다. 시간 흐름을 알려주는 것들로는 연한 청색과 스카치 캔디 색상의 식민 시대 연립주택, 물이 졸졸 흐르는 샘이 있는 농장들, 중앙 광장인 엘 빠르케el parque에서 자갈길 거리를 따라 뻗어나간 곳에 있는 바로크식 교회들이 있다. 주말 오후가 되면 수백 명의 시민들이 꽃이 핀 자카란다 나무, 목련나무 그늘 아래로 산책하며 거리의 행상에게 엘라도(helado, 아이스크림)을 사거나, 광장에 앉아 이야기를 나눈다.

최근 안띠구아는 과테말라 지배층의 별장촌, 북미 사람들이 스페인어를 배우러 오는 곳, 은퇴하고 머무는 곳으로 각광을 받고 있다. 그런데 장기적으로 보면 이러한 도시 성장이 핀까 엘 바예를 비롯해서 인근 농장에게는 녹병보다도 더 큰 위협이 되고 있다. 곤잘레스 가족의 땅을 사겠다는 제안이 들어온다고 한다. 개발업자가 커피에 관심을 가질 리 만무하다. 전망 좋은 빌라촌이나 부르봉 고목에 둘러싸인 그림 같은 리조트를 짓는 것이 목표일 것이다. 그들이 들어오는 순간 커피는 끝장이다. 핀까 엘 바예는 안띠구아 남쪽, 이차선 도로를 타고 15분 거리에 있고 주변에 커다란 커피 농장, 마카다미아 농장이 즐비했는데, 이들 중 많은 수가 이미 부동산 개발 계획의 주요 또는 일부 부지로 전환되었다. 핀까 엘 바예는 경사 없이 평평한 편이라서, 접촉해온 한 업체는 여기다 골프장을 지어야겠다고 말했다고 한다.

커피 재배로 생계를 유지한다는 건 예나 지금이나 참으로 어려운 일이다. 녹병이 들어오면서 더더욱 어려워졌다. 그러니 농장을 팔 수 있다는 건 행운일지도 모른다. 그렇지만 곤잘레스 가족은 세대를 이어가며 커피를 재배해왔다. 커피 재배는 그들의 정체성이다. 고용한 일꾼들이 한자리에 모이는 광경은 만족감이 큰 일이었다. 수확기 때는 200은 됨 직한 사람들이 마을을 떠나 언덕에 있는 농장 이쪽 저쪽으로 몰려다니는 모습은 무척 신바람 나는 일이었다.(2015-16 수확기 때 필요한 인원은 고작 70명이었다.)

커피 재배인으로서 긍지가 있다면, 낭만도 응당 있기 마련이다. 카렌 블릭센이 쓴 유명한 문구는 시대와 대륙을 넘어 여기서도 적용된다. "커피 일은 지속하는 것만도 고되었다. 농장 일을 하면서 부자가 된 적도 없었다.

그러나 커피 농장은 한번 빠져들면 헤어나지 못하는 그런 곳이다."[45]

이 지역의 다른 재배인들처럼, 곤잘레스 가족도 녹병이 사라지지는 않을 것이라는 현실을 받아들였다. "이젠 녹병과 함께 살아가는 법을 배워야 해요." 빠블로는 이렇게 말했다. 손실도 크고 미래는 몹시 불안하지만, 그는 여전히 긍정적이고, 몇 가지 징후에서 위안을 찾는다. 그가 바지주머니에 꽂고 다니던 칼로 밑둥을 잘라낸 나무를 가리킨다. 새싹들이 보인다. 밝은 녹색 혈맥이 솟아오르는 듯하다. 베어낸 지 한 달이 채 되지 않았는데, 이미 재생이 시작되었다.

남서쪽, 푸에고$_{Fuego}$ 화산이 연기를 한 차례 뿜어낸다. 이 화산은 거의 내내 으르렁거리며, 일정치는 않지만 분화한다. 2015년 2월에는 제법 강한 분화 때문에 과테말라 시티의 공항이 폐쇄되고 인근 주민들에게 소개령이 내렸다. 안띠구아에 있던 차들은 쎄니사$_{ceniza}$, 즉 화산재 먼지에 덮였다. 화산재는 미세하지만 매우 무거워서 지붕이 내려앉을 수도 있다. 그렇지만 커피에게는 둘도 없는 천연 비료가 된다. 게다가, 빠블로 주장으로는 화산재에 살짝 덮이면 녹병도 약해진다고 한다. "우리 농장은 화산재라는 복을 받고 있습니다. 자연 원소들, 그리고 황이 있어서 녹병 포자가 상당수 죽고, 게다가 커피나무에겐 비료가 되지요. 우리에게 화산재는 벤디시온$_{bendición}$이에요." 벤디시온은 축복이라는 뜻이다.

지프로 돌아올 무렵엔 날이 제법 서늘해져 있었다. 항공 재킷을 입고, 어스름한 빛 속에서 차를 몰고 농장을 한 바퀴, 천천히 돌았다. 나무를 베어낸 곳에 커다란 수리부엉이가 내려온다. 커다란 날개 끝 기다란 깃털이 말려 올라가 있다. 빠블로는 멈춰섰다. 상서로운 광경이다. 과테말라에서는 부엉이가 (지혜를 넘어서서) 번영의 징조라고 말한다. "여기 저금통은 떼꼴로떼(tecolote-부엉이) 모양이에요." 다시 기어를 넣는다.

CHAPTER 12

다양성 결핍
Impoverished

아라비카 커피는 에티오피아 숲을 나와 예멘으로 이동했고, 그곳에서 전 세계로 뻗어 나갔다. 아라비카 재배종은 혈통이 단일하고 특성이 분명하며 환경이 맞으면 잘 자란다. 이렇게 생산된 커피콩은 떼루아 특성에 따라 향미가 일정하면서 친숙한 커피 음료가 된다. 일반적으로는, 똑같은 형태로 말리고 로스팅하고 추출했다면 과테말라에서 자랐건 케냐에서 자랐건 아라비카의 맛은 상당히 비슷하다. 더욱 주목할 것은, 전 세계 아라비카 재배종 대개가 유전적으로 유사하다는 점이다.

프랑스 국제 농업 개발 연구 조합(CIRAD)*의 장 피에르 라부시는 이렇게 말한다. "역사적 요인 때문에 커피는 유전적 기반이 협소합니다." 아라

---

* CIRAD는 Centre de Coopération Internationale en Recherche Agronomique pour le Développement (국제 개발 농업 연구소)의 약어이다.

비카는 뻗어 나갈수록 다양성이 줄어들었다. 처음 예멘으로 이동했을 때부터 일부만이 살아남으면서 다양성이 엄청나게 줄어들었고, 이 한정된 유전자 풀에서 전 세계 재배 품종이 개발되면서 다양성은 더더욱 좁아졌다.

다만 이것이 유일한 원인은 아니다. "자가수분 또한 이유입니다." 아라비카는 자기 꽃가루로 씨방에 수분할 수 있다. 95% 정도는 자체 수분이 일어난다. 이 때문에 다른 종과 만나 유전적 다양성이 만들어질 가능성이 애초에 차단된다.

라부시는 아프리카의 여러 현장 연구소에서 수십 년을 연구하고 CIRAD 본부로 복귀했다. CIRAD는 1984년 열대 농작물 전문 연구소 9개를 모아 만든 것으로 본부는 몽펠리에Montpellier 시 북쪽, 한적한 시 외각에 유사 전문 연구소 십여 개소와 함께 있다. CIRAD에서 우뚝 솟은 플라타너스가 늘어선 조용한 길을 따라 5분 정도 걸어가면 IRD가 나온다. CIRAD와 IRD, 두 연구소는 커피 연구에 참으로 엄청난 기여를 해왔다. 세계의 커피 석학들 다수가 여기서 근무한다.

"커피녹병이 전 세계에서 창궐하긴 했지만, 농장 재배종이 지금처럼 유전적으로 완전히 동일한 조건에서는 놀랄 일은 아니다." 커피녹병에 대한 참고 자료에는 이런 글이 있다.[1] 재배종 아라비카는 유전적으로 빈약하다. 유전적으로 빈약한 식물의 특징은 해충, 질병, 기후 조건 변화에 매우 취약하다는 것이다. 이런 식물은 환경에 대한 적응 능력이 없다. 시장 상황, 수요에 대한 적응 또한 없다. 신품종 육종 잠재력도 떨어진다.

어떤 종이건 생존하기 위해서는 다양성이 필수적이다. 농지 전부, 아니 심지어는 지역 전체에 있는 커피나무가 모두 근본적으로 동일한 종이라면, 이들은 유전적 이점을 전해 내려갈 수 없으며 특히 외부의 위협에 너무 취약하다. 개체군 내 유전자의 다양성이 많아야 계속 진화하고 있는 외부의

도전을 물리칠 수 있는 적응 기회, 나아가 발전 가능성이 높다.²

사실 커피녹병은, 유전자 풀이 심각하게 빈약해서 자기 방어 능력이 없는 식물, 열이나 아열대 기후로부터 해를 입는 식물에게 어떤 일이 일어날 수 있는지 보여주는 맛보기에 불과하다.

전 세계 아라비카 커피나무는 거의 동일하고 매년 커피 씨앗이 수십조 개 생산된다.* 다만, 그 와중에 후손 세대에서 급작스레 중대한 변화가 일어날 가능성—즉 자연적 유전 변이가 나타날 가능성—은 언제든 있다. 재배인들이 발견한 최초의 유익한 변종 중 하나는 1870년에 브라질 바이아 주에서 나타난 마라고지페Maragogipe였다. 티피카 계열로 나무의 키가 크고, 씨앗의 크기도 상당히 커서 '엘리펀트(코끼리)'라고 불릴 정도였다. 큰 씨앗은 생산량을 높이는 데 매우 이상적인 특징으로 보이겠지만, 사실은 정반대였다. 유용성과는 거리가 멀었다.

1930년대에는 브라질에서 부르봉의 변종이 나타났다. '키가 작은' 이 변종은 까뚜라Caturra라고 불렸다. 몸체 크기가 작아서 같은 면적에 나무를 더 많이 심을 수 있고 마디 간격이 짧아서 생산성은 더 높았다. 이후 다른 키 작은 변종도 나타났는데, 엘살바도르의 빠까스Pacas, 코스타리카의 비야 샤치Villa Sarchi 등이다.

"이런 소형 품종들이 녹색혁명의 열쇠 중 하나가 되었습니다." 육종학자이자 유전학자이기도 한 베르트랑의 말이다. 1970년대와 1980년대, 커피 생산성은 극적으로 높아졌지만 쌀, 밀, 옥수수 같은 주곡 작물만큼의 관심은 끌지 못했다. 불어나는 인구를 먹여 살리고 세계 기아에 대처하는 데

---

* 생두 1파운드는 생두가 대략 4000개 정도 된다. 아라비카 커피 생산량은 약 111억 파운드이므로 커피콩, 즉 가공되는 씨앗은 44조 개가 넘는다.

도움이 되는 것은 주곡 작물의 증산이었기 때문이다.

커피의 경우, 베르트랑은 이렇게 설명한다. "녹색혁명을 위해서는, 나무의 크기를 줄여야 했습니다. 헥타르당 밀도를 높이기 위해서이죠." 그 전까지는, 커피 농장에는 대개 헥타르당 1500-3000그루를 심었다. 이 나무들은 직사광선이니 온도 급변을 막아주는 그늘나무 아래에서 자랐다. 화학비료나 살충제, 살균제, 제초제 등은 거의 쓰지 않았다.[3] 생산 가능 수명은 대개 35-40년이었다.

그러던 것이 1970년대 들어 바뀌었다. 그늘나무를 베어내고 직사광선 아래, 화학제품을 잔뜩 쓰면 생산량이 엄청나게 높아진다는 말에 농부들이 휩쓸렸다. 까뚜라 같은, 생산성이 높고 키가 작은 신품종 덕에 헥타르당 5000-8000그루를 심을 수 있었고 생산성은 헥타르당 생두 150-500킬로그램에서 1000킬로그램, 심지어는 특정 조건에서는 3500킬로그램까지 높아졌다.[4] 이 정도로 생산성을 높이려면 화학제품을 대거 투입해야 한다. 나무도 수명이 많이 줄어든다. 10-15년 뒤면 나무를 교체해야 한다.

이런 식의 커피 재배 방식이 당시에는 기술 혁신으로 여겨졌다. 코스타리카의 경우 대략 40% 정도가 이렇게 재배되었다. 세계 2위의 아라비카 생산국 콜롬비아의 경우는 훨씬 더 비율이 높았다. 흰색 솜브레로(sombrero, 챙이 넓은 모자)에 물레라(mulera, 판초)를 입은 후안 발데스Juan Valdez가 나귀(이름은 꼰치따Conchita)에 갓 수확한 커피열매를 싣고 좁은 산길을 내려오는 광고가 나오던 시기, 영향력 큰 콜롬비아 커피 재배인 협회(FNC)에서는 커피 재배법을 바꾸도록 지원했다. 2017년 5월에 미국 농무부에서는 콜롬비아의 커피 재배지 94만 헥타르 중 78만 헥타르—83% 정도—에 기술 혁신이 이루어졌다고 보고했다. 이런 혁신 농장은 생산성이 높기에 생산량 기준으로 보면 비중이 더 높아진다.[5]

다양성 결핍

그렇긴 하지만, 유전학 입장에서는 변한 것은 거의 없었다. 콜롬비아의 기술 혁신 농장에서 자라는 까뚜라 또한 근본적으로는 18세기 초 네덜란드인이 루이 14세에게 헌정한 커피나무와 계통적으로는 같다.[6] 세계 아라비카 농업은 고작 몇 안 되는 재배종에만 의존하고 있었던 것이다. 그리고, 이 재배종들의 유전자 차이는 거의 없었다.

1860년대 실론 섬에 녹병이 몰아친 뒤, 영국인들은 커피나무 대신 다른 작물을 심었다. 그에 비해 저지대 자바와 수마트라의 커피 농장주들은 녹병으로 큰 피해를 입은 뒤에도 커피 영농을 포기하지 않았다. 그들은 다른 품종을 시험했다. 다른 아라비카 품종, 심지어는 아라비카가 아닌 다른 품종을 시도했고 마침내 코페아 카네포라―바로 로부스타―가 녹병균 저항성이 높다는 것을 알아냈다. 1900년도에 재배인들은 아라비카 대신 로부스타를 심었다.[7] 1930년대에 인도네시아 커피의 94%는 로부스타였다.[8]

로부스타는 제임스 오거스터스 그랜트James Augustus Grant와 존 해닝 스펙크John Hanning Speke가 1860년대에 나일강의 수원을 찾는 중에 벨기에령 콩고 지역에서 발견했다.* 다만 커피로 인정된 것은 1897년의 일이다. 자생지가 아프리카 서부와 중부의 저지대이다. 키는 10.5미터까지 자라고 아라비카에 비해 몸체가 크다. 뿌리가 얕게 자라는 편이라 실뿌리가 표토층에 집중적으로 자라난다. 잎은 넓고 색은 연한 녹색이며 흰색의, 향기 나는 꽃이 무리지어 핀다. 열매는 아라비카에 비해 작지만 열매 군집은 더 커서 군집당 열매 갯수가 80개를 넘어선다.

---

* 그랜트가 빅토리아 호수 인근에서 기록한 내용은 다음과 같다. "원주민들은 우리가 하듯이 커피를 사용하지 않는다. 여행 중에 씨앗과 열매를 몽땅, 두세 개 정도 먹어서 원기를 회복한다. 선원들이 담배를 씹듯이 커피를 씹는다. 청량하고, 침이 나오며 기분 좋은 향이 감돈다. Grant, Walk Across Africa, 160-161

재배인 입장에서 보면 로부스타는 장점이 상당히 많다. 재배가 더 쉽고, 2년차면 열매를 맺기 시작한다. (아라비카는 4년은 걸린다.) 열매 생산량도 더 많다. 나무는 더 튼튼하고, 녹병을 잘 견디고 여러 해충 공격에도 잘 버틴다. 저지대, 더 무더운 곳에서도 재배할 수 있다. 결과적으로 생산비가 덜 든다.

아라비카가 자가수분하는 데 비해 로부스타는 타가수분을 한다. 이 덕에 유전자형이 엄청나게 다양하다. 아라비카와 달리 개체 하나하나가 모두 다르다. 이 덕에 로부스타는 살아남을 수 있었고 재배 환경 변화에도 적응했다. 자연적으로, 더 다양한 위협에도 더 잘 견뎌내며, 이렇게 살아남은 개체는 자기의 유전적 이점을 후손에게 물려줄 수 있다.

로부스타가 열대 지역에서 잘 견디는 이유 중 하나는 아마도 카페인 함량이 높기 때문일 것이다. 함량이 아라비카의 거의 두 배이다. 커피와 특정 식물이 카페인을 품는 쪽으로 진화한 것에 대해서는 세 가지 이론이 있다. 첫 번째, 카페인은 잎에서 축적되는데, 이는 자연 살충제로서 벌레를 퇴치하고 초식 동물을 막는 역할을 한다. 두 번째, 잎이 땅에 떨어지면서 토양에 카페인이 스며들면 카페인으로 '오염'된[9] 땅은 경쟁 유기체의 성장을 방해하고 심지어는 죽이기도 한다.[10] 마지막, 카페인이 들어 있는 수액이 꽃가루 매개자에게는 꽃가루를 가져오거나 퍼뜨리도록 만들고,[11] 이렇게 함으로써 종의 다양성이 커지는 데 도움이 된다. 아마도 벌 같은 생명체가 왔다 갔다 하도록 만드는 것 같다.

로부스타는 가격이 낮고 카페인 함량이 높아서 대개 인스턴트 커피용으로 쓰인다. 거대하고 성장세가 빠른 수용성 커피 시장에 사용되는 것이다. 수퍼마켓에서 팔리는 블렌드 제품에도 들어가며 일부 에스프레소 커피에는 맛을 강하게 하는 목적으로 로부스타를 쓰기도 한다. 브라질, 인도네시아, 인도, 서아프리카에서 상당량을 키운다. 베트남은 30년 만에 시장 점유율이 0.1%에서 20%로 치솟아,[12] 지금은 세계 최대의 로부스타 생산국이자 브라질을 잇는 세계 2위의 커피 생산국이 되었다.

다만, 로부스타가 커피 시장을 결코 지배할 수 없는 결정적인 이유가 있다. 바로 향미 때문이다. 아라비카만큼 세련되지 않고 은은함도 덜하다. 쓴맛과 나무 느낌, 탄 고무 느낌의 향이 두드러진다. 뉴욕 커피 거래소에서는 품질이 낮다는 이유로 50년 가까이 로부스타 입찰을 금지했다.[13] 로부스타는 2차 세계 대전 이후에야 비로소 세계 시장에서 입지를 구축했다. 그렇긴 하지만, 최근 수 년 사이 시장 비중이 크게 올랐다. 2016년 기준으로 세계 커피의 40% 정도가 로부스타이다.

19세기, 녹병이 커피 재배지에 등장하면서, 커피 재배인들은 다른 커피종의 특질을 받아 아라비카를 강화할 필요가 있다는 사실을 깨달았다. 네덜란드인들은 자바에서 로부스타 커피가 녹병을 이겨내는 것을 보고 아라비카와 교배를 시도했다. 교배종을 만들면 부모의 가장 좋은 점만 받을 것이라고 기대한 것이다. 즉, 아라비카의 복잡 다양한 향미, 그리고 로부스타의 병원균과 해충에 대한 내성을 물려받는 것을 의미했다.

그렇지만 교배는 거의 실패였다. 로부스타는 이배체, 즉 유전자가 두 쌍 존재하는데 아라비카는 사배체, 즉 네 쌍이다. 로부스타의 염색체는 22개, 그에 비해 아라비카는 44개이다.*

• 4만 년에서 20만 년 정도 전에, 또는 그보다 더 전에 아프리카 중부, 아마도 에티오피아와 케냐 인근의 우간다 되는 지역에서 코페아 속에 속하는 두 종이 자연 교배되어 아라비카가 나온 것으로 보인다. 두 종은 유지니아(Eugenia, 코페아 에우게니오이데스)라는 잎이 작고 길쭉한 품종이랑 로부스타(카네포라)이다. 교배로서는 특이한 축에 속하는데, 이는 부모 유전자가 반씩 들어오는 것이 아니라 합쳐져서 두 배가 된 것이기 때문이다. 코페아 속을 통틀어 4배체는 아라비카가 유일하다.

"조상이 같더라도 두 종을 교배하려고 하면 이런 게놈 쇼크genomic shock가 있어요." 베르트랑이 설명한다. 게놈 쇼크가 오면 게놈이 "넓은 영역에서 재배열"된다. "이런 게놈 쇼크는 주로 생식 유전자에 영향을 미칩니다." 그러면 후손은 불임이 된다.

당시 과학으로는 교배 문제를 풀 수 없었다. 이 문제를 푼 건 자연이었다. 1927년(일부 주장으로는 1917년), 아시아 동남쪽 티모르 섬, 티피카 나무가 자라는 곳에서 자연 교배종이 나타났다. 이름하여 "이브리도 데 띠모르Híbrido de Timor"는 로부스타에서 나타나는 생장력, 질병 저항력, 대형 뿌리 체계를 일부, 그리고 아라비카의 좋은 음료 품질을 일부 가지고 있었다. 게다가 독특한 점은, 육종 관점에서 특히나 중요한 것인데, 아라비카와 염색체 수가 같다는 점이다. 즉 이 교배종은 다른 아라비카종과 교배가 가능했다. 자연 교배종의 출현으로 육종 혁명이 일어났고, 이 종은 이후 부모 개체로 널리 사용되었다.

1959년, 육종학자들이 티모르 교배종을 사용해 처음으로 만들어낸 재배용 교배종은 까띠모르Catimor였다. 키 작은 변종인 까뚜라와 교배시킨 것으로 이후 수십 가지 까띠모르 계열이 발표되었다. 커피녹병이 중남미를 휩쓸던 시기, 각국 연구소에서는 자국 환경에 맞는 품종을 개발했다. 이 품종은 비료를 많이 주어야 하고 수명이 짧아서 5-10년 만에 나무를 교체해야 했지만, 열매를 많이 맺고 녹병 저항력이 있으며 생산성도 좋았다.

그런데 얼마 못 가 한 가지 큰 문제가 드러나기 시작했다. 전반적으로 음료 맛이 좋지 않았다. 역교배를 수 세대 이상 해보았지만—즉 세대를 거듭해 아라비카와 다시 교배해서 티모르 교배종 고유의 향미를 희석시키려 했다.—쓴 나무 느낌, 고무 느낌의 향, 그리고 짭짤한 뒷맛은 사라지지 않았다. 스텀프타운에서는 이 "문제투성이 커피콩"은 산미가 별로이고 쓴

맛이 강한 경우가 많다고 기록하고 있으며 덧붙여 로스터가 끌어낼 수 있는 최고급 까띠모르의 향미는 "톡 쏘는 듯한 약초, 과일 느낌이 감도는 향미"라고 기술했다.[14] 까띠모르에서 자주 느낄 수 있는 독특한 향미는 'Serious Eats'에서 잘 설명하고 있다. "까띠모르는 버섯 느낌의 쌉쌀함을 기본으로 하고 그 위에 체리 같은 튀는 느낌이 살짝 있다."[15]

까띠모르는 일반적으로 상업용 블렌드에 들어가며 에스프레소에서는 바디와 크레마에 보탬이 된다. 그러나 스페셜티 커피 산업에서는 까띠모르 계열 및 까띠모르와 교배한 후손 계통을 부정적으로 본다. 커피녹병에 대한 면역은 높지만 좋은 가격을 받지 못하기 때문에 일부 농부들은 까띠모르를 걷어내고 아라비카 혈통으로 다시 바꾸었다. 그럴 수 있는 곳에서는 최소한 그렇게라도 하려고 한다.

콜롬비아에서는 20세기 후반 들어 키 작은 품종인 까뚜라가 점차 티피카와 부르봉을 대체하면서 가장 일반적인 재배종이 되었다.[16] 생산량은 증가했지만 나무는 점점 병에 취약해져갔다. 1960년대, 콜롬비아 국립 커피 연구소인 Cenicafé에서는 키가 작은 변종을 티모르 교배종과 교잡하는 육종을 시작했고, 60년대 말 들어서는 자체 까띠모르 계통군을 개발했다.

전통적인 육종 방식은 시간이 오래 걸린다. 한 나무(부계)에서 화분을 받아서 다른 나무(모계)의 암술에 묻히는 작업을 일일이 손으로 해야 한다. "현 작업군에서 바람직해 보이는 모든 속성을 단일 개체 안에 몰아넣는 것이 목적입니다." 미국의 커피 육종학자 팀 실링은 이렇게 말한다. 연구진들은 병, 해충, 기후 변수에 나무가 얼마나 잘 적응하는지를 평가하고 전문가들이 프로토콜에 따른 커핑을 통해 향미를 확인한다. 역교배를 다섯 세대에 걸쳐 진행할 경우, 새 계통을 만들어내고 바람직한 특성이 후손에 정착되었는지 확인하는 데는 25년에서 30년이 걸린다.

Cenicafé에서는 까띠모르 계통을 세대를 거듭해가며 계속 연마했고 1982년 꼴롬비아Colombia라는 재배종을 만들어냈다. 연구진은 육종을 계속했고, 2005년에는 보다 세부 조정을 거친 계통인 까스띠요(Castillo, 학자 하이메 까스띠요Jaime Castillo의 이름을 땄다.)를 발표했다. 이 재배종은 병 저항력, 생산성이 개선되었고, Cenicafé 주장으로는 음료 품질도 더 나아졌다.[17] 콜롬비아의 육종학자들은 주요 재배지에 맞게 여섯 가지 이상의 변종에 대한 조정 작업을 거쳤다.

2008년, 녹병이 창궐하자 콜롬비아의 커피 당국에서는 커피나무를 까스띠요 품종으로 교체할 것을 권장하는 홍보를 범국가적으로 진행했다. 감염된 커피나무는 물론이거니와, 아직 병들지 않은 나무도 상당수 뽑혀 나갔다.[18] (땅은 감염되지 않아서 갈아엎을 필요는 없다.) 2009년, 녹병으로 인해 작황 손실은 40%에 달했는데,[19] 당시 취약 품종을 재배하는 면적은 60만 헥타르에 달했다. 재배인 단체에서는 10억 달러를 들여 녹병에 저항력이 있는 품종으로 교체 작업을 벌였다.[20] 2013년 들어 녹병이 수그러들었을 무렵 까스띠요로 교체된 재배지는 30만 헥타르를 넘어섰고 녹병 피해는 3%에 불과했다.[21]

콜롬비아 커피 당국에서는 신품종을 크게 홍보했고 농부들에게 보조금 혜택 및 민간 금융 지원을 통해 까스띠요 품종을 심게 했다. 당시 민간 대부 업체들은 재래 품종을 재배할 경우에는 위험도가 높다고 보고 대출 제공을 꺼렸다. 2015년 중엽, 까스띠요는 콜롬비아 전체 커피의 거의 40%를 차지했다.[22]

당시, 녹병 저항력은 전적으로 로부스타—로부스타 그 자체 또는 로부스타 교배종이 부모 개체로 들어간 재배종—에 있는 특정 유전자에 기반했다. "작업은 1950년대에 시작했습니다." 베르트랑이 사무실 화이트 보드에다 날짜를 적는다. "그리고 지금이……" 2016을 적는다. "그러니까 주요 신품종 모두……"—잘 알려진 녹병 내성을 가진 품종 이름을 적는다. 까띠모르, 까스띠요 등—"유전자는 동일한 거죠."

"식물의 내성 유전자는 병원체를 인지할 수 있는 유전자입니다." 이들을 R-유전자라고 한다. "커피의 R-유전자로 알려진 것은 대략 아홉 개 정도입니다. 이들은 각각 인지하는 녹병 계통이 달라요."

베르트랑이 사람과 인플루엔자, 즉 독감과의 관계를 예로 들어 설명한다. 어떤 계통의 병에는 면역력이 있지만 어떤 계통에는 면역력이 없다. "커피녹병도 마찬가지입니다. 일부 균주를 확인하고 대항할 수 있는 내성 유전자가 있어요. 그런데 모든 균자에 대항하는 유전자를 갖고 있는 것은 아니거든요. 그러므로 어떤 균주에는 취약하고, 어떤 균주에는 내성이 있는 것입니다." 녹병 계통은 뚜렷이 구분되는 것만 50개가 넘는다. 단일 커피 농장에 수십 개 계통의 녹병이 다 유입될 수 있다.[23] 물론 일반적으로는 하나 내지 둘 정도이다.

문제가 하나 더 있다. 바로 이 곰팡이의 진화 속도가 너무 빨라서 내성 유전자를 금세 극복해버린다는 것이다. "예를 들자면 일부 품종들, 과거 녹병 저항성이 좋다고 알려졌던 품종들이 지금은 병에 취약하다고 알려져 있습니다. 그러니까 녹병이 진화 중이라는 거죠. 그리고 이 녹병은 점점 더 퍼지고 있어요." 베르트랑이 중국에서 재배 중인 커피를 가리킨다. "내성 유전자를 잔뜩 집어넣은 저 나무도 지금은 취약해진 것으로 보입니다."

영원히 병에 걸리지 않을 수는 없다. '오랫동안'이라는 말도 마땅치 않다. "녹병이 최후의 내성 유전자까지 넘어서버린다면, 이제는 수가 없어요. 모든 나무가 위험합니다." 정확히 언제 이런 사태가 발생할지는 알 수 없다. "누구도 확실하게 말할 수 없죠. 5년일지, 1년일지, 10년일지." 베르트랑의 목소리엔 확신과 권위가 들어 있다. "확실한 것은 시간 문제라는 겁니다. 오래 걸리진 않을 거예요."

최근, 베르트랑을 비롯한 커피 육종학자들은 잠재력 면에서 매우 강력한 새 도구를 만들어냈다. 2014년 9월, 과학자들이 로부스타 나무의 게놈 지도를 만들어낸 것이다. 프랑스 남쪽 에브리Évry에 있는 프랑스 국립 유전자 배열 연구소Genoscope와 버팔로 대학교가 몽펠리에의 IRD와 함께 일류 연구 저널인 〈사이언스〉에 공동으로 발표한 이 거대 작업물에는 전 세계 64명의 학자가 저자로 등재되어 있다. (베르트랑의 이름도 들어 있다.)

프로젝트 수장 필립 라셔메스는 IRD 안에 있는 따끈따끈한 컨퍼런스 룸에 앉아서 "지금은 어떤 식물이건 육종 작업이 진행 중이고 게놈 배열 작업이 그 시작점입니다."라고 말한다.

아라비카 게놈은 로부스타에 비해 훨씬 더 복잡하다. 그렇기에 첫 작업은 로부스타로 진행했다.* 작업 자체는 1년이 걸렸지만, 그 결과물을 이해하는 데 2년이 더 걸렸다고 그는 설명한다.

"이제 과제는 해독된 게놈 자료를 토대로 식물 육종에 쓸 수 있는 개선된 도구를 만들어내는 것이다." 예루살렘에 있는 헤브류 대학교의 다니 자미르Dani Zamir는 〈사이언스〉 편집자 후기에 이렇게 썼다.

신품종을 만드는 데는 수십 년이 걸린다. 이렇게 긴 프로그램을 유지할 수 있는 예산이 있는 공공 기관은 드물다. 정부 지원을 충분히 받을 만큼 경제적으로 중요한 프로그램이지만, 커피 재배국은 대개 돈이 넉넉하지 않은 열대 국가들이다. 대형 커피 기업도 대개 필요 자원이 부족한 상황이다.

---

* 2017년 1월, 캘리포니아 대학교 데이비스 캠퍼스의 연구진들이 아라비카 나무의 유전자 배열 작업을 끝냈다고 선언했다.

유일한 예외라면 네슬레Nestlé 정도이겠지만, 이 업체는 정보를 공개하지 않고 있다.

유전자 배열 작업 결과 밝혀진 열쇠 중 하나는 속도가 될 것이라고, 라셔메스는 말한다. 이제 나무의 특성이 어떤 유전자의 기능에 의한 것인지 정확히 연결 짓는 작업을 빨리 할 수 있게 된 것이다. 카페인 함량 같은 특성은 찾기 쉽지만, 예를 들어 가뭄에 더 잘 견디게 하는 인자는 찾기가 어렵다. 그런데 유전자 배열 작업 덕에 육종학자들이 "보다 나은 선택지를 찾을 수 있고, 효율성을 더 높일 수 있다."고 라셔메스는 말한다. 그러면 농민들이 원하는 묘목을 만들어내는 시간이 크게 단축된다. 도전 과제가 점차 어려워지고 있는 현실에서, 이는 핵심적으로 중요한 사항이다.

기술이 발전하고 있고, 연구소 작업은 여전히 활발하지만, 육종학자들은 농장과 숲에서 찾아낸 원자재에 의존하고 있다. 자미르는 이렇게 쓰고 있다. "전 세계 아라비카 커피 생산은 유전형과 표현형 면에서 다양성이 극도로 한정적인 소수의 재배종에 의존하고 있다. 이들은 아프리카, 즉 원산지의 중심부에서 찾을 수 있는 개체들과 근연 관계이다. 커피가 활용 가능한 작물로 계속 살아남을 수 있을지 여부는 아프리카 내 종들에게서 나타나는 유전적 변이에 달려 있다. 이들의 유전적 변이에 대한 연구를 통해 불안정한 기후 변화와 식물 질병의 영향을 줄일 수 있고 커피 씨앗에 들어 있는 화학 물질의 함량을 바꿀 수 있다. (예를 들어, 자연 디카페인 아라비카 커피나무를 생산할 수 있다.)[25]

월드 뱅크, UN의 국제 농업 개발 기금(IFAD), 국제 커피 기구(ICO)의 커피 어드바이저인 서렌드라 코테차Surendra Kotecha에 따르면, 전 세계 아라비카 커피나무의 유전적 다양성의 99.8%에 달하는 자원이 에티오피아에 있다. 아라비카가 거의 전적으로 자가수분한다는 점에서 이는 특히나 중요하다. "장래 육종 프로그램에서 성과를 내기 위해서는, 에티오피아에 존재하는 커피의 다양성이 필요하다."[26]

라부시가 말한다. "에티오피아의 커피 다양성은 다른 어떤 곳보다도 높습니다. 특히 삼림이 그러합니다." 유전적 다양성은 원산지에서 가장 높은 법이다.

커피 산업은 재난과 구조의 연속이었다. 아시아에 커피녹병이 처음 발병했을 때, 네덜란드인들은 콩고에서 로부스타를 가져다 자바 섬에 심었고, 그리하여 오늘날 커피 산업에서 한몫하는 주요 입지를 구축했다.

왕립 식물원의 커피 전문가 제니 윌리엄스Jenny Williams는 아라비카에 대해 이렇게 말했다. "문제가 생기면 어디로 가야 하죠? 답은 에티오피아입니다. 그곳에서 모든 것이 시작했죠."[28]

아메리카 대륙에서 커피 관련 가장 중요한 기관인 코스타리카의 열대 농작물 연구 교육원 소속 연구원인 에두아르도 소마리바Eduardo Somarriba 또한 동의한다. "정말로 숲으로 돌아가야 합니다. 야생숲에서 자라고 있는 개체를 얻어, 과학을 적용해 유전적 다양성을 지킬 수 있도록 방법을 도모해야 합니다."[29]

카파의 깊은 삼림은 아라비카의 원산지일 뿐만 아니라, 커피 산업의 미래를 결정지을 유일하고 핵심적인 열쇠이다.

PART 3

다시 숲으로
Back into the Forest

CHAPTER 13

채집
Collecting

2월, 우기의 첫비가 꽃을 피운다. 크림빛 흰색의 향긋한 꽃이 수 주일 동안 피어난다. 커피 꽃이 피면서 숲에는 자스민 향이 더해진다. 지금부터 수 개월간, 비는 꾸준히 점점 더 많이 내릴 것이다. 가지마다 자그마한 녹색 봉오리 같은 열매가 맺히고, 카파의 계곡은 점점 짙은 군청색으로 변한다. 산촌 마을에 가난의 냄새가 축축하게 내려왔다가 밥 짓는 연기와 섞여 올라간다. 흙길은 질퍽질퍽해졌고, 개울물이 불어 건너기 위험할 정도이다. 대나무로 만든 임시 다리는 이미 쓸려가버렸다. 이 지역 포장도로는 손가락으로 꼽을 정도이고 나머지 비포장도로는 웅덩이 투성이다. 그 튼튼하다는 랜드크루저도 5월까지는 진창 속에서 꼼짝 못 한다.

    도로에서 벗어나 겔라 숲 쪽으로 난 길로 움직인다. 이슬비가 내리는 6월 중순 오후이다. 숲을 둘러싸고 있는, 무릎까지 빠지는 늪지대를 지나 풀이 무성한 개활지를 건넌다. 개활지에서는 누더기 옷을 걸친 노인—줄무늬

카파의 겔라Gela 커피숲.

조끼와 신문팔이 소년이 쓰는 소프트캡 모자를 썼다. 우리를 보더니 모자에 손을 대며 인사한다.—이 소가 풀을 뜯어먹는 것을 지켜보고 있다. 길은 높이 솟은 나무 아래로 굽이치다가 물기 가득한 언덕으로 올라간다. 긴꼬리원숭이 한 무리가 주변을 돌아본다. 한 녀석이 나무에서 몸을 틀면서 짧고 날카롭게 소리를 내지른다.

키 큰 농부 하나가 길에 서서 원숭이들을 바라본다. 생선 장수가 신는 목이 긴 고무장화를 신었는데 불그스름한 진흙이 잔뜩 묻어 있다. 그는 날카로운 팡가 칼을 들고 있다. 근처의 작물을 지키는 중이라고 한다. 눈은 여전히 원숭이들을 바라보는 중이다. 원숭이들은 대담하게 그의 주변을 둘러싸고 있다. 비비들은 골칫덩이들이고, 멧돼지들은 밤에 출몰한다. 고슴도

치도 있어서 이들을 쫓으려면 농장 주변에다 구덩이를 파두어야 한다. 길을 따라 올라가면 그의 오두막이 있다. 가느다란 대나무를 엮어 벽체를 세우고 진흙과 테프 껍질을 섞어 발랐다. 지붕은 이엉을 엮어 얹었는데 밥 짓는 연기가 지붕 틈새로 새어 올라온다.

좁은 길은 한껏 휘어져, 은녹색 이끼로 덮인 야생 커피나무가 자라는 숲으로 향한다. 위로는 부드러운 나뭇가지가 덮어주고, 넓적한 잎 사이로 아침에 내린 빗방울이 조금씩 떨어진다. 은빛 뺨의 코뿔새는 밑동이 울룩불룩 튀어나온 늙은 무화과나무에 앉아 콱-콱-콱 울어댄다. 근처엔 콜로버스 원숭이 무리가 지루한 듯한 얼굴로 높은 가지에 앉아서 이파리를 씹어대고 있다. 얇고 밝은 구름이 걷히면서 햇빛이 곧바로 내리쪼인다. 숲의 녹색이 더 선명해진다. 축축한 양치식물 때문에 발걸음을 디딜 때마다 바짓가랑이가 젖는다. 딸기 덤불 때문에 제대로 걷기도 쉽지 않다.

겔라 같은 커피숲의 놀라운 점은 이곳이 완벽한 혼돈 상태라는 사실이다. 재배지에서처럼 커피가 줄을 맞추어 단정하고 고른 간격으로 자라지 않는다. 야생 아라비카의 가지는 방향을 가리지 않고 뻗어 있다. 먹이를 찾는 동물들을 피해 가지는 아래로 휘어져 있다. 오래된 나무는 옆으로 누울 듯 휘어져 있다. 지난번 결실기에 열매를 먹으려 올라탄 비비 무게 때문에 꺾인 가지는 덩굴식물에 걸려 매달린 채 남아 있다. 아직 수확하려면 4-5개월은 더 있어야 한다. 야생 커피나무는 결실 시기가 제각각이다. 후추 열매 크기의 열매들은 대부분 아직 덜 익었지만 드문드문 몇 개는 다 익어서 진홍색으로 변했다. 아예 열매가 달려 있지 않은 나무, 또는 높은 곳에 열매 몇 개가 달려 있는 나무도 여럿이다.

숲속은 야성의 모습이다. 아주 먼 옛날, 거대 삼림이 지배했던 시기를 살짝 보여주는 것 같다. 오랫동안 사람의 발길이 미치지 않은 곳, 지금도 잘 찾지 않는 곳, 그리고 지금까지 한 번도 이야기된 적이 없었던 곳, 그 자체의 호젓함과 특이함 덕에 들키지 않았던, 완전한 미지의 공간이라는 느낌이 든다.

수 세기 전만 해도, 커피의 자연사에 대해 알려진 것이 거의 없었다. 소문이 모여 간접 자료가 나오고 마침내는 직접 자료가 나오는 식으로, 조금씩, 부분적으로만 정보가 쌓였다. 커피 품종별 초기 샘플 자료는 처음에는 유럽에서, 다음에는 인도, 예멘에서 자라는 나무에서 채취된 것이었고, 최근에야 에티오피아에서 채취되었다. 즉 확산과는 정반대로 이루어졌다.

    에티오피아에서 자라는 커피나무에 대한 식물학 자료를 처음으로 수집한 것은 프랑스의 의사 샤를-자크 퐁세Charles-Jacques Poncet이다. 그는 1699-1700년 사이, 곤다르Gondar의 군주 이야수 1세Iyasu I의 궁정에 머무르면서 커피나무를 면밀히 관찰하고 상세히 기록했다. "커피나무는 도금양Myrtle과 매우 흡사해서 잎이 항상 녹색이지만 더 크고 촘촘히 난다. 열매는 피스타치오 너트 모양이고 그 껍질 안에 씨앗이 두 개 들어 있는데 이것이 커피이다. 껍질은 처음에는 녹색이었다가 익어가면서 어두운 색으로 변한다."[1] 퐁세는 식물학에 조예가 깊었고 식물에 관심도 많은 데다 관찰력도 뛰어났지만, 에티오피아에 머물며 커피의(다른 어떤 식물도) 샘플을 수집하지는 않았다.

    한정적이긴 하지만, 에티오피아에서 식물을 탐사했던 제임스 브루스James Bruce라는 모험심 많은 사람이 있는데, 18세기에 에티오피아에서 식물종을 수집한 유럽인은 그가 유일하다.[2] 그는 돌아오는 길에 수단을 횡단하던 중 무시무시한 사막을 지나오면서 가지고 있던 모든 짐과 수집품, 꽃과 식물에 대한 수많은 기록을 다 버려야 했지만, 이후에 기적적으로 이들을 다시 찾아냈다. 그는 마르세이유에서 스코틀랜드로 향하는 항해 중에 유명 수집가이자 《Historire Naturelle》라는 36권짜리 책의 저자인 꽁떼 드 뷔퐁Comte de Buffon에게 기린 가죽과 식물 씨앗을 선사했고, 파리에서는 루이 15세에게 베르사이유 정원에 심을 씨앗과 유리병에 보관해둔 꺾꽂이 식물을 바쳤다. 이 꺾꽂이는 그 긴 여행 기간에도 살아남은 귀한 선물이었다.^{•3} 브루스는 커피가 자라는 모습을 자신의 여행기에 기록했으며, 그의 여행에 일부 동참했던 이탈리아인 화가 루이지 발루가니Luigi Balugani 는 커피나무의 그림을 그렸다. 그렇지만 이 스코틀랜드인도 커피나무를 샘플로 들고 오지는 않았다.

1800년대 초에는 에티오피아 답사가 두 건 있었다. 하나는 영국인 화가이자 외교관인 헨리 솔트Henry Salt로서, 그는 많은 그림과 뛰어난 판화를 남겼다. 그런데—이 또한 흥미로운데—그는 식물에 대한 작품은 하나도 만들지 않았지만 건조 식물 수집종을 많이 남겼다. 이것이 에티오피아 최초의 수집종이다.

식물 수집 자체는 최소한 기원전 15세기로 거슬러 올라간다. 턱수염을 '쓴' 파라오인 하트셉수트 여왕은 '푼트'라는 땅으로(에리트레아와 에티오피아 지역일 가능성이 크다.) 배 다섯 척을 보내 이국적인 상품을 수집하게 했다. 왕가의 계곡에 있는 여왕의 사원에는 원숭이, 상아, 표범 가죽, 미르나무^{**}를 싣는 배 한 쌍이 부조로 새겨져 있다. 배는 향을 풍기는 나무 31그루를 싣고 이집트로 돌아왔다.[4]

18세기에서 19세기에는 열정적이며 의욕 넘치는 사람들이 지구촌을

• 브루스는 감사를 표한 것이다. 에티오피아 항해 중 그의 배가 난파됐는데, 이때 루이 15세가 뷔퐁의 간언을 받아들여, 그가 나일강의 수원을 알아내는 여정을 정확히 기록하고 지도를 만들 수 있도록 필요한 자재를 교체해주었다.

•• 몰약 원료가 되는 나무—옮긴이

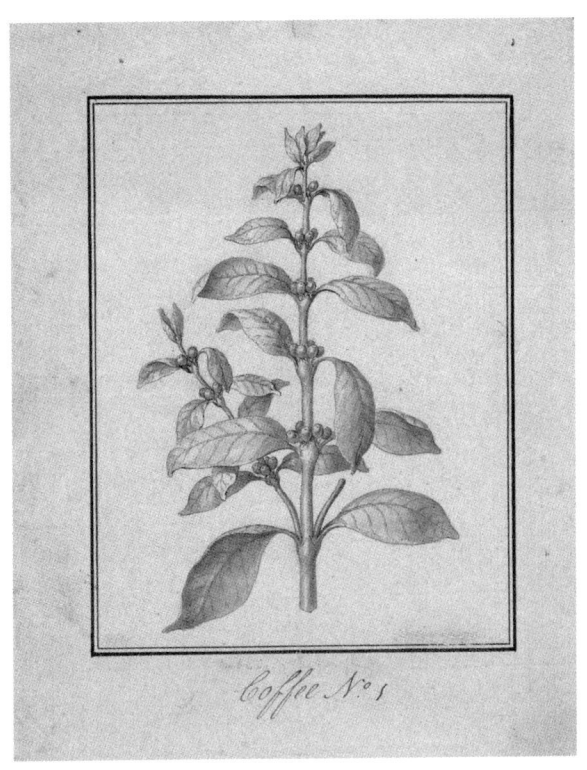

이탈리아 화가 루이지 발루가니Luigi Balugani는 제임스 브루스의 탐사에 동행했으며 에티오피아에서 죽었다.
Yale Center for British Art, Paul Mellon Collection

돌아다니며 기록하고 세밀화를 남기고 이국적인 품종을 수집했다. 루이스Lewis와 클라크Clark 같은 탐험가들은 북미를 횡단했고 알렉산데르 폰 훔볼트Alexander von Humboldt는 남미를 여행했다. 제임스 쿡James Cook 선장의 첫 태평양 항해 때 참가한 식물학자 조셉 뱅크스Joseph Banks는 세계 자연사에 대한 지식을 키웠다. 식물 수집에 특히 관심을 많이 보인 이들은 영국인이었다. 이들은 아마존, 극동, 히말라야를 탐사했고 부유한 수집가들이 찾는 매끈한 보석 같은 난초를 수집했고 화단 재배용으로 적합한 잘 크는 다년생 식물을 가지고 돌아왔다. 동인도 회사는 윌리엄 블라이William Bligh를 타히티로 보내 빵나무(노예에게 먹이려 했다.)를 찾았고 로버트 포춘Robert Fortune을 중국으로 보내 차(이것은 영국인들이 찾는 것이었다.)를 빼내려 했다. 말레이 반도에 고무를 도입했고 실론에는 기나나무를 심었다. 이런 나무들은 단순한 장식품을 넘어서서 식민지 인구 성장의 원동력이었다.

대영제국의 식물학적 중심지는 왕립 식물원, 즉 Kew였다. 이곳은 웨스트 런던, 템즈 강변에 있다. 이후 조지 3세의 아버지가 되는 프레드릭 공작과 아우구스타 공주가 소유했던 땅에 1759년 세워진 것으로 "지구상에 알려져 있는 모든 식물을 모으겠다."는 엄청난 포부가 있었다. 1세기 뒤에는 부채꼴 모양으로 뻗은 정원 가장자리를 따라 3층짜리 식물 표본실이 지어졌다. 거의 25년마다 새 별관이 지어졌고 건조 식물 표본이며 균류 표본이 지속적으로 추가되었다. 현재 표본 수는 700만 종이 넘어 세계 최대이다. 그렇지만 커피 샘플이 들어온 것은 19세기 중엽, 비교적 최근이다.

Kew의 식물 표본실 1층에서 아론 데이비스가 키 높은, 경첩 달린 찬장 문을 열고는 불룩한 폴더가 가득한 선반을 훑어본다. 폴더 한 무더기를 기다란 나무 테이블에 옮겨 빨간색 띠로 표시해둔 폴더 하나를 연다. 2절판 크기의 오래된 종이가 두 장 들어 있는데, 각각 커피나무 가지가 붙어 있다.

위쪽 것은 게오르그 빌헬름 쉼페르Georg Wilhelm Schimper가 만든 것이다. 이 독일인 박물학자는 1830년대 중반, 지역 군주의 허가를 받아 북부 에티오피아에 정착해서 40년 넘게 살았다. 그는 현지 여인과 결혼했고, 아이를 셋 낳았으며, 영주처럼 살았다.[5] "아마도 최초가 아닐까요?" 데이비스가 종이를 조심스럽게 들면서 말한다. 부스러지기 쉬운 상태가 된 갈색 잎이 종이에 붙어 있고 끄트머리에는 가느다란 스트랩 테이프가 두 개 달려 있다. 쉼페르가 이 표본을 수집한 것은 1840년 4월 6일의 일이다. 주석으로 채집한 곳의 고도가 라틴어로 적혀 있다. 6000-6500피트(1830-1980미터)이다.

식물을 말려서 종이에 부착시키는 작업은 16세기 볼로냐 대학의 식물학 교수였던 루카 기니Lucha Ghini가 시작했다. 이후 1700년 즈음 파리 왕립 식물원의 전설적인 식물학자인 조셉 피톤 드 투네포르Joseph Pitton de Tournefort가 처음으로 herbarium—표본집—이란 단어를 사용했고 이를 칼 린나에우스가 채택했다.[6] 쉼페르가 에티오피아에서 커피를 수집하던 때에는 표본 시트를 만드는 것은 꽤 흔한 일이었다.

표본이 붙어 있는 노트에는 깨알같이 작은 크기의 손글씨가 적혀 있다. 가늘고 긴 필체이다. 데이비스가 글자를 읽으려고 몸을 기울인다. 왕립 식물원에서는 이 소중한 건조 식물 표본에 화재가 일어날까봐 가스램프는 물론이고 촛불도 쓸 수 없다. 건물 설계도 이를 반영해 넓적한 타원형 개방 천장 채광창이 나 있는 소형 회랑 형태로 되어 있다. 각 회랑에는 표본집에 맞게 제작된 보관실이 있고 보관실 사이로 기다란 테이블과 창문이 있다. 1월 오전처럼 먼지 자욱한 날에도 휘갈긴 글씨가 자연광 아래 깨끗하게 보인다.

"아베르Aber 언덕" 잠시 뒤 그가 말한다. "분명 야생은 아니네요. 재배한 것이에요." 테가 두툼한 독서용 안경 너머 표본을 살펴보며 그가 덧붙인다. "놀랄 만한 건 여기 없군요. 당시엔 구하기가 참 어려웠어요."

데이비스가 표본집을 폴더에 넣고 다른 두꺼운 종이를 꺼낸다. 이것도 재배 커피를 수집한 것이다. 그런데 놀랍게도 마른 열매 십수어 개가 마디에 달려 있다. 1830년대 후반에서 1840년대 초반, 리샤르 카탱 디옹Richard Quartin-Dillon과 안토니오 페티트Antonio Petit라는 두 프랑스인이 탐사한 수집품

◇◇◇◇

이다. 왕립 식물원에는 1867년 들어왔고, 이곳의 커피 표본 중에서는 가장 오래된 것 중 하나이다.

"북쪽 지역에서 수집했네요." 데이비스가 글을 읽으며 말한다. "남서쪽 것은 없어요." 이것도 다시 폴더에 넣는다. "남서쪽 탐사는 엄청나게 어려웠을 겁니다. 아마 가장 큰 이유는, 수로가 없기 때문이었겠지요." 폴더를 제자리에 꽂는다. 지리적 장애물이 있었고, 게다가 그 지역 군주는 외국인의 카파 진입을 막기 위해 방어용 참호를 둘러친 상황이었다.

초기 에티오피아 식물 수집가들 모두 산지 숲에서 아라비카를 채취하지는 못했다. 카파를 처음으로 탐험했던 사람들, 즉 19세기 말의 안토니오 체키나 알렉산데르 불라토비치, 20세기 초의 프리드리히 비에베르와 막스 그릴은 여러 식물들을 수집했지만 커피 씨앗이나 커피나무 가지는 수집하지 않았던 것 같다. 그 때문에 야생 커피에 관한 보고 또한 과학적으로 검증되지 못했다. 최고의 커피 권위자인 윌리엄 유커스는 1922년 《All about Coffee》를 펴낼 때 카파라는 곳이 있다는 것만 적었다. "아비시니아 남서부에 울창한 삼림이 있는데 바깥쪽을 제외하고는 아무도 들어가본 일이 없다. 이곳 원주민들은 느긋하게, 땅에 떨어진 씨앗만 줍는다." 그는 커피나무에 대해 담대하게 의견을 말했다. "이처럼 한가롭게 주워도 될 정도로 엄청나게 많은 수가 자라고 있다."[7] 하지만 당시 전문가들은 그곳에 커피나무가 있다는 이야기를 신빙성 없는 루머로 여겼다.

1930년대 후반, 이탈리아가 이곳을 잠시 점령했을 때 이탈리아 식물학자들이 이 지역에서 몇 가지 수집 작업을 진행했다. 그렇지만 믿을 수 없게도, 야생 아라비카가 있는, 이곳 구름 속 삼림지대는 식물학적으로는 1950년대가 되어서야 외부에 알려진다.

데이비스가 사무용 회전의자를 밟고 서서 천장까지 닿은 캐비닛 문에 붙은 이름표를 훑어본다. 데이비스가 직접 만든 표본집도 있다. 그 또한 현 시대의 위대한 식물 수집가로서 지금까지 200여 종을 찾아 이름을 붙였다. 그는 리딩 대학에서 식물학 박사 학위를 받았고 학위 취득 후 유럽에서 일하다 1997년 왕립 식물원으로 들어왔다. 이후 마다가스카르, 탄자니아, 서부 아프리카에서 15년간 열정적으로 현장 작업을 했고, 새로운 커피 품종을 35종이나 발견했다. 그의 공로로 코페아 속은 124개 종으로 불어났. "우리는 이 섬에서 과거 기록된 종은 몽땅—40여 종—찾아냈죠. 그리고 그만큼을 또 새로 발견했어요." 이 섬이란 마다가스카르를 말한다. 여기서는 현지 식물학자와 팀을 짜서 조사했다. "근본적으로 다른 어떤 것과도 다른 종도 찾아냈어요. 정말정말 이상한 녀석을 찾았죠." 어떤 품종은 아라비카 대비 두 배나 많은 열매가 열렸고, 어떤 품종은 열매가 노란색인데 일종의 날개가 붙어 있었다. 그리고 코페아 토시Coffea Toshii라는 품종은 키가 61-82센티미터밖에 되지 않는다.

원하는 캐비닛을 찾았는지 바퀴 달린 사다리를 끌어와서 다섯 계단을 올라간다. "메이어Meyer 수집종입니다." 폴더를 한아름 꺼낸다. 프레드릭 메이어는 미국인 분류학자이자 식물학자로서 워싱턴의 국립 수목원에서 일했다. "아주 최근 것이죠. 1964년도 수집종이에요."

맨 위쪽 폴더에서 메이어가 만든 표본 시트를 찾아냈다. 반짝 방울져 굳은 풀이 갈색 잎을 안고 있다. 얇은 끈이 표본 종이에 시침질해 들어가 마른 열매를 매달고 있다. 줄기도 박음질되어 있다. 타자로 정보가 기입되어 있는데, 수집일은 1964년 12월 10일, 장소는 봉가 서쪽 테피라는 마을에서 약 8킬로미터 떨어진 곳이다. 현재는 이곳에 같은 이름의 커피 농장이 들어서 있다. 바로 이 표본이 왕립 식물원 최초의 야생 아라비카 샘플이다.

메이어는 단순한 호기심이나 학자로서의 관심을 넘어서는 이유로 커피 숲을 찾았다. 그는 이렇게 기록했다. "야생 식물을 식물학적으로 정리하고자 하는 열망 외에, 커피 육종 연구소에서는 야생 커피의 생식질을 도입할 실질적 필요성이 있다."[8]

1960년대 들어, 몇몇 사람들이 답사가 거의 이루어지지 않은 에티오피아 남서부의 유전적 풍부함이 얼마나 중요한지, 그리고 이 야생 서식지가 소와 불도저의 위협 앞에 얼마나 위태로운 상황인지 알게 되었다.[9] 수집한다는 것은 보존한다는 의미도 된다. 메이어는 표본집에 담기 위해 꺾꽂이를 했을 뿐만 아니라 번식을 위해 씨앗도 수집했다.

장차 사용하기 위한 용도로 씨앗을 보존하는 가장 편한 방법은 씨앗을 말리는 것이다. 쌀은 10년 정도 묵어도 발아한다. 일부 곡물은 수 년간 살아 있다. 몇몇 작물은 그보다 훨씬 더 오래 발아력을 유지한다. 최근에 미국 원주민들이 1800년 전에 만든 것으로 보이는 단지에서 브라이트 오렌지 호박 씨앗을 발견해 싹을 틔우는 데 성공했고, 이스라엘 연구원들이 고대 산악 요새인 마사다를 발굴했을 때 발견된 2천 년 된 주디언 종Judean 대추야자 씨앗을 발아시킨 일이 있다. 그렇지만 망고, 코코넛, 아보카도를 비롯해 여러 열대 과일들은 이렇게 할 수 없다. 카카오나 차도 안 된다. 아쉬운 일이지만, 커피도 안 된다.

커피 씨앗, 즉 커피콩은 난저장성종자recalcitrant, nonorthodox에 해당한다. 이런 씨앗은 말리면 생존할 수 없기 때문에 종자 저장소에서 장기 보존이 불가능하다. 조건이 맞으면 2년 정도는 생존하지만 그보다 더 오래 보관하려면 재배 방식의 유전자 은행에 심어야 한다. 산지가 아닌 곳에서 이런 식으로 식물을 보존하는 방식을 ex situ(현지 외 보존)라고 한다.[10]

에티오피아의 살아 있는 커피나무 조직을 ex situ 부지에 심을 용도로 수집하는 작업은 1929년에 처음 시작했다. 영국인들이 하라 주재 영사를 통해, 이후에는 남동쪽 끝에 있는 도시인 마지 주재 영사를 통해 씨앗을 케냐 농업 연구소로 보냈다.[11] 하지만 이 개체는 오래 살지 못했고, 1930년대 중반에 이탈리아가 침입하면서 운송 작업도 중지되었다. 1941년, 캄팔라에 있던 농무부 소속 영국인 식물학자 A. S. 토머스Thomas가 국경 너머 수단의 보마 고원에서 야생 커피나무 샘플을 채집한 적은 있지만 에티오피아에서 체계적 수집 작업이 진행된 것은 1950년대 중반이 지나서의 일이다.

피에르 실뱅Pierre Sylvain은 1954년 UN 산하 식량농업기구(FAO)의 후원 하에 에티오피아 남서부에 가서 신흥 농경지를 조사했다. 활동 목적은 성장 중이던 에티오피아의 커피 재배 산업에 대한 기술 지원 및 아라비카 커피나무의 자연 서식지 연구였다. 그는 연구 결과를 논문으로 발표했는데, 이것이 커피 부문에서는 신기원을 이뤘다. 아라비카에 대해 다룬 과거의 논문을, 그는 단호하고 냉정하게 평가했다. "그 저자들은 분명 에티오피아 근처에도 가지 않았던 사람들이다."[12]

초기 식물 탐험가들은 대개는 유럽인이었지만 실뱅은 키 크고 마른 아이티인이었다. 아버지는 유명한 시인이자 외교관이면서 1915년에서 1934년까지 지속되었던 미국의 지배에 저항했던 주요 독립 투사였다. 실뱅은 1944년 아이오와 주립대학에서 박사 학위를 받았고 코스타리카에 있는 판 아메리칸 연구소에서 경력을 쌓아 명예 주임 원예학자까지 지냈다.

실뱅은 열대 풍토병, 맹수, 거친 지형을 무릅쓰고 에티오피아에서 수백 가지의 수집종accession을 모았다. 수집종은 식물 샘플을 모은 것을 말하며, 커피의 경우는 다른 표본 근처에서 채취되지 않은 단일 표본을 말한다. 이들은 대개 씨앗 형태로 수집한다. 실뱅은 잎 모양, 크기, 색상, 씨앗 크기에 걸쳐 서로 다른 여러 가지 나무에서 수집종을 채취했다.

"커피 원예학자들이 이제 그 [티피카와 부르봉 계통] 이상의 연구를 시작하고 있다는 점은 흥미롭다." 프레드릭 웰만은 이렇게 쓴 바 있다. "이들은—이렇게 쓰면 여러 사람을 말하는 것 같지만 사실은 실뱅 한 사람을 말한다.—에티오피아 자연으로 돌아가서 커피숲에 있는 수천 가지 이상의 다양한 야생 나무 중 보다 우수하고 보다 강하며 보다 내성이 있는 계통을 확보하고자 했다."[13]

  ex situ 용으로 수집한 씨앗들은 현장에서 과육을 제거한다. 열매 껍질은 벗겨내고 은빛 나는 고운 파치먼트는 남긴다. 점액질을 문질러 제거하고 천으로 닦은 뒤 습도가 높고 서늘한 곳에서 말린다. 씨앗을 보관할 때는 바닥에 적신 목화솜 또는 양모솜을 깔고 다시 그 위에 씨앗이 솜과는 직접 접촉하지 않도록 천공판을 얹어둔, 특수한 형태의 상자를 쓴다. 탐사가 길 경우에는 숯가루를 묻혀 곰팡이나 기타 균류에 감염되지 않게 한다. 이 방법은 카파나 예멘 지역에서 지금도 사용하는 전통적인 방식과 유사하다.

  프레드릭 메이어는 1961년 말에 에티오피아에 도착해 4개월 가까이 카파와 그 북쪽 인근 지역인 일루바보르 등지에서 수집 작업을 진행했다. 작업을 의뢰한 곳은 미국 국제 개발처(USAID)로서 케네디 대통령의 지시로 그해 가을 설립된 기관이었다.

  메이어는 이동 경로마다 탐사를 진행했다. FAO는 밀, 쌀, 코코넛 등 재배 식물의 야생 친척 개체를 살펴보는 일련의 컨퍼런스를 이끌고 있었고, 커피에 대한 가능한 한 많은 자료를 모으고자 대규모의 프로그램을 개시한 상태였다.[14] FAO의 언급처럼 당시 커피가 "전 세계에서 원면, 원모, 밀보다 큰, 가장 가치 높은 단일 작물 상품"인데도 불구하고 거의 갓 발견된 농산물이나 다를 바 없이 정보가 부족한 것에 대한 놀라움에서 나온 계획이었다.[15] 커피의 원 서식지에 대해 알려진 사실이 그토록 빈약하다는 것은 충격적이었다.

FAO는 메이어를 1964-65년의 에티오피아 커피 탐사단의 수장으로 위촉했다. 이 탐사단에는 세계 최고의 연구소에서 파견한 전문가, 탄자니아와 인도 등에서 온 육종학자, 브라질에서 온 유전학자, 우간다 출신의 곤충학자가 참가했다. 에티오피아에서는 커피 협회, 농무부, 지마 소재 신흥 농업 대학에서 파견된 다섯 명의 대표진이 합류했다.

메이어를 비롯한 국제 탐사단원의 목표는 다섯 가지였다. 커피나무에 대한 식물학적 정보 기술 수집, 육종과 선택용으로 씨앗 수집, 해충 수집, 녹병 저항성을 기준으로 씨앗을 선별 수집, 녹병 계통을 밝히기 위해 그 포자를 수집하는 것이었다.[16]

당시 하일레 셀라시에 황제는 수십 년째 에티오피아를 통치하고 있었는데 이때가 최절정기였다. 그는 국제적으로 세를 불려 ─ 비평가들은 국내의 불안정한 정세 전환을 위해서라고 말한다. ─ 전 아프리카 국가의 수장이 되고자 했다. 그 전해, 아프리카 연합 기구 발족식이 아디스 아바바에서 열렸고, 황제는 UN 총회에서 아프리카 독립과 자유를 위한 그 유명한 '전쟁' 발언을 했다.

FAO 탐사는 국제적으로 진행되는 행사였고 목표는 에티오피아를 포함해 전 세계 커피 산업을 지원하는 것이었다. 황제는 당연히 탐사단을 환영했다.

삼림 속에 다양한 야생 아라비카가 있을 거라는 사실은 식물학자가 아니어도 짐작할 수 있었다. 깊은 삼림 속 커피나무 군락은 그 크기와 형태가 놀라울 정도였다. 몸통이 두터운 것과 가는 것, 싹이 수직으로 돋는 것과 완벽한 V 자로 나뉘어 자라는 것, 구부정하게 나는 것도 있다. 어떤 나무는 가지와 잎 수가 적은 반면, 이웃한 개체는 몸통이 보이지 않을 정도로 잎이 무성했다. 잎이 곱슬곱슬한 것, 은색이나 청동색이 섞인 것, 어린 잎이 옛날

만년필 촉처럼 길쭉한 것도 있었다. 열매 또한 크기가 다양하고 심지어는 모양도 달랐다.—어떤 것은 길쭉하고 어떤 것은 더 짤막하다.—이런 것이 커피 군락마다 다양하게 나타났다. 유전적 다양성은 헤아릴 수 없을 정도이고, 결실을 많이 하는 것, 해충에 더 잘견디는 것처럼 좋은 특성을 지닌 나무에서 씨앗을 채집하는 일은 간단해 보였다.

그렇지만 표현형에 기반해 특정한 무언가를 고르겠다는 시도는 쓸데없는 짓이다. 표현형은 곧 그 특정한 환경에서 나타난 특성이며, 전체 내용의 일부분만을 나타낼 뿐, 대개는 그 잠재력과 거의 관계가 없다. 커피나무를 숲에서 조금 떨어진 길에 옮겨 심으면 어떻게 될까 추측하는 것도 아무 소용이 없다. 하물며 그 지역 밖, 대양의 건너편 농장에 이 숲에서 얻은 씨앗으로 키운 커피나무 수천 그루를 채우면 어떻게 될지는 더더욱 모를 일이다. 기후도 고도도 토양도 다른데 여전히 잘 자랄까? 어떤 것이 열이나 가뭄에 더 잘 견딜까? 어떤 것이 커피녹병에 더 잘 버틸까? 일광 노출 재배를 하면 어떻게 자랄까? 이 지역 숲에는 존재하지 않는 병해충에, 원 숲에서는 다양성 덕분에 억제되고 있는 병해충에 어떻게 반응할까? 생산성은 좋을까? 숲에서 씨앗을 채취하고 길러서 관찰하고, 나아가 몇 세대를 거듭해서 지켜보지 않는 한, 이 질문들에 답할 수 없다. 나아가 어떤 식물을 새 정착지에 심었을 때 그 유전적 특질이 궁극적으로 어떻게 나타날지도 알 수 없다.

메이어 팀은 이런 점에 유념해 광범위하게, 거의 닥치는 대로 채집했다. 그들은 가능한 많은 지역에서 가능한 많은 종류의 커피를 수집하기로 했다. "에티오피아의 커피종 수집에서, 해당 커피나무가 진짜 야생의 것인지, 재배지에서 삐져나온 것인지, 버려진 재배지에서 난 것인지, 연구용인지, 그냥 재배되던 것인지는 그리 중요하지 않다." 최종 보고서는 이렇게 언급하고 있다.[17] 그리고 메이어는 아라비카의 특성이라 알려져 있는 속성을

채집

지닌 나무를 찾아냈고, 그 외 새로운 수종도 발견했다. 커피나무는 색상별, 잎 크기별로 달랐고 열매 형태도 납작한 것에서부터 둥근 것까지, 1.7센티미터 크기에서 2.5센티미터 크기에 이르기까지 다양하게 나뉘었다.[18] 연구진은 모두 채집했다. 에티오피아 전역에서 아라비카를 621종 모았다. 가장 많이 모은 곳은 카파였다.

"그는 남부 에티오피아에서 자생하는 야생 커피 유전 자원을 최초로 수집했다." 2006년 메이어의 부고 기사에는 이런 표현이 써 있었다.[19] 그렇지만 그건 어디까지나 부수적이었다. 메이어는 서기 79년에 분화한 베수비우스 화산에 파묻힌 폼페이의 정원에 있던 식물을 규명한 업적으로 가장 잘 알려져 있다. 아무래도 식물학 탐정 수사 성격이 있는 데다가 역사적 관심도가 높은 분야이기 때문이다. 그에 비해 그가 수집한 커피종들은 ex situ 부지에서 여전히 자라고 있으며 지금도 커피 산업에서 중요한 자원이 되고 있다.

"1961년 이후 저는 아라비카 종을 식물학적으로 기술하고 새로운 생식질을 도입하기 위해 에티오피아에 두 번 찾아가 씨앗과 여러 식물 자원을 수집했습니다." 귀국한 해 온두라스에서 열린 컨퍼런스에서 그가 한 말이다. "이 1960년대 수집종들은 미주 대륙으로 묘목이 들어온 1700년대 이후 가장 중요한 자원입니다."[20] 그는 전 세계 커피 산업의 근본적인 선조가 된 식물들을 언급하여 이렇게 이야기했다.

그가 연설하던 곳에 참석하지 못했던 이 중에 몽펠리에에 있는 프랑스 국립 연구소 ORSTOM* 소속의 식물학자 두 명이 있었다. 이들은 특히 야생 커피에 중점을 두고 FAO 탐사단의 행적을 면밀히 쫓아가며 에티오피

---

* Office de la Recherche Scientifique et Technique Outre-Mer의 약자이다. 1998년에 IRD로 이름을 바꾸었다.

아 남서부 고지 내 70개 부지에서[21] 커피 생식질을 수집했다.[22]

　　　메이어는 아마 자신이 에티오피아에서 했던 작업이 얼마나 중요한지 정확하게 알았을 것이다. 그렇지만 자신이 이루어낸 두 가지 수집종이 50년 뒤에 어떤 가치를 인정받을지까지는 몰랐을 것이다.

CHAPTER 14

Ex Situ

Ex Situ

지마 외곽, 봉가 방향 도로에 옆길이 하나 나 있다. 약어인 JARC로 흔히 불리는 지마 농업 연구소로 가는 길이다. 이 길은 공항 뒤로 빠지는데, 리라 모양의 뿔을 가진 날렵한 보호르 무리가 길가의 풀을 뜯어 먹고 있다. 5킬로미터 정도 더 가면 JARC 입구가 나온다. 정문 경비를 통과하면 길을 따라 바위와 꽃으로 장식된 정원이 있다. 노란색 건물은 지면에 닿을 듯 낮고 지붕은 반짝반짝하다. 그 안에서 가운을 입은 과학자들이 움직인다. 연구단지 안에는 키 큰 나무들이 벽을 이루고 있는데, 그 벽 뒤에 바로 오래된 커피 재배용 ex-situ 부지가 있다. 182헥타르 크기로, 연구소 상당 부분을 이 부지가 차지한다.

    JARC는 1950년대, 농업 및 기술 교육 기관으로 시작했다. 피에르 실뱅이 에티오피아 각지에서 채집한 특이한 샘플 140개 수집종을 기부했다.[1] 1954년에서 1956년 사이, 이 수집종들을 모판에서 길러 건물 근처 농지에 이식했고, 이후 기술진이 수 년간 나무별 생산량을 기록했다. 다만 이 수집종이 끝까지 보존되지는 못했다.[2] 10년 뒤, 프레드릭 메이어의 FAO 탐사단—이때 이 기관에서 두 명이 참가했다.—이 당시로서는 최대 수치인 433종에 달하는 수집종을 넘겨주었다. 그렇지만 유감스럽게도, 파종도 해보지 못하고 사라졌다.

농업 학교 수준이었던 기관이 에티오피아 최초의 커피 연구소가 된 것은 에티오피아 국립 커피 협회와 FAO 특별 기금[3]의 자금 지원을 받으면서부터이다. 1967년 10월, JARC는 커피 품질 향상 및 증산, 질병 저항성 연구, 재배인의 수익 증대를 위한 국가적 사명을 부여받았다. 연구소는 ORSTOM 자체 수집종 중 78개 커피 수집종 및 해외 연구소에서 재배 중인 아라비카 계열 123개 품종을 받아 ex situ 부지에 심었다.[4] 경작지 정리 작업 후 격자무늬로 구획을 나누어 나무를 심었고—수집종당 5그루씩—구획 사이에는 이집트 콩나무를 심었다. 이 나무는 잎이 양치식물처럼 자라서 그늘을 드리우는 효과가 있었다.

1971년, 에티오피아에 커피베리병(CBD)이 창궐했다. 이 병은 Colletotrichum kahawae라는 곰팡이가 일으키는데 아라비카 나무에 발병하며 감염된 열매는 며칠 안에 검게 변하며 죽어버린다. 감염되면 생산량이 크게 줄어, 비가 많이 오는 해에는 손실률이 80%에 달할 수 있다. 첫 보고는 1922년 케냐였으며 이후 아프리카 지역에 서서히 퍼졌다. 지금도 에티오피아 커피 산업에서 가장 위험한 질병이다.

JARC는 커피베리병 창궐 이후 CBD 내성 강화 식물 육종 프로그램을 개시했다. 첫 수집종들은 지마와 카파 지역 숲에서 채집한 것으로서 JARC에서는 이들을 재배, 시험, 평가한 후 에티오피아 각지에서 기르게 했다. "그러나 이 수집종들은 어느 곳에서도 적응하지 못했습니다." 농학자 장

피에르 라부시가 자기 사무실에서 설명한다. 그는 2004년에서 2006년까지 유전 자원과 육종 운영 관련 기술 고문으로 JARC에서 일했다. "일종의 적응 실패였는데, 그 이유는 확실하지 않았어요. 제대로 발육이 안 되거나, 갑자기 죽어버렸고, 어떤 종류는 수확량이 형편없었습니다. 질병에 엄청나게 취약한 것도 있었습니다. 환경이 달라졌기 때문이죠."

JARC에서는 나라 전체에서 씨앗을 모으기 시작했다. 그러나 지마에 있는 ex situ 부지에서는 그 모든 개체가 다 잘 자라지는 못했다. 특히 하라 주변, 건조한 동부 고지에서 채집한 것들이 성과가 좋지 않았다.

라부시가 지도 한 꾸러미를 펼친다. 에티오피아를 지역별로 톱날처럼 쪼개어놓은 지도들이다. 각 지도마다 가운데에는 JARC가 모아둔 수집종의 수가 적혀 있다. 마치 색칠하기 교본 같다. 색칠한 선을 손가락으로 따라간다. 하라 서쪽의 고지대 커피 재배지를 표시한 선이다. 선에 따라 지형, 토양, 기후가 뚜렷이 구분된다. 나무가 이런 친숙하지 않은 환경에 적응하기란 어렵다. "강우량이나 습도가 하라와는 매우 달라요." 온도도 다르다. "온도란 건 상당히 복잡한 요소입니다. 평균 기온뿐만 아니라 밤과 낮의 온도차도 달라요."

연구소에서는 문제를 해결하기 위해 커피베리병 프로그램을 확대해 에티오피아 커피 재배지 각 지역별로 텃밭, 경작지, 숲에서 유전 자원을 채취했다. 지역별 연구소 아홉 개소를 열어 해당 지역에서 수집한 씨앗을 심고 관찰했으며 이 중 가장 가능성 높은 후손들은 동일 지역의 소규모 재배인들에게 배포했다. 이 프로그램의 목적은 커피베리병에 내성이 있으면서 지역 환경에 잘 적응하는 품종을 얻는 데 있었다. 다른 식물처럼 커피도 떼루아 영향을 민감하게 받으며, 한 지역에서 채취한 씨앗을 다른 지역에 심을 경우 음료 맛이 다르게 나올 수 있다. 에티오피아는 지역별 수집종 재배

전략을 통해, 리무 커피의 쌉쌀함과 섬세한 단맛, 예가체프 커피의 진한 블루베리, 자두, 꽃 느낌, 시다모 커피의 스파이시한 느낌과 베리류 느낌, 구지 커피의 귤 느낌, 하라 커피의 모카 커피를 연상시키는 맛, 웰레가 커피의 과일 향 등, 지역마다 특유의 커피 프로필을 유지할 수 있는 부차적인 소득도 얻었다.

JARC는 지난 50년간 에티오피아 커피 산업을 지원하고 보조해왔다. 그 사이, 에티오피아 커피는 가뭄으로 인한 몇 번의 침체기를 제외하고는 생산량이 50년대 말 8.1만톤에서 현재 45.4만톤으로 다섯 배 이상 꾸준히 증가했다. JARC의 연간 예산은 350만 달러이며 식물병리학, 커피 처리, 커피 품질, 토양과 식물 분석, 육종과 종자 기술, 커피 생리학, 식물 생명 공학 부서를 운영하고 있다.

ex situ 부지에는 25000그루의 나무가 자라고 있다. 이들은. JARC에서 진행하는 연구활동의 기틀이다. 아라비카 유전자형 기준으로는 무려 5천 가지나 된다. "하나하나 세어봤지요." 라부시의 말이다. 그는 JARC에서 일하면서 카탈로그 내용과 실제 부지에서 자라는 나무들을 하나하나 대조 검토해 실제로 자라고 있는 나무들을 확인하며 목록을 작성했다. 자본 규모가 비교적 한정적임에도 수집종은 잘 보존되고 있는 편이다.

"커피 수집종 중에서는 가장 종류가 다양하죠." 라부시가 강조한다. 과학자들이 으레 그러하듯, 그도 정확하게 표현하긴 하지만 완전히 확실하다는 식의 표현은 잘 쓰지 않는다. 쓰는 단어는 '아마도 그렇다', '그럴 것 같다', '가능성이 있다' 정도인데, 이는 이런 쪽이 다 밝혀지지 않아서가 아니라 아직 완전히 입증되지 않았기 때문이다. 그렇지만 JARC에 대해서는 다르다. "이건 확실합니다."

베르트랑이 사무실에 있는 커다란 화이트보드에 평행선을 그린다. 평행선을 따라 체크 표시를 한다. 제일 왼쪽 체크 표시 위로 Thomas 1941이라고 쓴다. 수단의 보마 고원에서 커피를 채집한 영국인 식물학자 이름이 토머스이다. 다른 체크 표시에는 Sylvain, FAO, ORSTOM, JARC/Ethiopia라고 쓴다. "육종을 하려면 이것 없이는 불가능합니다." JARC/Ethiopia에 커다란 X 자를 치면서 그렇게 말한다. "그런데 이들이 유전 자료를 공유하려 하지 않아요. 그래서 이것, 이것, 이것을 쓰죠." 나머지에다 동그라미를 치면서 말한다.

에티오피아에서는 수집종 자료를 소중히, 사실 너무 심하게 귀중하게 여긴다. 그래서 에티오피아인이 아닌 사람이 수집종의 유전 자료를 얻기란 근본적으로 불가능하다. 정부는 자신의 커피 자원을 자본화하는 데 관심이 많고, JARC와 커피 자연림의 가치를 잘 알고 있다. 거기에다, 사실 이 자원을 공유해야 할 의무는 전혀 없다. 유전 자원을 협의 없이 채취, 이전, 사용하는 것을 금지하는 국제 규약은 최소 7개는 되고, 생물 다양성 협약 Convention of Biodiversity도 여기에 들어간다. 1992년 리우데자네이루 지구 정상회의 Rio de Janeiro Earth Summit에서 비준된 이 협약의 목적은 아래에서 명백히 나타나 있다. "생물 다양성 보존, 그 구성원의 지속 가능한 사용, 유전 자원의 상업적 목적 및 기타 목적에서 생산되는 이익에 대한 공정하고 평등한 공유."[7]

"그 사람들이 '여기 있는 건 티끌 하나도 줄 수 없어!'라고 했다고 비난할 마음은 없어요." 왕립 식물원의 오린저리 Orangery 관에서 아론 데이비스가 말한다. "역사를 돌이켜보면, (외지인들은) 원하는 게 있으면 그냥 가져가서 돈을 벌었죠. 에티오피아가 지금 유통되는 커피 포대마다 1페니씩 세금을 매겼다면, 세계 최고 부자 국가가 됐을 겁니다." 그의 뒤로, 팜 야자 나무,

그리고 아름다운 아치형 창문 양쪽을 받쳐주는 모습의 로마 신의 조각상이 두 개 보인다. 하나는 자연과 야생 동물과 숲의 신 다이애나, 다른 하나는 꽃 나무의 신 플로라이다. "문제는 말이죠. 이것을 어느 선까지 확장하는가예요. 그 돈을 누가 낼까요? 아메리카 대륙 사람들이 낸다 치면, 그럼 논리적으로 이런 결론이 나겠네요. '아 좋아요. 그러면 우리는 옥수수 값을 징수할 테니 그거랑 맞바꾸면 되겠네요.' 전 세계 어디를 봐도, 대부분 나라들이 많은 주요 작물을 다른 나라에서 자원을 얻어 재배합니다. 그러니까, 일이 복잡해지는 거예요. 그렇지 않아요?"

추적 가능한 유전 마커를 사용하는 방법이 하나 있다. 육종학자들이 이를 사용해 생산성이 높고 녹병이나 커피베리병 내성이 있다거나 또는 자연적으로 카페인이 없는 품종 같은, 가치 높은 특성을 지닌 신품종을 생산한다면, 그 품종을 상품화할 때 보상금이나 로얄티를 에티오피아에 지불하게 하는 것이다. 이 방식은 전 세계 과학 공동체에서 찬성해야 하고 엄격한 가이드라인이 적용되어야 한다. "규제와 제도를 갖추고 나면 에티오피아도 도난 걱정을 하지 않을 겁니다. 지금 에티오피아는 자기네 유전 자원을 해적질한다며 모두를 비난하고 있거든요." 서렌드라 코테차는 이렇게 말한다. 그는 국제적으로 인정받는 커피 고문으로서 에티오피아에서 중요한 일을 해왔다. "내 생각으로는 그게 지금보다 더 지속 가능한 방법 같아요. 지금은 그냥 금고에다 집어넣고 잠가둔 상태거든요."

그가 말하는 것은 JARC와 커피숲 모두이다. "그리고 지금 중요한 건 이들이 사라질 것이라는 사실입니다. 점차 사라져가고 있어요." 반복해서 강조한다. "30년, 40년, 50년, 60년 뒤일지 모르지만, 사라질 겁니다. 커피숲은 점차 사라지고, 그 자리에 주거지가 들어서고 있어요. 아직은 기회가 있습니다만……."

지마에 있는 ex situ 부지도, 커피숲도 국제 단체와는 거리가 멀다. 베르트랑 같은 육종학자들은 JARC에서 유전 자원을 받을 생각 자체를 하지 않는다. 물론 그쪽에서 오는 것도 없다. 커피숲에서 유전 자원을 구할 생각 같은 건 하지 못한다.

"그래서 에티오피아의 유전 자원은 구할 수 없어요. 우리가 구할 수 있는 유일한 ex situ 부지는 CATIE 것이죠." 베르트랑이 언급한 곳은 코스타리카에 있다.

국제 단체들은 1950년대와 60년대에 커피 자원 수집을 위한 탐사에 자금을 댔고 수집종을 심고 연구하고 번식시키기 위해 여러 곳에다 현장 재배용 유전자 은행을 세웠다. 초기 채집 작업에서 얻은 수집종들은 코스타리카, 카메룬, 아이보리코스트, 탄자니아, 마다가스카르, 콜롬비아, 케냐, 페루의 연구소로 이동했다. 이 중에서 보유한 수집종이 가장 많은 곳이 코스타리카의 수도 산 호세에서 동쪽으로 약 64킬로미터 떨어진 뚜리알바에 위치한 미주 농업과학 연구소 Inter-American Institute of Agricultural Sciences 이다.

이 연구소는 1942년 전 미국 농무부 장관인 헨리 월레스 Henry Wallace 와 에콰도르의 농무부장 에르네스또 몰레스띠나 Ernesto Molestina 가 제창해 설립되었다. 이 연구소는 전 미주 연합(Pan American Union, 현재의 미주 기구 Organization of American States)의 후원 아래 지역 농업 발전을 꾀했다. 첫 커피 수집종은 1949년에 들어왔으며[8], 이후 수십 년에 걸쳐, 매년 수십 가지 품종이 새로 파종됐다. 그늘나무로는 뽀로 poró 라는 키 큰 나무—코럴 트리 coral tree, 에리스리나라 불리는 나무로, 꽃이 매우 화려하다.—및 야생 수집종의 경우 유칼립투스 나무를 쓰며 식부 간격은 2-2.5미터이다. 초기 도입한 로부스타 나무의 경우는 간격을 더 띄웠으며 키가 작게 자라는 아라비카 변종 몇 가지는 간격이 더 좁다. FAO, ORSTOM 탐사에서 새로이 수백 가지 수집종을 보냈고 이후에도 많은 종이 들어왔다.

1973년에 이 연구소는 교육과 연구 분야를 별개 조직으로 나누었다. 이곳의 이름은 Centro Agronómico Tropical de Investigación y Enseñanza(열대 농업 연구 및 고등 교육 센터)인데 약어인 CATIE가 더 잘 알려져 있다. 거대한 ex situ 유전자 은행과 세계구 급 커피 수집종은 CATIE가 떠맡았다. 오늘날 이곳에는 커피나무 약 만여 그루, 수집종으로는 2천 개, 코페아 속에 속하는 9개 종이 자라고 있다. JARC가 보유한 수에 비해서는 절반 가량이지만 더 다양한 지역에서 수집한 것을 모아두었다. 전 세계에서 자라는 야생과 준 야생 커피나무, 변종, 교배종, 재배종이 이곳에 있다.

CATIE 연구 부지에서는 뚜리알바 화산이 보인다. 그런데 2010년 초에 이 화산이 분화했다. 1866년 이래 처음 있는 일이었다. "재가 바람을 타고 북서부 쪽으로 이동했어요." CATIE의 ex situ 커피 수집종에 대한 유전 자원과 생명 공학 연구원 윌리엄 솔라노William Solano가 회상한다. "다행스럽게도 CATIE와는 정반대 방향이죠. 여기는 화산 분화구와는 26킬로미터밖에 떨어지지 않았답니다." 화산학자들은 지금도 분화가 진행 중이라고 본다. 지진 활동은 여전하고, 2015년 5월, 2016년 5월에도 화산 분화가 있었다. 지진과 진동, 화산재 분출도 빈번하다. "구름이 없을 때는 화산에서 기체가 뿜어져 나오는 것이 보입니다."

뜨거운 화산재가 덮친다든가, 홍수나 지진이 휩쓸고 지나간다든가 하는 가장 극적인 위협은 거의 일어나지 않는다. 그에 비해 해충과 질병, 기후 급변에 항상 노출되어 있다. 언제라도 폭풍우가 올 수도 있다. 때로 더 매서운 것이 온다. 마다가스카르에서는 태풍 때문에 연구소 하나가 거의 날아가버렸다. 사람이 실수할 수도 있고 악의적인 파괴 활동도 벌어질 수 있다. 도시가 커지면서 인구 증가에 의한 압력도 있다. 나무는 나이를 먹으면 교체해야 한다. 수집종당 표준나무 수는 5-8그루인데, 최근 5년 동안 CATIE에서 개체 수가 1-2그루 정도로 줄어든 것을 회복시킨 것만 200가지가 넘는다. 나무 수로는 약 1000그루이다. 유전자 은행을 운영하기 위해서는 필요한 것이 많다. 유지만 하려 해도 돈, 땅, 노동력이 뒷받침되어야 한다. 또한 장기적으로 유지되기 위해서는 정치적, 경제적으로도 안정되어 있어야 한다.

여러 주요 연구소들, 특히 콩고와 마다가스카르, 아이보리코스트의 연구소는 주변 여건이 매우 좋지 않았고 그러다보니 제대로 관리될 수 없었다. 식민 지배가 끝난 뒤, 또는 이후 내전이 지속되던 동안 자료를 보존하지 못하고 상실하거나 수집종이 사라지기도 했다. (살아남은 연구소들도 자국의 육종 프로그램에 참여하지 않는 육종학자들은 이용할 수 없었다.)

에티오피아도 현대에 들어 격동을 겪었지만, JARC은 완벽하게 살아남았다. 다만 지역의 다른 연구소 지부들은 살아남지 못했다. 1998년에는 하라에 있는 한 연구지부가 파괴되었는데, 유력한 원인은 토지 분쟁이었다. 이곳의 수집종은 592가지로 1986년에 채집한 것이다. 해당 채집 지역은 이후 엄청난 유전 침식을 겪었고, 그 수집종을 완전히 잃어버린 셈이다.[9]

코스타리카는 오랫동안 매우 안정적이었고, CATIE의 연구 부지도 지속적으로 잘 관리되었다. 커피 수집종을 관리한 사람도 해당 분야에서 가장 명망 높은 사람들이었다. J. B. H. 르젠Lejeune, 실뱅, 프레드릭 웰만, 프랑소아 안토니François Anthony, 필립 라셔메스, 베르트랑 등이 그들이다. 그렇지만 이곳에는 수집종이 많지 않았다.

CATIE의 부지에는 전 세계 수백 가지 품종을 대표하는 3만 5천 개의 수집종이 자란다. 그런데 부지는 지리적 환경이 단일하므로 수집종 모두에게 이상적인 곳은 아니다. 심지어는 수집종 모두에게 이상적이지 않을 수도 있다. 각 커피 수집종은 원래 있던 미소기후와 동일한 환경에서 이상적으로 보존될 것이다. CATIE 부지는 저지대 로부스타에는 알맞겠지만 아라비카에는 그만큼 덜 적합하다. 카파의 야생 수집종은 거의 영구적인 그늘이 있는 환경을 사랑하겠지만 직사광선이 내리쬐이는 예멘의 계단식 농지에서 채집한 수집종은 언제나 햇빛이 비치는 건조한 환경에서 자라야 할 것이다.

CATIE 부지는 일반적으로 아라비카가 자라는 곳에 비해 지대가 훨씬 낮고 습도는 더 높다. JARC 부지는 해발 1753미터로 이상적인 고도인데 비해 CATIE 부지는 602미터로 훨씬 낮다. 아라비카를 재배하기에는, 과학적인 표현을 빌리자면 "차상위 지역"이다. "너무 낮아요. 매우 낮죠. 그래서 보존하기가 어려워요." 베르트랑의 말이다. 그는 CATIE에서 10년 이상을 육종학자로 일했다. 이곳의 평균 낮 온도는 22.5도이고 연평균 강우량은 2600밀리미터, 뚜렷한 건기가 없다. "물은 너무 많고 온도는 너무 높아서 나무들이 고생합니다. 나무들이 많이 죽습니다. 품질 평가를 잘하기는 불가능하고, 생산성 평가도 어렵습니다." 그런데 바로 품질과 생산성이 육종용으로 나무를 고를 때 핵심적인 사항이다.*

학자들의 표현 중에 오펀 크롭orphan crop**이란 말이 있는데 커피가 바로 그 오펀 크롭이다. 커피는 쌀이나 밀에 비해 더 가난한 열대국가에서만 자라고, 이런 국가들은 연구 개발을 많이 할 만큼 충분한 자원이 없는 경우가 많다. "부유한 나라에서 커피를 사고, 볶고, 마시지만 농업에는 투자하지 않습니다. 지금에 와서야 산업이 눈을 떠서는 그 필요성을 보고 있는 거

• 이 문제를 해결하기 위해, WCR에서는 핵심적인 100개 수집종을 골라 보다 높은 지역 두 군데 심었다. 하나는 엘살바도르에 있고 다른 하나는 코스타리카 센트럴 밸리에 있는 스타벅스 소유 농장이다.

•• 농학적 면에서 주목을 못 받고 있는 작물—옮긴이

죠." WCR 이사 팀 실링이 2015년 BBC와의 인터뷰에서 한 말이다. 이것이 2012년, 텍사스 A&M 대학에 기반을 둔 공동 협력 연구소 WCR을 발족시킨 동기이자 힘이었다.

과거 10년에서 15년 사이, 아라비카 커피의 ex situ 부지는 물론이거니와 자연 삼림 또한 엄청난 벌채로 인해 유전 자원 상태가 심각한 상황에 처했다. 육종학자들이 품종을 개선하고 새로운 품종을 만들기 위해서 의지할 수 있는 원재료가 파괴되고 있다. "정말 큰 문제가 일어나고 있다는 걸 사람들이 알게 됐죠." WCR 육종 책임자 베르트랑의 말이다.

WCR의 첫 과제 중 하나는 CATIE 커피 수집종을 평가하는 것이다. "여기 있는 모든 계통의 DNA 배열을 확인하고 어떤 다양성이 있는지 하나하나 비교했습니다." BBC와의 인터뷰에서 실링은 이렇게 말했다. "결과를 보니, 놀랍게도 다양성이 거의 없었어요. 정말 충격이 어마어마했죠. 애초에 아주 다양할 거라고 기대하지는 않았지만 그 정도로 적을 줄은 몰랐죠."[10]

실링은 지금도 그 결과에 놀란 상황이다. 최근에 이런 말을 했으니 말이다. "그 결과는 아라비카 커피의 다양성 기반이 끔찍스러우리만큼 좁다는 것을 보여줍니다."

아라비카는 원산지에 가까이 가면 갈수록 다양성이 더욱 커진다. 그렇기에 육종학자들은 에티오피아 남서부 삼림, 야생 커피가 자라는 곳으로 가고 싶어한다. "이곳 개체군의 유전 구성은 매우 다양합니다." 아디스 아바바에서 열린 한 세미나에서 데이비스는 이렇게 말했다. "여러 질병에 자연 내성을 지닌 품종은 물론이거니와, 커피 생산자들이 관심을 가질 만한 다른 속성을 지닌 품종들도 있죠."[11]

"관심을 받을 만한 다른 속성" 중 중요한 것은 맛이다. 역사적으로 기존의 육종 작업은 질병 내성 또는 생산성 증가가 목적이었지 향이나 향미

증진은 목적이 아니었다. CATIE가 수집종을 키우는 곳, 중미와 카리브해에 있는 국가 중 유일한 유전 은행이 이 고도에 위치한 것은 그 때문이다. 이 고도에서는 맛있는 커피를 생산하는 나무보다는 여러 균류에 내성이 있는 나무를 찾기가 더 쉽다. JARC의 ex-situ 수집종은 1970년대 중반[12] 커피베리병 대책 연구를 위해 채집되었고, 해당 균류에 대한 내성 외의 연구는 거의 없었다.

에티오피아 커피 재배종은 일반적으로 세계 최고로 여겨진다. 향미는 폭발적이고 꽃향, 과일 향은 비할 데가 없다. 중남미 플랜테이션의 커피가 유전적으로는 거의 똑같은 수종 몇 가지로 이루어진 것과는 달리, 소규모 재배지에서 채집된 에피오피아 커피는 다양한 수종으로 이루어져 있는 데다가 지역 조합에서 여러 생산자의 생산물이 합쳐지면서 다시 한 번 섞인다. 이런 최고의 커피가 온갖 품종이 섞여 있는 텃밭이 아니라, 최적의 환경에서 재배되고 최상의 가공을 거친다면 얼마나 더 좋아질지 상상해보라.

이러한 가능성이 전 세계 커피 애호가들의 상상력을 촉발시킨다. 이런 일이 실제로 이미 한 번 일어나기도 했다.

CHAPTER 15

게이샤
Geisha

원형 테이블에 잔 수십 개가 놓여 있다. 열네 명의 심판원들이 지금 커피를 평가 중이다. 프로토콜에 따라 향을 들이마시고 미지근한 음료를 소리내어 빨아들였다가 내뱉는다. 이 커피들은 파나마의 전 대통령 미레야 모스꼬소Mireya Moscoso가 소유한 베네피시오(Beneficio, 수세 처리장)에서 일련의 예선을 통과한, 2004년도 베스트 오브 파나마Best of Panama 대회 결선 진출품들이다. 그리고 심판원들은 과거 소규모 대회에 초청되었던, 스페셜티 커피 업계에서 유명한 구매인들이다.

대회 주최자는 코스타리카와 국경을 접한 서부 고지대 계곡 지형 지대이자 커피가 많이 자라는 보케떼Boquete 지역의 커피 생산자 단체이다. 국제 커피 시세는 폭락했지만 이곳의 커피는 스페셜티 커피 업계에서 점점 더 높은 관심을 받고 있다. 1990년대 중반, 이곳의 커피 생산자들은 제대로 된 평가를 받지 못하던 파나마의 고품질 커피를 홍보하고자 이 대회를 열었다.

A. E. 하러는 1956년도에 펴낸 두꺼운 책에서 파나마 커피에 대해 단 한 문장만을 남겼다. "파나마에는 커피 경작에 적합한 땅이 별로 없거니와 얼마 되지 않는 생산량은 자국 안에서 다 소비된다."[1] 그로부터 40년이 흐른 뒤에도 파나마의 커피 사정은 여전했다. 주변 중남미 국가들의 커피가 명성을 떨친 것과는 정반대로, 파나마의 커피는 거의 알려지지 못했다.

파나마에 커피나무가 들어온 것은 19세기 초반이었다. 커피를 들여온 유럽 이주민들은 초기에는 해안가에 농장을 세웠고 이후 보케떼 주변에 농장을 만들었다. 파나마는 완만한 S자를 그리는 지협으로 기후 면에서 양쪽 대양에서 영향을 받는다. 5월에서 12월 사이는 태평양의 영향으로 비가 오고, 12월에서 3월 사이는 대서양의 영향으로 비가 온다. 우세풍이 강하기 때문에 지역별로 미소기후가 상당히 다르게 나타나고 강우량도 지역별로 매우 다르다. 바람이 산맥을 넘어가면서 안개가 나타나는데, 이것이 소위 라 바하레케 la Bajareque — 그리고 이중 무지개, 심지어는 삼중 무지개가 뜬다. — 이다. 보케떼 주변 산지를 돌아가며 깊은 계곡이 수없이 많은데, 이 계곡들은 커피 재배에 이상적이다. 한 재배인은 계곡 덕에 "달콤하고 멋진 바디감에 온화한 향기와 맛이 풍성한 매우 좋은 음료"가 난다고 말했다. 이곳 보케떼산 커피 중 최고급 고지대 커피는 화사하고, 과일 향이 있으면서 화사한 느낌이 살짝 들고 쌉쌀함에서부터 캐러멜, 화이트 초콜릿 느낌이 감돈다. 그해, 베스트 오브 파나마 대회의 결선에 진출한 커피들에서 바로 이런 향미가 났다.

심판원들 중 한 명, 인텔리젠시아 커피의 지오프 와츠 Geoff Watts는 이후에 이렇게 적었다. "결선 진출 커피가 25개가 넘었는데, 모두 수준이 매우 높았지만, 그중에도 유독 하나가 우리 심판원들 모두를 매혹시켰다. 일단 향부터 달랐다. 아름다운 자스민, 레몬그라스, 커피꽃, 달콤한 라임, 흰 복숭아 향이 방에 감돌았다. 처음에는 누군가 속임수를 쓴 줄 알았다. 에티오피아 커피를 집어넣었다거나 뭔가 섞었다든가……. 그 자리에 모인 심판원들은 모두 중미 커피를 수천 번씩 커핑해본 사람들이었지만 이런 맛은 처음이었다."[2]

여기서 그가 말하는 커피는 부르봉에서 까뚜아이*에 이르는 품종과는 완전히 다른 것이다. 아시엔다 라 에스메랄다Hacienda La Esmeralda에서 출품한 이 커피의 품종은 지금껏 전혀 유명하지 않았던 것으로 이름은 게이샤Geisha였다.

"마시자마자 뒷맛에서 압도적인 자스민, 파파야, 라임, 허니서클(인동 덩굴, honeysuckle) 느낌이 났습니다." 전 세계 커피 재배인, 수출업자, 로스터는 물론 정부 기관에게도 자문을 해주는 샌프란시스코 출신의 심판원 윌렘 부트Willem Boot는 이렇게 회상한다. "지금껏 이렇게나 비현실적으로 아름다운 커피는 맛본 적이 없네요."[3] 게이샤는 마치 청천벽력처럼 심판원들에게 들이닥쳤다.[4]

아시엔다 라 에스메랄다는 보케떼에서도 높은 지역에 있다. 높이가 3,474미터로 파나마 최고봉인 바루Barú 휴화산의 사면에 있다. 스웨덴에서 태어나 캘리포니아로 이주한, 전직 뱅크 오브 아메리카의 대표이자 최고경영자였던 루돌프 페테르손이 1967년에 이 농장을 인수했다. 아들인 프라이스는 펜실바니아 대학교에서 신경화학자로 일하고 있었는데 70년대 초에 그만두고 파나마로 와서 이 농장을 경영했다. "원래는 낙농업이 목표였습니다." 프라이스의 딸 레이첼의 말이다. "커피도 조금 키웠지만 큰 비중은 아

---

* 이 품종은 반왜성종, 즉 키가 약간 작다. 까뚜라와, 브라질에서 많이 쓰이는 고수율 품종인 문도 노보의 교배종이다.

니었어요."⁵ 그러다 1980년대 들어 커피가 "좀 더 많은 관심을 받게 되면서" 페테르손 일가는 커피나무를 더 심었고, 1994년에는 커피를 자체 처리할 수 있도록 베네피시오(처리장)을 지었다. 2년 뒤에는 보케떼 계곡 중 하라미요 Jaramillo라는 곳에 있는 비려진 농장을 사들인다.

레이첼이 회상한다. "커피를 키우지 않던 곳에 커피를 좀 심고, 커피가 자라고 있던 곳에는 새로 커피를 심어볼까 했어요. 지대가 낮은 곳에 커피나무가 조금 있긴 했는데, 그해엔 병이 심했습니다."⁶ 당시 이 지역에 녹병이 크게 돌았던 것은 아니지만 봄에 들어서면서 오호 데 가요 ojo de gallo* 라는 병을 비롯한 곰팡이성 질병이 퍼졌다. "그때 까뚜아이 품종은 잎이 다 떨어졌고 상태가 심각했죠. 그래서 아버지는 상태가 괜찮아 보이는 나무를 골라 그 씨앗을 받기로 했어요. 높은 지대에서 그런 나무를 찾았고, 그렇게 새로 나무를 심었답니다."⁷

2004년 1월, 프라이스의 아들 다니엘이 농장을 구획별로 나누어 커피를 맛보았다. "어떤 농장의 커피가 맛이 좋은 이유는 무엇일까? 그 농장 전체에서 좋은 커피가 생산되는 것이 아니라 어떤 특정 구역에서 특출난 커피가 나기 때문이 아닐까" 하는 프라이스의 생각을 확인해보기 위해서였다. "그런데 그의 말이 맞았어요."⁸

하라미요 농장 가장 맨 윗부분, 작은 골짜기 맨 끝단은 해발 1615미터 정도인데⁹ "찬 바람이 요동치는" 곳이다. 여기서 다니엘이 찾아낸 것은 10헥타르 면적에 펼쳐진 커피나무였다. 이 커피나무에 이후 게이샤라는 이름이 붙었다. 발견했을 때 이들 중 3분의 1은 죽은 상태였고, 3분의 1은 허약한 상태였으며, 나머지 3분의 1은 잘 자라고 있었다. 다른 나무와는 달리 키

---

* american leaf spot이라 불리는 병으로서 Mycena citricolor가 일으킴 — 옮긴이

가 매우 컸고, 형태도 달랐다. 가지는 좀 더 위쪽 방향으로 났고 잎은 살짝 위로 말려 우아해 보였다.

형태보다 더욱 놀라웠던 것은 그 길고 홀쭉한 커피콩에서 나는 향미였다. "대회가 시작되기 몇 주 전쯤, 농장 커핑 테이블에서 이 커피를 테스트했어요. 지금껏 한 번도 겪어보지 못한 맛이 나더군요. 외국산 커피라도 이 정도 향미는 본 적이 없었습니다. 솔직히 말하자면, '이거 결점두인가?' 하고 생각했습니다." 훗날 파리에서 열린 커피 컨퍼런스에서 다니엘은 이렇게 말하며 청중을 웃게 했다. "파나마 커피에서 나는 일반적인 향미는 절대 아니었습니다. 고품질 파나마 커피라면 품질 좋고 깔끔하며 균형 잡힌 맛을 생각할 겁니다. 예를 들어 블루베리 향기가 풍성할 거라는 기대는 하지 않아요. 베르가못이나 뚜렷한 자스민 향 같은 건 전혀 없죠. 그런데 바로 그것이 게이샤를 독특하게 만든 하나의 징표입니다."[10]

페테르손 집안에서는 이 커피를 하라미요 스페셜Jaramillo Special이라 이름 붙였고 곧 개최될 베스트 오브 파나마에서 선보이기로 했다. 가족들은 이 커피가 어떤 상을 받을지 감을 잡을 수가 없었다. 심판원들이 어떻게 생각할지도 궁금했다. 다니엘이 말했듯이, 수확 후 처리에서 문제가 있었다고 생각할 가능성도 있었다. 과일 느낌이 과도한 것이 발효조 속에서 너무 오래 있었기 때문일 수도 있었다.

그리고, 심판원들이 준 점수는 100점 만점에 평균 95.6점, 한 심판원은 만점을 주었다. 페테르손 가문의 사람들은 놀랐고 기뻐했다. 그날 일어났던 일 중 다니엘이 특별하게 기억하는 것이 있다. "한 심판원(대니 오닐 Danny O'Neill)이 테이블에 걸터 앉아서는 채점 끝난 다 식은 게이샤 잔을 들고 남은 걸 즐겁게 마시더군요." 이런 일은 상당히 드물다.

이 비범한 커피는 손쉽게 1위를 차지했고, 몇 달 뒤에는 인터넷 옥션에서 다시 주목을 받았다. 베스트 오브 파나마를 수상한 커피는 대개 좋은 값을 받긴 하지만, 게이샤에 어느 정도 값이 매겨질지 아시엔다 라 에스메랄다 사람들은 확신할 수 없었다. 그러나 걱정할 필요가 없었다. 옥션이 시작되기도 전에 심판원들은 그 물량을 사려고 준비 중이었으니까.

7월, 미국 스페셜티 커피협회 주최로 대회 고득점 커피에 대한 인터넷 옥션이 열렸다. 물량은 거의 9천 킬로그램에 달했다. 당시 상품 시장에서 일반 아라비카 커피 가격은 파운드당 73센트였는데, 게이샤의 옥션 최저가는 파운드당 1.25달러였다.

아시엔다 라 에스메랄다가 출품한 게이샤는 60킬로그램들이 포대로 7개, 약 1000파운드 정도였다. 입찰가는 순식간에 파운드당 2.50달러를 지나 계속 솟구쳤다. 15달러 입찰이 들어오자 프라이스 페테르손은 옥션 진행인에게 연락했다. 해킹이 아닐까 하는 생각에 그들은 옥션을 잠시 중단하고는 입찰 상황을 검증하기도 했다. 옥션이 재개되자 입찰가는 계속 올라갔다. 마침내 낙찰된 가격은 파운드당 21달러였다. 지금까지의 인터넷 거래 생두 최고가를 훌쩍 뛰어넘은 가격이었다.(이날 두 번째 최고가는 파운드당 2.53달러였다.)

낙찰자는 모두 일곱, 인텔리젠시아Intelligentsia, 스텀프타운Stumptown, 스윗 마리아즈Sweet Maria's를 포함한 업체가 게이샤를 나누어 가졌다. 스윗 마리아즈는 집에서 로스팅을 하는 고객을 상대로 하는 전문 생두 소매 업체인데, 이번 낙찰분은 1파운드들이 봉지 131개에 나누어 담아 한정 상품으로 고객당 하나씩만 판매했다. ("이렇게 한 이유는 가능한 많은 분들에게 커피를 나누어 드리기 위함입니다!"라고, 웹사이트에서는 당당하게 설명했다.) "이 커피의 음료 특성은 파나마 커피 중에서 독보적일 뿐만 아니라 중미 커피 전체를 통틀어서도 빼어납니다." 스윗 마리아즈의 창립자 톰슨 오웬Thompson Owen은 리뷰에서 이렇게 적었다. "꽃향, 신선한 시트러스 꽃의 화사함, 가벼운 바디, 허브, 꿀 느낌의 맛이 있습니다."[11]

옥션이 끝나고, 어떤 기자 겸 브로커는 프라이스 페테르손에게 게이샤 품종이 무엇인지, 그 품종이 어디에서 온 것인지 물었다. 당시엔 이를 확실히 아는 사람이 없었고, 프라이스 또한 알지 못했다. 프라이스는 이렇게 말했다. "아직은 확인하지 못했습니다. 아마도 부르봉에서 갈라져 나온, 키 큰 나무로 생각되네요. 에티오피아에서 건너온 것 같습니다만 내가 물어본 바로는 에티오피아 사람들도 이 품종은 들어본 적이 없다는군요!"[12]

모든 아라비카 품종이 그러하듯, 게이샤도 에티오피아가 기원이다. 그렇지만 게이샤가 페테르손의 농장에 오기까지 어떤 기구한 여정을 밟았는지는 꽤나 시간이 지난 뒤에야 밝혀졌다.

게이샤라는 이름은 이국적인 이름이 아니라 봉가 남서쪽, 마지에서는 48킬로미터 정도 떨어진 지역의 이름이자 그곳에 있는 산 이름이다. 19세기에 스와힐리족 상아 상인들과 사냥꾼들이 코끼리를 쫓아 키비시강 인근 고원 지대 주변부까지 가곤 했는데, 약 2440미터 되는 그 지역을 쉼터로 삼고는 스와힐리어로 물이라는 뜻의 '마지'라고 불렀다.[13] 이후 메넬리크 2세가 이 지역을 정복해 마지에 요새를 세우고 수비대를 두었고,[14] 영국 정부에서는 상아 밀매와 노예 무역을 막으려는 의도로 그곳에 영사관을 세웠다. 최후의 영사는 리처드 웰리 Richard Whalley 대령으로, 그가 단신 부임했던 1930년에 이 지역에는 실질적으로 거주민이 전혀 없었다. 아디스 아바바에 있는 상관에게 보낸 서신에는 이렇게 적혀 있다. "원 거주민 중 남은 사람은 10-20% 정도밖에 되지 않습니다."

웰리의 담당 구역에 게이샤가 있었고, 게이샤 품종이 파나마로 여행을 시작한 것도 그의 임기 중이었다. CIRAD의 농학자 장 피에르 라부시는 자료를 조각조각 맞추어 여정을 복원하는 작업을 시작한 일이 있다. 몽펠리에의 사무실 선반에 손으로 그리고 색을 칠한 지도와 등사 서류가 한 다발 쌓여 있는데, 그중 하나가 F. 밀로F. Millor*가 1969년에 만든 미공개 보고서 〈Inventory of the Coffee Varieties and Selections Imported Into and Growing Within East-Africa〉이다. 여기에 게이샤 항목이 있고 케냐에서 활동했던 영국인 식물학자 T. W. D. 블로어T. W. D. Blore가 쓴 글이 있다. "1931년, 아비시니아 남서쪽 게이샤 숲에서 채집한 씨앗이다. 해당 지역은 해발 1976-1981미터이고 연 강우량은 1270-1778밀리미터이다. 1차 가지는 길게 자라나 아래로 처지고, 2차 가지가 상당히 많이 난다. 잎은 작고 좁으며 그 끝은 청동색이다."**16

영국령 동아프리카(케냐)의 키탈레에 있는 커피 묘목장에서는 이 씨앗을 받아 일부를 ex-situ 부지에 심었다. 당시에는 전 세계 농업 연구소에서 육종용으로 사용하기 위해 여러 커피 선택 품종들을 모아 두었고 게이샤도 이들 중 하나였다. 1936년, 아마도 처음 아니면 두 번째 수확분에서 나온 씨앗은 우간다의 수도 캄팔라에서 북쪽으로 조금 떨어진 카완다의 농업 연구소와 탄자니아의 모시 외곽, 킬리만자로 산 사면에 위치한 리아문구의 농업 연구소에 심어졌다.***

그해 초, 웰리는 직접 게이샤 지역으로 향했다. "케냐의 농무부장이

---

* 밀로에 대한 상세 자료는 없다.
** 웰리, 밀로, 블로어 모두 게이샤Geisha라고 말한다. 페테르손과 라부시도 그렇게 사용한다. 다만 일부 미국 스페셜티 커피 로스터들은 게샤Gesha로 쓰고 있다.
*** 1980년도에 CIRAD의 식물학자 피에르 샤메탄Pierre Charmetant은 리아문구에서 그 원 개체가 잘 자라고 있음을 확인했다. 작황 개선 프로그램 담당자인 두데딧 킬람보Deusdedit Kilambo에 따르면, 원 개체와 후손 개체가 함께 해당 부지에서 잘 자라고 있다고 한다.

게이샤

식민지 실험용으로 이 지역에서 커피 씨앗을 10파운드 정도 채집해달라고 부탁했습니다." 웰리는 1936년 1월 29일, 일을 마치고 돌아오는 길에 아디스 아바바에 있는 자신의 상관인 영국 공사에게 편지를 보냈다. 해당 지역 원주민인 티샤나족으로부터 공격을 당하지 않도록 암하라 군인들이 엄중히 보호해주었다. 이 여정은 제법 미뤄졌던 것이었고 웰리는 커피열매 결실기를 놓칠까 걱정했다.

> 게이샤 커피(이곳에서 최고의 커피)가 재배되기를 항상 고대했다. 그 게이샤가 엄청난 나무들이 드리우는 그늘 아래 오래된 수풀 속에서 자라는 야생 커피라는 것을 알았을 때 내가 얼마나 놀라고 흥미로웠을지 상상이라도 할 수 있을까. 그러나 수확기가 거의 끝나가고 있었고 자우데 Zaude가 꾸물거리는 통에 씨앗 10파운드를 구하지 못할까 걱정이 됐다. 나는 숲을 헤매고 다녔지만 3일 동안 모은 것은 고작 2-3파운드였다. 그때부터 나는 티샤나족에게 돈이 될 만한 근사한 선물을 주었다. 그랬더니 그들은 이틀 만에 커피열매를 잔뜩 가져왔고, 나는 충분한 양을 구할 수 있었다.[17]

웰리는 2주 만에 돌아왔고 도착 즉시 국경 너머 케냐에 외따로 떨어진 식민 관사로 씨앗을 보냈다. 그로부터 몇 개월 뒤, 이탈리아가 침공했고 그는 마지의 영사관을 폐쇄한 뒤, 수단 쪽으로 국경을 넘어 보마로 이동했다.•

    1953년, 향후 CATIE로 자리잡게 될 코스타리카의 연구소에서 리아문구에 있던 게이샤 씨앗을 질병 내성종 계통 중 하나로서 받아왔다.[18] 당시

• 웰리는 이탈리아 식민지 시대에 보마에 남아 있다가 국경 근처 영국인과 지역민으로 구성된 게릴라를 조직해 해방 운동을 벌였다.

연구소는 게이샤 외에도 상당한 품종을 해외 연구소로부터 도입했다. 몇 가지 들면, 콩고(1954), 탄자니아(1955), 푸에르토리코(1957), 포르투갈의 오에이라스(1965년과 1971년), 콜롬비아(1972), 브라질(1974)이다.* 게이샤는 녹병 내성이 좋은 것으로 나타났고 그 덕에 여러 연구소를 오갈 수 있었다. 1958-59년 니아살랜드 영국 보호령(이후 말라위가 된다.)에서 진행된 현장 실험 보고에서는 "잎 상태는 좋으나 수확량은 낮은 품종" 항목에 게이샤가 있고, 해당 품종 중에서는 녹병 영향을 가장 적게 받는 것으로 나와 있다.[19] 그렇지만 칭찬은 아니다. 밀러가 내린 총평은 신랄하다. "생산량이 높은 품종이 아니다. 커피콩이 좋지 않은 경우(길고 가늘다.)가 많고 음료는 전반적으로 품질이 좋지 않다. 다만, 녹병 저항성이 있기에 교배용으로 쓰였다."[20]

그리고 마침내 1963년에, 게이샤가 파나마에 도착했다. 커피 재배인이면서 농무부 직원이기도 했던 프란시스꼬 '빠치' 세라신 Francisco "Pachi" Serracin이 코스타리카에서 게이샤를 가져왔다. 그는 몇 가지 질병 내성이 있는 새 품종들과 함께 게이샤를 보케떼에 있는 자기 농장, 핀까 돈 빠치 Finca Don Pachi에 심었다.

세라신은 게이샤 씨앗을 계곡 주변 이웃들에게 나누어 주었고, 씨앗을 받은 사람 중 한 명이 하라미요의 한 농장에다 이 씨앗을 심었다. 아마도 여기서 게이샤는 수십 년 동안 아무 관심도 받지 못하고 자라왔을 것이다.

그러다가, 페테르손의 농장 중 높은 계곡 지역에서 무언가 특이한 현상이 일어난 것이다. 그동안 게이샤의 음료 품질에 대해서는 부정적인 보고

---

* 1964년 12월에 메이어가 이끄는 FAO 탐사단 또한 게이샤에서 씨앗을 몇 가지 구했다. 이것은 탐사단원 스스로 채집한 것은 아니고 '배달원을 보내' 받아온 것이다. FAO Coffee Mission to Ethiopia, 18.

만 있었다. 그러다 보케떼라는 산지 환경을 만나면서 진정한 향미 잠재력이 드러난 것이다.

베스트 오브 파나마 옥션이 있기 전까지, 미주 대륙에서 재배되던 아라비카는 모두 티피카 아니면 부르봉에 기반한 재배종을 기원으로 했다. 이런 상황에서 게이샤의 향미는 가치를 매기는 것부터가 숙제였다. "가치를 매기기 어렵다. 이런 특성이라니, 너무나 이국적인, 마치 이세계에서 온 것 같은……. 그것이 에스메랄다 게샤Gesha라면, 더더욱 어렵다." 2006년도 품평글에서 톰슨 오웬은 이렇게 썼다. "엄청난 과일 향, 풍성한 꽃향, 이 커피는 너무나 특별해서 어떤 말을 쓰더라도 너무 감상적이거나 관능적이거나, 터무니없게 느껴질 것 같다."[21] 훨씬 더 과장된 표현을 쓴 이도 있다. 2006년 심판원 중 한명인 버몬트 소재 그린 마운틴Green Mountain의 대표 돈 홀리Don Holly가 그렇다. "최소한 이곳에서는 종교인이 될 수밖에 없어요. 이 커피를 맛보았더니만 잔에서 신의 모습이 떠오르지 뭡니까?"[22]

그해 에스메랄다의 게이샤는 옥션 최고가를 달성했다. 파운드당 50.25달러, 상업용 등급 대비 50배의 가격이었다. 스몰 엑스 커피 얼라이언스Small Axe Coffee Alliance라는, 인텔리젠시아와 스텀프타운, 스윗 마리아즈와 그라운드워크 커피 컴퍼니Groundwork Coffee Company에 노르웨이의 커피 로스팅 업체 카파Kaffa까지 합세한 입찰팀이 10시간 동안의 경쟁 끝에 낙찰받았다. 인텔리젠시아는 이 커피를 로스팅해서 8온스들이 포장으로 팔았는데 한 봉지에 51.95달러였다.

2004년 옥션은 파나마 주요 일간지 1면에 실렸다. 다만 다른 매체에는 몇 줄 실리고 끝이었다. 케네스 데이비드조차도 몇 달 지나서야 자신이 발행하는 인터넷 매체 〈커피 리뷰Coffee Review〉에 국제 경연 대회 관련 기사에서 언급한 정도였다. 로이터, 포브스, 와인 스펙테이터(여기서는 게이샤를 "중미 신맛 베이스 예가체프"라고 불렸다.)[24]를 비롯해 여러 매체에서는 낙찰 신기록이 세워졌다고 보도했다.

2007년 옥션은 상당한 기대 속에 열렸다. 아시엔다 라 에스메랄다는 게이샤를 500파운드 출품했고, 또다시 지난번 옥션 기록을 깼다. 북미 로스터 연합체 입찰팀이 파운드당 130달러라는 가격에 낙찰을 받았다.

아시엔다 라 에스메랄다는 게이샤 품종으로 유명해졌다. 그렇지만 에스메랄다의 총 생산분 중 게이샤는 3%뿐이었다. 수치가 점차 늘긴 했지만, 2015-16 수확분에서도 게이샤는 4분의 1 정도이다. 게이샤는 기르기 쉬운 품종이 아니고, 생산량을 높이기 위해 자손을 치지 않은 지도 꽤 되었다. 잠재 향미를 끄집어내기 위해서는 오랫동안 고지대에서 재배해야 하고, 나무 자체에 열매가 열리는 마디 간격이 길다. 다니엘 페테르손 말에 따르면 이 두 가지 특성 때문에 자기 농장 게이샤의 생산량은 농장 내 까뚜아이나 까뚜라 같은 품종에 비하면 3분의 1에 불과하다고 한다.

페테르손 집안에서는 베스트 오브 파나마 옥션에서 성공을 거둔 후 대형 옥션 참가뿐 아니라 자체 경매도 진행했다. 2008년 최초의 옥션에서 기묘한 현상이 있었는데, 게이샤 상품들 중 가장 좋은 것만 유독 값이 다르게 매겨졌다. 다섯 개 품목이 올라왔는데, 하나는 파운드당 110달러에, 다른 하나는 고작 5달러에 낙찰되었다.[25]

그렇긴 했지만, 그 최고의 커피는 말 그대로 최고였다. 농가엔 상패가 그득해졌다. 고지대 게이샤 상품이 또다시 업계 최고 상을 수상했고 낙찰 기록도 또다시 경신되었다. 2010년 옥션에서는 파운드당 170달러라는 어마어마한 결과가 나왔다.[26] 다음 해, 베스트 오브 파나마를 운영하는 스페셜티 커피 협회에서는 아예 게이샤 항목을 따로 분리했다. 부르봉, 티피카, 과일 향 좋은 까뚜라에게도 기회를 주기 위해서였다.[27]

가격이 이렇게 올라간 것은 게이샤만의 향미에다 능수능란한 마케팅, 너무나 적은 물량, 높은 기대와 명성 덕이었다. 그렇다 해도 품질만큼은 여전히 비교 불가였다. 에스메랄다에서는 매 처리 단계를 정밀하게 관리했다. 농장에서는 40-50% 정도로 그늘을 짙게 드리웠고 완벽하게 잘 익은 열매만을 수확했다. 수확 후 처리와 보관, 심지어는 수송 과정도 정밀했다. 습기 많은 항구에서 수 주일씩 계류하는 경우가 많은 해운용 컨테이너 대신, 에스메랄다는 항공 운송을 택했다. 항공 운송은 베이 에어리어$_{Bay\ Area}$*의 카페까지 이동하는 데 파운드당 7달러까지 추가 비용이 든다. 이 비용만도 세계 최고급 커피 도매가보다 높다.

2013년 베스트 오브 파나마 옥션이 진행되던 시기에 커피 시장가격은 떨어지고 있었다. 아라비카 시장가는 파운드당 평균 1.50 정도였다. 그러나 옥션에서 게이샤의 시작 가격은 파운드당 4달러였고 곧이어 4.10달러 입찰이 들어왔다. "초콜릿, 포도, 촉촉하고, 산미가 높고 딸기 향이 강하다." 설명은 간략했고 거의 일반적인 표현뿐이었지만 이내 50.10달러 입찰이 들어왔다. 분명했다. 이 옥션은 특별할 것이었다. 특히, 까냐스 베르데스$_{Cañas\ Verdes}$ 구역에서 생산해서, 농장 기준으로는 새로운 기법인 건식 처리한 100파운드 로트가 그러했다. 옥션은 오후에 끝났고, 공동 낙찰자 사자 커피(Saza Coffee, 일본)와 하야 고메 커피(Haaya Gourmet Coffee, 대만)가 지불한 금액은 자그만치 파운드당 350.25달러였다.[28] 지난 모든 낙찰가들이 너무 낮은 가격으로 보일 정도였다. 2017년 7월 옥션에서는 가격이 하늘을 뚫었다. 내추럴 게이샤 100파운드 로트에 한국의 큐 스페셜티 커피$_{Kew\ Specialty\ Coffee}$**가 지불한 가격이 파운드당 601.00달러였다.

* 샌프란시스코 만 안쪽—옮긴이

단언컨대, 게이샤는 스페셜티 커피 세계에 군림하는 대스타이자 제3의 물결의 총아이며 스페셜티 커피 세계에서 가장 눈에 띄는 성공신화이다. 그렇지만, 커핑 대회에서 우승하고, 옥션 최고가를 기록하고, 커피 애호가들 사이에서 가장 탁월한 품종으로 인식된다 할지라도, 실제로 마셔보기는 어려운 음료이다. 북미의 촉망받는 커피 로스팅 업체들—브리티시 컬럼비아 주 밴쿠버의 로카니니Rocanini, 뱃돌프 앤 브론슨Batdorf & Bronson의 올림피아 본사 내 테이스팅 룸, 포틀랜드에 있는 스텀프타운, 샌프란시스코의 포배럴Fourbarrel, 블루보틀의 오클랜드 로스팅 설비에 딸린 카운터—모두 메뉴에 게이샤가 없다. 나가면 근처에 바로 보이는 피츠 매장이나 스타벅스 매장은 말할 것도 없다. 바르셀로나의 엘 마그니피꼬가 가끔씩 게이샤 커피콩을 팔지만 옆에 있는 럭셔리한 MAG 카페의 음료 메뉴에는 게이샤가 없다. 암스테르담의 보카 카페 또한 게이샤가 없다. 런던 닐스 야드Neal's Yard 뒤 몬머스 커피 컴퍼니Monmouth Coffee Company 플래그십 매장에서는 산지별로 세심하게 선정한 최고급 커피 십여 가지를 판매하고 각각의 커피를 네 페이지에 걸쳐서 화려한 수식어를 달아가며 설명한다. 그런데 그곳의 바리스타 한 명이 최근 말한 적 있다. "게이샤가 한 번 들어오긴 했는데 몇 년 전이에요."

게이샤 커피콩은 약 로스팅이 좋다. 특유의 시트러스 과일 느낌이 잘 드러난다. 추출은 간단하게, 깔끔하게 해야 한다. 케멕스Chemex 같은 푸어오버 방식 핸드 드립이 좋다. 그렇지만 제3의 물결을 추종하는 카페에서는 에스프레소 기반 음료가 지배적이다. "게이샤를 에스프레소로 추출하면 낭비

◆◆ 큐 스페셜티 커피는 홍콩에서 설립되어 호주에서 사업을 하고 있는 중국계 업체이다. 당시 파나마 신문에서 한국 회사라고 잘못 소개했고, 저자는 이를 근거로 서술하면서 생긴 착오이다.—옮긴이

죠." 엘 마그니피꼬의 소유주 살바도르 산스는 이렇게 말한다. 독특한 향미가 사라져버린다고 한다. 여기다 우유까지 더하면 섬세하면서 독특한 향기가 가라앉는다. 빈티지 싱글 몰트 위스키를 블렌드 용으로 쓰는 것과 같다. 게이샤로 캐러멜 마끼아또를 만들 이유는 없다. 그러나 아무리 푸어오버 커피를 지향하는 고급 커피 매장이라고 해도 게이샤 한 잔을 위해, 조셉 브로드스키가 로스팅한 나인티 플러스 커피의 에티오피아보다 다섯 배나 되는 돈을 지불할 마음은 없다.

나는 엘 마그니피꼬의 연구실에서 처음 게이샤를 맛보았다. 키 크고 젊은 브라질인 수석 커퍼 까시아 마르티네스 데 카르발류Cássia Martinez de Carbalho가 이번에 도착한 주요 중미 커피 다섯 개를 늘어놓았다. 나를 포함해 대여섯 명이 커핑 스푼을 들고 일렬로 서서는 잔 위에 뜬 덩이 진 것을 부수면서 발산하는 향기를 재빨리 들이마셨다. 커피가 식은 뒤 맛을 보기 시작하면서, 입에서 인식된 향미를 잡아냈다. "카페 콘 레체café con leche", "초콜릿과 시나몬", "치즈케이크 크러스트 느낌", "초콜릿과 유제품 느낌" 식으로 말이다.

그런데 아시엔다 라 에스메랄다의 게이샤는 완전히 달랐다. 산뜻한 초콜릿, 견과류 느낌과 크림 느낌이 입안에서 살짝 감돈다. 중미 아라비카에서 흔히 나타나는 향이 아니라, 꽃향, 베리향이 풍부한 에티오피아산 커피에 가까웠고 여기에 각종 핵과류, 오렌지 마멀레이드, 장미꽃잎, 베르가못의 향긋한 느낌이 더해졌다. "깔끔한 살구" 살바도르 산스는 향을 맡고 이렇게 말했다. 스푼에 담긴 액체를 날카로운 소리를 내며 빨아들여 입안에 채웠다. 그리고 잠시 뒤 덧붙였다. "살구와 망고" 그의 얼굴에 만족감이 가득했다.

게이샤에는 에티오피아 커피에 있는, 즐거움과 관련된 요소는 모두 갖추었다. 그러면서 여기에 우아함과 섬세한 포인트들이 더해졌다. 보다 밝고, 보다 화사하고, 보다 과일 느낌이 난다. 또한 더 정제되어 있다. 야단스러운 면도 있지만, 부드럽게 야단스럽다. 향기를 턱 하니 내놓는 것이 아니라 슬며시 뿜낸다. 나머지 네 개의 커피들도 중미산 최고급 커피로, 모두 커핑에서 최고급 점수를 받았고 주요 대회에서 우승한 것들이지만, 게이샤에는 마치 봄 같은 특별한 쾌활함이 있다.

"게이샤는 이쯤이죠." 산스가 손바닥을 펴서는 가슴께까지 올렸다. "예가체프는 이쯤이고요." 손을 살짝 내린다. 에티오피아의 예가체프 커피는 재래종을 모아 만들었다. "혼합된 것이라, 동일하진 않지만 그 핵심은 들어 있는 거예요."

게이샤는 미지근하게 식으면 향미가 더 도드라진다. 장미꽃잎과 감귤 느낌이 짙어지다가 마침내는 감귤 향이 지배한다. 커피에서 바르셀로나 식품매장에 갓 도착한 달콤한 감귤 향이 이렇게 강하게 느껴지다니, 기묘하면서도 신비하며 으스스하기까지 하다.

게이샤가 성공하면서 파나마 주변 지역에서는 너도나도 게이샤를 재배하기 시작했다. 중미 국가들은 물론이고, 곧이어 다른 나라들도 따라갔다. 십여 개 국가들이 게이샤를 심었다. 코스타리카, 과테말라, 콜롬비아, 브라질, 탄자니아, 그리고 에티오피아마저도. 미국과 유럽의 내로라하는 로스터들이 커피 농업에 뛰어들어 산지를 게이샤 단일 품종으로 도배 중이다.

결과는 꽤나 극단적으로 나타나고 있다. 산지 환경의 영향이 강하다. 환경 요소 중 토양 조성과 토양 영양소, 기온, 강우, 고도, 사면 방향이 최종 품질에 상당한 영향을 미친다.

콜롬비아의 바예 델 까우까 Valle del Cauca 에서 생산된 게이샤 커피는 SCAA 주최 2011, 2012년도 커피 오브 더 이어 대회에서 최고 점수를 받았다. 그렇지만 이 기록은 예외에 해당한다. 최고급 커피는 여전히 파나마의 보케떼 주변 고지대 산지에서 생산된다. 〈커피 리뷰〉에서는 2015년도 최고급 커피 칭호를 핀까 라 물라Finca La Mula에서 생산된 게이샤에게 주었다. 이 농장은 최근 세워진 것으로 소유주 부트 씨는 게이샤가 세상에 등장한 옥션에서 심판을 맡은 적이 있다. 2016년 월드 브루어스 컵World Brewers Cup에서 결선 진출자 세 명—이 중 한 명은 우승했다.—이 파나마 게이샤를 썼다.

그 외 지역의 커피에 대해서는 이견이 제법 있다. 산스가 말했다. "평범한 게이샤가 많아요." 그는 베스트 오브 파나마 심판원을 맡은 적이 있다. "보케떼에서도 낮은 곳에서 생산된 것은 그런 경우가 있습니다."

계곡마다 미소기후가 다양하게 나타나기 때문에, 아시엔다 라 에스메랄다에서는 게이샤 재배 제한 고도를 1400미터로 잡고 있다. "게이샤의 특성이 드러날 거라 기대할 수 있는 최저 고도가 그쯤입니다." 다니엘 페테르손의 말이다. 그는 아시엔다 농장의 고도가 게이샤의 우아한 특성을 드러나게 하는 중요한 요소라고 본다. "다른 아라비카 커피들처럼, 더 높고 더 시원한 곳으로 갈수록 커피의 좋은 속성들이 두드러지는 것 같아요. 더 강한 산미, 더 강한 향 같은 것 말이죠." 기온이 서늘한 밤 동안 열매의 결실 속도가 느려지고 그만큼 향과 향미를 생성하는 지질이 더 복합적으로 활성화된다. 그렇지만 높은 곳에서 재배하려면 위험을 감수해야 한다. 자외선 때문에 잎이 탈 수 있고, 바람과 추위 때문에 질병이 발생할 수도 있다. 서리 때문에 나무가 죽기도 한다.

게이샤가 성공하면서 에티오피아 남서부의 구름이 자욱한 수풀 속에서 다른 게이샤 품종 채집 활동도 시작되었다. 제3의 물결을 추종하는 생산자들이 다음번 제왕이 될 품종, 음료로 만들었을 때 훨씬 더 극적인 맛을 낼, 아직 발견되지 않은 커피를 찾으려고 몰려들었다. 씨앗을 수집하러 깊은 우림으로 들어갈 탐사대를 조직한 이들도 있었다.

그런데 이런 은밀한 시도들은 위험하기도 하거니와—에티오피아는 커피 생식질을 밀반출하려는 사람들에게 엄벌을 내린다.—쓸모없는 짓이다. 에티오피아의 숲에 알려지지 않은 훌륭한 품종이 없어서가 아니라—분명히, 뛰어난 커피들이 많이 있을 것이다.—그런 탐사는 광범위하고 체계적으로, 꾸준히 진행되어야 의미 있는 결과를 낼 수 있기 때문이다. 가치 있는 향미를 얻는 결과가 나오려면 수십 년에 걸쳐 평가 작업을 진행해야 한다.

게이샤가 음료에서 보여준 특성은 무작위적이고 우연적인 결과였다. 게이샤는 75년이 지나서야 두각을 드러냈다. 처음에는 질병 내성을 위해 심어졌을 뿐 향미는 결코 주목받지 못했다. 최후 목적지 아시엔다 라 에스메랄다의 고지대 계곡으로 이동했을 때조차도 그러했다. 파나마 게이샤는 보케테에 도착하기까지 여러 연구소에서 재배되며 수많은 세대를 거쳤다. 게이샤는 페테르손 가문의 농장까지 이동하는 기나긴 여정 동안 다른 품종에 섞여 버릴 위험, 잘못 명명될 위험, 교배되어 혼종이 될 위험에서 가까스로 비껴갔다. 산스는 이 품종을 그냥 게이샤가 아니라 파나마 게이샤라 특정한다.

원래 씨앗이 채취된 곳은 1931년 에티오피아 남서부 게이샤 숲이었다.[29] 다만 수집한 사람은 알려져 있지 않다. 분명히, 그 첫 번째 수집종 가운데 몇 개체가 케냐 농무부장에게 긍정적으로 평가를 받았고, 그리하여 다시 동일 부지에서 씨앗을 10 파운드 정도 구해달라고 부탁한 것이다.

소위 이 에티오피아의 검은 황금을 쫓는 사람들은 게이샤 인근 지역에 집중하는 경향이 있다. 그런데, 이 지역에는 음운학적으로 일치하는 이름을 가진 마을이 셋 있다. 그중 하나가 메지 인근의 게차Gecha란 곳이다. 아마도 원래 씨앗은 수십 킬로미터 떨어진 곳에서 채집되어서 장날에 여기로 왔을 것이다. "게이샤 재배종, 특히 리아문구 육종 프로그램 선택종 VC:496은 리아문구 육종 프로그램에서 광범위하게 사용되는 것으로서 게이샤 산

또는 마지 시장Maji Marker에서 온 것으로 보인다." 1960년대에 진행된 해당 프로그램을 진행했고 FAO의 에티오피아 탐사단과 동행한 L. M. 페르니Fernie는 이렇게 적고 있다.[30]

게이샤라는 산지도 의문투성이지만, 게이샤가 단일 품종인지는 더더욱 의문이다. 후일 리아문구 게이샤(VC:496)와의 교배 연구에 대해 글을 남긴 블로어는 아래처럼 흥미로운 언급을 남겼다. "유전적 총체라는 점에서 보자면 게이샤는 한 가지 품종이 아니다. 게이샤라 불리는 나무 안에서도 상당한 차이가 있다. 이 나무들의 공통점은 이들의 원산이 에티오피아의 게이샤 산 인근이라는 점이다."[31]

게이샤의 내력과 관련하여 라부시가 말한다. "아직은 빈칸이 꽤나 있어요."

그렇긴 하지만, 카파 주변 커피숲 탐사는 계속되고 있다. 다만 새 품종을 발견할 수 있는 시간은 한정되어 있다. 야생 아라비카는 이제 더 이상 자라지 못할 수도 있다.

CHAPTER 16

기온 문제
A Matter of Degrees

영국 왕립 식물원의 아론 데이비스가 대중에게 유명해진 것은 2012년, 컴퓨터 모델링을 사용해 기후 변화 및 그로 인해 에티오피아의 야생 아라비카 커피가 받을 영향에 대한 연구 결과를 발표하면서부터이다. 연구에 따르면, 커피가 자랄 수 있는 후보 지역 수는 2080년까지 최대 65%까지 사라질 수 있는 것으로 나타났다. 그런데 이건 최상의 시나리오였다. 최악의 시나리오대로라면 99.7%가 사라질 터였다. 야생 커피나무만 따져본다면, 해당 모델링에서 예측한 결과는 40-99%까지 감소하는 것으로 나타났다.[1] 기후 변화로 인해 야생 아라비카 개체는 65년 안에 멸종할 수도 있다는 뜻이다.[2]

1960년대 이래, 에티오피아의 연평균 기온은 1.3도 올랐다. 매 10년마다 0.28도씩 오른 것이다.[3] 특히 남서부는 매 10년마다 0.30도씩 올랐다. 게다가 온도 상승 속도는 점차 빨라지고 있다. 그런데 데이비스의 말로는 "사실은 이미 오래전부터 속도가 빨라지는 추세였다."고 한다.

남서부 고지대 삼림 기후는 커피나무가 살기에 비교적 서늘하고 안정적이다. 아라비카 나무의 최적 기온은 중앙값이 18-22도이다. 기온이 높으면 커피열매의 발생과 결실이 빨라지지만 품질은 떨어진다. 커피콩 특유의 향미를 내는 화학 성분 조합을 제대로 짜맞출 여유가 없기 때문이다. 기온 상승과 더불어 생산량은 급감한다. 곧이어 나무의 생존이 위험에 처한다. "1도만 달라져도 맛이 달라집니다." 2013년 보스턴에서 개최된 SCAA 심포지엄에서 데이비스는 이렇게 말했다. "2도가 달라지면, 생산성에 영향을 미칩니다. 3도가 달라지면, 생존할 수 없습니다. 커피나무가 죽는 거지요."[4]

런던으로 돌아온 뒤, 데이비스는 그 직설적인 공식에서는 한 발 물러선 모양새이다. 몇 가지 물리적 요인에 따라 지역적으로 변이가 있다는 것을 확인했기 때문이다. 그는 에티오피아의 지형이 다양하고 시기에 따라 강우가 달라지는데, 이것이 상당한 영향을 주기 때문에 예측하기가 복잡하다고 설명한다. 그렇긴 하지만, 아라비카는 특히나 예민한 나무이고, 생존할 수 있는 환경 조건은 상당히 폭이 좁다.

카파 주변 야생 커피 수집종들은 이미 기후 변화를 겪고 있다. 날씨의 폭이 커졌고 기상 이변도 많아졌다. 지난 세대에 비해 지금은 예측 가능성이 더 낮아졌다. "더 더워지고 더 습해졌지요."라고, 만키라의 월데기오르기스 샤워가 대를 이어가며 커피를 따는 바로 그 숲의 그늘진 경사지에 서서 말했다. 지난 밤 세차게 내린 비에 익은 열매가 바닥에 떨어져 있다. 수확기에는 이런 비가 내리는 일이 좀처럼 없었다고 한다. 비가 오면 커피가 더 늦게 익고, 마당에 있는 건조대에서 커피열매를 말리기는 더 어려워진다. "곰팡이가 피니까요." 비가 내리면 오렌지색 비닐 타프를 쳐야 하고 커피열매는 그 아래에서 오래 방치된다. 토요일 봉가 장에 나온 말린 커피열매에서는 곰팡내가 났고, 어떤 것에는 흰색 곰팡이 얼룩이 있었다.

데이비스가 카파 지역의 평년 강우 패턴을 그린다. 종 모양의 곡선이다. 그래프 옆으로 달과 수치를 꼼꼼히 적는다. "원래 비는 이렇게 일정한 형태로 왔어요. 그런데 매우 짧은 기간 사이에 강우량이 줄고 있습니다. 그렇게 되면 건기가 늘어나죠. 건기가 늘어날수록, 우기는 줄어듭니다."

곡선 위로 두 번째 곡선을 그린다. 요즘 강우 패턴이다. 진폭은 더 크고 봉우리와 골은 더 좁다. "더 습해지고 있지만 기온은 괜찮다고 하는데, 사실은 이 구역에서만 습해지는 것입니다." 두 곡선 사이, 더 높아진 부분에다 빗금칠을 한다. "우기 때 이미 강수량이 넉넉했는데, 여기에 비가 더 오는 거죠." 문제는 그 중간 계절에서 나타난다고, 그는 색을 칠하며 말한다. 그 구역에서, 비는 충분히 내리지 않는다.

봉가 남쪽 우파 숲에서 지역 대표 케로 미쇼가 말한다. "지금쯤이면 수확을 하고 있어야 하죠." 10월 막날을 하루 앞둔 날이다. 그가 커피나무 사이를 지나가며 커피를 한 움큼 따서 보여준다. 열매는 밝은 진홍색, 캔디 애플색이다. 다 익은 열매의 어둡고 진한 붉은빛이 아니다. 우파 지역의 수확은 평소 대비 수 주일이나 늦어졌다. 본격적인 비가 시작하는 시기가 달라졌기 때문이다. 작년에도 그랬다. "기후가 변하고 있어요." 그가 어깨를 으쓱한다. 확실히는 모른다는 의미일지, 아니면 순순히 받아들이겠다는 의미인지는 알 수 없다.

...

에티오피아를 제외하고 야생 아라비카 개체군이 자라는 유일한 지역, 남수단 접경지대 건너 65 킬로미터 정도 떨어진 보마 고원 지역은 더욱 심각하다.

1938년, 앵글로-이집트 수단 정부의 식물 부문 고문은 청나일강의 수원에서 수백 킬로미터 가까이 거슬러 올라가는 산마루 사이에 있는 최고도 지대인 보마 고원의 삼림에서 야생 커피를 발견했다. (날씨가 청명하면 보마에서 게이샤 산을 볼 수 있다.) 그는 1941년 영국 식물학자 A. S. 토머스Thomas와 함께 1941년 그곳을 다시 방문해서 샘플을 수집하고 기록을 남겼다. 당시 커피 수확은 거의 끝난 시기였다. 토머스는 가능한 한 열매를 많이 따서 이런저런 노력 끝에 탄자니아, 우간다, 케냐의 커피 연구소로 씨앗을 보냈다.[5] 이 품종들 중 하나가 루메 수단Rume Sudan인데, 이 품종은 이후 수십 년 넘게 품종 개량 육종용으로 사용되고 있다.(생산성이 낮기 때문에 순계로 재배되는 경우는 드물다.)

2012년 4월, World Coffee Research에서는 보마 고원 탐사단을 새롭게 조직했다. 여남은 명 정도의 이 탐사단은 이사장 팀 실링이 이끌었고 아론 데이비스도 수행했다. 이들은 당시 갓 독립한 남수단의 수도 주바Juba로 날아가, 소형 비행기를 빌려서 보마 저지대로 이동했다. 고원에 캠프를 차릴 수 있는 허가를 받지 못해서—신변의 위험 때문에—탐사할 때마다 매번 서너 시간씩 걸어가야 했다.

탐사대는 야생 아라비카를 몇 가지 찾긴 했다. 하지만 개체 수가 옛날 토머스가 본 것에 비해 엄청나게 적었다. "보마에서 야생 아라비카는 거의 사라진 것 같다." 실링의 말이다. "토머스의 기록을 가져갔지만, 그곳에 도착해보니 '오 세상에, 이건 완전히 다르잖아!'라고 할 만한 상황이었다." 토머스의 일지에는 몸통이 20센티미터는 됨 직한 아라비카 나무들이 무수히 많았다고 써 있었다. "그 정도 되는 오래된 커피나무는 한 그루도 없었다." 그리고 토머스는 연령대, 잎의 색상과 크기 면에서 이루 말할 수 없이 다양한 아라비카 나무들이 자생하고 있다고 기록했다. 그러나 그 역시 전혀 볼 수 없었다.

"이 지역 어디가 (토머스가 말한 대로) 그런 곳인지 전혀 확신할 수 없었다." 숲이 이토록 크게 변한 것을 두고 데이비스는 이렇게 말했다. 어느 정도는 기후 때문일 것이고—지역민들이 말하길 1980년도 들어 그늘을 드리우던 덩치 큰 나무들이 죽어갔다고 한다.—어느 정도는 사람이 원인이었다. 데이비스는 타버린 나무들을 몇 그루 발견했다. 이 지역 사람들은 매년 농지를 태워 풀을 제거하고 방목용 풀이 더 잘 자라게 한다. 이렇게 불을 놓다보면 숲도 같이 타버리곤 한다.

WCR 탐사단은 개화—결실이 아니라—시기 동안 활동했기에 씨앗은 전혀 채집할 수 없었다. 대신 이들은 말뚝을 박고, GPS 위치를 표시하고, 나무에 표식을 달았다. "이제 나무들이 어디에 있는지 알 수 있습니다." 실링의 설명이다. "나무를 찾는 것이 어려운 일이었죠." 이제 남은 계획은 나무에 열매가 맺힐 때 다시 가보는 것이다. WCR에서는 자체 육종 프로그램용 자재를 구하고자 한다. 보마 고원은 카파 지역에 비해 평균 500-600미터 낮고, 최고도 지역은 1600미터 정도이다. "지난 100년 동안의 기온 변화를 감안하면, 여기서 살아남는 개체는 상당한 환경 적응성을 지녔다 볼 수 있습니다." 실링은 이렇게 말했다.•

그렇지만, 5년이 넘은 지금도 재탐사는 이루어지지 못했다. 첫 탐사가 끝나자마자 반군이 이 고원을 점령했다. 커피 수집 탐사단에게는 너무나 위험한 지역이 된 것이다.

"몇 년 더, 몇 년 더 하면서 이렇게 앉아서 기다리기만 할 수는 없습

• 데이비스는 동의하지 않는다. 에티오피아에도 보마에서처럼 저지대 야생 커피 자생지가 있지만, 그는 에티오피아에 기후 적응성이 있는 아라비카가 있다는 징후는 본 일이 없다.

니다." 실링은 말한다. 생식질을 구하고자 하는 그의 조바심이 생생하게 느껴졌다. 다만 그의 말은 오히려 현실을 제대로 반영하지 못하는 것 같다. 현실은 훨씬 절박하니까 말이다. 몇 년 더, 몇 년 더 하다보면 수십 년이 지나버린다. 그렇지만 왕립 식물원 데이비스 연구진의 모델링 결과로는, 보마고원에서 기후 변화로 인해 2020년 안에 야생 아라비카가 멸종할 가능성이 99%였다. 몇 년 안 남은 셈이다.[6] 기후 변화와 삼림 벌채로 말미암아 숲 자체가 얼마 가지 못할 운명이다. "20년도 채 남지 않았다 봅니다." 데이비스의 말이다.

데이비스는 2012년에 발표한 야생 커피에 대한 연구가 이토록 관심을 받는다는 것이 놀라웠다. 과학 논문이 주요 매체에 보도되는 건 드문 일이거니와, 트위터의 주요 이슈로 등장하기란 더더욱 어렵다. 그렇지만 신뢰도 높은 여러 뉴스와 언론에서 보도한 내용에는 대개 문제가 있었다. "커피콩, 멸종 위기" 캐나다 방송국의 헤드라인은 이렇게 나왔다. 방송은 "훌륭한 아라비카 나무들이 기후 변화 때문에 2080년 안에 죽어버릴 수 있다."라고 경고했다. 재배종과 야생종을 구분하지 않은 것이다. "왕립식물원의 연구진이 진행한 새 연구에 따르면, 지구 기온이 상승하고 기후 환경이 조금씩 변하면서 현재 아라비카 재배지의 99.7%는 2080년까지는 커피 재배에 부적합한 지역이 될 수 있다." 텔레그라프 지는 이렇게 보도했다. 데일리 메일의 헤드라인은 한 단계 더 (잘못) 나아갔다. "카페인은 어떻게 추억거리가 되는가."

이런 오보에도 어느 정도는 진실이 있다. 기후 변화는 재배종 아라비카에도 똑같이 영향을 끼치기 때문이다. 세계 아라비카의 8분의 7을 생산하는 중남미는 기후 변화를 깊이 체감하고 있다. 커피잎녹병이 창궐하고 공격성이 한층 높아지면서 생산성과 품질이 크게 떨어진 것이다. 중미의 2016년 커피 수출량은 3년 연속으로 떨어져 1974년 이래 최저 수준인데, 앞으로는 수출량이 그보다 더 낮을 것이 확실하다.

　　기후 변화에 대한 정부간 협의체Intergovernmental Panel on Climate Change가 발간한 보고에 따르면[8] 기온이 2-2.5도 높아지면 전 세계에서 커피 재배가 가능한 지역은 크게 줄어든다. 2050년쯤 되면 재배 가능 면적이 절반으로 줄어들 것으로 예상된다. 전 세계 아라비카의 절반, 총 커피 생산량의 3분의 1을 생산하는 브라질의 기온이 3도 높아질 경우, 주요 재배지인 미나스 제라이스 주와 상파울루 주에서 커피 생산에 적합한 지역이 무려 3분의 2가 사라질 것이며, 다른 지역도 그렇게 될 것이라고 전망된다.[9] 아라비카를 포기하고 로부스타로 갈아엎는 전략조차 브라질에서는 먹히지 않는다. 로부스타는 열과 질병에는 비교적 강하지만 아라비카보다 물을 많이 먹는다. 장차 물 부족 국가가 될 가능성이 높은 브라질에서 로부스타를 재배할 물을 감당할 수 없다.

　　기후에 기반을 둔 브라질의 커피 산업의 미래는 사실 이처럼 절박하다. 그래서 어떤 전문가들은 정부가 커피 대신 가뭄에 덜 민감한 작물로 바꾸는 것을 고려해야 한다고 말하기도 한다. 역설적이게도, 수요가 급증하면서 2030년까지는 커피 생산량이 3분의 1, 즉 브라질이 현재 생산하는 양만큼은 더 늘어나야 하는 상황이다.[10] 이 거대한 커피 생산국은 생산량을 줄이기는커녕 더 늘리려고 할 것이다.

　　기후 변화 모델에 따르면, 지금의 주요 아라비카 커피 생산국 가운데 콜롬비아, 과테말라, 멕시코, 인도네시아, 에티오피아 같은 강우량이 충분한 고지대를 제외하면 커피 생산이 불가능해진다. "여기에는 중요한 단서가 있다. 고도가 높은 이 지역이 커피 농장을 세우기에 적합하고, 사람이 닿을 수 있으며, 토양 조건도 적합하고, 현재 거주민과 장차 거주할 사람들이 기꺼이 다른 작물 대신 아라비카 커피를 재배하고자 해야 한다." 전 지구적 기후가 아라비카에 미치는 영향에 대해 언급한 최초의 보고서에는 이렇게 써 있다. 보고서는 이 조건이 어떤 결과를 가져올지 매우 논리적으로 표현했다. "그 조건을 다 만족시킬 수 없을 것이다. 결과적으로, 아라비카 커피 생산은 줄어들 것이다."[11]

더 높은 지대가 있다 해도, 전 세계 커피 재배인의 대부분을 차지하는 소규모 재배인들은 커피 산지를 고지대로 옮길 수가 없다. 일단 위쪽 지역으로 이사도 불가능하거니와, 마땅한 산지도 곧 바닥날 것이다.

브누아 베르트랑은 말한다. "그렇기에, 새로운 생산 체계를 만들어야 합니다." 그는 이것을 혼농임업체계 Agro-Forestry System, 곧 AFS라고 말한다.

혼농임업체계는 무성한 그늘나무 아래에서 커피 농사를 짓는 방식이다. 고도로 기계화된 중미 농장 같은 환경이 아니라 에티오피아 숲속에서 야생 커피나무가 자라는 환경과 유사하다. "녹색혁명으로 촉발된 문제들에 맞서 싸워야 할 때입니다." 그는 토양 영양 고갈, 물 사용 과다, 비료 과잉 같은 문제들을 지적한다. "이제 다른 영농 방식을 도입해야 해요." 저명한 커피 유전학자이자 육종에서도 권위 높은, 베르트랑은 이를 '이중 녹색혁명'이라고 말한다.

베르트랑이 사무실 벽에 걸린 화이트보드에 글을 쓴다. 아라비카 커피가 당면한 세 가지 큰 위협들이다. 녹병, 기온, 가뭄이다. "녹병은 줄일 수 있어요. 기온도 내릴 수 있구요. 그리고 가뭄 영향도 물리칠 수 있습니다. 바로 혼농임업체계로 말이지요. 그렇지만 혼농임업체계는 생산성이 떨어집니다. 생산성이 떨어지니 이윤도 줄어들죠. 대략 20-30퍼센트는 낮아질 겁니다." 그는 어떤 보상도 없이 수익이 줄어드는 영농 형태로 바꾸라는 요구를 농부들이 받아들이지 못할 것이라고 본다. 그는, 회의적이긴 하지만, 환경을 보호하고 생물 다양성을 높일 수 있도록 정부에서 보조금을 지급하는 안을 제안했다. "그러나" 그가 잠시 뜸을 들인다. "지금 환경 보호를 한다고 돈을 더 주지는 않습니다. 그런 데 돈을 지불할 이는 없어요. 그렇기에, '돈이 되는' 혼농임업체계를 찾아서 하루라도 바삐 전환해야 합니다."

혼농임업체계의 핵심은 소위 1세대 교배종이다. (1세대, 즉 F1은 첫 번째 자식 세대를 말한다.) "1세대가 좋은 이유는 종래의 그늘재배형 품종에 비해 생산성이 40% 높기 때문입니다." 베르트랑이 '미주 품종'이라 일컫는, 까뚜라나 까뚜아이 같은, 일광 노출형 농경 체계에 맞도록 미주 대륙에서 오랫동안 육종되어 온 품종들을 야생 에티오피아와 교배해 이 1세대 교배종을 만들어낸다. 미주 품종은 높은 생산성을 물려주고, 숲속 그늘 아래에서 자란 에티오피아 품종은 짙게 드리운 그늘 아래에서 잘 적응하게 해준다.

이렇게, 부모가 이질적일 경우에는 소위 잡종 강세라 불리우는 효과도 나타난다. 베르트랑은 여기에 두 가지 뜻이 있다고 설명한다. "부모 어느 한쪽보다 교배종이 더 나은 경우, 또는 교배종이 두 부모들 중 가장 좋은 쪽보다도 더 나은 경우." 베르트랑 팀은 후자를 목표로 1세대 교배종 연구를 하고 있다. "일광 노출 환경에 잘 적응한 미주 품종을 에티오피아 품종과 교배했을 때, 일광 영농으로는 미주 품종보다 더 낫고 그늘 재배시에는 에티오피아 품종보다 더 나은 교배종이 나오지요."

식물 육종에서는 부모간 유전적 거리가 크면 클수록 잡종 강세도 더 커진다. "이런 현상을 '강세'라고 표현하기는 하지만, 커피의 경우에는 생산성에 해당합니다. 품질은 별개의 문제입니다. 품질에도 몇 가지 효과가 나타나기는 하는데, 아직 명확하지는 않습니다." 즉 무엇이 음료 맛을 가장 좋게 하는가는 아직은 밝혀지지 않았다. 다만, 부모 계통으로 야생 에티오피아 개체를 선택한 이유를 묻자 "왜냐구요? 향미가 좋거든요."라고 한다.

1세대 교배종은 수십 년 동안 진행되는 작업이다. 시작은 1990년대,

베르트랑이 코스타리카 CATIE에서 육종학자로 재직할 때였다. 최근 작업은 WCR이 지원하고 있고, WCR은 현재 종자 산업에 도움을 주고 있다. 유독 커피 분야에는 몬산토, 신젠타, 듀퐁 같은 거대 농업 회사가 없다. 지금은 국립 커피 연구소들이 종자 공급자 겸 판매원이 된 상황이다. 현재 50여 개 커피 생산국들 중 육종 프로그램을 활발히 진행해 새 품종을 개발하는 국가는 브라질과 콜롬비아이고, 나머지는 수십 년 전 진행된 연구 결과로 탄생한 품종을 '선택' 방식으로 육종할 뿐이다. "아직 연구소가 남아 있다 해도 다른 국가들은 돈이 없어요. 1950년대 이후로, 예산이 아예 안 들어옵니다." WCR 대표 실링의 말이다. "두 나라, 브라질과 콜롬비아만이 제대로 된 연구소를 갖추고 있습니다. 그러니까 브라질과 콜롬비아에서 하는 연구가 전부인 거죠."

"그래서" 이번엔 베르트랑의 말이다. "이제 사라지고 있는 국립 연구소들을 대신해서, WCR이 품종 생산에 뛰어들어야 합니다. 연구소들이 사라지는 상황에 WCR만이 해법입니다."

1세대 교배종의 핵심은 이들이 완전히 동일한 첫 번째 세대 후손이라는 점이다. 이를 사용하면 다섯 세대를 거쳐야 새 품종이 나오는 일반 육종법을 쓰지 않아도 된다. 즉 25년이 아니라 수 년 만에 재배인은 새 품종을 받을 수 있다.

"1세대 교배종 접근법에 투자하는 이유가 이것입니다." 실링이 설명한다. "좀 더 빨리 결과를 낼 수 있고 기후나 환경, 질병에 의한 직접적인 영향에 대응할 수 있습니다." 기후는 급속히 변하고 있고, 이를 다루는 핵심 요소는 속도와 유연성이다. 앞으로 겪게 될 어떤 문제도 속도와 유연성으로 해결할 수 있다. 수십 년씩 걸려서 답을 내는 방식은 이제 현실에 적용할 수 없다. "이제 민첩하게 결과를 낼 수 있어요. 5년 안에 새 품종을 만들 수 있습니다. 아시다시피 이제 그렇게 해야만 하는 상황이 됐어요. 지금도 전처럼 20년을 투자해야 결과를 낼 수 있는 상황이었다면, 결국 다 망했을 거예요."

실링 또한 육종학자이다. "무언가 엄청 좋아 보이는 것을 찾았다면, 그 즉시 마이크로커팅(미소 절삭)을 진행해 크게 증폭시켜 수천 그루로 만들어 실험해볼 수 있습니다." 단일 세포 배양이라는 방식을 쓰면 이런 증폭이 가능하다.•

이 최첨단 방식에는 체세포배발생somatic embryogenesis이라는 기술을 쓴다. 식물 모체에서 조그만 절편을 채취해 이를 바탕으로 수많은 식물 묘목을 발생시키는 시험관 기술이다. 그렇지만 이 기법은 아직 비용이 높다. 이를 극복하고자, CIRAD에서는 식물 묘목을 체세포배발생법으로 복제한 다음, 농지 배양 방식으로 증식시키는 효율적인 원예 기술을 개발했다고, 베르트랑은 설명한다. 이 방식은 소형발근묘rooted mini cutting법이라고 하며, 체세포배발생으로 만든 묘목 한 그루를 1년 만에 30-40개 개체로 만들 수 있다. 이 방식을 쓰면 농지에 심을 수 있을 만큼 자란 아라비카 묘목을 생산하는데 드는 비용을 30센트 미만으로 줄일 수 있어 비용이 크게 절감된다.

1세대 교배종 생산은 아직까지 파급력이 크지는 않다. 2016년까지 약 50개 계통이 나왔는데, 이 중 3개 계통만 배포된 상태이다. 지난해 생산된 묘목 수는 100만 그루로 제법 많아 보이지만, 베르트랑의 계산에 따르면 종자 시장에서 요구하는 양은 매년 8천만 개쯤이다.

• 베르트랑의 설명은 이렇다. "여기서는 클로닝(복제)을 합니다." 옥수수와는 상황이 다르기 때문이란다. "씨앗을 만들기가 너무나 어려워요." 커피꽃 하나를 자가수분하면 씨앗은 두 개 나온다. 옥수수라면 꽃 하나를 자가수분하면 알이 800개는 나온다. Kraft, "Coffee Hybrids and a Frank Talk About Breeding Coffee."

혼농임업체계에서는 커피나무 이외의 다른 요소들이 재배인의 생산 손실을 보상해줄 수 있다. 그늘나무에서 부산물을 수확할 수 있으며, 목재 또한 벌이가 된다. 커피 처리법을 달리하면 이 또한 수익성을 높일 수 있다. 말하자면 일반적인 수세식 처리법 외에, 내추럴 즉 일광 건조 처리법이나, 껍질과 과육은 제거하되 달콤한 점액질은 일부 남기는 허니 프로세스 처리를 하고, 수확 후 처리기술을 개선하는 것이다. "커피 품질은 품종과, 이를 생산하는 방식에 따라 좌우된다는 것이 밝혀졌어요." 베르트랑의 말이다. "여기에 수확 후 처리법도 품질을 좌우하죠. 어떤 발효를 일으키느냐 혹은 일으키지 않느냐, 커피를 그늘에 말리느냐 말리지 않느냐 등등 말입니다."

혼농임업체계의 성공은 전적으로 수익성에 달려 있다. 그늘을 짙게 드리워 커피를 재배하게 하려면, 그로 인해 떨어진 생산성을 다른 것으로 보상해주어야 한다. 베르트랑은 혼농임업체계를 향후 커피산업이 지향해야 할 유일한 경로라고 생각한다. "1세대 교배종은 장차 기후 변화에 적응하고 녹병에 대처하고 커피 품질을 유지하면서 중미―아니, 동아프리카와 기타 나라도 마찬가지―의 커피 절멸을 피할 수 있는 최고의 방법입니다." 녹병, 기온, 가뭄 글자에 동그라미를 그리면서 베르트랑이 말한다. "혼농임업체계는 현재, 10년 뒤, 15년 뒤, 30년 뒤에도 이 문제에 대처할 수 있는 유일한 선택지입니다."

화학 약제를 대량으로 투여하고 티모르 교배종에 기반한 교배 품종을 사용하면 녹병에는 대처할 수 있을지도 모른다. 병원균이 저항유전자를 넘어서기 전까지, 적어도 당분간은 버틸 것이다. "그렇지만 기후 변화는 어떡하냐는 거죠. 그건 필연적이거든요."

기후 변화가 있어도 당신의 아침 커피 한 잔 또는 스타벅스에 출근부를 찍는 생활이 바로 끝장나지는 않는다. 그렇지만 기후 변화 때문에 순수 아라비카를 찾기는 더욱 어려워질 것이다. 그리고 값은 더 비싸질 것이다. 좀 더 거친 향미를 가진 로부스타와 티모르 교배종이 많아질 것이고 수퍼마켓에서 파는 블렌드 제품에 이 품종의 함량이 훨씬 높아질 것이다. 콜롬비아는 한때 재래종 아라비카 100%라는 상징성을 가지고 있었지만, 이제는 교배종 재배에 의존하는 대표적인 나라가 되었다. 현 재배 품종의 최대 40%는 교배종이다.[12]

불과 얼마 전만 해도 기후 변화를 눈치챈 이들은 몇 없었다. 이제는 그렇지 않다. 그리고 커피는 이제 뜨거운 검은색 카페인 음료 따위가 아니라 하루의 즐거움을 만끽하기 위한 필수 요소가 되었다. 스페셜티 커피 시장, 고품질 커피 시장은 커피 산업에서 가장 빨리 성장하는 분야이다.

불행히도 기후 변화의 영향은 단순히 음료 맛을 떨어뜨린다든가 스타벅스 커피값을 인상시킨다든가 하는 문제에 그치지 않는다. 세계 커피 대부분은 보유 농지 면적이 1헥타르 미만인 소규모 재배인이 생산한다.[13] 커피에 전 세계 2천5백만 재배 농가의 삶이 달려 있다. 인구수로는 1억 이상에 해당한다.

생산자만 해도 이 정도이다. 그리고 커피의 진정한 세계적 영향력은 전체 유통망을 훑어봐야 알 수 있다. 수출업자, 운송업자, 로스터, 커피 매장, 수퍼마켓까지, 심지어는 아론 데이비스과 같은 연구원들까지도 찾아가 봐야 아는 것이다.

커피에 가장 의존하는 국가는 에티오피아이다. 커피는 에티오피아의 중추이다. 소규모 커피 농가만 해도 400만이다.[14] 인구의 4분의 1, 약 2500만 인구가 직간접적으로 커피에 생계를 의존하고 있다.[15] 메스핀 테클레 말로는 카파에서는 그 비율이 85%에 달한다고 한다. "커피를 채집 또는 재배하지 않는 사람들은 커피 매매업에 종사합니다."

2012년 연구 결과를 발표한 이후, 데이비스 팀은 야생 커피 대신 재배종 커피로 눈을 돌려 "에티오피아에서 기후 내성이 있는 커피 경제 구축"이라는 야심찬 프로젝트를 시작했다. 이들은 그후 3년에 걸쳐, 데이터 기록계를 갖춘 소형 기후 관측소를 설치하고, 그곳의 자료를 받기 위해, 또는 현지 농부들로부터 구전 자료를 받기 위해 에티오피아에서도 가장 오지 도로를 타고 3천 킬로미터 가까이 되는 길을 수십 번 왔다 갔다 했다. "(기후 변화로) 어떤 일이 일어날지 알기 위해서는 지금 일어나고 있는 일을 알아야 합니다." 데이비스는 옛 자료로는 만족할 수 없다고 말한다. 바로 얼마 전에 수집한 자료라도 마찬가지이다. 이번 프로젝트의 핵심은 지금 현재 일어나고 있는 일이었다.

좋았던 시절에는 에티오피아 재배인들이 커피만으로도 살아갈 수 있었다. 그렇지만 중미 기준으로 보면, 중미에서 가장 가난한 커피 농부에 견줘도 에티오피아 재배인들은 극빈층이다. 그들 대부분은 수도도 전기도 없는 주거지에 살며, 가장 기본적인 보건 혜택도 거의 받지 못한다. 식량 부족은 일상에 가깝다. 그나마 돈 좀 만지는 사람이라면 나귀가 있다. 차는 꿈에나 볼 수 있다. 일반적인 에티오피아 사람의 수입은 2달러가 채 되지 않는데 석유는 리터에 1달러는 한다. 게다가 차량 값이 서구의 두 배쯤 된다.

"식구가 다섯 명인 농가가 농사나 작물에 투자할 여력이 있을까요?" 데이비스가 강조한다. "특히 투자에 대한 대가가 확실치 않다면 말이죠." 기후 변화 때문에 농사는 그저 하기 힘든 일 수준을 넘어섰다. 어떠한 형태의 투자를 해도 이제 결과를 확신할 수 없는 상황이다. "모든 걸 잃어버릴 수도 있습니다."

만키라의 월데기오르기스가 말한다. "기후야말로 내가 겪은 최대의 도전입니다. (그리고 비비, 다 익은 열매를 그놈들이 먹습니다!)" 이 지역에서 그나마 잘산다는 그에게도 생존과 극빈은 종이 한 장 차이이다.

데이비스 팀은 극도로 복잡한 일련의 모델링 기법—네 개의 시간 프레임과 네 개의 기후 변화 시나리오를 사용해서 6개 모델링 기법을 조합한, 총 2천 개 시뮬레이션을 진행한다.—을 통해 2099년까지, 에티오피아에서 커피 재배에 적합한 땅을 30미터의 고해상도 "커피 지도" 위에 담아냈다. 재배인들이 더 나은 결정을 내리는 데 도움이 될 것이다. "정책 입안자들은 해야 할 일, 할 수 있는 일에 대한 가이드를 여기서 얻을 수 있습니다. 가능성은 무궁무진합니다. 제대로 된 결정을 내리고 이를 제대로 실행한다면 말입니다. 사실, 핵심 내용은 이렇습니다. 제대로만 한다면 적응할 수 있습니다. 쉽지는 않겠지만, 잠재력은 엄청납니다." 잠시 멈췄다 다시 말한다. "에티오피아에는 말이죠."

모든 나라가 이렇지는 않다. 에티오피아에서도 국토 전체가 해당되는 것은 아니다. 남서부 지역은 그나마 잠재력이 좋지만, 리프트밸리 동쪽, 즉 발레, 아르시, 하라 주변은 이미 커피 생산이 불가능한 지역이 되었거나 곧 불가능해질 것이다.

에티오피아의 재배 커피의 미래는 정부의 정책, 양질의 혼농임업의 실행 여부에 따라 달라질 것이라고 데이비스는 주장한다. "삼림을 복구시켜야 합니다. 삼림을 보호해야 합니다. 토양을 잘 관리해야 합니다." 이런 단계별 전략을 이미 정부가 시도하고 있다고 한다.

제대로 하기만 한다면 잠재력이 무궁무진하지만, 제대로 하지 않는다면 그 결과 또한 무궁무진해질 것이다. 커피만 보자면, 데이비스는 이렇게 말한다. "아라비카는 기후 변화를 극복할 만한 여력이 없습니다. 에티오피아에 다양성은 있지만, 기후 변화를 극복할 만큼의 다양성은 아닙니다."

메스핀이 콤보 숲에 들어가기 전에 경비병에게 인사를 건넨다. 경비병은 길 건너 낮은 언덕 위, 외따로 떨어진 전화 통신탑 바닥에 앉아 있다. 그가 외친다. "지금 사자 한 마리가 숲을 지나가고 있어요!" 여기서 사자는 드물지 않다. 지난해, 메스핀은 우연히 말을 먹고 있는 사자와 마주친 적이 있다. "조심하세요!" 동물이 지나가는 좁은 길을 타고 메스핀이 숲으로 들어가자 경비병이 한 마디 더 거들었다. 메스핀이 조심스레 길을 간다. 허리를 숙이고 길을 바라보며 냄새를 맡는다. 갑자기, 사자가 풍기는 강한 체취가 느껴진다.

주말 늦은 오후이다. 메스핀은 흰 셔츠, 파란 바지, 로퍼 차림이다. 그는 봉가 외곽에서 자랐고 숲에 능통하다. "어릴 때 대부분을 숲에서 보냈죠. 먹을거리도 찾고, 놀고, 숨바꼭질도 하고 말입니다." 리아네 덩굴, 여기저기 널린 커피 가지 아래로 몸을 수그리고 가시 돋친 나무를 피해 돌아 가면서, 깊은 숲속으로 조용히 들어간다. 조용히, 고양이처럼 미소를 짓는다.

그는 봉가를 두 번 떠났다. 한 번은 하라 인근에 있는 명성 높은 하라마야 대학교 Haramaya University에서 농업 기술학을 전공했고, 다른 한 번은 유럽에서 석사 학위를 받았다. 리딩 대학 University of Reading에서 삼림학을 전공했는데, 이 분야에서는 리딩 대학이 가장 유명하다. 나머지 대부분을 그는 카파에서 보냈다. 그는 지방정부의 농무부장으로 지역 숲과 숲 보존을 책임졌으며, 이후 팜 아프리카 Farm Africa를 비롯한 민간 단체, FAO, 독일 개발 기구 GIZ(현재 GTZ)와 협력하고 있다.

메스핀은 기후 변화에 대한 연구 보고서를 읽었고 통계 자료, 예측 자료를 알고 있으며 데이비스를 숲에 데려가 기후 변화가 지역에 미친 영향을 보여주기도 했다. 메스핀은 누구보다 카파숲에 대해 잘 아는 그리고 그 숲의 변화를 지켜본 산증인이다. 그는 기후 변화로 모든 커피나무가 일시에 사라지는 것은 아니라고 한다. 그가 조그만 공터에서 발길을 멈춘다. 몇 년 전에 키 큰 나무 한 그루가 쓰러진 곳이다. 그 나무가 쓰러지면서 햇빛이 들어왔고, 커피나무와 묘목들이 빛을 받고 자라났다. 불가사의할 정도로 조용한 숲속에서 그의 나지막한 목소리가 조용하면서도 분명하게 들린다. 원숭이, 새조차도 움직이지 않는다. 근처에 있는 사자도 조용하다.

그가 튼튼해 보이는 커피나무 가지를 가리킨다. 이끼와 양치식물이 가지를 덮고 있다. "적응한 거지요." 그가 나무를 보며 말한다. "경쟁도 했어요. 그래서 마침내 살아남은 것입니다." 이곳에 떨어진 이 씨앗 하나만 그런 것이 아니다. 다른 많은 나무도 그렇게 살아남았다. 그는 다른 쪽으로 걸어가며 강조했다. 이 나무가 여기 있는 것은 그것이―다른 것이 아닌 바로 이것이―살아남았기 때문이다. "적자생존이지요. 이 씨앗은 생존했어요. 모든 나쁜 조건, 모든 압력, 모든 경쟁을 뚫고 말이지요."

새 한 마리가 울어댄다. 깊고 반복적인 소리이다. 뿌리 쪽 밑동이 울룩불룩한 무화과나무에서 무언가 움직였다. "원숭이입니다. 여기엔 원숭이가 무척 많이 살아요. 원숭이가 보이지 않으면 경계해야 합니다. 다른 무언가가 여기 있다는 뜻이니까요." 무언가란 바로 사자를 말한다. 콜로부스 원숭이가 머뭇머뭇, 높이 있는 나뭇가지로 움직인다. "원숭이가 있다면, 안전하다는 뜻이죠."

이 숲은 지난 수십 년 동안, 그리고 수백 년 동안 변해왔다. 나무들은 오랜 세월 여러 도전을 받았고 적응해왔다. 다른 과제(도전)에 다르게 적응했다. "우리는 지난 50년 내지 100년 정도만 이해할 수 있을 뿐입니다. 그 정도는 최근에 해당합니다. 2천 년 전에 어떤 일이 있었는지는 몰라요." 그가 말한다. "과거에도 변화는 있었죠. 지금처럼 급작스럽지는 않았겠지만 말입니다. 자연계에서 변화는 늘 있었습니다. 지금도 여기 있는 커피나무들은 그런 변화에 적응했습니다. 그렇게 2, 4, 15, 20, 50세대가 흐른 겁니다."

카파의 보긴다Boginda 커피숲의 야생 커피 열매.

갑자기 메스핀이 돌아서더니 숲 밖으로 걸어나가기 시작했다. 사자가 깨어난 것이다. 새들이 가지에서 날아올랐다. 여러 새 소리가 불협화음으로 들려온다. "내 생각에, 자연은 모아두는 능력이 있는 것 같아요. 우리랑은 다르죠." 그가 멈춰 선다. 긴꼬리원숭이 한 무리가 위에서 아우성친다. "우리는 더우면 차가운 데로 가고, 추우면 더운 걸 찾습니다. 하지만 식물은 변화를 맞으면 받아들이거나 적응하죠."

이후, 봉가로 돌아왔을 때 그는 이렇게 말했다. "적응하는 나무들이 몇 그루 있을 겁니다. 커피도 그럴 거예요. 다양성이 있으니까요. 커피는 유전적으로 제법 다양합니다. 다양성이 있으면 희망도 있어요. 어떤 나무들은 내성이 특징이거든요." 콤바, 만키라, 보긴다, 기타 남서부 지역의 커피숲에 커피 다양성이 풍부하다는 것은 명백하다.

데이비스는 SCAA 주최 심포지엄에서 동일한 견해를 밝힌 적이 있다. "유전 자료를 살펴보면 …… 이런 숲에서 (아라비카의) 다양성은 엄청납니다. 절대적으로 엄청납니다. 삼림지대에서는 유전적 변이가 뚜렷하게 보입니다. 그뿐만 아니라 이 개체군들이 서로 섞였다는 것을 보여주는 증거도 있습니다. 즉 개체군 사이에 유전자 교환이 있었다는 말이죠. 그리고 묘목이 많습니다. 이 묘목들이 상시적으로 유전 변이를 제공합니다. 그리고 그 덕에 변화한 환경에 대한 적응이 가능한 거죠. 이건 매우 중요합니다."[16]

런던에서 데이비스에게 야생 아라비카가 급격한 기후 변화에 지지 않고 적응할 능력이 있는지 물은 적이 있다. 그때 그는 이렇게 대답했다. "음, 한계는 있습니다. 생리적으로, 생화학적으로 종 내 한계는 있으니까요. 아마도 일정 정도는 적응할 거고 자연적인 이동도 나타날 거라고 봅니다. 그렇긴 하지만……." 말소리가 줄어든다. 더 이상 생각하기를 주저하는 것 같았다.

나무는 이동하지 않는다. 다만 씨앗을 퍼뜨리는 식으로 이동하는 것은 가능하다. 이번 경우에는 더 나은 환경인 경사지 위쪽으로 이동하는 형태가 될 것이다. 데이비스가 마침내 다시 말한다. "그럴 것 같아요. 숲이 충분히 울창하다면 말이죠. 숲이 있다면, 숲속으로 들어갈 겁니다. 그렇지만 숲이 없다면 불가능해요. 일단 숲이 있어야 커피가 들어갈 수 있어요. 커피는 진취적인 품종은 아니라서 대놓고 빠져나가는 녀석은 아니고, 숲이 따라올 때까지 기다리겠죠." 그리고 새와 야생 동물들이 새로운 숲으로, 더 높은

만키라 숲의 작은 어린 커피나무.

계곡으로 씨앗을 옮겨줄 수 있다.

　메스핀은 지금처럼 숲에 이렇게 다양한 씨앗이 존재하는 한 야생 커피가 사라질 것이라고는 보지 않는다. "자연 삼림 속에 오래된 나무, 어린 나무가 있습니다. 모든 연속상이 다 있죠. 죽는 개체도 있고, 적응하는 개체도 있을 겁니다." 이끼로 덮인 나무 아래 묘목들이 자라고 있다. 온갖 수령의 커피나무들이 자란다. 탄력 있는 잎을 달고 있는 어린 나무들이 양질토 흙을 뚫고 솟아나 있다. "적응해서, 다양성이 있어서" 메스핀은 극도로 메마른 숲에서도 커피가 자라고 있는 모습을 데이비스에게 보여준 적이 있다. "(야생 아라비카는) 계속 살아남을 겁니다. 숲은 적응해왔고, 지금도 적응 중입니다."

　메스핀은 숲의 능력에 대한 자기 믿음을 한층 강조했다. "자연이 언제 적응할지는 모릅니다. 관찰하기가 어려워요. 한 번에 바뀌는 건 아닐 겁니다."

　데이비스가 기후 변화에 대해 말한다. "감지하기 힘들죠. 수십 년 정도로는 느낄 수 있는 게 아니에요. 세대 단위로 나타납니다. 그렇지만, 에티오피아 커피 삼림에는 또 다른 위협 요소가 있고, 이것은 감지하기 어렵지 않아요. 세대 단위로 나타나는 것도 수십 년도 아닙니다. 한 해 한 해 달라지는 거니까요."

CHAPTER 17

In Situ

In Situ

구미강은 만키라 숲 맨 아래쪽을 감아돌아간다. 흘러가면서 만키라 숲의 서쪽 경계를 이루고, 봉가로 가는 길을 가로질러 끊는다. 한 해의 절반은 비 때문에 강물이 불어나 만키라는 고립된다. 짧은 건기에도 위험할 수 있다. 폭풍우가 몰아치면 급격하게 물이 불어 급류가 된다. 매년 여기 휩쓸리는 사람들이 있다. 심지어는 강을 건너려다 일가족이 몰살된 사고도 있었다. 어떤 사람들은 말이나 나귀를 쓰기도 하지만, 이런 동물들도 돌바닥 위에서 휘청하는 순간 급류에 휩쓸린다. 이렇게 빠지는 동물들도 상당수이다.

약 15년 전에 에티오피아에서 가장 영향력 있는 기업가가 이 강에 다리를 세워주겠다고 제안한 적이 있다. 쌍수를 들 제안이었지만, 물론, 함정이 있었다.

"알 아무디란 사람이 커피를 심겠다고 숲을 찾아왔어요." 한 카파 주민이 회상한다. 여기 등장하는 인물은 에티오피아 태생의 사우디 국적 억만

장자인 셰이크 모하메드 알 아무디이다. 세계 최고 부자 중 한 명이며* 이 나라 최대 투자자이기도 하다. 에티오피아에 보유한 업체도 수십 개는 된다. 그는 다리를 놓아주는 대신 만키라 숲을 커피 농장으로 바꿀 계획이었다. 사람의 손길이 닿지 않은 비옥한 토양, 아라비카가 자라기에 이상적인 환경, 커피의 원산지와 이름까지 비슷한 곳. 이 세 가지 조건이 합쳐지면 에티오피아에서 가장 탁월한 커피농장이 탄생할 터였다.

"정말 솔깃했어요." 만키라 커피 협동조합장이 독일 잡지 GEO 인터뷰에서 한 말이다. "그렇지만 물고기는 물 밖에서는 살 수 없는 법이죠. 우리는 숲이 없으면 살지 못해요."[1] 910헥타르의 숲에서 수확되는 야생 커피는 이 공동체의 주된 수입원이다.

한 만키라 단체가 봉가에 있는 카파 삼림 커피 재배인 협동조합 연합 Kafa Forest Coffee Farmers' Cooperative Union에 도움을 요청했다. 이 협동조합은 회원 수가 만 명에 달하고, 만키라를 비롯해 40개 협동조합을 산하에 두고 있다. 만키라 단체가 원한 것은 일종의 자치 삼림 관리 Participatory Forest Management, PFM 협약이었다. 카파의 다른 몇 개 지역에서 최근 선보인 협약이었다.

에티오피아에서는 국가가 땅을 소유한다. 법적 구속력이 있는 PFM 협약을 맺으면 삼림의 재생 가능한 자원을 관리하고 개발하는 권리가 지역 기반 단체로 이전된다. 물론 책임도 이전된다. 계약이 체결되면 만키라의 주민들은 야생 커피를 채취할 수 있지만 커피가 자라는 그 숲을 보호해야 한다. 사는 곳 주변 땅을 관리하는 일종의 풀뿌리 접근법인 셈이다. 카파 지역 행정기관에서는 숲 상태를 감시하고 지원, 기술 자문, 법적 보호를 제공

---

* 알 아무디는 포브스 기준 사우디아라비아에서 2위 부자이다. 석유 가격이 떨어지면서 2014년 세계 랭킹 61위이던 것이 2016년에는 138위가 되었다.

하고, 지역 공동체에서는 치안, 보존, 책임감 있는 사용 의무를 진다.

"숲을 베어버리면 숲이 주는 모든 것을 잃을 겁니다." 협동조합 연합의 대표이사 프레히웨트 게타훈의 말이다. 야생 커피는 카파숲에서 나는 상품 중 가장 중요한 것이다. 그러나 커피만 위험에 빠지는 게 아니다. "카다멈이나 롱 페퍼* 같은 향신료와 꿀, 대나무, 약초들도 사라질 겁니다." 그가 손을 편다. "숲이 사라지면, 모든 것을 잃어요."

마침내 만키라는 PFM 협약을 맺었고, 만키라 숲에 대한 외부의 개발 계획은 모두 수포로 돌아갔다.

숲에 생계를 의존하는 만키라 같은 공동체가 아니더라도, 삼림 상실은 커피 산업에서 큰 걱정거리가 되고 있다. 아라비카의 향미, 생산량, 특정 병원체에 대한 저항력, 기후 변화에 대한 내성을 개선할 수 있는 핵심 요소는 아직 미지의 영역인 야생 유전자 풀에 달려 있다. 그리고 이런 것들이 사라질 위기에 처하자, 이제 농학자들과 육종학자들, 그리고 운동가들이 보존을 위해 뛰어들었다.

커피 씨앗은 저장이 어렵다. 그래서 커피 종자의 보존은 대개 수집종을 키우는 ex situ 부지에서 이뤄진다. 동결 보존, DNA, 초저온 환경에서 커피 화분을 진공 보관하는 신기법들이 개발 중이지만 아직은 널리 쓰이기엔 제한이 많다. 이런 상황에서 커피의 유전 자원을 보호할 수 있는 한 가지 중요한 방법은 in situ이다. 즉 원래 자라온 곳에서 앞으로도 자랄 수 있도록 지켜나가는 것이다.

만키라 사람들이 숲 개발 계획을 중지시키는 방법을 찾고 있던 시기,

---

* 롱 페퍼 Piper capense는 블랙 페퍼보다 더 맵고 흙내가 나며 단맛이 조금 나는데, 지역 향신료 블렌드에 들어간다. 이 나무는 카파의 숲속 짙은 그늘 아래에서 자란다.

지역 자연 환경의 유전 자원을 보존하겠다는 생각은 그저 아이디어 수준이었다. 1998년, 커피 증진 계획Coffee Improvement Project에서 남서부 지역의 유전자 보존 지구 세 곳을 지정하겠다는 계획을 발표했는데,[2] 이것은 위험에 처한 특정 동물종들을 보호하는 국립공원에 가까운 구상이었다. 당시 지구 선정이 이루어졌지만 이내 계획이 표류했는데, 가장 큰 이유는 돈이 부족해서였지만[3] 메스핀 테클레 말에 따르면 또 다른 이유가 있다. "그 계획에서는 공동체를 염두에 두지 않았어요. 그곳 사람들과 아무 소통 없이 만들었기 때문에 실패했습니다."

대개는 간과되지만, in situ 보존은 너무나 중요한 장기적 전략이다. ex situ를 대체하는 것이 아니다. ex situ는 접근성이나 기록 면에서 좋지만—유용해 보이는 특성이 있는지 식물을 평가하려면 숲속 깊이 들어가는 곳보다는 연구 부지 내 유전자 은행에서 하는 것이 더 쉽다.—엄연히 in situ를 보완하는 데 그친다.

그렇지만, in situ 보존을 하려면 커피숲을 자연 상태로 유지할 필요가 있다.

에티오피아는 한때 숲으로 둘러싸인 나라였다. 16세기에는 전 국토의 40%가 숲으로 덮여 있었다.[4] 그러던 것이 19세기 말에는 30%가 되었고, 1950년대 초에 남은 숲은 16%였다.[5] 지금 숲 면적은 4% 미만이다.

"과거 에티오피아의 숲 중 78%가 이미 사라졌다." 1960년대 FAO가 진행한 에티오피아 커피 수집 탐사 작업에서 프레드릭 메이어는 이렇게 보고했다. "이제 남부와 남서부의 극히 일부 지역만이 개발되지 않은 채 남아 있다."[6] 그 마지막 조각 수준의 땅 몇 개가 카파에 있다. 그렇지만 여기도 급속히 사라지는 추세이다.

지난 15년 사이, 에티오피아의 인구 증가율은 세계 최고 수준이었다.* 현재 인구는 1억 정도. 늘어난 인구는 국토에 엄청난 압박이 되었다. 에티오피아인의 80% 이상은 시골에 있다. (카파 지구에서는 88%가 시골에 있다.)[7] 그 인구 대다수가 생계를 위해 농업에 종사하는데, 농업, 목축업(가축 수에서는 아프리카 최대), 숲 자원에 대한 의존도가 상당하다. 목재와 숯은 가정에서 연료로 쓴다. 수도인 아디스 아바바에서도 그렇다. 아침이 되면 요리하면서 나오는 푸른 연기가 아디스 아바바 시가지 위를 감돈다. 높은 언덕에 올라가서 내려다보면 아름다운 풍경이긴 한데 좀 서글퍼진다. 삼림이 조금씩 사라지고 있다는 증거니까 말이다.

메이어가 방문한 이래 50년이 흘렀고, 남서부의 삼림 상실은 더 심각해졌다. 숯 버너, 벌목, 농사와 목축을 위해 숲은 한 세대 또는 두 세대 전에 비하면 조각 수준으로 쪼그라들었다. "사라져가는 숲을 보존하는 것이 핵심 주제이다. 특히 최근 삼림 파괴율이 높은 남서부와 남동부 커피 자생지가 그렇다." 2016년 아론 데이비스의 보고에서는 이렇게 말하고 있다. "삼림 파괴는 최소한 단기, 중기 범위에서는 기후 변화보다도 더 큰 영향을 미칠 것으로 보인다."[8]

1973년에서 1987년 사이, 남서부 삼림 면적은 크게 줄어들었는데, 상실된 부분의 4분의 1은 현대식 커피 농장 설립 때문이었다. 에티오피아 최대의 커피 농장 셋은 모두 봉가 서쪽으로 두 시간 거리에 있다. 베베카 커피 플랜테이션Bebeka Coffee Plantation과 리무 커피 팜Limu Coffee Farm은 1975년에 설립된 국영 농장이었는데 2013년 11월, 바로 알 아무디의 대기업 MIDROC 산하인 호라이즌 플랜테이션즈Horizon Plantations가 민영화 시기에 8천만 달러

• 2000년 이래 인구는 46% 증가했다. 1990년대 이래로 계산하면 83% 증가했다. FAO Statistical Pocketbook, 2015.

에 사들였다. 리무 커피 팜은 농장 여섯 개에 정직원 4천 명, 소유 면적은 2만 헥타르에 달하는데 그중 4분의 3의 면적에서 아라비카를 재배한다. 베베카 커피 플랜테이션은 게이샤 지역으로 가다보면 나오는 미잔 테페리라는 지역 인근 남쪽에 있는데, 1만 헥타르의 거대한 단일 농장이다. 절반 이상 면적에 여러 가지 아라비카 품종을 기르고 있다. (현재는 파나마 게이샤도 재배하고 있다.) 호라이즌 플랜테이션즈에서는 베베카 농장을 "쪼개지지 않은 단일체 농장으로는 세계에서 제일 큰 농장"이라고 자랑스럽게 홍보한다.[9] 그리고 마지막으로, 여기서 48킬로미터 정도 북쪽에 1만 헥타르 면적의 테피 커피 플랜테이션Tepi Coffee Plantation이 있다.

에티오피아 정부는 커피 생산량을 크게 늘리기 위해 공격적인 행보를 이어왔다. 2000년도에 25만 헥타르이던 재배 면적은 2014년에는 52만 헥타르가 되었다.[10] 1990년대에 비해 생산량은 거의 세 배로 늘었다. 정부가 바라는 것은 거대 커피 국가, 차세대 브라질이다.

그리고 그 계획의 단면은 카파에서 나타났다. 2008년에 카파의 커피 생산량은 2500만 킬로그램이었다. 봉가에 위치한 농무부 카파 분소 소장 카사훈 타예는 이렇게 말한다. "당시 정치권에서는 이 지역을 시장 중심지로 만들려 했습니다. 정부는 새로운 기술을 농부들에게 가르쳤고 씨앗을 제공했고 영농 지원을 해줬죠."[11]

훈련, 기술, 종자 보급은 생산량을 높이기 위한 방법이다. 하지만 그가 이야기하지 않은 것이 하나 있다. 바로 커피나무를 심기 위해 땅을 개간했다는 사실이다. 2012년에서 2015년까지 단 3년 사이, 카파 지구에서 커피 재배지 면적은 45%나 늘어났다.[12]

호라이즌 플랜테이션 운영 담당 이사 제말 아메드는 최근 로이터와 한 인터뷰에서 커피와 차의 생산량을 늘리기 위한 계획을 설명하면서 이렇게 말했다. "에티오피아는 미개척지 투자 기회가 남아 있는 몇 안 되는 국가입니다."[13] 그가 말하는 미개척지가 바로 남서부 삼림지대이다.

20세기 동안 카파 사람들은 숲에서 누리던 여러 특권을 빼앗겼다. 메넬리크 2세의 병력이 1897년 카파 왕국을 정복한 이래, 숲은 누구에게나 열려 있었다. "그렇지만 커피숲만은 카파의 총독, 라스 월데 기오르기스의 소유였다." 프리드리히 비에베르는 이렇게 적고 있다. "그는 커피를 채집하는 권리를 독점하고 자신의 부하들에게 마치 영지를 나누어주듯 계급과 신분에 따라 하사했다."[14] 봉건 지주들은 황제에게 커피를 공물로 바쳤다.[15] 카파에서 군주에게 커피콩을 바치는 것은 익숙한 풍습이었다.

황제 하일레 셀라시에는 치세 기간 중 농업 개발을 독려했고 소규모 재배인들을 세금으로 쥐어짰다. 그러다 1974년에, '데르그(Derg, 위원회라는 뜻)라는 군사 정부가 소비에트의 지원 아래 셀라시에 왕조를 전복했고 아프리카 역사상 가장 급진적인 토지개혁을 시도한다. 물론 셀라시에 황제도 책임이 있었다. 1972-73년 사이 북부 지역에 기근이 들었지만 황제는 가뭄이 들지 않았다고 발뺌하고 숨기기에 급급했다. 정부는 뒤늦게 기근 대책을 내놓았지만, 지도층 다수는 가뭄으로 고통받는 이들에게 아무 관심도 없었다. 생태계 대재앙이 찾아오고 에티오피아의 자연 자원에 대한 더 나은 관리의 필요성이 대중들에게 인식되던 시기, 데르그의 통치가 시작되었다.[16]

카파 지구에서는 지역 공무원들이 농지와 숲에 대한 권리를 돈을 받고 할당하는 일을 해왔다.[17] 데르그는 그런 역할을 박탈하고, 공산주의에 바탕한 토지체계로 풀뿌리 지역단체인 농부 조합Peasant Association에게 토지 할당 권리를 이임했다. 외국인 소유의 농지, 농업용 토지, 봉건 지주가 소유한 커피숲은 무상 몰수되어 국유화되었다. 1975년 4월 반포된 31호 포고령은 "지역 토지의 국유화"라는 제목으로 토지 민간 소유권을 막았다. 즉 땅을 팔거나 빌리거나 양도할 수 없게 된 것이다. 타인을 고용해서 일을 시킬 수도 없었다. 18세를 넘긴 사람이면 누구나 가족을 부양할 수 있도록 최대 10헥타르까지 땅을 운용할 자격을 받았다. "그러나 그 농지에서는 재배를 목적으로 노동력을 고용할 수 없다." 포고령은 이렇게 규정했다.

에티오피아의 커피 생산은 즉각 영향을 받았다. 야생 커피도 마찬가지였다.

"숲에서 나는 모든 것들이 다 불법이 되었습니다." 팜 아프리카Farm Africa의 삼림과 자연 자원 담당부장 물루게타 레메니의 말이다. 숲을 끼고 사는 사람들은 커피도, 카다멈도, 꿀도 채집할 수 없었다. "숲에 들어가는 것부터가 불법이었습니다. 정부가 경비병을 고용해서 지켰어요." 그렇다 해도 숲 전체를 감시할 수는 없었다. 사람들은 경비병 눈을 피해 숲으로 들어가 몰래 야생 커피를 채집했다.

1991년 데르그의 통치가 끝난 뒤에는 삼림을 보호할 만한 인프라는 커녕 자금 지원도 전혀 없었다.[18] 새롭게 들어선 정부는 숲을 봉쇄하는 정책을 거두어들였다.[19] 메스핀의 말로는 "너무 개방되었습니다."

그 공백기에 들어선 것이 바로 PFM이다. 동아프리카의 소규모 재배인을 후원하는 목적의 민간 단체인 팜 아프리카의 지원을 받아, 에티오피아에서는 1996년에 첫 협약이 체결되었다. 이것은 지역 공동체 스스로 책임을 지는 혁신적인 정책이었고, 사하라 이남 아프리카 국가들, 아시아 국가들, 중미 국가들 모두 유사한 프로그램을 만들었다. PFM 이 성공할 수 있었던 가장 큰 기반은, 지역 공동체가 땅에 투자하고 있다는 생각이 강할수록 그 땅을 소유한다는 느낌도 강해지고, 그만큼 동기가 부여되고 책임감이 강해진다는 데 있다. 이 프로그램의 목적은 숲을 보호하고 효율적으로 이용함으로써 재생 가능한 이익을 최대화하는 데 있다. 시작은 민간 단체였고 이들이 자금을 댄 경우도 많지만, 이후 지방 자치단체와 중앙 정부가 후원했다. (에티오피아 정부는 PFM을 인정하고 있다.)

물루게타는 PFM의 목적에 대해 이렇게 말했다. "숲속과 숲 주변에 사는 지역민에게 숲을 관리한다는 참여 의식을 일깨우는 데 목적이 있습니다. 그러면 지역민은 책임감을 갖고 숲을 보호하고 생산성을 높이기 위해 노력합니다. 그리고 숲을 지속적으로 이용할 수 있는 권리를 얻게 됩니다. 사람들에게 단순히 숲을 보호해달라고 부탁하는 건 온당하지 않아요. 무언가 보답이 있어야죠." 물루게타의 사무실은 아디스 아바바 중심가, 유리 외벽의 고층 건물에 있다. 반짝거리는 전차가 선로를 따라 조용히 이동한다. 최근 중국 업체가 시가지를 관통하는 선로를 건설했다. "숲을 보호할 수 있도록 의무와 보상을 동시에 주는 것입니다. 이 목적을 위해 우리는 보호라는 개념과 지속 사용이라는 개념을 병합했죠." 말하자면 당근과 채찍이다. "우리끼리는 3R이라고 해요. 하나는 권리Right입니다. 숲을 관리하는 권리, 숲을 사용할 수 있는 권리를 말합니다. 다음은 이익Revenue 입니다. 숲을 사용하면 수익이 발생하죠." 커피도 여기에 들어간다. "마지막은 책임감Responsibility입니다." 지역민이 책임을 지고 숲을 관리하는 것이다.

카파의 인구가 늘어나면서 주머니 두둑한 투자자들이 남서부 숲에 관심을 가지기 시작했다. 알 아무디 같은 사람들인데, 이런 동향은 걱정거리였다. 팜 아프리카는 제휴 단체들에게 PFM을 확대하자고 요청했다. 독일의 자선 단체 GEO 레인포레스트 컨서베이션Rainforest Conservation에서는 2001년에 PFM 적용을 위한 기금을 조성했고 2006년에는 115년 된 독일의 환경 단체인 네이처 앤 바이오다이버시티 컨서베이션 유니온Nature and Biodiversity Conservation Union, NABU이 동참했다. 현재 에티오피아에 남아 있는 숲 중 40% 정도는 일종의 PFM 프로그램으로 보호되고 있다고 한다. 커피숲은 전보다는 많이 보호되고 있다. "커피 유전 자원을 찾을 수 있는 숲은 거의 모두가 PFM으로 보호되고 있다고 봐도 될 겁니다."

2016년 기준으로 보면 GEO 하나만으로도 카파 주변의 PFM 체결 부지 32곳 기금을 지원하고 있다. 이들을 모두 합하면 24500헥타르, 참여 인구는 11,813명에 달한다. 그중 한 곳이 우파 커피숲인데, 봉가에서 남쪽으로 몇 시간 거리에 있다. 숲 둘레 작은 마을에서 시작해 길을 따라 가본다. 옥수수 밭을 가로지르고, 엔세트 뒤에 가려진 투쿨(이엉을 댄 원뿔형의 진흙 오두막)과 커피나무를 지나면서 PFM 리더 케로 미쇼가 PFM은 제각기 세부 내용이 다르다고 설명한다. 일종의 표준 약관은 있지만 마을별로 자체 규율을 정한다. 우파 마을은 채집을 마을에서 함께 하기로 했다. 개인 자격으로 채집을 하려면 수백 명의 회원에게 동의를 받아야 한다. 케로는 이를 "팀 컨트롤링"이라 말한다. 어느 한 사람이 다른 사람의 열매 채집 권리를 뺏는 일이 없도록 하는 방법이다.

숲속 첫 커피나무로 가는 데 15분 정도 걸렸다. 들소가 갓 눈 똥을 케로가 밟아 다진다. 우파에는 동물이 많이 산다. "하이에나, 버팔로, 돼지, 비비, 부시벅." 그가 최근 숲에서 본 동물들이다. 그의 구역은 여기서 45분 더 가야 하는 깊은 곳에 있다. 우파에서는 매년 커피 생두 295000킬로그램이 생산된다고 한다.

초기 PFM 부지는 협약 체결에 2년 가까이 걸렸다. 그러나 지금은 4개월 정도로 수속 절차가 빨라졌다. 당사자끼리 협약을 체결하면 잔치가 벌어진다고 메스핀은 말한다. 그 또한 카파 지역에서 팜 아프리카가 이끄는 PFM 프로그램을 맡은 바 있다. "관리 계획과 권리를 일반에 공개하는 것이죠." PFM 위원회는 갓 가입한 공동체에게 지금까지의 활동사를 보여준다. 소를 잡고, 여자들이 커피를 볶고 커다란 자베나에 커피를 만든다. 그리고

에티오피아 남서부 지역의 전통 가옥, 투쿨. 주변에는 온통 엔세트가 자라고 있다.

춤판이 벌어진다.

"삼림 벌채 속도가 줄어들었습니다." 메스핀이 말한다. PFM이 확산되면서 일어난 결과라고 한다. "작년에는 큰 성과도 있었어요." 예전엔 불법 벌목을 부자의 사유물이나 정부 재산에서 훔쳐가는 정도로 생각했지만 이제는 아니다. 공동체의 자산을 파괴하는 행위로 여긴다. "벌목꾼들은 이제 감시의 눈길이 있다는 걸 알아요." 마을 사람들에게 간편하면서도 매우 효과적인 단속 장비는 바로 휴대폰이다. 벌목용으로 보이는 미심쩍은 트럭이 보이면, 바로 전화로 신고하면 된다고 메스핀이 말한다. 과거엔 공공기관에 신고해야 했는데 신뢰도가 낮았다고 한다. "PFM 덕에 자신감이 생겼고, 자치권을 실감하게 된 거죠."

협동조합 연합 사무실에서 프레히웨트가 말한다. "카파에 PFM이 들어오지 않았다면 여기 숲 상당수는 이미 사라졌을 겁니다."

2006년에 NABU의 아프리카 프로그램 담당자 스바네 벤데르Svane Bender가 카파를 찾았다. PFM가 성과를 내는 중이었지만 그녀는 여기서 한 발 더 나아갈 여지가 있다고 보았다. 카파의 커피숲을 장기적으로 보호할 수 있는 훨씬 더 원대한 계획이 필요했다. 그녀는 카파의 커피 숲이 유네스코의 생물권 보존지 네트워크에 들어가야 한다고 생각했다. 생물권으로 할당되면, PFM과 목적이 일부 겹치기는 하지만, 강력한 국제기구의 공식적인 인정을 받는다는 장점이 있었다. 거기에 카파의 이름이 알려지면서 야생 커피와 지역 생산 물품에 대한 마케팅 가능성이 커지고 관광 수요도 노릴 수 있었다.

구체적인 생물권 제안서 작업은 2008년 7월에 시작했다. 이때 NABU는 프로젝트 운영을 위해 메스핀을 고용했다. 국내외 기관과 단체를 막론하고 일해온 경력과 지역 숲에 대한 깊은 지식을 고려하면 그는 이상적인 후보였다.

그는 카파의 커피 재배인 협동조합 연합 사무실에서 일했다. 그는 갖가지 계획과 지역 구성, 협약을 거쳐 빠른 속도로 제안서를 짰다. 제안서는 2009년 9월 말에 에티오피아 과학기술부로 넘어갔고 파리에 있는 유네스코 본부에 공식적으로 전달됐다. 신청서는 요구사항을 모두 만족했고 유네스코는 심각성을 인지했다. 2010년 여름, 유네스코는 카파 지역에서 760144 헥타르에 달하는 영역을 카파 생물권 보존지로 지정했다. 에티오피아 최초의 두 보존지 중 하나가 이곳이다.*

그렇긴 하지만, 생물권이라는 개념은 절대 파괴가 불가능한 어떤 것이 아니다. 농장과 마을, 숲이 어우러져 있는 생물권 부지 중 숲이 빽빽히 들어선 곳은 55%를 살짝 넘는다. 그리고 커피숲은 여기서 4분의 1 정도이다. "생물권에는 사람도 포함됩니다. 그냥 자연만 들어가는 것이 아니에요." 메스핀이 보존지 구역 안의 콤보 숲을 지나며 말한다. "생물권 안의 사람 말이죠." 반복해서 말한다. 보존지 내에는 65만 명 정도의 사람이 산다. 보존지는 카파 전체로 보았을 때 3분의 2 정도이다.

보존지는 유형별로 세 가지 구역으로 나눌 수 있고, 각 구역은 이용과 접근에 있어 규칙이 다르다. "핵심지"는 원시림을 의미하며 보존지의 핵심이다. 접근 금지 구역으로서 연구진만 들어갈 수 있다. 이 순수 삼림은 총 41,391헥타르로 이곳 생물권 중 5%만 차지한다. 이 핵심지를 "완충지"가 둘러싸면서 보호한다. 이곳은 생물권의 5분의 1 정도이다.(161,427헥타르) 완충지는 규제가 덜해서 지역민이 커피와 향신료를 채집하고 벌집에서 왁스와 꿀을 얻을 수 있으며 삼림을 해치지 않는 몇 가지 유형으로 농사를 지을 수 있다. '세미포레스트 커피' 방식 재배가 이런 유형이다. 추가적으로 219,441헥타르는 "핵심 후보지"로 지정되어 있는데, 생물 서식지로서 매우 위험한 상태이지만 명확한 보호 조치가 부족한 곳을 말한다. 메스핀은 이 지역도 법적으로 보호받기를 바라지만 지금은 핵심지와 완충지로 취급되고 있다. 마지막 유형은 "전환지"이다. 나머지 생물권 영역으로서 전체 대비 45%

---

* 유네스코는 그해에 야유 커피숲도 생물권 보존지로 지정했다. 이후 에티오피아에서는 두 곳이 더 지정되었다. 2017년 기준으로 전 세계 120개 국가의 669개 지역이 생물권 보존지로 지정되었다.

이다.(337,885헥타르) 전환지는 상당한 비율의 나무가 벌채된 상태로, 테프, 옥수수, 커피를 재배하는 경작지(그리고 위시위시 인근 차 재배지)와 가축들이 먹을 목초지가 대부분이다. 전환지에 주민 대다수가 산다.

생물권 안의 생물 다양성—생물학적 다양성과 종 다양성—은 충분하다. 에티오피아에서도 가장 많은 동물이 살고 있다. 포유류만 해도 60종이 있는데, 표범과 꿀오소리가 있고 영장류들은 수없이 많으며, 눈에 잘 띄지는 않지만 특이한 냄새로 감지되는 점박이 시베트, 야행성 고양이가 있다. 하이에나는 흔하다—그들이 내짖는 으스스한 휘이이이웁! 소리가 밤마다 숲에 울려퍼진다.—사자도 있지만 하이에나보다는 드물다. 숲 찌르레기, 노랑 앵무, 아비시니안 캣버드(개똥지빠귀류), 그리고 200종이 넘은 새들이 숲속에서 지저귄다.

봉가에서 한 시간 거리 완충지대, 메스핀은 수풀로 우거진 가파른 경사를 오르며 사람과 자연은 상호 작용한다고 말한다. "핵심지는 완충지나 전환지에 비해 비율이 낮아요. 3-10%까지가 핵심지로 승인됩니다." 좁은 길을 힘들이지 않고 돌아 올라간다. 나무 위에는 커다란 코뿔새가 홰를 틀고 있다. "그보다 비율이 높으면 유네스코에서 이의가 들어옵니다. 사람들을 내모는 꼴이니까요."

생물권으로 지정되면 숲에 대한 관리 체계가 PFM의 상향식이 아니라 하향식으로 바뀐다. 즉 공동체의 명시적 책임이 사라지는 것이다. 유네스코의 생물권 지정은 분명 자부심을 느낄 만한 일이었지만 이곳 사람들 일부는 소유권이 사라진 느낌을 받았다고 한다. "PFM은 숲을 마을에게 주었지요." 아디스 아바바의 팜 아프리카 사무실에서 물루게타가 말한다. "그런데 (생물권에서는) 그게 넘어간 거죠. 그건 좋아하지 않죠." 일부 농부들은 엄격한 규제 때문에 불평한다. 보존지 안 4만 헥타르는 PFM이 관리하고, 그

중 1.6만 헥타르는 NABU에서 지원하는 것으로 보존지 지정 이후 PFM 협약을 새로 맺은 것이건만, 핵심지 구역은 여전히 출입 엄금이다. 공동체에서도 들어갈 수 없고, 야생 커피를 채집할 수도 없다. "안 돼요. 아무것도 못 해요." 그가 말한다. "생계가 거기 있는데 완전히 배제당하는 것이죠."

그런 비판이 있지만 메스핀은 핵심지가 대부분 마을과는 멀리 떨어져 있는, 일반적으로 거의 접근이 불가능한 지역이고 생물권의 5% 미만이라는 사실을 굳이 설명하지는 않았다. 대신, 그는 PFM의 한 가지 요건에 주목했다. 자신이 오랫동안 지원해온 그 프로그램이 얼마나 중요한지 알고 있었지만, 바로 그 한 가지 단점 때문에 방향을 전환했다.

PFM에서는 숲을 보존한 대가로 숲에서 돈을 지속적으로 벌 수 있는 권리를 얻는다. 그렇기에 계획 단계에서는 가용 자원이 얼마나 되는지, 잠재 수익은 얼마인지 샘플 부지를 통해 평가하는 작업을 필수로 거친다. 이를 위해 사방 100미터 단위로 잘라 숲길을 낸다. 메스핀은 NABU 집무실에서 연습장 종이에 아메바 같은 그림을 그린다. 이것은 숲이다. 여기에 자그마한 도형을 그린다. 마을이다. 이제 점으로 격자를 그린다. 과거에는 발길이 전혀 닿지 않았던 숲이 새로운 길이 생기면서 사람이 드나들 수 있는 장소로 변하는 모습을 보여준다. "PFM으로 인해 숲 '전체'가 사용 가능한 영역이 된 것입니다." 메스핀의 말이다. 그는 초기 PFM를 이끌어내는 데 많은 도움을 주었다. "과거엔 마을 사람들이 들어간 적 없는 숲을 열어주고 있다는 것을 알고 있었지요." 그것이 보상이었다. 모두를 보호하기 위해 대가를 내준 것이다.

카파의 생태계 위상은 PFM과 사람의 접근을 허용하지 않는 유전자보호지의 중간쯤 된다. 사람도 생태계 안의 일원이지만, 자연 세계에는 사람이 들어올 수 없는 영역도 필요하다. "자연이 생태계를 이끌고 나갈 수 있도록 공간을 할당해줘야 합니다." 조용히, 메스핀이 말한다. 그는 사람이 없는 자연을 말하고 있다.

그는 다양성은 자연이 만들어내는 것이라고, 사람이 개입하면 안 된다고 강조한다. 커피에 대한 선택 작업이나 육종 작업은 결국은 균일성을 위한 것이라고 한다. "동일한 외형에 동일한 향미가 목적이죠." 그에 비해 야생의 세계에는 다양성이 가득하다. "이 점에서 핵심지는 미래 세대를 위한 중심 보고가 될 겁니다."

아라비카는 사람의 손길이 닿지 않는 한, 야생의 거주지에서 진화하고 적응해나갈 것이다. "(in situ에서는) 역동성 덕에 종과 생물 및 비생물적 요소가 매우 긴밀히 상호 작용해 나갈 수 있고, 그로 인해 여러 가지 면에서, 병충해 저항성이나 일반적인 적응력 같은, 진화 과정에 이상적인 환경이 조성된다." CATIE, JARC, IRD, CIRAD 소속의 주요 커피 과학자들 연구진은 이렇게 언급했다.[20]

ex situ 부지에도 좋은 자원들이 있고, 민가의 텃밭에는 숲에서 채취해서 심은 커피나무가 수 세대씩 이어져 내려오고 있을 수 있다. 그렇지만 야생 커피가 자라는 삼림을 보존하는 것은 특히 더 중요하다. ex situ 유전자 은행은 예상만큼 유전적으로 다양하지 않다. CATIE의 아라비카 수집종에 대한 분석 결과가 증명한다. "그 보고서 자체가 in situ가 얼마나 중요한지를 보여줍니다." 국제 커피 컨설턴트 서렌드라 코테차는 이렇게 말한다.

장 피에르 라부시 같은 농학자에게는 in situ 지역이 온전히 보존되는 것이 더 중요하다. "숲에 무엇이 있는지 우리는 모릅니다." 몽펠리에의 사무실에서 그가 말한다. "정확히 알 수가 없어요." 책상엔 모니터가 쌍으로 있고, 그 위로 선반이 있다. 선반에는 두툼한 파일이 줄지어 있고, 그 안에 전 세계 커피 연구진이 펴낸 수십 년간의 연구 결과가 담겨 있다. 그런데도 그는 이렇게 말한다. "아무것도 몰라요."

과장이겠지만, 야생 아라비카에 대한 기본적인 지식은 여전히 미지의 영역이 맞다. "커피가 숲에서 어떻게 번식하는지도 정확히 알지 못합니다." 라부시의 말이다. "다른 유전자형을 얻으려면 나무를 몇 그루 채집해야 하는지도 모릅니다." 나무 개체군의 구조, 각 나무들간의 관계도 명확하지 않고, 실제 자가수정 비율 같은 것도 알아내지 못했다. 기존 지식에 근거한 추측에 의존해 답을 구하는 상황이다. 답을 알아내기 위해 먼저 해야 할 작업만으로도 벅찰 정도이다.

이들은 이런 질문에 대한 답을 찾기도 전에 숲이 사라지지 않을까 걱정한다. 그리고, 잠재력, 바로 상상하기조차 어려운 향과 맛의 잠재력이 사라지지 않을까 염려한다. "신비로울 정도로 멋진 커피들이 에티오피아 야생에 얼마나 많이 자라고 있을까? 아무도 모를 것이다. 예상치 못했던 비범한 맛과—커피 향미 전문가들은 이 특유의 멋진 향미에 매혹된다.—최고의 향미를 뽐내는 커피가 자라는 곳이 서서히 줄어들다가, 결국 사라져버릴 것 같다." 데이비스의 왕립 식물원 보고서가 나온 뒤 올리버 스트랜드Oliver Strand는 이렇게 썼다.[21] 스트랜드가 콕 짚어 이야기하는 것은 기후 변화로 인한 여파이지만, 삼림 파괴도 심각하기는 마찬가지이다. 점점 더워지고 있는 기후, 자연 삼림이 경작용 또는 목축용 땅으로 바뀌고 있는 현상, 이 두 가지 위협 모두 커피의 생존에 적대적이다.[22] "양이 줄어드는 것은 어딘가에서 보상할 수 있다. 그러나 가능성이 상실되면 끝이다."[23]

소중한 커피 유전 자원을 지키기 위해, 사람의 발길이 닿지 않았던 원시림을 보호하는 것은 언제나 중요했다. 그리고 유네스코의 생물권 지정이라든가 핵심지에 대한 출입 금지 조치처럼 대체 불가능한 자원을 담고 있는 숲에 적용되는 보호 조치들은 커피 산업의 생명줄이나 다름없다. 아직은 전 세계 커피 공동체가 자원 보호를 위한 협상 테이블에 앉지 않았고 기후 변화의 위협은 계속되고 있지만, 이런 부지에 대한 보호 조치는 유전 자원 보호를 위한 아주 중요한 걸음이다.

메스핀이 이 자원을 미래 세대를 위한 중심 보고라고 부른 것은 비유적인 표현이지만, 숲의 가치를 실제 금전으로 환산해서 보는 이들도 있다. 2006년, NABU에서 처음으로 생물권이란 생각을 꺼냈던 해에, 농경제학자 두 명이 남서부 고지의 야생 아라비카의 유전 가치를 수치로 계산해봤다. 계산 결과, 개량 재배종 육종 프로그램에 쓰일 경우, 야생 아라비카의 가치는 이후 30년 동안 14억 5800만 달러에 달했다.[24] 이 계산에는 병충해 저항성 강화, 저카페인, 생산성 강화 같은 항목만 들어갔을 뿐, 향미 좋은 커피라든가 제2의 게이샤가 나타날 가능성의 가치는 계산하지 않았다. 물론 추측이 상당히 많이 들어가긴 했다. "상당한 불확실성에 기반하고 있다."고 저자도 인정하고, 추상적인 면도 있다. ("보물이 있어도 시장에 나오지 않으면 실제 가치는 없다."라고 한 전문 투자자는 언급했다.) 그렇지만 이 계산의 결과는 커피 세계에서 이 커피숲의 유전 자원이 얼마나 큰 가치가 있는지 잘 보여준다.

숲은 또한 그 지역 카페초들에게 돈으로는 구할 수 없는 것을 준다. 메스핀은 콤보 숲을 걸어가며 이렇게 말했다. "돈으로는 계산할 수 없는, 정신적인 가치가 있죠."

CHAPTER 18

희생 의식
Sacrifices

언덕 위 우뚝 솟은 우아한 노간주나무까지 걸어가는 데 15분이 걸린다. 경사지에는 혹 달린 소 60여 마리가, 한가로이 풀을 뜯는다. 둔덕 쪽에서 십여 명이 낫으로 풀을 베고 있다. 가지치기를 해서 삼발이 받침대 모양이 된 나무 두 그루 위에 꼴을 잔뜩 올려놓고 말리고 있다. 산들바람이 부는 오후의 하늘은 이번 주 들어 제일 청명하다. 짙고 푸른 언덕이 수평선까지 굽이쳐 이어진다.

노간주나무는 웅장해 보이기까지 한다. 곁가지는 마치 날개를 편 듯 길게 뻗어나왔다. 그 아래, 두터운 안장 깔개 위에 누가 앉아 있다. '게페타토' 하일레 미카엘, 이 지역에서 가장 존경받는 토착 종교 지도자이다. 회색 옷에 튼튼해 보이는 검정 가죽 신발을 신고, 어깨엔 금색 테두리의 숄을 걸쳤다. 무릎엔 말총으로 만든 파리채가 놓여 있다. 손잡이에 가죽을 꼬아 둘렀는데 닳아서 맨질맨질해 보인다. 옆자리엔 1.5미터 길이의 창이 땅에 박

카파의 영적 지도자 게페타토 하일레 미카엘.

혀 있다. 손잡이는 은이고 창끝은 철이다. 그는 13대째 게페타토이다. 이 직위는 세습직이다. (그에게는 특별한 의식에만 입는 사자 가죽 망토도 있다.)

　게페타토라는 말은 언덕(게페, 산을 의미)의 왕(타토)을 뜻한다. 땅을 지배한다기보다는 희생 의식을 이끄는 역할에 가깝다. 다만 하일레 미카엘의 경우는 지배 쪽이 더 맞다. 그는 아내가 다섯이다. ─최근에 스무 살 정도 되는 다섯 번째 아내를 맞았다.─집도 다섯 채이다. 봉가에서 북쪽으로 한 시간 거리, 고품질 커피를 생산하는 농장과 처리장이 있는 이 좁고 비옥한 계곡 주변에 흩어져 있다. 점심을 먹고 나면, 그는 말을 타고 신도들이 일하는 곳 어딘가로 가곤 했다.

게페타토는 전통적으로 신성한 일과 세속적인 일을 모두 해왔다.[1] 영적 지도자이지만 연장자로서 마을 내에서 중재 또는 중개 역할을 한다. 과거에는 분쟁이 나면 게페타토가 이 지역에서 군대를 일으키고 세금도 거둘 수 있었다.[2] 이제 70살이 된 강한 턱선의 하일레 미카엘은 주변 사람들까지 기분 좋게 만드는 미소를 짓고 있다. 그의 풍채에서는 법관의 모습, 태연 자약한 모습이 동시에 풍긴다.

그는 나무 몸통에 기대어 무릎을 세우고 앉았다. 녹색 양말에는 그랜드 에티오피안 르네상스 댐이 그려져 있고, 암하릭 어로 '나일강'과 '녹색'을 뜻하는 단어가 라임그린색으로 수놓아져 있다. 그가 말하는 중에 한 사람이 조용히 다가와서는 칼을 내려놓고는 넙죽 엎드리더니 그의 발에 키스한다. 게페타토는 그 와중에도 그를 아는 체하거나 하던 말을 끊지 않는다. 신도들은 눈을 아래로 깔고 엎드리고 있다.

카파 사람들에게 숲은 커피보다 더 중요하다. 게페타토는 이렇게 말한다. "카파 사람들은 숲에 삶을 의존하고 있습니다."

내가 말한다. "쿱보 아알레가아타, 카파초크 카슈우 아알레." 옛 카파 격언이다. "숲이 없다면 카파엔 생명이 없을지니."라는 말이다. 게페타토가 웃는다. 정확한 발음으로 고쳐 말한다. 그리고 진지하게 끄덕이며, 성기게 난 흰색 턱수염을 쓰다듬는다.

"숲은 카파 사람들에게는 삶이지요. 식량도, 집을 지을 자재도, 쉼터도, 그리고 그 이상의 것들도 다 숲에서 옵니다."

그가 잠시 말을 멈춘다. "그 이상의 것들"이 무엇인지는 명확하다. 굳이 말할 것도 없다.

카파 사람들에게 숲은 영적인 존재, 문화 그 자체의 존재로 깊이 각인되어 있다. 이곳은 태초부터 종교적으로 숲과 사람이 연계되었다. 창조 설화에서는 카페초들은 여성에게서 난 것이 아니라 돌이나 강, 또는 식물처럼 지구의 구멍에서부터 돋아났다고 한다.[4]

이 설화에는 일반적으로 주인공 세 명이 등장한다. 이들은 카파를 대표하는 세 부족을 나타내며 이름도 같다. 만조, 밍고, 마토이다. "태초에, 지구는 이들을 품고 있었다." 1920년대 말 이탈리아 인류학자가 기록한 전설은 이렇게 시작한다.

> 아이를 낳을 때가 다가오자, 지구는 스스로 아이를 낳았다. 첫 아이는 만초(만조)로 원숭이를 잡을 수 있는 그물을 어깨에 두르고 있었다. 만초는 태어나자마자 원숭이 한 마리를 잡았고 이에 그 후손들의 직업은 사냥으로 결정되었다. 그리고 곧이어, 민즈쇼(밍고)가 태어났다. 그는 짜낸 우유를 담을 수 있는 뿔 그릇을 들고 태어났다. 그는 소를 소유하고 왕이 되었다. 이제 세 번째 아이인 마토가 태어났다. 그는 어깨에 북을 지고 있었다. 그가 태어나자마자 암소가 다가왔고, 그는 암소를 잡아서 하늘신을 경배하며 나무 아래에서 죽였다. 이것이 첫 제례 의식으로서 그 이후 마토와 후손들은 사제가 되었다.[5]

카파의 전통 생활에서는 두 핵심 요소에 중점을 둔다. 첫 번째는 에코라 불리는 영적 존재로서 숲속, 사람의 손이 닿지 않는 영역에 산다. 영적 존재는 하나가 아니며, 집안, 부족, 마을이 각각 서로 다른 에코를 섬긴다.

"정령은 사람들을 달래주고, 사람들이 착한 일을 하도록 합니다." 한 카페초가 에코의 뜻을 설명하면서 이야기한다. "신과 이어지는 연결고리예요." 비유도 하나 든다. "기독교에서처럼 보이지 않는 것이죠. 느낄 수는 있지만 볼 수는 없어요."

어떤 사제들은 에코를 달래어 원래 살고 있는 숲속의 나무나 돌, 강에서부터 자신의 몸으로 잠시 들어오게 할 수 있다. 이 정령은 인간의 몸을 통해 예언의 말을 하거나 기도하는 이들에게 답을 해준다. 정령은 인간의 몸에 들어와 살면서 숲속 다른 정령들과 직접 대화한다.

게페타토 하일레 미카엘은 그 중매자이다. 그를 따르는 신도는 수천 명이다.(신도 중 한 명이 "아디스 아바바에도 있어요."라고 덧붙인다.) 게페타토는 수요일과 일요일마다 자신의 오두막으로 찾아온 신도들에게 조언을 해주고 축복을 내리며 불임 같은 문제를 도와준다. 그의 집은 자갈길 밖으로 10분 들어가면 나온다. 먼지가 뒤덮은 마을에, 이엉을 얹은 흙집, 엔세트 나무, 커피나무 들이 있고 그 사이로 오솔길이 이어져 있다. 커피 수확철이 오면 집집마다 대나무 건조대를 세워 열매를 말린다. 기도실에서 커피를 만들어 게페타토와 사람들이 마신다. 게페타토가 응답해주면 신도는 가져온 선물을 바친다. 커피콩, 수탉, 염소, 양 등이다. 암소도 있다.

다음 핵심 요소는 뎃조인데, 이 또한 신과 연결되는 의식이다. 바로 정령에게 제물을 바치는 것이다. "뎃조는 추수감사절과 같아요." 메스핀 테클레의 말이다. "좋은 것을 내려주신 데 대한 감사의 뜻으로 드리는 겁니다." 카페초가 세상에 태어난 그 즉시 첫 뎃조가 있었다.—탄생 설화에서는 마토가 태어나자마자 소를 바친다.—마을에 경사가 있을 때마다 제물을 바친다. 인류학자 암논 오렌트는 카파 지역의 초자연적 영역에 대해 저술하면서 19세기 스코틀랜드의 학자 윌리엄 로버트슨 스미스William Robertson Smith의 말을 인용했다. "종교란 개인과 초자연적인 힘 사이에 임의적으로 형성되는 관계가 아니다. 공동체 구성원 모두와, 공공선을 지향하고 법과 도덕 질서를 지켜나가는 힘 사이의 관계이다."[6] 카파 사람들은 매년 자신들의 안전과 텃밭이나 농장을 돼지, 비비, 기타 해충들로부터 보호, 그리고 풍년을 비는 의미에서 곡물과 짐승, 커피와 테지 술을 바친다.

연중 내내 큰 축제가 여럿 열린다. 필수적인 수확 의식이다. 과거에는 중요한 희생 의식을 왕이 이끌었다. 신성한 장소에서 행해지는데 대개는 강 근처였다. 의식을 보조하는 이들이 검은색, 붉은색, 흰색의 세 마리 소를 끌고와 다리를 묶어두면 왕이 소의 목을 가른다. 피를 조금 받아 우유와 꿀과 함께 물에 붓는다. 그럼으로써 희생의 피가 이곳에서부터 카파 전체로 흘러간다고 보았다. 나머지 피는 수확물과 함께, 나무 아래로 가지고 간다. 왕이 기도를 올리고 소의 살점과 곡물을 강으로 던진다.[7] 다른 제물로는 뿔잔에 피를 받아 바위 위에 뿌렸다. 이런 희생제는 며칠씩 진행되었다.

지금도 수확기에는 이런 희생제가 열린다. 테프, 옥수수, 커피 수확기 때 말이다. 게페타토 말에 따르면 커피 수확은 좀 다르다고 한다. 커피는 야생에서 나는 것이니까 말이다.

야생 커피에 대해 카파 숲 사람들은 이런 태도이다. 어디에서 온 건지, 왜 있는지는 모른다. 우리가 원한 것도 아니고 재배한 것도 아니다. 그러나 매년 열매가 나온다. "커피는 신의 선물입니다. 우리가 심은 것이 아니니까요. 신이 사람에게 내리셨습니다. 그렇기에 우리는 신에게 다시 바치는 겁니다." 게페타토는 이렇게 설명한다.

그는 방금 신도 몇 명과 함께 커피에 대한 뎃조를 치렀다. 이들은 숲속 깊이 들어가 쇼웨 콜로라는 이름의 지역 정령을 위해 커다란 나무 아래에서 제의를 올렸다. 그는 어깨에 숄을 두르고 맨발로 숲속으로 들어간다. 신도들은 자신들이 수확한 것—옥수수, 테프, 엔세트—에다 인제라 빵, 그리고 집에서 만든 텔라 술(테프로 빚은 맥주)와 테지 술을 담은 병을 들고 간다. 여기에 제물로 바칠 동물도 데리고 간다. "제일 작은 것은 닭이고, 염소, 양, 큰일에는 소도 바치지요." 의식 크기에 따라 동물도 달라진다.

커다란 나무 주위로 사람들이 간단한 울타리를 치고 이 안에서 공물을 바친다. 게페타토가 칼로 동물의 목을 긋는다. 이 칼은 제의용으로만 사용하는 것으로 양쪽에 날이 있고 손잡이는 뼈로 되어 있는데 끝에는 19세기의 은화인 마리아 테레사 탈레르 동전이 박혀 있다. 희생제를 보조하는 이가 넓은 볼을 들고 피를 받는다. 지금은 나무로 된 것을 쓰지만 한때는 엔세트 잎을 접어서 썼다고 한다. 피는 나무 아래 붓는다. 옛날에는 죽은 동물을 그대로 두었지만 지금은 "최고 부위만" 몇 조각 남겨둔다. 이번 의식은 한 시간이 채 못 되어 끝났다. 곧이어 다른 곳에서 축제가 열리는데 약 두 시간이 넘게 진행된다. 남은 고기를 구워 다른 공물과 함께 먹는다.

오후 햇살이 감미롭다. 언덕의 색은 점점 짙어지고 있다. 얼마 전 폭풍우로 깊이 도랑이 파여 황토색 상처처럼 두드러져 보인다. 오늘 일정은 거의 끝났다. 대부분 연장을 내려놓고 교주의 말을 경청하는 중이다. 마을 집집마다 커피나무가 몇 그루씩은 있다. 게페파토가 제의를 이끈 다음날이면 사람들은 제각기, 가족, 이웃과 함께 자기들만의 뎃조를 치른다.

알레마유 가브리엘미카엘 말에 따르면 지역마다 조금씩 차이는 있지만 카파에서는 옛부터 이런 제의를 해왔다고 한다. 그는 쿰프티 숲에서 뎃조를 치르는 두 사람(게페타토는 아니다.) 중 한 명이다. 삼성 로고가 적힌 밝은 파란색 티셔츠를 입고, 뿌리 쪽이 울룩불룩한 커다란 무화과나무 바닥에 서서 팡가 칼로 뿌리 사이의 부드러운 흙을 살펴보고 있다. 구멍을 파서 피를 뿌릴 자리를 찾는 중이다. 넓적한 엔세트 잎을 깔고 자신과 이웃이 수확한 음식을 늘어놓았다. "여기가 가운데입니다." 그가 말한다. "제물로 바치는 닭은 오른쪽 부분이 콜로 신을 위한 겁니다. 닭은 네 조각으로 나누지요." 나침반 보듯 닭고기를 네 방향에 둔다. "남쪽, 동쪽, 서쪽, 북쪽으로 둡니다."

알레마유가 감사의 기도를 올린다. 숲이 차분하게 있어준 것에, 싸움이 없었던 것에, 그리고 매년 커피를 내려준 것에 대한 감사의 말이다. 기도가 끝나면 사람들이 잔치를 하기 위해 떠난다.

동이 틀 무렵, 다시 제의를 치른 곳으로 돌아온다. "아침 일찍, 아무도 눈을 뜨지 않았을 때, 또 야생 동물이 움직이기 전에 와야 합니다." 알레마유의 말이다. 그가 한 손을 옹이투성이의, 무딘 노란색 껍질의 나무에 기댄다. 이 오래된 나무의 키는 30미터는 됨 직하고, 두툼하고 길쭉한 잎이 그야말로 넓게 펴져 있다. 근처 다른 키 큰 나무에는 콜로부스 원숭이들이 튼튼한 가지 사이로 잽싸게 돌아다니고 있다. "공물이 사라지면, 신이 받아들인 것으로 봅니다." 이제 커피 수확은 걱정하지 않아도 된다. "공물이 아직 남아 있으면, 쇼웨 콜로가 아직 행복하지 않은 거예요."

그럴 경우에 알레마유는 영적 지도자이자 매개자인 알라모에게 간다. 그는 숲의 정령과 대화할 수 있고 "이 행복하지 않은 상황을 해결하기 위해" 무엇이 필요한지 물어볼 수 있다.

에티오피아는 사하라 사막 남쪽 아프리카 국가들과 달리 유럽 선교사들을 통해 기독교가 들어오지 않았다. 에티오피아는 로마 제국에서 인도를 잇는 고대 무역로에 있었고, 기독교는 4세기 무렵 상인들에 의해 전래된 것으로 보인다. 서기 330년경 악숨 왕조가 기독교로 개종했는데, 이것이 공식적으로는 정교회가 국교가 된 첫 시기이다. 17세기에 황제가 10년 정도 로마 카톨릭으로 개종한 적은 있지만, 그때를 제외하면 정교회는 사회 모든 계층에 뿌리내렸다.*

최소한 에티오피아 북부는 그랬다. 16세기경, 카파의 군주는 에티오피아의 황제의 설득으로 공식적으로 기독교를 받아들였다.[8] 카파에 있는 가장 오래된 교회 두 곳—하나는 안디라차 근처에 있고 다른 하나는 봉가에서 산마루를 타고 핵심지 숲을 내려다보며 한 시간 반 정도 이동하면 나오는 바하에 있다.—모두 이 시기에 건축되었다.[9] 그렇지만 북부의 영향력은 줄어들고, 황제의 군대가 카파를 정복했던 1897년에는 카파 왕국에서 기독교는 거의 사라진 상태였다. 라스 월데 기오르기스가 이 지역을 다스리면서 수사 70명을 데리고 왔다고 한다. 그는 10여 년의 총독 재임 기간 중 정교회 건물을 여러 채 지었다. 그는 안디라차에 있는 전통 사원 바로 위에도 정교회 건물을 지으라 명했다.

오늘날 카파 인구 상당수는 정령 신앙을 믿는다. 이 신앙은 자연 세계에 특별한 힘이 있고 숲은 정령이 사는 곳이라고 믿는다. (한 연구에 따르면 카파에서 인구가 가장 많은 봉가의 경우 정령 신앙을 믿는 사람이 절반 가까이 된다고 한다.)[11] 그러나 그들은 스스로 정교회를 믿는다고 말한다. 알레마유처럼 뎃조를 이끄는 이들조차도 스스로 정교회 교도라고 말한다. 그렇다고 반드시 틀린 것은 아니다.

안디라차의 장로 테테라 메코넨 예메르가 이렇게 말한 적이 있다. "기독교도지만 다른 신앙도 있지요." 여기서 '다른'은 바로 정령 신앙이다.

메스핀은 이렇게 말한다. "시골에 가보면, 정교회 교도들의 생각—정교회와 연관되어 나타나는 생각들—의 25% 정도는 실제로는 전통 신앙입니다." 암소가 첫 송아지를 낳으면 주인은 암소의 우유를 짜서 버터를 만들어 교회 울타리나 문틀에 바른다. "이런 행위는 토착 신앙의 영향을 받은

• 1959년까지 에티오피아 정교회는 알렉산드리아에 있는 콥트 정교회에 소속되어 있었다. 현재는 에티오피아 정교 테와헤도 교회라는 이름으로 독립되어 있다.

것입니다. 정교회랑은 아무 상관이 없죠." 메스핀이 말한다.

신앙심 깊은 카파 사람들은 커다란 양치식물을 교회에 들고 오기도 한다. 메스핀이 설명한다. "전통 신앙의 문화와 똑같습니다. 교주 집에 갈 때 양치식물을 가져가지요." 교회 울타리에 1.8미터 높이의 양치식물을 장식한다. "자연이 주는 선물로 가져오는 것입니다." 숲이 내리는 선물이다.

이런 문화는 깊게 뿌리박혀 있다. 아프리카 다른 지역에서도 이런 의식은 일반적이다. V. S. 나이폴 경은 전통 신앙에 대해 다룬 책에서 한 서아프리카 사람의 말을 이렇게 인용했다. "새로 들어온 종교들, 이슬람이나 기독교는 붕 떠 있죠. 우리 마음속엔 숲이 있어요."[12]

메넬리크 2세 치세 동안은 정교회 우대 정책으로 토착 신앙은 홀대를 받았다. "메넬리크는 가키 셰로코에게 형벌을 내렸습니다. 그래서 메넬리크 이야기는 하고 싶지 않습니다." 게페타토 하일레 미카엘이 날 선 목소리로 말한다. 카파의 마지막 왕에게 내려진 잘못된 형벌에 분노해 그 시대를 지워버리고 싶은 것 같다. "하일레 셀라시에가 나았지요. 데르그보다도 나았지."

길게 이어진 셀라시에 황제의 치세 동안에는 종교의 자유가 있었다. 그러나 마르크스주의를 따르는 데르그 당이 정권을 잡으면서 자유는 끝났다. 당수 멩기스투 하일레 마리암이 지배하던 시기는 피로 얼룩졌다. "데르그가 지배하는 동안 우리의 신앙과 문화는 거의 다 죽어버렸습니다." 게페타토는 이렇게 말했다. 그때가 저점이었다. 1991년 마르크스 정권이 쫓겨나면서 해빙기를 맞았다. "이제 우리 신앙은 존경을 받고 있습니다."

물론 상대적으로 그러하다. 카파에도 토착 신앙이 널리 남아 있지만, 그저 용인되는 수준이다. 봉가의 카파 지역 교육부에서 일하는 젊은 공무원은 이렇게 말한다. "유일신God과 그냥 신god은 다릅니다." 종이에 두 단어를 쓰더니 그냥 신 쪽을 펜으로 톡톡 친다. "이건 나쁜 종교예요. 나쁜 믿음이죠."

유럽 NGO 소속으로 봉가에서 일하는 지역 회계사도 동의한다. "신성한 정령도 있지만 악한 정령도 있어요. 그런데 토착 신앙을 믿는 이들은 이런 악령을 숭배하지요." 그는 복음주의 신교도이다. 이 종교는 요즘 에티오피아에서 세를 불리고 있다. 현재 인구의 20% 정도를 차지한다고 한다. 그는 일요일 교회에 가면 악령에 홀린 사람들을 볼 수 있다고 한다. "그런 사람들은 신령한 것은 견디지 못해요. 그래서 비명을 지르죠." 그는 열정적으로 토착 신앙을 부정하고 게페타토 하일레 미카엘 같은 종교 지도자들을 부정한다. "사람들이 절을 해대고 발에다 키스를 날리니까 그저 그런 신이 되고 있는 겁니다."

토착 신앙을 퇴보되고 무지한 믿음으로 보는 정도에서 그치지 않는 사람들도 있다. 메스핀이 말한다. "그런 사람들은 자기 주장이 옳다는 걸 보여주기 위해 신령한 숲을 베어버리기도 합니다." 토착 신앙이 그저 미신에 불과하다며 이를 증명해 보이려는 사람도 있다. "나무를 잘라내고는 말하죠. '이것 봐라, 아무 일도 일어나지 않는다. 너희들의 믿음은 가짜다.'"

토착 신앙에서는 사람의 발길이 닿지 않은 숲을 근본으로 본다. 정령 신앙에서는 정령이 기거할 수 있는 깊은 숲이 있어야 한다.

19세기 말, 카파의 마지막 왕이 쫓겨나고 왕국이 에티오피아로 흡수되었을 때, 남서부 고지대엔 산간 우림이 거의 대부분이었고 그 안에서 커피가 야생으로 자랐다.[13] 이 원시림은 왕이 지배하는 곳으로서 정령이 머무는 곳, 그리고 제의를 치르는 곳으로 보호를 받았다.[14] 사람들은 숲을 경외하고 존중하고 보존했으며 나무를 베지 않았고, 가장 우거진 곳, 즉 에코 정령이 사는 곳은 들어가는 것도 꺼렸다. 숲의 상당 구역은 게페타토는 물론이고 영적 지도자들도 들어갈 수 없었다. 뎃조 의식은 그런 구역의 테두리에서 치러졌다. 그렇기에 토착 신앙은 카파의 커피 숲에 대한 자연 보호 조치와도 같았다.

"고향에서 자라온 아프리카인들 대다수의 신앙 체계에는 지역 생태계에 대한 존경심이 바탕에 깔려 있었다. 즉 숲과 강이 신성하다는 믿음이다. 덕분에 숲과 강을 살아 있는 상태로, 손상되지 않도록 보호하자는 설득이 잘 받아들여진다." 요한 하리 Johann Hari는 이렇게 적고 있다. "그러나 식민 지배층이 들어와서는 이런 개념을 허튼소리로 치부했고 강압적으로 사막 기반의, 아프리카의 환경과는 아무 관련 없는 신앙을 주입시켰다. 오래된 터부들은 근절되었고, 오래지 않아 숲은 체계적으로 파괴되었다. 이것은 환경 대재앙이다. 아프리카는 여전히 이 파괴에서 회복하지 못했거니와, 오늘날에도 많은 아프리카인들이 현혹된 채 악행을 저지르고 있다."[15]

카파의 식민 지배층은 아랍인이나 유럽인이 아니라 에티오피아 북부의 암하라인들이다.* 토착 신앙이 밀려나면서 삼림 파괴는 더 빨라졌다.

메스핀은 카파의 삼림을 베어내는 행위를 중단시키고 커피숲을 보존하기 위한 방법으로 토착 신앙을 이용하기도 했다. 뎃조 의식을 공개적으로 치르게 해서 비밀스러웠던 종교 관습을 드러내 보이려 노력했고, 숲속 정령의 가치를 알리려고 했다. 보다 실질적으로는, 생물권 지정시 이를 규칙에 담기도 했다.

메스핀은 유네스코 제안서에 필요한 복잡한 구역 지정 작업 중에 카

---

* 에티오피아 핵심지 이외의 정복지를 갈라라고 통칭하는 것을 정확한 표현이 아니라고 한다면, 민족적인 개념에서는 암하라 또한 정확한 표현은 아니다. 여기서 암하라는 무력을 소유한 북부 출신의 사람들을 의미한다.

파의 게페타토를 만나 가장 신성한 숲의 위치를 정확히 알아내 계획표에 집어넣었다. "나는 그의 믿음을 존중합니다." 하일레 미카엘에 대해 그가 한 말이다. "그래서 그가 신성하다고 여기는 지역을 핵심지로 넣었습니다." 카파 생물권의 일부를 이루는 온천지 주변 1700헥타르 면적 중 1100헥타르가 핵심지로 지정되었다. "법적으로 보호를 받게 한 거죠." 이제 이곳은 벌목의 위협에서 벗어났다. 게페타토는 자신과 신도들이 가장 숭배하는 숲의 일부가 영적 유산으로 결정된 것을 무척 기뻐했다. 영적으로뿐만 아니라, 법적으로도 불가침이 된 것이다.

"정령들의 평화와 행복을 위해서입니다." 메스핀의 말이다.

게페타토가 있는 계곡에서는 1월과 2월 중 야생 커피 채집이 마무리된다. 텃밭 쪽은 조금 뒤에 끝난다. 비는 3월이 되어야 오기 시작한다. 약 10일 정도 지나, 게페타토 소유의 땅에서 20여 명의 신도들이 소 두 마리를 몰고 밭을 갈고 있다. 소가 끄는 나무 쟁기가 지나가면, 이제 막 자라기 시작한 잡초들이 땅속으로 들어가고 밭이 갈아진다. 비가 와서 땅이 부드럽다. 씨를 뿌리기 위해 쟁기질을 시작한 것이다.

하일레 미카엘은 우아하게 휘어진 팔걸이가 있는 나무 의자에 앉아 카파의 문화에서 커피가 얼마나 중요한지 강조한다. 테프 수확의 뎃조 의식은 매년 한 번, 12월이나 1월 초 수확기 이후에 한다고 그가 말한다. 옥수수도 한 번, 7월에 한다. 그러나 커피만큼은 너무나 중요해서, 의식을 세 번 치른다.

첫 번째 의식은 커피꽃이 필 때 진행한다. 제물이 될 동물의 깃털이나 털 색상이 중요하다. 처음은 반드시 흰색이어야 한다. 꽃의 색에 맞추기 위해서이다. 지난주에 개화 뎃조를 치렀는데, 그때는 흰색 염소와 흰색 암탉을 바쳤다. 몇 개월이 지나 녹색 열매가 가지마다 열리면 그때 두 번째 의식을 치른다. 이때는 어두운 빛깔이나 검은색 동물을 바친다. 커피가 익어 갈 때 하는 처음 두 의식은 커피가 왔음을 감사드리고 병이 들거나 우박 같은 것에 나무가 상하지 않기를 기원하는 것이라고 게페타토가 천천히, 중후한 목소리로 설명한다. 세 번째 뎃조는 커피열매가 짙은 진홍색으로 변해서 수확 직전 상태일 때 한다. 이때는 익은 열매 색과 비슷한 불그스름한 색 또는 오렌지 색 동물을 선택한다. 수확에 감사드리기 위해 제물을 바치는 것이다.

빛은 문이 열린 쪽에서만 들어오고 있다. 게페타토는 화사한 흰색 숄을 두르고 있다. 방은 어두컴컴해서 사물이 희미하게만 보일 정도인데 그 끄트머리에 그가 앉아 있다. 낮은 기침을 계속 하는데, 거친 한숨에 가깝다. 지난 11월에 보았을 때보다는 움직임이 약간 둔해졌다. 그가 검푸른 색 니트 모자를 깊이 당겨 쓴다. 대화를 나누는 중에 한 나이 든 신도가 들어와서 조용히 엎드려 그의 발에 키스를 하고 벽 쪽에 있는 나무 의자에 앉는다. 밖에는 소가 쟁기를 끌고, 가끔씩 고삐 소리가 난다.

당연하지만, 제물을 바치는 의식은 목적이 한두 가지에 그치진 않는다. 자연과 조화를 유지하는 데 도움이 되고 다음 해 작황이 좋기를 바라는 것이기도 하다.[16] 커피 수확에 대한 감사를 드릴 뿐만 아니라, 숲이 차분하게 있어주고 싸움이 없었던 것에 대해서도 감사를 드린다.

숲에 대한 감정은 언제나 중요하다. "카파의 마지막 왕이 다스리던 시대에도 매년 각 지구의 지도자들이 모이는 행사가 있었습니다." 며칠 뒤 봉가 사무실에서 만난 메스핀이 말했다. "이때 왕이 가장 처음 묻는 질문은 자연과 관련된 것이죠. '숲은 차분한가?' 벌이 날아드는가? 야생동물들이 뛰어놀고 있는가? 벌이 날아들고 야생동물이 뛰어놀면 만족이지요. 벌이 없고 야생동물이 보이지 않으면, 위험하다는 신호입니다." 자연은 과거에 일어난 것을 반영해줄 뿐만 아니라 미래도 알려준다.

　　한 시간쯤 뒤, 게페타토가 일어서서 한낮의 태양빛을 받아 반짝이는 문간으로 움직인다. 옛 랄리벨라 암굴 교회의 수사 같다. 위엄 있는 모습이 실제 키인 170센티보다 훨씬 크게 보인다. 뜰로 내려서자, 수행인이 쿠션을 들고 따른다. 수행인은 키가 작은 50대 남자로 노란색 숄을 두르고 무릎까지 오는 고무 부츠를 신고 있다. 게페타토는 커다란 나무 지팡이를 들었다. 지팡이 끝은 금속이다. 좁은 계곡 건너 노간주나무가 있는 언덕도 그의 땅이다.

　　하일레 미카엘의 맏아들이 옆에 섰다. 줄무늬 폴로 셔츠에 샌들 차림의 젊은 청년이다. 미간에 아버지처럼 깊은 주름이 있다. 아마도 그가 아버지를 이어 14대 게페타토가 될 것이다. 그렇지만 자동 승계는 아니다. 하일레 미카엘도 아버지가 죽기 전 숲속으로 사라진 적이 있다. 그가 간 곳을 아무도 몰랐는데, 아버지가 죽고 나서 신도들이 하일레 미카엘을 찾아서는 다시 마을로 데려와 종교 지도자로 세웠다.

　　맏아들이 언덕을 내려가 마을로 향한다. 11월이 되면 도로를 따라 있는 마을 커피 조합들은 바쁘다. 지금은 수확이 끝난 뒤라 문이 잠겨 있다. 층층이 올려진, 대나무로 만든 건조대는 비어 있다. 텃밭에서 수확한 커피콩들은 60킬로그램들이 주트 포대에 담겨 있다. 포대 몇 개는 창고 안에 쌓여 있고, 몇 개는 이미 배에 실려 오클랜드나 앤트워프, 한국의 부산항으로 가고 있다. 그곳의 스페셜티 커피 전문 로스터들이 햇커피가 도착하기를 목 빠지게 기다리고 있다.

　　하일레 미카엘이 언덕 위에 오르더니 다시 집으로 들어간다. 아내가 커피를 만들기 시작한다. 커피를 볶기 시작하면 방에 향기로운 푸른빛 연기가 가득해질 것이다.

카파에서 커피의 중요성은 꽃에서부터 익은 열매가 되기까지 매 성장 단계마다 축하를 하는 독특한 의식으로 뚜렷하게 드러난다. 마지막, 즉 마시기 전에 하는 의식도 있다. 게페타토가 집 입구에 서서 몇 모금을 자기 잔에서 튀겨낸다. 쇼웨 콜로에게 향을 바치는 의식이다. "커피를 만드는 것도 일종의 기도지요." 그의 말이다.

야생의 숲에서, 커피가 단순히 음료이거나 자연의 산물 정도였던 적은 한 번도 없었다. 세월이 흘렀지만 그 신비는 사라지지 않았다. 앞으로도 유지될 것이다. 카파의 숲에서건 전 세계의 커피 잔에서건, 낭만과 매력, 또는 마술, 그 어느 것도 사라지지 않고 유지될 것이다.

감사의 말

이 책을 쓰기 위한 여행과 연구, 그리고 집필에 이르기까지, 수많은 이들이 나에게 통찰과 정보, 친절을 베풀었다. 모두에게 감사드린다.

에티오피아에서 도움을 주신 분들

카파 메스핀 테클레, 아사예 알레마유 하일레, 게페타토 하일레 미카엘과 그의 가족, 셰키 케디르 세딕, 월데기오르기스 샤워, 프레히웨트 게타훈, 타미라트 하일레, 물루켄 메쿠리아, 베레케트 코치토, 알레마예후 하일레, 미티쿠 게브레마리암, 테테라 메코넨 예메르, 알레마유 가브리엘마이클, 케로 미쇼, 케파 게스트하우스와 봉가의 커피랜드 호텔 직원들

아디스 아바바 하디스 테카 게브레마리암, 피시 루케, 피세아 게타츄, 물루게타 레메니, 헬레아나 게오르갈리스, 아만 아디뉴, 자크 드부아

하라 아드마수 테마레, 미그노트 솔로몬, 알리 유세프, 아브델라 무메

시다모 렘렘 두발레

특히 나의 든든한 운전사 아샤나피 페카두에게 감사드린다. 에티오피아에서 가장 험준한 도로를 6천 킬로미터 가까이 안전하게 달려주었다. 또한, 미처 이름을 묻지 못한 카파의 여러 커피 수집인들, 봉가와 하라의 시장 상인들, 멋진 커피를 차려준 많은 분들에게도 감사드린다.

그리고 세계 곳곳에서 도움을 주신 분들

런던 아론 데이비스와 서렌드라 코테차, 왕립 식물원의 사서들과 문서 보관 담당자들, 린네 소사이어티의 엘라인 차르왓, 벤센테 파르티다, 리비 플럼, 커스틴 펠토넨과 자니 펠토넨

몽펠리에 브누아 베르트랑, 장-피엘 라부아지에, 필립 리셔메스, 피엘 샤메탕

할렘, 암스테르담 메노 시몬스, 하르테캄프의 직원분, 위츠케 페데마, 롬 데리, 닌케 페데마

독일 스바네 벤데르, 비앙카 쉬레겔, 에바 다누랏, 이네스 포세마이어

비엔나 클라우스 비에베르

바르셀로나 마트 고울딩, 살바도르 산스, 알렉산드라 위티, 까시아 마르띠네스 데 까르발로, 빠우 발베르데, 우르술라 쉴래페르

미국 테드 스타추라, 티모시 실링, 톰슨 오웬, 빅토르 알버트, 데이빗 그리스월드, 키스 에케르트, 워싱턴의 수잘로 앤 알렌 라이브러리의 사서분들, 토드 넬슨, 토드 마셜, 짐 핀리, 캐슬린 실러, 빌 코엘러와 조안 코엘러

과테말라 빠블로 곤잘레스, 끄리스띠나 곤잘레스와 가족들, 호수에 모랄레스, 마누엘 아리올라, 띠또 오초얏과 게르손 오초얏

코스타리카 윌리엄 솔라노

파나마 다니엘 페테르손과 라헬 페테르손

탄자니아 듀스데디트 킬람보

예멘 아민 알 하키미, 앤드류 니콜슨

또한, 이토록 많은 문헌을 남겨준 작가, 역사학자, 과학 연구가들에게 깊이 감사드리고 싶다.

블룸스베리의 편집자 조지 깁슨을 만난 건 큰 행운이었다. 또한 레아 베레스포드, 로라 필립스, 타라 케네디 이하 블룸브베리 뉴욕 사무실 직원들에게 감사드린다. 카피 에디터 스티브 볼트에게도 감사드린다. 블룸스베리 영국의 마이클 피쉬윅, 메리골드 앳키, 레베카 쏜, 빅키 베도우, 알렉산드라 프링글, 블룸스베리 인디아의 파이자 칸, 수미카 라즈푸트 및 블룸스베리 오스트레일리아에게도 감사드린다.

또한 오랫동안 나를 도와준 도 쿠버와 프란시스 케네디에게도 깊이 감사드린다.

언제나 그렇듯이, 가장 가까운, 나의 가족, 에바, 알바, 마리아에게 가장 큰 감사를 드린다.

주

커피는 우리의 양식이다

1. Mesfin Tekle.
2. Lange, *History of the Southern Gonga*, 5.
3. Cramer, *Review of Literature of Coffee Research*, 177.

CHAPTER 1 ∞ 새들이 심다

1. Chernet, "Land Resources and Socio-Economic Report," 31.
2. Aerts, "Semi-Forest Coffee Cultivation"; Berecha, "Effects of Forest Management."
3. Schmitt, *Montane Rainforest with Wild* Coffea arabica, 56; Sylvain, "Ethiopian Coffee," 117; Sylvain, "Some Observations on *Coffea arabica*," 41.
4. Senbeta Wakjira, *Biodiversity and Ecology of Afromontane Rainforests*, 28.
5. Schmitt, *Montane Rainforest with Wild* Coffea arabica, 60.
6. Orent, "Lineage Structure and the Supernatural."

주

CHAPTER 2 ∞ 에티오피아라는 이름의 '섬'

1. On expedition in East Africa in the early 1890s, Prince Eugenio Ruspoli, son of Rome's mayor and scion to the noble family, reached the Omo River, where he was trampled by an elephant. His collecting bag contained the skin of an extraordinary but unknown bird that would bear his name. About the size of a pheasant, it had emerald and crimson plumage, a punky white crest, and long bluish tail. But there was no information about where Ruspoli collected it. For fifty years it remained a mystery, until one was spotted near the southern Ethiopian village of Negele. With a range limited to some scrubby local woodlands, this rare endemic that graces the cover of the *Birds of Ethiopia and Eritrea* is the most sought-after sighting among bird-watchers in the Horn of Africa.
2. Riechmann, "Literature Survey on Biological Data."
3. Schmitt, *Montane Rainforest with Wild* Coffea arabica, 23.
4. Grühl, *Citadel of Ethiopia*, 169.
5. Lange, *History of the Southern Gonga*, 286.
6. Homer, *Odyssey*, 78.
7. Grühl, *Citadel of Ethiopia*, 170.
8. Pankhurst, *Ethiopians*, 79.
9. Ibid., 97.
10. Shinn and Ofcansky, *Historical Dictionary of Ethiopia*, 328.
11. Love, "French Physician at the Court of Gondar."
12. Pankhurst, *Introduction to the Economic History of Ethiopia*, 211.
13. Bruce, *Travels to Discover*, 333.
14. Bruce, *Travels, Through Part of Africa*, 165.
15. *Portuguese Expedition to Abyssinia*, 234.
16. Bredin, *Pale Abyssinian*, 254.
17. Bruce, *Travels to Discover*, 411.
18. Shinn and Ofcansky, *Historical Dictionary of Ethiopia*, 87.
19. Ibid.
20. Zewde, *History of Modern Ethiopia*, 25.
21. Underhill, "Abyssinia Under Menelik and After," 33.
22. Marcus, *History of Ethiopia*, 104.
23. Underhill, "Abyssinia Under Menelik and After," 36.
24. Markakis, *Ethiopia*, 95.
25. Ibid.

26. Ibid.
27. Woldemariam, *History of the Kingdom of Kaffa*, 139, 250.
28. Marcus, *Life and Times of Menelik II*, 194.
29. Markakis, *Ethiopia*, 97.
30. Fernyhough, "Women, Gender History, and Slavery," 221.
31. Tibebu, *Making of Modern Ethiopia*, 43.
32. Pankhurst, *Ethiopians*, 179.
33. Underhill, "Abyssinia Under Menelik and After," 36.
34. Marcus, *History of Ethiopia*, 99.
35. Pankhurst, *Ethiopians*, 193.
36. Jonas, *Battle of Adwa*, 333.

CHAPTER 3 ◊◊◊ 카파 왕국

1. Woldemariam, *History of the Kingdom of Kaffa*, 216.
2. Grühl, *Citadel of Ethiopia*, 278.
3. Lange, *History of the Southern Gonga*, 197.
4. Orent, "Refocusing on the History of Kafa."
5. Zewde, *History of Modern Ethiopia*, 16.
6. Grühl, *Citadel of Ethiopia*, 169.
7. Woldemariam, *History of the Kingdom of Kaffa*, 12.
8. Orent, "Lineage Structure and the Supernatural," 57.
9. Sylvain, "Ethiopian Coffee," 113.
10. Naipaul, *Masque of Africa*, 23.
11. Álvarez, *Narrative of the Portuguese Embassy to Abyssinia*, 349–50.
12. *Portuguese Expedition to Abyssinia*, 233.
13. Grühl, *Citadel of Ethiopia*, 173.
14. Ibid.
15. Lange, *History of the Southern Gonga*, 306.
16. Pankhurst, *Ethiopians*, 179.
17. Grühl, *Citadel of Ethiopia*, 174.
18. Huntingford, *Galla of Ethiopia*, 111.
19. Lange, *History of the Southern Gonga*, 215.
20. Huntingford, *Galla of Ethiopia*, 125.
21. Lange, *History of the Southern Gonga*, 272.

22. Bieber, *Geheimnisvolles Kaffa*, 124.
23. Hassen, *Oromo of Ethiopia*, 92.
24. Woldemariam, *History of the Kingdom of Kaffa*, 85.
25. Skinner, *Abyssinia of To-Day*, 141.
26. Huntingford, *Galla of Ethiopia*, 117.
27. Bulatovich, *Ethiopia Through Russian Eyes*, 212.
28. Woldemariam, *History of the Kingdom of Kaffa*, 232.
29. Hassen, *Oromo of Ethiopia*, 92.
30. Woldemariam, *History of the Kingdom of Kaffa*, 151.
31. Lange, *History of the Southern Gonga*, 277.
32. Ibid., 264.
33. Ibid., 9.
34. Ibid., 8.
35. Chernet, "Land Resources and Socio-Economic Report."
36. Lange, *History of the Southern Gonga*, 267.
37. Zewde, *History of Modern Ethiopia*, 21; Schmitt, *Montane Rainforest with Wild Coffea arabica*.
38. Zewde, *History of Modern Ethiopia*, 21.
39. Huntingford, *Galla of Ethiopia*, 106.
40. Fernyhough, "Slavery and the Slave Trade," 106; Fernyhough, "Women, Gender History, and Slavery," 219.
41. Huntingford, *Galla of Ethiopia*, 126.
42. Lange, *History of the Southern Gonga*, 268.
43. Tibebu, *Making of Modern Ethiopia*, 65.
44. Huntingford, *Galla of Ethiopia*, 111.
45. Ito, "Local Honey Production."
46. Bieber, *Geheimnisvolles Kaffa*, 120.
47. Zewde, *History of Modern Ethiopia*, 22.
48. Ibid., 97.
49. Lange, *History of the Southern Gonga*, 119.
50. Huntingford, *Galla of Ethiopia*, 119.
51. "Gaki Sherocho," 410.
52. Huntingford, *Galla of Ethiopia*, 282.
53. Ibid., 119.
54. Ibid., 282.
55. Ibid., 119.

56. Ibid.
57. Ibid.
58. Bulatovich, *Ethiopia Through Russian Eyes*, 215.
59. Huntingford, *Galla of Ethiopia*, 119.
60. Lange, *History of the Southern Gonga*, 283.

CHAPTER 4 ∞ 카파의 마지막 왕

1. Prouty and Rosenfeld, *Historical Dictionary*, 133.
2. Woldemariam, *History of the Kingdom of Kaffa*, 253–54.
3. Marcus, *Life and Times of Menelik II*, 185.
4. Bulatovich, *Ethiopia Through Russian Eyes*, 220.
5. Woldemariam, *History of the Kingdom of Kaffa*, 262.
6. Marcus, *Life and Times of Menelik II*, 185.
7. Bulatovich, *Ethiopia Through Russian Eyes*, 221.
8. Ibid., 220.
9. Zewde, *History of Modern Ethiopia*, 4.
10. Markakis, *Ethiopia*, 95.
11. Woldemariam, *History of the Kingdom of Kaffa*, 237–38.
12. Ibid., 238.
13. Bulatovich, *Ethiopia Through Russian Eyes*, 70.
14. Bruce, *Travels to Discover*, 218.
15. Woldemariam, *History of the Kingdom of Kaffa*, 241.
16. Huntingford, *Galla of Ethiopia*, 127.
17. Lange, *History of the Southern Gonga*, 281.
18. Marcus, *Life and Times of Menelik II*, 186.
19. Fernyhough, "Slavery and the Slave Trade," 117.
20. Bulatovich, *Ethiopia Through Russian Eyes*, 122.
21. Ibid., 222.
22. Ibid., 223.
23. Marcus, *Life and Times of Menelik II*, 186.
24. Bulatovich, *Ethiopia Through Russian Eyes*, 223.
25. Ibid.
26. Ibid.
27. Woldemariam, *History of the Kingdom of Kaffa*, 264.

주

28. Marcus, *Life and Times of Menelik II*, 185–86.
29. Grühl, *Citadel of Ethiopia*, 325.
30. Marcus, *Life and Times of Menelik II*, 186.
31. Ibid.
32. Skinner, *Abyssinia of To-Day*, 142.
33. Marcus, *Life and Times of Menelik II*, 186.
34. Marcus, *Life and Times of Menelik II*, 186.
35. Bulatovich, *Ethiopia Through Russian Eyes*, 206.
36. Ibid.
37. Ibid., 204.
38. Ibid., 226.
39. Ibid., 255.
40. Schmitt, *Montane Rainforest with Wild Coffea arabica*, 7.
41. Lange, *History of the Southern Gonga*, 5.
42. Markakis, *Ethiopia*, 97.
43. Bulatovich, *Ethiopia Through Russian Eyes*, 348.
44. Ibid., 341.
45. Grühl, *Citadel of Ethiopia*, 184.
46. Bulatovich, *Ethiopia Through Russian Eyes*, 220.
47. Grühl, *Citadel of Ethiopia*, 223.
48. Bulatovich, *Ethiopia Through Russian Eyes*, 212.
49. Grühl, *Citadel of Ethiopia*, 225.
50. Bieber, "African Fascination of the Bieber Family."

CHAPTER 5 ◇◇◇ 원산지

1. Ukers, *All About Coffee*, 16.
2. Bieber, *Geheimnisvolles Kaffa*, 119.
3. Ibid., 120.
4. Hildebran, Bradt, and Lesur-Gebremariam, "Holocene Archaeology of Southwest Ethiopia."
5. Woldemariam, *History of the Kingdom of Kaffa*, 54.
6. Ibid., 207.
7. Deffar, "Non-Wood Forest Products in Ethiopia."
8. Pankhurst, "Coffee Ceremony," 519.

9. Woldemariam, *History of the Kingdom of Kaffa*, 54–55.
10. Grühl, *Citadel of Ethiopia*, 237.
11. Ibid., 243.
12. Bieber, *Geheimnisvolles Kaffa*, 120.
13. Bruce, *Travels to Discover*, 246.
14. Bulatovich, *Ethiopia Through Russian Eyes*, 214.
15. Bieber, *Kaffa*, 254.
16. Woldemariam, *History of the Kingdom of Kaffa*, 43.
17. Orent, "Dual Organizations in Southern Ethiopia."

CHAPTER 6 ◊◊◊ 왕과 왕국에 내려진 선물

1. Pankhurst, "Coffee Ceremony."
2. Pankhurst, *Economic History of Ethiopia*, 199.
3. Woldemariam, *History of the Kingdom of Kaffa*, 55.
4. Huntingford, *Galla of Ethiopia*, 108.
5. *FAO Coffee Mission to Ethiopia*, 4.
6. Fernyhough, "Slavery and the Slave Trade," 112.
7. Burton, *First Footsteps in East Africa*, 2:109.
8. Markakis, *Ethiopia*, 97.
9. McClellan, "Coffee in Center."
10. Markakis, *Ethiopia*, 97.
11. Grühl, *Citadel of Ethiopia*, 200.
12. Miers, *Slavery in the Twentieth Century*, 177.
13. Fernyhough, "Slavery and the Slave Trade."
14. Rourk, *Coffee Production in Africa*, 5.
15. USDA Foreign Agricultural Services, *GAIN Report*, 2016.
16. Bagersh and Bagersh, "History of the Coffee Sector in Ethiopia."
17. *FAO Statistical Pocketbook, 2015—Coffee*, 74.
18. Burton, *First Footsteps in East Africa*, 1:12.
19. Pankhurst, *Resettlement and Famine in Ethiopia*, 175.
20. McCann, *People of the Plow*, 158.

주

CHAPTER 7 ◇◇◇ 코페아 에티오피카

1. Blunt, *Compleat Naturalist*, 97.
2. George Clifford Herbarium website, "Clifford."
3. Griffiths, "Clifford's Banana," 22.
4. Blunt, *Compleat Naturalist*, 104, 116.
5. Griffiths, "Clifford's Banana," 22.
6. Krol, "Linnaeus op de Hartekamp."
7. Wellman, *Coffee*, 19.
8. Ibid.
9. Linnaeo, *Hortus Cliffortianus*, 59.
10. Ibid.
11. "Original Journal of a Voyage into the Red Sea," 10.
12. Lorenzetti, *Birth of Coffee*, 40.
13. Naval Intelligence Division, *Western Arabia & the Red Sea*, 264.
14. Um, *Merchant Houses of Mocha*, 41.
15. Ibid., 31.
16. Wild, *Coffee*, 73.
17. Hattox, *Coffee and Coffeehouses*, 72.
18. Friis, "Coffee and Qat," 3.
19. Naval Intelligence Division, *Western Arabia & the Red Sea*, 264.
20. de Vries, "Understanding Eurasian Trade," 28.
21. Menassa, "Yemen's Coffee Revival."
22. Rimbaud, *I Promise to Be Good*, 214.
23. Baghdiantz McCabe, *Orientalism in Early Modern France*, 165.
24. Wild, *Coffee*, 73.
25. Robinson, *Coffee in Yemen*, 11. The World Bank's last measurement of arable land in Yemen (2012) was just 2.2 percent.
26. Friis, "Coffee and Qat," 4.
27. Linnaei, *Potus Coffea*, 3.
28. It was published around 1558 and translated in part into French from Arabic in 1699 by Antoine Galland.
29. It was published in the late 1500s and translated into English from Arabic by Henry Hall in 1659.
30. Wellman, *Coffee*, 28.
31. Friis, "Coffee and Qat," 5.

32. Bruce, *Travels to Discover*, 411.
33. Sylvain, "Ethiopian Coffee," 112.
34. Haarer, *Modern Coffee Production*, 328–29.
35. Ibid., 2.
36. Wellman, *Coffee*, 71.
37. Ibid.
38. Milos, "Coffee's Mysterious Origins."
39. Ukers, *All About Coffee*, 11.
40. Anthony et al., "Origin of Cultivated *Coffea arabica* L.," 898.
41. Pankhurst, *Ethiopians*, 33.
42. Ibid.
43. Wellman, *Coffee*, 32.
44. *National Coffee Board of Ethiopia (1957–1972)*.
45. Anthony et al., "Origin of Cultivated *Coffea arabica* L.," 898.
46. Engelmann et al., "Complementary Strategies for *Ex Situ* Conservation," 4.
47. Friis, "Coffee and Qat," 2.
48. Bieber, *Kaffa*, 380.
49. Bieber, *Geheimnisvolles Kaffa*, 120.
50. Grühl, *Citadel of Ethiopia*, 172.
51. Huntingford, *Galla of Ethiopia*, 134.
52. Lashermes et al., "Origin and Genetic Diversity of *Coffea arabica*."

CHAPTER 8 ◊◊◊ 성자의 도시

1. Barker, "Extract Report on the Probable Geographical Position of Harrar," 241.
2. Vân and Guleid, *Harar*, 2.
3. "Harar Jugol," UNESCO website.
4. Pankhurst, *Economic History of Ethiopia*, 201.
5. "Harar Jugol," UNESCO website.
6. Burton, *First Footsteps in East Africa*, 1:2.
7. Ibid., 2:26.
8. Ibid., 2:27.
9. Ibid., 2:42–43.
10. Nicholl, *Somebody Else*, 95.
11. Rimbaud, *I Promise to Be Good*, 111.

주

12. Ibid., 211.
13. Ibid., 191.
14. Ibid., 211.
15. Ibid., 214.
16. Ibid., 222.
17. Ibid., 259.
18. I have never experienced such withering heat or lethargy as during a week marooned in Djibouti waiting to cross to Yemen. There was little to do but wait, like much of the town, for the afternoon arrival in the market of khat flown in from Ethiopia, and then retire behind wooden shutters to slowly chew the bundle of tender, mildly narcotic leaves until the stupefying heat faded enough to venture back outside.
19. Nicholl, *Somebody Else*, 211.
20. Ibid., 212.
21. Rimbaud, *I Promise to Be Good*, 255.
22. Nicholl, *Somebody Else*, 223.
23. Menelik also complained about Rimbaud, an unknown Frenchman "who had no regards to his royal highness, who didn't deign to give the smallest present to the Empress Taitu." Vân and Guleid, *Harar*, 28.
24. Rimbaud, *I Promise to Be Good*, 256.
25. Pankhurst, *Economic History of Ethiopia*, 201.
26. Rimbaud, *I Promise to Be Good*, 324.
27. Nicholl, *Somebody Else*, 266.
28. Ibid., 247.
29. Downing, "A Decade in Hell."
30. Rimbaud, *I Promise to Be Good*, 275.
31. Ibid., 304–5.
32. Ibid., 333.
33. Labouisse et al., "Current Status of Coffee," 1084.
34. Pankhurst, "Coffee Ceremony," 520.
35. Ibid., 520.
36. Sylvain, "Ethiopian Coffee," 121.
37. Ibid.
38. Barker, "Extract Report on the Probable Geographical Position of Harrar."
39. Skinner, *Abyssinia of To-Day*, 190.
40. Krapf, *Travels, Researches, and Missionary Labors*, 461.

CHAPTER 9 ◇◇◇ 아라비아 밖으로

1. Hattox, *Coffee and Coffeehouses*, 26.
2. Ibid., 77.
3. Ibid., 60.
4. Ibid., 81.
5. Bennett and Bealer, *World of Caffeine*, 19.
6. McHugo, "Coffee and Qahwa."
7. Hattox, *Coffee and Coffeehouses*, 60.
8. de la Roque, *Voyage to Arabia Felix*, 313.
9. Ibid., 321.
10. Hattox, *Coffee and Coffeehouses*, 10.
11. Ukers, *All About Coffee*, 26.
12. Spary, *Eating and Enlightenment*, 94.
13. Bennett and Bealer, *World of Caffeine*, 151
14. Spary, *Eating and Enlightenment*, 52.
15. Baghdiantz McCabe, *Orientalism in Early Modern France*, 189–90.
16. Wellman, *Coffee*, 25.
17. Luttinger and Dicum, *Coffee Book*.
18. Hoffmann, *World Atlas of Coffee*, 154.
19. de Vries, "Understanding Eurasian Trade," 28.
20. Pendergrast, *Uncommon Grounds*, 17.
21. Cramer, *Review of Literature of Coffee Research in Indonesia*, 5.
22. Ibid., xiii.
23. Wellman, *Coffee*, 18.
24. "Coffee–*Coffea arabica*," Hortus Botanicus Amsterdam website.
25. Cramer, *Review of Literature of Coffee Research in Indonesia*, 5.
26. Ibid. Haarer (*Modern Coffee Production*, 380) claims a year earlier.
27. Wellman, *Coffee*, 33.
28. Cramer, *Review of Literature of Coffee Research in Indonesia*, 5.
29. Haarer, *Modern Coffee Production*, 380.
30. Cramer, *Review of Literature of Coffee Research in Indonesia*, 5.
31. de Vries, "Understanding Eurasian Trade," 28.
32. Cramer, *Review of Literature of Coffee Research in Indonesia*, 5.
33. *Plants in the Spotlight*, 131.
34. "Coffee–*Coffea arabica*," Hortus Botanicus Amsterdam website.

35. Bradley, *Short Historical Account*, 7–8. Bradley used a folding plate with an illustration of the tree in his book *The Virtue and Use of Coffee, with Regard to the Plague and Other Infectious Distempers*.
36. Wellman, *Coffee*, 34.
37. Ukers, *All About Coffee*, 6.
38. Ellis, *Historical Account of Coffee*, 16.
39. Wellman, *Coffee*, 19.
40. Baghdiantz McCabe, *Orientalism in Early Modern France*, 208.
41. Ibid., 206.
42. Wellman, *Coffee*, 34.
43. Ibid.
44. Ukers, *All About Coffee*, 44.
45. Pendergrast, *Uncommon Grounds*, 16.
46. Haarer, *Modern Coffee Production*, 6.
47. Mureithi, "Coffee in Kenya."
48. Spary, *Eating and Enlightenment*, 87.
49. Ibid., 87.
50. Kieran, "Origins of Commercial Arabica Coffee Production in East Africa," 57.
51. Ibid., 61.
52. Ibid.
53. Blixen, *Out of Africa*, 31.
54. Gogan, *Holy Ghost Missions*, 25.
55. Ibid.
56. Kieran, "Origins of Commercial Arabica Coffee Production in East Africa," 63.
57. Gogan, *Holy Ghost Missions*, 24.
58. Kieran, "Origins of Commercial Arabica Coffee Production in East Africa," 63.
59. "Karen Blixen," National Museums of Kenya website.
60. Blixen, *Out of Africa*, 31.
61. Ibid., 32.
62. "Karen Blixen," National Museums of Kenya website.
63. Blixen, *Out of Africa*, 32.
64. Ibid., 17.
65. Thurman, *Isak Dinesen*, 240.
66. Blixen, *Out of Africa*, 247.
67. Thurman, *Isak Dinesen*, 243.
68. Blixen, *Out of Africa*, 15.

CHAPTER 10 ∞ 물결 너머

1. "Blue Bottle—WC Morse," Dialogue Design Build website.
2. Siddle and Venema, "Saving Coffee from Extinction."
3. Kaplan, "Mr. Coffee Creator Vincent Marotta Sr."
4. McGregor, "Starbucks Brought Italian Café Style to America."
5. Schultz and Yang, *Pour Your Heart into It*, 52.
6. Ibid.
7. Ibid., 77.
8. Ibid., 5.
9. Fabricant, "Americans Wake Up and Smell the Coffee."
10. Ibid.
11. "Is Starbucks Really Always Two Blocks Away?"
12. Fabricant, "Americans Wake Up and Smell the Coffee."
13. *Frasier*.
14. Schultz and Yang, *Pour Your Heart into It*, 52.
15. Oremus, "Genius Barista."
16. Yang, "Fewer Cups."
17. Raine, "Alfred Peet."
18. Freeman, Talk at the Commonwealth Club.
19. Kokalitcheva, "Blue Bottle Raises $70 Million."
20. "Stepping Away from Wholesale," Blue Bottle website.
21. Strand, "Seductive Cup."
22. Carmichael, "End of Stumptown."
23. Geller, "Nestlé on 'High Alert.'"
24. "Open Letter," Intelligentsia Coffee website.
25. Oremus, "Genius Barista."
26. Cohen, "Exclusive: Keurig Deal Gives Coffee Traders Jitters."
27. Ibid.
28. "Open Letter," Intelligentsia Coffee website.
29. Perez, "Coffee-Loving Millennials Push Demand to a Record."
30. "Orphan Crop."

주

CHAPTER 11 ◇◇◇ 녹병

1. "Guatemala Antigua Finca El Valle," Batdorf & Bronson website.
2. "Guatemala Finca El Valle by PT's Coffee Roasting Co."
3. McCook, "Global Rust Belt," 179.
4. Ayres, *Harry Marshall Ward*, 10.
5. McCook, "Global Rust Belt," 179.
6. Ibid.
7. Ibid.
8. Haarer, *Modern Coffee Production*, 6.
9. McCook, "Global Rust Belt," 182.
10. Wellman, *Coffee*, 251.
11. Ibid., 54; Ayres, *Harry Marshall Ward*, 4.
12. Ukers, *All About Coffee*, 237.
13. McCook, "Global Rust Belt."
14. Ibid., 180; Ayres, *Harry Marshall Ward*, 10–11.
15. Wellman, *Coffee*, 257.
16. McCook, "Global Rust Belt."
17. Ibid.
18. Wellman, *Coffee*, 257.
19. McCook, "Global Rust Belt," 182.
20. Ayres, *Harry Marshall Ward*, 5.
21. Wellman, *Coffee*, 258.
22. McCook, "Global Rust Belt," 185.
23. Ibid., 184.
24. Kushalappa and Eskes, *Coffee Rust*, 2.
25. Ibid.
26. McCook, "Global Rust Belt," 189–90.
27. Ibid., 190–91.
28. Ibid., 191.
29. Kushalappa and Eskes, *Coffee Rust*, 5.
30. Ibid.
31. Avelino et al., "Coffee Rust Crises."
32. Drapkin, "What Is Coffee Rust?"
33. Ibid.
34. "Unaccompanied Alien Children."

에티오피아

35. Avelino et al., "Coffee Rust Crises."
36. Partlow, "Why El Salvador Became the Hemisphere's Murder Capital."
37. "Unaccompanied Alien Children."
38. Partlow, "Why El Salvador Became the Hemisphere's Murder Capital."
39. "Unaccompanied Alien Children."
40. Drapkin, "Central American Coffee Plague."
41. USDA Foreign Agricultural Services, *GAIN Report*, 2016.
42. Sage, "Some Insights on Coffee Leaf Rust."
43. Ibid.
44. Allegro Coffee Company Facebook post, October 15, 2014.
45. Blixen, *Out of Africa*, 17.

CHAPTER 12 ◇◇◇ 다양성 결핍

1. Kushalappa and Eskes, *Coffee Rust*, 178.
2. Kubota, "Introduction to *Coffea* Genetics."
3. Lashermes, Bertrand, and Etienne, "Breeding Coffee," 526.
4. Ibid.
5. USDA Foreign Agricultural Services, *GAIN Report*, 2017.
6. Wellman, *Coffee*, 39.
7. Ibid., 258.
8. Cramer, *Review of Literature of Coffee Research in Indonesia*, xiv.
9. Zimmer, "How Caffeine Evolved."
10. Nealon, "Coffee Genome Sheds Light on the Evolution of Caffeine."
11. Zimmer, "How Caffeine Evolved."
12. Summers, "How Vietnam Became a Coffee Giant."
13. From 1912 to 1960. Pendergrast, *Uncommon Grounds*, 142, 239.
14. "Varieties," Stumptown Coffee website.
15. Meister, "Coffee Varieties."
16. Sheridan, "Origins of the Castillo Cultivar."
17. Ibid.
18. Ibid.
19. Drapkin, "What Is Coffee Rust?"
20. Ibid.
21. Avelino et al., "Coffee Rust Crises."

주

22. Sheridan, "Castillo or Caturra?"
23. Kotecha, "Arabicas from the Garden of Eden."
24. Zamir, "Wake-up Call with Coffee."
25. Ibid.
26. Kotecha, "Arabicas from the Garden of Eden."
27. Davis, "Arabica."
28. "Kew Gardens."
29. Charles, "Exploring Coffee's Past to Rescue Its Future."

CHAPTER 13 ◇◇◇ 채집

1. Poncet, *Voyage to Aethiopia*, 119.
2. Meyer, "Notes on Wild *Coffea arabica*," 142.
3. Bredin, *Pale Abyssinian*, 42.
4. Fry, *Plant Hunters*, 6.
5. *Georg Wilhelm Schimper—in Abyssinia*.
6. Bridson and Forman, *Herbarium Handbook*, 2.
7. Ukers, *All About Coffee*, 228–29.
8. Meyer, "Notes on Wild *Coffea arabica*," 136.
9. *FAO Coffee Mission to Ethiopia*, viii.
10. Dulloo et al., "Conservation of Coffee Genetic Resources," 3.
11. Sylvain, "Ethiopian Coffee," 133.
12. Sylvain, "Some Observations on *Coffea arabica*."
13. Wellman, *Coffee*, 39.
14. Engelmann et al., *Conserving Coffee Genetic Resources*, 35.
15. Meyer, "Notes on Wild *Coffea arabica*," 136.
16. Meyer, "Recent Introductions of Wild Arabica Coffee Germ Plasm," 123.
17. *FAO Coffee Mission to Ethiopia*, 22.
18. Meyer, "Recent Introductions of Wild Arabica Coffee Germ Plasm," 124.
19. Sullivan, "Frederick Meyer."
20. Meyer, "Recent Introductions of Wild Arabica Coffee Germ Plasm," 120.
21. Vega, Ebert, and Ming, "Coffee Germplasm Resources," 420.
22. Jean-Pierre Labouisse.

에티오피아

CHAPTER 14 ∞ Ex Situ

1. Dulloo et al., "Conservation of Genetic Coffee Resources," 4.
2. Labouisse et al., "Current Status of Coffee," 1085–86.
3. Rourk, *Coffee Production in Africa*, 5.
4. Jean-Pierre Labouisse.
5. *National Coffee Board of Ethiopia (1957–1972)*.
6. Kufa, "Overview of Coffee Research in Ethiopia," 230.
7. "Biodiversity-Related Conventions," Convention on Biological Diversity website.
8. Anthony et al., "Conservation of Coffee Genetic Resources," 24.
9. Labouisse et al., "Current Status of Coffee," 1087.
10. Siddle and Venema, "Saving Coffee from Extinction."
11. Minet, "Aux Sources de l'Arabica."
12. Kufa, "Coffee Research in Ethiopia."

CHAPTER 15 ∞ 게이샤

1. Haarer, *Modern Coffee Production*, 406.
2. Watts, "Geisha Trilogy."
3. Boot, "Exploring the Holy Grail."
4. Boot, "Variety Is the Spice of Coffee."
5. "Hacienda La Esmeralda."
6. Ibid.
7. Ibid.
8. "Jaramillo Coffee from Hacienda La Esmeralda," Sweet Maria's website.
9. Ibid.
10. "Daniel Peterson, Hacienda Esmeralda."
11. "Jaramillo Coffee from Hacienda La Esmeralda," Sweet Maria's website.
12. Ibid.
13. Salvadori, *Slaves and Ivory Continued*, 13.
14. Ibid., 14.
15. Ibid., 120.
16. Millor, "Inventory of the Coffee Varieties," 1.
17. Salvadori, *Slaves and Ivory Continued*, 317.

18. Kotecha, "Arabicas from the Garden of Eden."
19. "News and Notes," *Coffee and Cacao Technical Services*, 59.
20. Millor, "Inventory of the Coffee Varieties," 1.
21. "Panama Hacienda La Esmeralda Gesha," Sweet Maria's website.
22. Weissman, *God in a Cup*, 36.
23. "Raising Coffee Consciousness."
24. Pendergrast, "Tastes."
25. "Hacienda La Esmeralda."
26. "Esmeralda Special," Hacienda La Esmeralda website.
27. Watts, "Geisha Trilogy."
28. "Best of Panama 2013," Stoneworks Specialty Coffee Auction website.
29. Millor, "Inventory of the Coffee Varieties," 1.
30. *FAO Coffee Mission to Ethiopia*, 18.
31. Blore, "Arabica Coffee Selection," 39.

CHAPTER 16 ◇◇◇ 기온 문제

1. Davis, "Arabica."
2. Davis et al., "Impact of Climate Change on Indigenous Arabica Coffee."
3. Davis, "Arabica."
4. Ibid.
5. Thomas, "Wild *Arabica* Coffee on the Boma Plateau."
6. "World Coffee Research Finds Wild Arabica."
7. Cohen and Castro, "As Climate Change Threatens CentAm Coffee."
8. Brown, "Report."
9. Carrington, "How Climate Change Will Brew a Bad-Tasting, Expensive Cup of Coffee."
10. McFerron, "Global Coffee Shortage Looms."
11. Ovalle-Rivera et al., "Projected Shifts in *Coffea arabica* Suitability."
12. Sheridan, "Castillo or Caturra?"
13. Davis, "Building a Climate Resilient Coffee Economy for Ethiopia."
14. Davis et al., "Coffee Farming and Climate Change."
15. Davis, "Building a Climate Resilient Coffee Economy for Ethiopia."
16. Davis, "Arabica."

CHAPTER 17 ◈◈◈ In Situ

1. Possemeyer, "Wild Coffee."
2. Woldemariam Gole, *Vegetation of the Yayu Forest*, 25.
3. Dulloo et al., "Conservation of Genetic Resources," 7.
4. Tran, "Ethiopia Enlists Help of Forest Communities."
5. Labouisse et al., "Current Status of Coffee," 1084.
6. *FAO Coffee Mission to Ethiopia*, viii.
7. Federal Democratic Republic of Ethiopia Central Statistical Agency, "Population Projection of Ethiopia."
8. Davis et al., "Coffee Farming and Climate Change."
9. "Bebeka Coffee Estate," Horizon Plantations website.
10. *FAO Statistical Pocketbook, 2015—Coffee*, 74.
11. Wallengren, "Ethiopia."
12. Ibid.
13. Maasho, "Saudi Investor's Ethiopian Farms to Raise Coffee, Tea Output."
14. Bieber, *Kaffa*, 1384.
15. Schmitt, *Montane Rainforest with Wild* Coffea arabica, 7.
16. Stellmacher and Eguavoen, "Rules of Hosts and Newcomers," 3.
17. Ibid., 7.
18. Tolera et al., "In-Situ Conservation of Wild Forest Coffee," 2.
19. Gobeze et al., "Participatory Forest Management," 348.
20. Dulloo et al., "Conservation of Coffee Genetic Resources," 6.
21. Strand, "Coffee Is Not Dead."
22. Davis, "Arabica."
23. Strand, "Coffee Is Not Dead."
24. Hein and Gatzweiler, "Economic Value of Coffee."

CHAPTER 18 ◈◈◈ 희생 의식

1. Lange, *History of the Southern Gonga*, 283.
2. Ibid., 284.
3. Grühl, *Citadel of Ethiopia*, 177.
4. Lange, *History of the Southern Gonga*, 189.
5. Ibid.

주

6. Orent, "Lineage Structure and the Supernatural."
7. Lange, *History of the Southern Gonga*, 278–79.
8. Huntingford, *Galla of Ethiopia*, 133.
9. Woldemariam, *History of the Kingdom of Kaffa*, 92.
10. Lange, *History of the Southern Gonga*, 300.
11. Gobeze et al., "Participatory Forest Management," 348.
12. Naipaul, *Masque of Africa*, 161.
13. Riechmann, "Literature Survey on Biological Data," 26.
14. Woldemariam, *History of the Kingdom of Kaffa*, 65.
15. Hari, "Valley of Taboos."
16. Woldemariam, *History of the Kingdom of Kaffa*, 220.

참고문헌

Aerts, Raf, et al. "Semi-Forest Coffee Cultivation and the Conservation of Ethiopian Afromontane Rainforest Fragments." *Forest Ecology and Management*, March 2011.

Ahmad, Abdussamad H. "Ethiopian Slave Exports at Matamma, Massawa and Tajura c. 1830 to 1885." *In The Economics of the Indian Ocean Slave Trade*, edited by William Gervase Clarence-Smith. London: Routledge, 2013.

———. "Priest Planters and Slavers of Zägé (Ethiopia), 1900–1935." *International Journal of African Historical Studies 29*, no. 3 (1996).

Álvarez, Father Francisco. *Narrative of the Portuguese Embassy to Abyssinia During the Years 1520–1527*. Translated from the Portuguese and edited with notes and an introduction by Lord Stanley of Adlerley. London: Hakluyt Society, 1881.

Anthony, Françoise, et al. "Conservation of Coffee Genetic Resources in the CATIE Field Genebank." In *Conserving Coffee Genetic Resources*, edited by F. Engelmann et al. Rome: Bioversity International, 2007.

Anthony, Françoise, et al. "The Origin of Cultivated *Coffea arabica* L. Varieties Revealed by AFLP and SSR Markers." *Theoretical and Applied Genetics 104* (2002): 894–900.

Aregay, Merid W. "The Early History of Ethiopia's Coffee Trade and the Rise of Shawa." *Journal of African Studies 29* (1988): 19–25.

참고문헌

Ash, John, and John Atkins. *Birds of Ethiopia and Eritrea: An Atlas of Distribution*. London: Christopher Helm, 2009.

Avelino, Jacques, et al. "The Coffee Rust Crises in Colombia and Central America (2008–2013): Impacts, Plausible Causes and Proposed Solutions." *Food Security 7*, no. 2 (March 2015): 303–21.

Ayres, P. G. *Harry Marshall Ward and the Fungal Thread of Death*. Saint Paul, MN: American Phytopathological Society, 2005.

Bagersh, Abdullah A., and Omar A. Bagersh. "History of the Coffee Sector in Ethiopia." *Jebena*, November 2013.

Baghdiantz McCabe, Ina. *Orientalism in Early Modern France: Eurasian Trade, Exoticism and the Ancien Régime*. Oxford: Berg, 2008.

Barker, W. C. "Extract Report on the Probable Geographical Position of Harar; with Some Information Relative to the Various Tribes in the Vicinity." *Journal of the Royal Geographical Society of London 12* (1842).

"Bebeka Coffee Estate." Horizon Plantations website. horizonplantations.com/bebeka-horizon.html.

Bel, Zenobia. "Ethiopia Builds Coffee Museum." June 16, 2015. www.ethiogrio.com/news/26161-ethiopia-builds-coffee-museum-to-help-brand-its-coffees-in-bonga.html.

Bennett, Alan Weinberg, and Bonnie K. Bealer. *The World of Caffeine: The Science and Culture of the World's Most Popular Drug*. New York: Routledge, 2001.

Berecha, Gezahegn. "Effects of Forest Management on Mating Patterns, Pollen Flow and Intergenerational Transfer of Genetic Diversity in Wild Arabica Coffee (*Coffea arabica* L.) from Afromontane Rainforests." *Biological Journal of the Linnean Society 112*, no. 1 (May 2014).

Bertrand, Benoit, et al. "Performance of *Coffea arabica* F1 Hybrids in Agroforestry and Full-Sun Cropping Systems in Comparison with American Pure Line Cultivars." *Euphytica 181*, no. 2 (September 2011): 147–58.

"Best of Panama 2013." Stoneworks Specialty Coffee Auction website. auction.stoneworks.com/PA2013/final_results.html.

Bieber, Friedrich. *Kaffa—ein Altkuschitisches Volkstum in Inner-Afrika*. Vol. 1. Münster, Germany: Aschendroff Verlagsbuchhandlung, 1920.

Bieber, Klaus. "The African Fascination of the Bieber Family." 2014. Bieber Archives at the District Museum Wien-Hietzing.

Bieber, Otto. *Geheimnisvolles Kaffa*. Vienna: Universum, 1948.

"Biodiversity-Related Conventions." Convention on Biological Diversity website. www.cbd.int/brc/.

Blixen, Karen. *Out of Africa*. London: Penguin, 1984.

Blore, T. W. D., "Arabica Coffee Selection and Genetic Improvement in Kenya." *Kenya Coffee 30*, no. 491 (1965): 39.

"Blue Bottle—WC Morse." Dialogue Design Build website. dialoguedesignbuild.com/portfoliointeriorsandfurniturewc-morse.

Blunt, Wilfrid. *The Compleat Naturalist: A Life of Linnaeus*. New York: Viking, 1971.

Bolton, Dan. "The Gesha Legacy." *Stir*, April–May 2015.

Boot, Willem. "Exploring the Holy Grail." *Roast*, May–June 2013.

———. "Variety Is the Spice of Coffee: Geisha and Other Varietals. *Roast*, May–June 2006.

Bradley, Richard. *A Short Historical Account of Coffee*. London: Emanuel Matthews, 1720.

Bredin, Miles. *The Pale Abyssinian: A Life of James Bruce, African Explorer and Adventurer*. London: HarperCollins, 2000.

Bridson, D., and L. Forman, eds. *The Herbarium Handbook*. 3rd ed. Kew, London: Royal Botanic Gardens, 1998.

Briggs, Philip. *Ethiopia*. 6th ed. UK: Chalfont St. Peter, Bradt Travel Guides, 2014.

Brown, Nick. "Report: Climate Change May Cut Available Coffee Growing Land in Half by 2050." *Daily Coffee News by Roast Magazine*, December 18, 2014.

Bruce, James. *Travels to Discover the Source of the Nile in the Years 1768, 1769, 1770, 1771, 1772, and 1773*. Vol. *2*. Dublin: P. Wogan et al., 1791.

———. *Travels, Through Part of Africa, Syria, Egypt, and Arabia, into Abyssinia, To Discover the Source of the Nile, Performed Between the Years 1768 and 1773*. Glasgow, Scotland: W. Lange, 1819.

Bulatovich, Alexander. *Ethiopia Through Russian Eyes: Country in Transition, 1896–98*. Translated by Richard Seltzer Lawrenceville, NJ: Red Sea, 2000.

Burton, Richard F. *First Footsteps in East Africa; Or, an Exploration of Harar*. Vols. 1 & 2. New York: Dover, 1987. Unabridged republication of 1894 ed.

Carmichael, Todd. "The End of Stumptown, America's Hippest Coffee Brand." *Eat Like a Man* blog, www.esquire.com/food-drink/drinks/a10027/stumptown-sold-out-5839692/.

Carrington, Damian. "How Climate Change Will Brew a Bad-Tasting, Expensive Cup of Coffee." *Guardian*, March 28, 2014.

Caulk, Richard. *Between the Jaws of Hyenas: A Diplomatic History of Ethiopia (1876–1896)*. Wiesbaden, Germany: Otto Harrassowitz, 2002.

Charles, Dan. "Exploring Coffee's Past to Rescue Its Future." NPR, April 26, 2013. www.npr.org/sections/thesalt/2013/04/26/178865467/exploring-coffees-past-to-rescue-its-future.

Charrier, André, and Julien Berthaud. "Botanical Classification of Coffee." In *Coffee: Botany, Biochemistry, and Production of Beans and Beverage*, edited by M. N. Clifford and K. C. Willson. Kent, UK: Croom Helm, 1985.

Chernet, Tezera. "Land Resources and Socio-Economic Report of Bonga, Boginda, Mankira and the Surrounding Areas in Kaffa Zone, SNNPRS, Ethiopia." Addis Ababa, July 2008.

Clay, Jason. *World Agriculture and the Environment: A Commodity-by-Commodity Guide to Impacts and Practices*. Washington, DC: Island, 2004.

Clifford, M. N., and K. C. Willson, eds. *Coffee: Botany, Biochemistry, and Production of Beans and Beverage*. London: Croom Helm, 1985.

"Coffee–*Coffea arabica*." Hortus Botanicus Amsterdam website dehortus.nl/en/Coffee.

Cohen, Luc. "Exclusive: Keurig Deal Gives Coffee Traders Jitters About Payments." Reuters, December 9, 2015.

Cohen, Luc, and Ivan Castro. "As Climate Change Threatens CentAm Coffee, a Cocoa Boom Is Born." Reuters, January 18, 2016.

Cramer, P. J. S. *A Review of Literature of Coffee Research in Indonesia*. Edited by Frederick L. Wellman. Turrialba, Costa Rica: SIC (Inter-American Institute of Agricultural Sciences), 1957.

Dagnew, Tesfaye, and Mesfin Wodajo. "The Socio-Cultural Functions of Kafa Proverbs." *African Journal of History and Culture* 6 (2014): 94–99.

"Daniel Peterson, Hacienda Esmeralda, Panama, Pioneering Geisha." Talk at Le Carnaval du Café, Paris, 2012. vimeo.com/52604159.

Davis, Aaron. "Arabica—from Origin to Extinction." Talk at Re:co: The Specialty Coffee Symposium. Boston, 2013.

———. "Building a Climate Resilient Coffee Economy for Ethiopia." Kew Gardens' website blog. August 2014.

Davis, Aaron, et al. "Coffee Farming and Climate Change in Ethiopia: Impact, Forecasts, Resilience and Opportunities." London: Kew, 2016.

Davis, Aaron, et al. "The Impact of Climate Change on Indigenous Arabica Coffee (*Coffea arabica*): Predicting Future Trends and Identifying Priorities." *PLoS ONE* 7, no. 11 (2012).

Deffar, Girma. "Non-Wood Forest Products in Ethiopia." Addis Ababa: FAO, December 1998.

de Vries, Jan. "Understanding Eurasian Trade in the Era of the Trading Companies." In *Goods from the East, 1600–1800: Trading Eurasia*, edited by Maxine Berg. London: Palgrave Macmillan, 2015.

Dinesen, Isak. *Letters from Africa: 1914–1931*. Edited by Frans Lasson. Translated by Anne Born. London: Picador, 1983.

Dire Dawa. Addis Ababa: Shama, 2013.

Downing, Ben. "A Decade in Hell." Review of *Somebody Else: Arthur Rimbaud in Africa, 1880–1991*, by Charles Nicholl. *New Yorker*, October 24, 1999.

Drapkin, Julia Kumari. "Central American Coffee Plague Behind Recent Wave of Immigrants to Metro New Orleans, Elsewhere." *Times-Picayune*, August 21, 2014.

———. "What Is Coffee Rust and Why Is It Pushing People to the U.S. Border?" *Times-Picayune*, August 21, 2014.

Dulloo, M. E., et al. "Conservation of Coffee Genetic Resources: Constraints and Opportunities." 19th ASIC Coffee Conference, May 14–18, 2001.

Ebert, Andrea W., et al. "Securing Our Future: CATIE's Germplasm Collections." Technical Series Bulletin no. 26. 2007.

Edwards, S. *Some Wild Flowering Plants of Ethiopia*. Addis Ababa: University, 1976.

Ellis, John. *A Historical Account of Coffee*. Cambridge: Cambridge, 2013. Facsimile of the 1774 ed.

Engelmann F., et al., eds. "Complementary Strategies for *Ex Situ* Conservation of Coffee (*Coffea arabica* L.) Genetic Resources. A Case Study in CATIE, Costa Rica." Topical Reviews in Agricultural Biodiversity. Rome: Bioversity International, 2007.

Engelmann F., et al., eds. *Conserving Coffee Genetic Resources*. Rome: Bioversity International, 2007.

Estes, Richard D. *The Safari Companion*. Rev. White River Junction, VT: Chelsea Green, 1999.

Ethiopia: The Handbook for Ethiopia. Nairobi: University Press of Africa, 1969.

Ethiopia's Central and Southern Rift Valley. Informative map. Washington, D.C.: National Geographic Society, 2011.

참고문헌

Fabricant, Florence. "Americans Wake Up and Smell the Coffee." *New York Times*, September 2, 1992.

FAO Coffee Mission to Ethiopia, 1964–65. Rome: FAO, 1968.

FAO Statistical Pocketbook, 2015—Coffee. Rome: FAO, 2015.

"A Feasibility Study of Public Private Partnership in Sustainable Ethiopia's Coffee Quality Improvement Programme." *International Multi-Disciplinary Journal, Ethiopia 3*, no. 2 (January 2009).

Federal Democratic Republic of Ethiopia Central Statistical Agency. "Population Projection of Ethiopia for All Regions at Wereda Level from 2014–2017." Addis Ababa. August 2013.

Fernyhough, Timothy. "Slavery and the Slave Trade in Southern Ethiopia in the 19th Century." In *The Economics of the Indian Ocean Slave Trade*, edited by William Gervase Clarence-Smith. London: Routledge, 2013.

———. "Women, Gender History, and Slavery in Nineteenth-Century Ethiopia." In *Women and Slavery*, Vol. 2: *The Modern Atlantic*. Athens: Ohio University, 2007.

"Food Security Crisis Likely Due to Coffee Rust and Drought." Central, America FoodSecurity Alert. August 13, 2014. www.fews.net/central-america-and-caribbean/alert/august-12-2014.

Frasier. Season 10, Episode 20, "Farewell, Nervosa," written by Eric Zicklin, 2003.

Freeman, D., and A. Pankhurst. *Peripheral People: The Excluded Minorities of Ethiopia*. London: Hurst, 2003.

Freeman, James. Talk at the Commonwealth Club in San Francisco, June 2, 2016. audio. commonwealthclub.org/audio/podcast/cc_20160602_Perfect_Brew.mp3.

Friedrich Julius Bieber: An Africa Explorer Who Was Living in Vienna, 1873–1924. District Museum Hietzing, n.d.

Friis, Ib. "Coffee and Qat on the Royal Danish Expedition to Arabia—Botanical, Ethnobotanical and Commercial Observations Made in Yemen, 1762–1763." *Archives of Natural History 41*, no. 1 (2015) 101–12.

———. *Forests & Forest Trees of Tropical Africa*. London: HMSO, 1992.

———. "Travelling Among Fellow Christians (1768–1833): James Bruce, Henry Salt and Eduard Rüppell in Abyssinia." *Scientia Danica*, Series H, *Humanistica*, January 2013, 4:161–94.

Fry, Carolyn. *The Plant Hunters*. London: Andre Deutsch, 2012.

"Gaki Sherocho," *Dictionary of African Biography 6*. New York: Oxford, 2012.

Geller, Martinne. "Nestlé on 'High Alert' After JAB's Spate of Coffee Deals." Reuters, February 18, 2016.

George Clifford Herbarium website. "Clifford." www.george-clifford.nl/UK/clifford_UK.htm.

———. "*Hortus Cliffortianus*." www.george-clifford.nl/UK/hc_UK.htm.

———. "Ornaments." www.george-clifford.nl/UK/ornaments.htm.

Georg Wilhelm Schimper—in Abyssinia. Edited by Andreas Gestrich and Dorothea McEwan in collaboration with Stefan Hanß. Critical online edition, 2015. www.ghil.ac.uk/Schimper.

Getahun, Solomon Addis, and Wudu Tafete Kassu. *Culture and Customs of Ethiopia*. Santa Barbara, CA: Greenwood, 2014.

Gibb, Camilla. *Sweetness in the Belly*. New York: Picador, 2000.

Githae, Eunice, Charles Gachene, and David W. Odee. "Implication for *In Situ* Conservation of Indigenous Species with Special Reference to Wild *Coffea arabica* L. Population in Mount Marsabit Forest, Kenya." *Tropical and Subtropical Agrocosystems 14* (2011): 715–22.

Gobeze, T., et al. "Participatory Forest Management and Its Impacts on Livelihoods and Forest Status: The Case of Bonga Forest in Ethiopia." *International Forestry Review 11* no. 3 (2009).

Gogan, Cothrai. *Holy Ghost Missions: The Spiritians in Nairobi, 1899–1999*. Nairobi: Spiritus, 1998.

Grant, James Augustus. *A Walk Across Africa or Domestic Scenes From My Nile Journal*. Edinburgh and London: William Blackwood and Sons, 1864.

Griffiths, Mark. "Clifford's Banana: How Natural History Was Made in a Garden." *Linnean Special Issue No. 7: The Linnaean Collections*, edited by B. Gardiner and M. Morris. Oxford: Wiley-Blackwell, 2007.

Grühl, Max. *The Citadel of Ethiopia: The Empire of the Divine Emperor*. London: Jonathan Cape, 1932.

"Guatemala Antigua Finca El Valle." Batdorf & Bronson, website. www.batdorfcoffee.com/guatemala-antigua-finca-el-valle.html.

"Guatemala Finca El Valle by PT's Coffee Roasting Co. (Topeka, Kansas)—92 Points." *Coffee Review*, October 12, 2012.

"Guatemala Volcano Eruption Forces Evacuations." Reuters, February 8, 2015.

Guide Book of Ethiopia. Addis Ababa: Chamber of Commerce, 1954.

참고문헌

Haarer, A. E. *Modern Coffee Production*. London: Leonard Hill, 1956.

"Hacienda La Esmeralda." Coffee Awesome podcast. May 21, 2014. www.coffeeawesome.net/?p=18.

Hämäläinen, Pertti. *Yemen: A Travel Survival Kit*. Berkeley: Lonely Planet, 1991.

"Harar Jugol, the Fortified Historic Town." World Heritage List. UNESCO website. whc.unesco.org/en/list/1189.

Hari, Johann. "The Valley of Taboos: V. S. Naipaul Dares to Discuss Africa's Indigenous Beliefs." Review of *The Masque of Africa*, by V. S. Naipaul. *Slate*, October 25, 2010.

Hassen, Mohammed. *The Oromo of Ethiopia: A History, 1570–1860*. Trenton, NJ: Red Sea, 1994.

Hattox, Ralph S. *Coffee and Coffeehouses: The Origins of a Social Beverage in the Medieval Near East*. Seattle: University of Washington, 1985.

Hein, Lars, and Franz Gatzweiler. "Economic Value of Coffee (*Coffea arabica*) Genetic Resources." *Ecological Economics 60*, no. 1 (November 2006): 176–85.

Hibbert, Christopher. *Africa Explored: Europeans in the Dark Continent, 1767–1889*. London: Penguin, 1984.

Hildebrand, Elisabeth, Steven Bradt, and Joséphine Lesur-Gebremariam. "The Holocene Archaeology of Southwestern Ethiopia: New Insights from the Kafa Archaeology Project." *African Archaeology Review 27* (2010): 255–89.

Hoffman, James. *The World Atlas of Coffee: From Beans to Brewing*. London: Mitchell Beazley, 2014.

Homer. *The Odyssey*. Translated by Robert Fagles. London: Penguin, 1996.

Howard, Sarah. *Ethiopia–Culture Smart!* Rev. London: Kuperard, 2013.

Huntingford, G. W. B. *The Galla of Ethiopia: The Kingdoms of Kafa and Janjero*. London: International African Institute, 1955.

Hylander, Kristoffer, et al. *Nature, People and Agriculture in Southwestern Ethiopia*. Stockholm: Stockholm University, 2014.

"International Coffee Day: A Devastating Plague of Coffee Rust That Is Leaving Communities Hungry and Desperate." *Save the Children* blog. September 29, 2014. blogs.savethechildren.org.uk/2014/09/international-coffee-day-a-devastating-plague-of-coffee-rust-that-is-leaving-communities-hungry-and-desperate/.

"Is Starbucks Really Always Two Blocks Away?" Aleksey Bilogur website. www.residentmar.io/2016/02/09/average-chain-distance.html.

Ito, Yoshimasa. "Local Honey Production Activities and Their Significance for Local

People: A Case of Mountain Forest Area of Southwestern Ethiopia." *African Study Monographs*, March 2014.

"Jaramillo Coffee from Hacienda La Esmeralda." Sweet Maria's website. www.sweetmarias.com/travelogues/panama-Jaramillo.html.

Jeffrey, James. "Arabica in Addis Ababa: Climbing the Coffee Ladder in Ethiopia." Al Jazeera America, October 20, 2014.

———. "Boom Times for Ethiopia's Coffee Shops." BBC News, October 16, 2014. www.bbc.com/news/business-29541768.

Jonas, Raymond. *The Battle of Adwa: African Victory in the Age of Empire*. Cambridge, MA: Belknap, 2011.

Kaplan, Sarah. "Mr. Coffee Creator Vincent Marotta Sr., Who Revolutionized the Way We Caffeinate, Dies at 91." *Washington Post*, August 4, 2015.

"Karen Blixen. Location and Historical Background." National Museums of Kenya website. www.museums.or.ke/content/blogcategory/13/19/.

Kassahun, Tesfaye Geletu. "Genetic Diversity of Wild *Coffea arabica* Populations in Ethiopia as a Contribution to Conservation and Use Planning." Ecology and Development Series No. 44, 2006.

Kathurima, C. W., et al. "Genetic Diversity Among Commercial Coffee Varieties, Advanced Selections and Museum Collections in Kenya Using Molecular Markers." *International Journal of Biodiversity and Conservation 4*, no. 2 (2012): 39–46.

Keay, John. *The Honourable Company: History of the English East India Company*. London: HarperCollins, 1993.

"Kew Gardens—Beyond the Gardens: The Forgotten Home of Coffee." vimeo.com/67890000.

Kieran, J. A. "The Origins of Commercial Arabica Coffee Production in East Africa." *African Historical Studies 2*, no. 1 (1969): 51–67.

Kingdon, Jonathan. *Island Africa: The Evolution of Africa's Rare Animals and Plants*. London: Collins, 1990.

Kokalitcheva, Kia. "Blue Bottle Raises $70 Million for an Artisanal Coffee Empire." *Fortune*, June 4, 2015.

Kotecha, Surendra. "Arabicas from the Garden of Eden—*Coffea aethiopica*." *Café Europe: Voice of the Specialty Coffee Association of Europe 31* (2007).

Kraft, Kraig. "Coffee Hybrids and a Frank Talk About Breeding Coffee." Coffeeland website. May 25, 2015. coffeelands.crs.org/2015/05/coffee-hybrids-and-a-frank

-talk-about-breeding-coffee/.

Krapf, Ludwig. *Travels, Researches, and Missionary Labours, During an Eighteen Years' Residence in Eastern Africa*. London: Trüber, 1860.

Krishnan, Sarada, and Tom A. Ranker. "Coffee Genomics." In *Omics Technologies: Tools for Food Science*. Boca Raton, FL: CRC, 2012.

Krol, Hans. "Linnaeus op de Hartekamp (1735–1737)." January 3, 2012. ilibrariana.wordpress.com/2012/01/02/linnaeus-op-de-hartekamp-1735-1737/.

Kubota, Lily. "An Introduction to *Coffea* Genetics." *Specialty Coffee Chronicle*, January 8, 2013.

Kufa, Taye. "Coffee Research in Ethiopia." *Jebena*, November 2013.

———. "An Overview of Coffee Research in Ethiopia." Slideshow. September 15, 2015.

Kushalappa, Ajjamada C., and Albertus B. Eskes. *Coffee Rust: Epidemiology, Resistance, and Management*. Boca Raton, FL: CRC, 1989.

Labouisse, Jean-Pierre, et al. "Current Status of Coffee (*Coffea arabica* L.) Genetic Resources in Ethiopia: Implications for Conservation." *Genetic Resources and Crop Evolution 55* (July 2008): 1079.

Lamb, David. *The Africans*. New York: Vintage, 1987.

Lange, Werner J. *History of the Southern Gonga (Southwestern Ethiopia)*. Wiesbaden, Germany: Franz Steiner Verlag, 1982.

Lashermes, Philippe, Benoît Bertrand, and Hervé Etienne. "Breeding Coffee (*Coffea arabica*) for Sustainable Production." In *Breeding Plantation Tree Crops: Tropical Species*, edited by Shri Mohan Jain and P. M. Priyadarshan. New York: Springer, 2009.

Lashermes, Philippe, et al. "Genetic Diversity for RAPD Markers Between Cultivated and Wild Accessions of *Coffea arabica*." *Euphytica 87*, no. 1 (January 1996).

Lashermes, Philippe, et al. "Origin and Genetic Diversity of *Coffea arabica*." Association Scientifique Internationale pour le Café (ASIC). 16th Scientific Colloquium on Coffee, Kyoto, 1995.

Lasson, Frans, and Anne Born. *Isak Dinesen, Letters from Africa, 1914–1931*. Chicago: University of Chicago, 1981.

Last, Jill. *Ethiopians and the Houses They Live In*. Ethiopian Tourist Commission.

The Legend of Ethiopian Coffee. Africa Rikai Project. Addis Ababa: Gudina Tumsa, 2012.

Levine, Donald N. *Greater Ethiopia: The Evolution of a Multiethnic Society* . Chicago: University of Chicago Press, 1974.

Linnaei, Caroli. *Potus Coffea*. Upsaliae [Upsala], Sweden, 1761.

Linnaeo, Carolo. *Hortus Cliffortianus*. Amsterdam, 1737.

Lorenzetti, Linda Rice. *The Birth of Coffee*. New York: Clarkson Potter, 2000.

Love, Ronald S. "A French Physician at the Court of Gondar: Poncet's Ethiopia in the 1690s." *Proceedings of the Western Society for French History* 31 (2003).

Luttinger, Nina, and Gregory Dicum. *The Coffee Book: Anatomy of an Industry from Crop to the Last Drop*. 2nd ed. New York: New Press, 2006.

Luxner, Larry. "Ethiopian Coffee Industry: Overcoming Difficulties." *Tea & Coffee Trade Journal 174*, no. 2 (February–March 2001).

Maasho, Aaron. "Saudi Investor's Ethiopian Farms to Raise Coffee, Tea Output." Reuters, June 25, 2015.

Marcus, Harold G. *A History of Ethiopia*. Updated ed. Berkeley: University of California, 2002.

———. *The Life and Times of Menelik II: Ethiopia, 1844–1913*. Oxford: Clarendon, 1975.

Markakis, John. *Ethiopia: The Last Two Frontiers*. Suffolk, UK: James Currey, 2011.

McCann, James. *People of the Plow: An Agricultural History of Ethiopia*. Madison: University of Wisconsin, 1995.

McClellan, Charles W. "Coffee in Center—Periphery Relations: Gedo in the Early Twentieth Century." In *The Southern Marches of Imperial Ethiopia: Essays in History and Social Anthropology*, edited by Donald Donham and Wendy James. Cambridge: Cambridge, 1986.

McCook, Stuart. "Global Rust Belt: *Hemileia vastatrix* and the Ecological Integration of World Coffee Production Since 1850." *Journal of Global History 1*, no. 2 (2006): 177–95.

McFerron, Whitney. "Global Coffee Shortage Looms as Market Braces for Climate Change." Bloomberg, October 1, 2015.

McGregor, Jena. "Starbucks Brought Italian Café Style to America. Can It Bring American Coffee to Italy?" *Washington Post*, February 29, 2016.

McHugo, John. "Coffee and Qahwa: How a Drink for Arab Mystics Went Global." *BBC Magazine*, April 18, 2013.

Mdahoma, Sauda. *Kaldi and the Dancing Goats: The Legend of Ethiopian Coffee*. Addis Ababa: Shama, 2002.

Meister, Erin. "Coffee Varieties: Timor Hybrid." *Serious Eats*. drinks.seriouseats

참고문헌

.com/2013/06/coffee-varieties-what-is-timor-hybrid-sumatran-coffee-catimor-what-does-it-taste-like-flavor.html.

Menassa, Pascale. "Yemen's Coffee Revival." Translated by Pascale el-Khoury. *Al Monitor*, February 2, 2014.

Mendelsohn, Daniel. "Rebel Rebel: Arthur Rimbaud's Brief Career." *New Yorker*, August 29, 2011.

Meyer, Frederick G. "Notes on Wild *Coffea arabica* from Southwestern Ethiopia, with Some Historical Considerations." *Economic Botany 19*, no. 2 (April–June 1965): 136–51.

———. "Recent Introductions of Wild Arabica Coffee Germ Plasm from Ethiopia for Updating Coffee Research." *Proceedings of the International Symposium on Plant Introduction, Escuela Agricola Panamericana, Tegucigalpa, Honduras, November 30– December 2, 1966.*

Mezlekia, Nega. *Notes from the Hyena's Belly: An Ethiopian Boyhood*. New York: Picador, 2002.

Miers, Suzanne. *Slavery in the Twentieth Century: The Evolution of a Global Problem*. Walnut Creek, CA: AltaMira, 2003.

Milkias, Paulos. *Ethiopia. Africa in Focus*. Santa Barbara, CA: ABC-CLIO, 2011.

Millor, F. "Inventory of the Coffee Varieties and Selections Imported into and Growing Within East-Africa." Unpublished, 1969.

Milos, Giorgio. "Coffee's Mysterious Origins." *Atlantic Monthly*, August 6, 2010.

Minet, Pascaline. "Aux Sources de l'Arabica." *Le Temps*, April 25, 2013. English translation in *Worldcrunch*. www.worldcrunch.com/global-gourmet/seeking-the-true-source-of-arabica-coffee-in-the-ethiopian-forest/c10s11663/.

Moorehead, Alan. *The Blue Nile*. New York: Perennial, 2000.

———. *The White Nile*. New York: Harper & Brothers, 1960.

Morris, Jan. *Farewell the Trumpets: An Imperial Retreat*. London: Faber & Faber, 1998.

Moss, Stephen. "Birdwatch: Prince Ruspoli's Turaco." *Guardian*, November 20, 2011.

Mureithi, Leopold P. "Coffee in Kenya: Some Challenges for Decent Work." Sectoral Activities Programme, Working Paper. Geneva, 2008.

NABU. *Kafa Biosphere Reserve: Your Visitors' Guide*. Edited by Svane Bender-Kaphengst and Daniela Tunger. Berlin: NABU, 2013.

Naipaul, V. S. *The Masque of Africa*. Toronto: Vintage: 2011.

National Coffee Board of Ethiopia (1957–1972). Addis Ababa: National Coffee Board,

January 1972.

Naval Intelligence Division. *Western Arabia & the Red Sea*. Repr., London: Kegan Paul, 2005.

Nealon, Cory. "Coffee Genome Sheds Light on the Evolution of Caffeine." Press release. University of Buffalo, September 4, 2014.

"News and Notes." *Coffee and Cacao Technical Services* (Turrialba, Costa Rica) 2, no. 4 (January–March 1960).

Nicholl, Charles. *Somebody Else: Rimbaud in Africa*. Chicago: University of Chicago, 1997.

Njoku, Raphael Chijioke. *The History of Somalia*. Santa Barbara, CA: Greenwood, 2013.

"Open Letter from Doug Zell." Intelligentsia Coffee website. www.intelligentsiacoffee.com/content/open-letter-doug-zell.

Oremus, Will. "Genius Barista." Slate.com, March 24, 2014.

———. "Why Coffee Snobs Shouldn't Be Steamed That Peet's Bought Stumptown." Slate.com, October 7, 2015.

Orent, Amnon. "Dual Organizations in Southern Ethiopia: Anthropological Imagination or Ethnographic Fact." *Ethnology 9*, no. 3 (July 1970): 228–33.

———. "Lineage Structure and the Supernatural: The Kafa of Southwest Ethiopia." Ph.D. diss., Boston University, 1969.

———. "Refocusing on the History of Kafa Prior to 1897: A Discussion of Political Processes." *African Historical Studies 3*, no. 2 (1970): S. 263–93.

"Original Journal of a Voyage into the Red Sea, in the Swift Sloop of War, 1795." *Gentleman's Magazine and Historical Chronicle for the Year MDCCCVI 76*, pt. 1. London: J. Nichols and Son, 1806.

"An Orphan Crop." *Global Coffee Report*, November 2011.

Ovalle-Rivera, Oriana, et al. "Projected Shifts in *Coffea arabica* Suitability Among Major Global Producing Regions due to Climate Change." *PLoS ONE 10*, no. 4 (2015): e0124155.

Pankhurst, Alula. *Resettlement and Famine in Ethiopia: The Villager's Experience*. Manchester: Manchester University, 1992.

Pankhurst, Richard. *Economic History of Ethiopia, 1800–1935*. Addis Ababa: Haile Selassie I University, 1968.

———. *Ethiopian Borderlands: Essays in Regional History from Ancient Times to the End of the 18th Century*. Lawrenceville, NJ: Red Sea Press, 1997.

———. *The Ethiopians: A History*. Malden, MA: Blackwell, 1998.

———. *An Introduction to the Economic History of Ethiopia, from Early Times to 1800*. London: Lalibela House, 1961.

———. "Muslim Commercial Towns, Villages and Markets of Christian Ethiopia Prior to the Rise of Tewodros." *Collectanea Aethiopica*, edited by S. Uhlig and B Tayl, 111–30. Stuttgart: Franz Steiner Verlag, 1998.

Pankhurst, Rita. "Coffee Ceremony and the History of Coffee Consumption in Ethiopia," *Ethiopia in Broader Perspective: Papers of the XIIIth International Conference of Ethiopian Studies, Kyoto, 12–17 December 1997*, 2:516–39.

Partlow, Joshua. "Why El Salvador Became the Hemisphere's Murder Capital." *Washington Post*, January 5, 2016.

Pendergrast, Mark. "Tastes: What Is Coffee Worth?" *Wine Spectator*, November 15, 2006.

———. *Uncommon Grounds: The History of Coffee and How It Transformed Our World*. New York: Basic, 2010.

Perez, Marvin. "Coffee-Loving Millennials Push Demand to a Record." Bloomberg, October 30, 2016.

Plants in the Spotlight: Biodiversity from All over the World in the Heart of Amsterdam. Amsterdam: Hortus Botanicus Amsterdam, 2010.

Poncet, Charles-Jacques. *A Voyage to Aethiopia, Made in the Years 1698, 1699, and 1700. Describing Particularly that Famous Empire; as also the Kingdoms of Dongola, Sennar, Part of Egypt, &c. With the Natural History of Those Parts. By Monsieur Poncet, M.D. Faithfully Translated from the French Original*. London: Printed for W. Lewis at the Dolphin, next Tom's Coffee-House in Russel-Street, Covent-Garden, 1709.

Possemeyer, Ines. "Wild Coffee." *GEO*, February 2012.

The Portuguese Expedition to Abyssinia in 1541–1543, as Narrated by Castanhoso. Translated and edited by R. S. Whiteway. London: Hakluyt Society, 1902.

Prouty, Chris, and Eugene Rosenfeld. *Historical Dictionary of Ethiopia and Eritrea*. 2nd ed. Metuchen, NJ: Scarecrow, 2004.

Raine, George. "Alfred Peet, 1920–2007: Coffee Pioneer Influenced America's Taste." *San Francisco Chronicle*, September 1, 2007.

"Raising Coffee Consciousness: The Cup of Excellence and Green Coffee Competitions." *Coffee Review*, November 3, 2004. www.coffeereview.com/raising-coffee-consciousness-the-cup-of-excellence-and-green-coffee-competitions/.

Redi, Omer. "They Have Become Farmers of Trees." Inter Press Service, November 19,

2010.

Redman, Nigel. *Birds of the Horn of Africa: Ethiopia, Eritrea, Djibouti, Somalia, and Socotra.* 2nd ed. London: Christopher Helm, 2011.

Rice, Edward. *Captain Sir Richard Francis Burton: A Biography.* Boston: Da Capo, 2001.

Rice, Robert. "Sun Versus Shade Coffee: Truth and Consequences." May 27, 1996. www.ico.org/event_pdfs/environment/rice.pdf.

Riechmann, Dennis. "Literature Survey on Biological Data and Research Carried Out in Bonga Area, Kafa, Ethiopia." NABU, unpublished, November 2007.

Rimbaud, Arthur. *I Promise to Be Good: The Letters of Arthur Rimbaud.* Translated and edited by Wyatt Mason. New York: Modern Library, 2003.

———. *Rimbaud: Complete Works.* Translated by Paul Schmidt. New York: Harper & Row, 1975.

Robb, Graham. *Rimbaud.* New York: Norton, 2001.

Robins, Nick. *The Corporation That Changed the World.* Hyderabad, India: Orient Longman, 2006.

Robinson, J. Brian. *Coffee in Yemen: A Practical Guide.* Eschborn, Germany: GT2, 1993.

de la Roque, Jean. *A Voyage to Arabia Felix Through the Eastern Ocean and the Streights of the Red-Sea, Being the First Made by the French in the Years 1708, 1709 and, 1710.* London: E. Symon, 1732.

Rourk, J. Phillip. *Coffee Production in Africa.* Washington, DC: U.S. Department of Agriculture Foreign Agricultural Service, September 1975.

Ryan, Chris. "Volcano Ash Dusts Finca El Valle but Farm Is Safe." Sustainable Harvest website. February 11, 2015. www.sustainableharvest.com/volcano-ash-dusts-finca-el-valle/.

Sadler, Peter. *Regional Development* in *Ethiopia.* Bangor Occasional Papers in Economics. Cardiff: University of Wales, 1976.

Sage, Emma. "Coffee Plants for the Future: Update on the World Coffee Research Breeding Program." *Specialty Coffee Chronicle*, April 6, 2015.

———. "Some Insights on Coffee Leaf Rust (Hemileia vastatrix)." *Specialty Coffee Chronicle*, February 15, 2015.

Salvadori, Cynthia. *Slaves and Ivory Continued: Letters of R .C. R. Whalley, British Consul, Maji, SW Ethiopia, 1930–1935.* Addis Ababa: Sharma, 2010.

Sardar, Ziauddin. *Mecca: The Sacred City.* Delhi: Bloomsbury, 2014.

Schmitt, Christine B. *Montane Rainforest with Wild* Coffea arabica *in the Bonga Region*

(SW Ethiopia): Plant Diversity, Wild Coffee Management and Implications for Conservation. Ecology and Development Series no. 47, 2006.

Schmitt, Christine B., et al. "Wild Coffee Management and Plant Diversity in the Montane Rainforest of Southwestern Ethiopia." *African Journal of Ecology 48*, no. 1 (March 2010).

Schultz, Howard, and Dori Jones Yang. *Pour Your Heart into It*. New York: Hyperion, 1997.

Senbeta, Wakjira Feyera. *Biodiversity and Ecology of Afromontane Rainforests with Wild Coffea arabica L. Populations in Ethiopia*. Ecology and Development Series no. 38. Göttingen, Germany: Cuvillier Verlag, 2006.

Sheridan, Michael. "Castillo or Caturra? A Simple Question." *Specialty Coffee Chronicle*, August 4, 2015. www.scaa.org/chronicle/2015/08/04/castillo-or-caturra-a-simple-question/.

———. "The Origins of the Castillo Cultivar." *Coffeelands* (blog). coffeelands.crs.org/2013/01/the-origins-of-the-castillo-cultivar/.

Shinn, David H., and Thomas P. Ofcansky. *Historical Dictionary of Ethiopia*. 2nd ed. Plymouth, UK: Scarecrow, 2013.

Siddle, Julian, and Vibeke Venema. "Saving Coffee from Extinction." *BBC Magazine*, May 24, 2015. www.bbc.com/news/magazine-32736366.

Sinclair, I., and P. Ryan. *Birds of Africa: South of the Sahara*. Princeton, NJ: Princeton University, 2003.

Skinner, Robert P. *Abyssinia of To-Day: An Account of the First Mission Sent by the American Government to the Court of the King of Kings (1903–1904)*. New York: Longmans, Green, 1906.

Spary, E. C. *Eating and Enlightenment*. Chicago: University of Chicago Press, 2012.

Stellmacher, Till, and Irit Eguavoen. "The Rules of Hosts and Newcomers. Local Forest Management After Resettlement in Ethiopia." European Conference of African Studies, Uppsala, 2011.

"Stepping Away from Wholesale." Blue Bottle website. June 22, 2015. bluebottlecoffee.com/frequency/stepping-away-from-wholesale.

Strand, Oliver. "Coffee Is Not Dead—but It Is Losing Its Wild Side." *Guardian*, November 13, 2012.

———. "A Seductive Cup." *New York Times*, September 15, 2009.

Sullivan, Patricia. "Frederick Meyer, 88; Taxonomist at National Arboretum and Author." *Washington Post*, November 14, 2006.

Summers, Chris. "How Vietnam Became a Coffee Giant." *BBC Magazine*, January 25, 2014. www.bbc.com/news/magazine-25811724.

Sylvain, Pierre G. "Ethiopian Coffee: Its Significance to World Coffee Problems." *Economic Botany 12*, no. 2 (1958): 111–39.

———. "Some Observations on *Coffea arabica* in Ethiopia." *Turrialba 5* (1955): 37–53.

Tadesse, Kebede. *Trees of Ethiopia*. Addis Ababa: Washera, 2004.

Tadesse, M. *Some Endemic Plants of Ethiopia*. Addis Ababa: Ethiopian Tourism Commission, 1991.

Taye Kufa Obso. "Ecophysiological Diversity of Wild Arabica Coffee Populations in Ethiopia: Growth, Water Relations and Hydraulic Characteristics Along a Climatic Gradient." Ecology and Development Series no. 46, 2006.

Tefferi, Fetlework. *Ethiopian Pepper & Spice*. Addis Ababa: Shama, 2014.

Thomas, A. S. "The Wild *Arabica* Coffee on the Boma Plateau, Anglo-Egyptian Sudan." *Empire Journal of Experimental Agriculture 10* (1942).

Thurman, Judith. *Isak Dinesen: The Life of a Storyteller*. New York: Picador, 1982.

Tibebu, Teshale. *The Making of Modern Ethiopia, 1896–1974*. Trenton, NJ: Red Sea, 1995.

Tolera, Motuma, et al. "In-Situ Conservation of Wild Forest Coffee—Exploring the Potential of Participatory Forest Management in South West Ethiopia." WFC2015—XIV World Forestry Congress, September 7–11, 2015, Durban, South Africa.

Tran, Mark. "Ethiopia Enlists Help of Forest Communities to Reverse Deforestation." *Guardian*, April 15, 2013.

Ukers, William. *All About Coffee*. New York: Tea and Coffee Trade Journal, 1922.

Ullendorff, Edward. *The Ethiopians: An Introduction to the Country and People*. London: Oxford, 1960.

Um, Nancy. *The Merchant Houses of Mocha: Trade and Architecture in an Indian Ocean Port*. Seattle: University of Washington, 2009.

"Unaccompanied Alien Children. Improved Evaluation Efforts Could Enhance Agency Programs to Reduce Migration from Central America." Statement of Kimberly Gianopoulos, Director, International Affairs and Trade. Testimony before the Committee on Homeland Security and Governmental Affairs, U.S. Senate,

참고문헌

October 21, 2015.

Underhill, G. E. "Abyssinia Under Menelik and After." *Quarterly Review* (London) *470* (January 1922).

USDA Foreign Agricultural Services. *GAIN Report*. June 13, 2016. gain.fas.usda.gov/Recent%20GAIN%20Publications/Coffee%20Annual_Addis%20Ababa_Ethiopia_6-13-2016.pdf.

USDA Foreign Agricultural Services. *GAIN Report*. May 15, 2017. gain.fas.usda.gov/Recent%20GAIN%20Publications/Coffee%20Annual_Bogota_Colombia_5-15-2017.pdf.

Vân, David Vô, and Mohammed Jami Guleid. *Harar: A Cultural Guide*. Addis Ababa: Shama, 2007.

"Varieties." Stumptown Coffee website. www.stumptowncoffee.com/varieties/.

Vega, Fernando E., Andreas W. Ebert, and Ray Ming. "Coffee Germplasm Resources, Genomics, and Breeding." *Plant Breeding Reviews 30*. Edited by Jules Janick. Hoboken, NJ: John Wiley & Sons, 2008.

Visit Sidama: Tour Guide Book. Vol. 2. Hawassa, Ethiopia: Sidama Zone Culture, Tourism and Government Affairs Department, 2014.

Vivero, Pol J. L. *A Guide to Endemic Birds of Ethiopia and Eritrea*. Addis Ababa: Shama, 2006.

Wallengren, Maja. "Ethiopia: Production Is Growing Again in the Birthplace of Coffee." *Tea & Coffee Trade Journal*, January 2015.

Watts, Geoff. "Geisha Trilogy." Intelligentsia Coffee newsletter, August 2015.

Watts, Jonathan. "Driven by Fear: The Salvadorean Children Sent on the Perilous Journey to the US." *Guardian*, August 29, 2015.

Waugh, Evelyn. *Remote People*. London: Duckworth, 1931.

———. *Waugh in Abyssinia*. London: Penguin, 1984.

Weissman, Michaele. *God in a Cup: The Obsessive Quest for the Perfect Coffee*. Hoboken, NJ: John Wiley & Sons, 2008.

Wellman, Frederick L. *Coffee*. World Crop Series. London: Leonard Hill, 1961.

"What People Have Said About Linnaeus." Uppsala University website on Carl Linnaeus. www.linnaeus.uu.se/online/life/8_3.html.

Wheeler, Sara. *Too Close to the Sun: The Life and Times of Denys Finch Hatton*. New York: Random House, 2009.

Wild, Antony. *Coffee: A Dark History*. New York: W. W. Norton, 2004.

Woldemariam, Bekele. *The History of the Kingdom of Kaffa: The Birth Place of Coffee: 1390–1935*. Hawassa, Ethiopia: Association for Research and Conservation of Culture, Indigenous Knowledge and Cultural Landscape, 2010.

Woldemariam, Gole Tadesse. *Vegetation of the Yayu Forest in SW Ethiopia: Impacts of Human Use and Implications for In Situ Conservation of Wild* Coffea arabica L. Populations. Ecology and Development Series no. 10, 2003.

World Coffee Research. *Sensory Lexicon*. College Station, TX: World Coffee Research, 2016.

"World Coffee Research Finds Wild Arabica in South Sudanese Forest." World Coffee Research press release, May 16, 2012.

Yang, Dori Jones. "Fewer Cups, but a Much Richer Brew." Bloomberg, November 18, 1991.

Yoseph, Metasebia. *A Culture of Coffee*. New York: Muse Collective, 2013.

Zamir, Dani. "A Wake-up Call with Coffee." *Science*, September 5, 2014.

Zewde, Bahru. *A History of Modern Ethiopia: 1855–1991*. 2nd ed. Addis Ababa: Addis Ababa University, 2002.

Zimmer, Carl. "How Caffeine Evolved to Help Plants Survive and Help People Wake Up." *New York Times*, September 4, 2014.

옮긴이의 말

'찬가'는, 아직 하나의 장르로 인정받는 것 같지는 않지만, 어쨌든 내가 좋아하는 장르이다. 서술하는 주된 대상은 이러저러하게 상당한 여정을 밟아 가는데, 신드바드처럼 부자로 살아갈 수도 있고, 산티아고처럼 뼈만 가지고 올 수도 있다. 그렇지만 어떤 이야기이건, 어떠한 형식으로 나가건, 주인공의 의지를 밝혀주고, 긍정의 요소를 섞을 힘을 준다. 서술이 조금 달리 나가더라도, 산티아고 노인은 결말에서 사자 꿈을 꾸고 있을 것이다.

이 책은 구체적으로, 원제목 그 자체—'Where the Wild Coffee Grows'에 대한 '찬가'이다. 그곳에 야생 커피가 있고, 커피를 알게 된 뒤로 마치 숙명처럼 이와 얽히게 된 사람들, 그리고 그들의 활동이 있어 왔다. 적지 않은 시간 동안, 사람들은 커피에 대해, 커피가 있던 곳과 앞으로 있을 곳 대해 나름의 목적으로 움직여 갔고, 같은 기간 동안, 야생 커피가 자라는 곳은 자연 본연의 활동을 지속해갔다. 그리고, 작가가 관찰한 그 시점이 되어, 글 속 제니 윌리엄스의 말처럼, '에티오피아, 모든 것이 시작된 곳'으로, 야생 커피가 자라던 곳, 근원지로 향한다. 충분히 펼쳐진 실타래처럼 널리 퍼졌던 커피가, 산업과 자연과 인간 활동에서 나타나는 위기를 극복하기 위해 한 번 매듭지어지고 있는 모습을 작가는 수집하고 선별하고 정돈하여 줄거리가 선명한 18개의 장으로 내어놓았다. 세상의 모든 커피처럼, 향미가 있고, 긍정의 여운이 있는 글이다.

본 글의 번역에는 언제나 고마운 분들이 함께했다. 서필훈 대표와 류현지 이사를 비롯한 커피리브레 가족들, 윤은주 편집자님과 이새미 디자이너님은 또 하나의 커피글이 소개될 수 있도록 해주었다. 행복이 언제나 함께하길 빈다. 사랑하는 마리아와 가족들은 나의 삶에 언제나 긍정의 힘을 준다. 밝음이 더하길 빈다.

지은이 **제프 콜러**Jeff Koehler는 작가이자, 사진작가이며, 여행가, 요리사이기도 하다. International Association of Culinay Professionals Award와 Gourmand Award를 수상한 《Darjeeling: The Colorful History and Precarious Fate of the World's Greatest Tea》 및 《Spain: Recipes and Traditions》, 《Morocco: A Culinary Journey with Recipes》, 《La Paella: Deliciously Authentic Rice Dishes from Spain's Mediterranean Coast》의 저자이며 Saveur, Food & Wine, NPR 방송, 워싱턴 포스트, LA 타임즈 등에 기고해 왔다. 지금은 바르셀로나에 살고 있다.

옮긴이 **최익창**

2003년 고려대학교 법대 졸업
2010년 사단법인 한국스페셜티커피협회 사무지원팀장
2012년 수성구1인창조기업 '코페아룩스메아' 설립, 커피브리프 발간
2014년-현재 커피리브레 지식전략부장

1995년 커피자료 번역을 계기로 스페셜티 커피산업을 접하고
1997년 보헤미안 커피교실을 통해 커피산업의 가치와 소중함을 깨닫다.
이후 여러 커피업체의 일을 돕고 커피동호회에서 활동하면서
커피산업에서 필요한 지식의 정련에 힘써 왔다.

감수 **서필훈**

고려대학교 서양사학과 및 동대학원 졸업
안암동 보헤미안 커피하우스 실장 역임
현 커피리브레 대표

에티오피아
커피의 기원에서 스페셜티 커피의 미래까지

초판 1쇄 인쇄 2019년 6월 27일
초판 1쇄 발행 2019년 7월 17일

지은이	제프 콜러
옮긴이	최익창
펴낸이	서필훈
펴낸곳	커피리브레
신고일	2012년 9월 5일
신고번호	제2012-000286호
주소	서울 마포구 동교로 29길 64, 2층(연남동, 영인빌딩)
전화	02-325-7140
팩스	02-6442-7140
전자우편	choi@coffeelibre.kr
편집	윤은주
디자인	이새미
마케팅	류현지
관리	홍지선
회계	서승희
인쇄	스크린그래픽스

ISBN 979-11-954848-4-3

* 잘못된 책은 바꾸어드립니다.